新安文化丛书
XINAN WENHUA CONGSHU

新安工艺

姚昱波 朱平 著

文物出版社

中共淳安县委宣传部
中共淳安县委党史研究室
淳安县人民政府地方志办公室
淳安县政协文史和教文卫体委员会
编

图书在版编目(CIP)数据

新安工艺 / 姚昱波，朱平著. -- 北京 ：文物出版社，2024.7

(新安文化丛书. 一)

ISBN 978-7-5010-8399-2

Ⅰ. ①新… Ⅱ. ①姚… ②朱… Ⅲ. ①工艺美术－介绍－淳安县 Ⅳ. ①J52

中国国家版本馆CIP数据核字(2024)第067564号

新安工艺

新安文化丛书一

编　　者：中共淳安县委宣传部
　　　　　中共淳安县委党史研究室
　　　　　淳安县人民政府地方志办公室
　　　　　淳安县政协文史和教文卫体委员会
著　　者：姚昱波　朱　平
责任编辑：孙　霞
封面设计：方　卓
责任印制：张道奇

出版发行：文物出版社
地　　址：北京市东城区东直门内北小街2号楼
邮　　编：100007
网　　址：http: //www.wenwu.com
邮　　箱：wenwu1957@126.com
经　　销：新华书店
印　　刷：杭州富春印务有限公司
开　　本：787mm × 1092mm　1/16
印　　张：417.25
版　　次：2024年7月第一版
印　　次：2024年7月第一次印刷
书　　号：ISBN 978-7-5010-8399-2
定　　价：2880.00元(全18册)

《新安文化》丛书编撰委员会

顾　问：黄海峰　杨建根　董毓民　张鸿斌　王　翀　余永青　董文吉

主　任：刘小松　郑志光　赖明诚　许海波

副主任：徐恒辉　汤燕君　卜利斌　章临凯　徐月焕　章传强　何建法　徐夏冰

成　员：朱华民　徐红星　钱尼万　徐宗强　邵红卫　余国富　方海珍　陆建育　毛善智　方必盛　邵吉明　管峰华

《新安文化》丛书编撰委员会办公室

主　任：朱华民　徐红星

副主任：钱尼万　徐宗强　邵红卫　章伶俐

执行副主任：程中青

《新安文化》丛书编撰部

主　任：翟屯建

成　员（以姓氏笔画为序）：

王振忠　卞　利　方光禄　朱　平　刘伯山　吴兆民　汪大白
张小坡　周晓光　赵懿梅　宫希成　姚昱波　倪国华　倪清华
徐　彬　徐光耿　章望南　董　建　程　硕　程极悦

编　务：刘东山　方红娟

设　计：方　卓　方家明

总　序

新安文化是指新安江流域文化。

新安江是钱塘江的正源，源头分为两大支流。南支称率水，为新安江主源，发源于安徽省休宁县五龙山脉的六股尖；北支叫横江，源于黟县五溪山主峰白顶山。两支源流在屯溪汇合，流至歙县浦口一段称渐江，歙县浦口以下至浙江省建德县与兰溪相汇处称新安江。新安江与兰溪汇合后称富春江，到萧山闻家堰称钱塘江，流至杭州湾入海。

新安江流域地处闽浙山地的北缘，黄山、天目山、白际山、五龙山、千里岗、龙门山六大山脉盘桓其间，山地及丘陵占十分之八九。新安江水呈树叶网络状，由西向东辐射，地势也是由高及低逐步下降。流域平均海拔 800 ~ 1000 米，处在山岭川谷之中。俯视江南，附近的江西、浙江、江苏、安徽，均在其下。地处新安江源头的徽州，有"吴头楚尾"之说。杜牧诗云："溪山侵越角，风壤尽吴根。"非常准确地描写出新安江流域的地理位置。

新安江流域以黄山山脉为界，南坡有流向东南钱塘江的新安江水系，直达杭州，是前往江南的捷径；流向西南鄱阳湖的阊江水系、乐安江水系，直达饶州、九江；北坡有直接流入长江的青弋江、秋浦河水系，直达池州、安庆、芜湖长江沿线。新安江下游严州府与兰江相接，向南直达金华、衢州，是前往江西、福建的捷径。陆路虽地势高耸，山路崎岖，但由于地处皖、浙、赣三省交界，成为全国的交通网络中重要的一环。

魏晋时期，由杭州经新安江前往江西、福建的通道，是全国交通枢纽上的重点线路。宋永初三年（422）秋，谢灵运离开建康（今南京）赴任永嘉郡太守。他沿钱塘江、富春江溯流而上，经桐庐、建德、兰溪，转由婺江到永嘉，途经桐庐写下《初往新安至桐庐口》诗。唐代以前，北方通往南方的三大干线，其中两条干线经过新安江流域。一条由洛阳东行至汴州，循运河东南而下，经杭州，沿钱塘江溯流而上，经睦州、婺州、衢州、信州至江西、福建和岭南道。另一条由洛阳走陆路，经汝州、许州至陈州，过寿州、庐州，渡江至采石，经宣州、歙州到睦州，经婺州、衢州，再选择西行或南行通往福建、江西和岭南各地。宋以后，新安江流域交通线路更是呈放射状，四面通达。虽然山道崎岖，水路湍急，路途稍显艰难，但无论水路、陆路，前往江西、湖北、福建、南京、杭州都是必经的捷径。

人类逐水而居，河流是人类文明的摇篮。先秦时期，新安江流域先属吴，吴亡属越，越灭属楚。秦末，在新安江中游和上游设黟、歙二县，下游则归富春县管辖。东汉建安十三年（208），分歙地置始新、新定、黎阳、休阳四个县，加上原来的黟、歙二县，就有了六个县，以这六个县新设新都郡，郡治设在始新县治新定里（今淳安县威坪镇）。黄武四年（225），析吴郡富春县地置建德、新昌、桐庐、新城四县，建德县、新昌县（后改寿昌）地处新安江下游。其后新安江流域郡、州、府级机构，先后更名或改设为新宁郡、新安郡、东阳郡、遂安郡、婺州、睦州、歙州，最后定名为徽州和严州；县级机构先后更名或改设为新安江上游的歙县、黟县、休宁县、祁门县、绩溪县、婺源县，新安江中游的淳安县、遂安县，下游的建德县、寿昌县。

新安文化的地域范围，以新安江上游古徽州一府六县，即歙县、黟县、休宁县、祁门县、绩溪县、婺源县，以及新安江中下游古严州的淳安县、遂安县、寿昌县、建德县为核心区域。新安文化的时空概念起自史前文明，迄于 1949 年，根据研究需要适当后延。其内容涉及哲学、经济、社会、教育、学术、文学、艺术、工艺、建筑、医学等诸多学科，凡与新安江流域社会历史发展有关的内容，均是新安文化的范畴。

新安江流域是我国原始文化的一个独立发展单元，一步步走来，没有停留，没有断代。历经早期文明、晋唐兴起、五代至元崛起、明清鼎盛和近代转型五个发展阶段，形成新安文化的完整体系。

1974 年 11 月，在建德县上新桥村乌龟洞发现一枚人的犬齿化石，被命名为“建德人”，属于晚期智人类型，距今约五万年。同时，新安江流域分布着大量的旧、新石器时代遗址，承继“建德人”的文化发展。1959 ~ 1975 年，新安江上游的屯溪西郊奕棋村先后发现 8 座西周至战国早期的墓葬。出土的青铜器、原始青瓷和几何印纹硬陶，在形制、纹饰和构图风格上，具有浓厚的越文化特色。史称当地人为越族，人民性格强悍，尚武好斗，文化礼仪相对薄弱。通过地方行政治理过程中的教化，当地越人在了解和接受中原人的生产、生活方式后，道德观、价值观、文化崇尚等方面均发生变化。

晋唐时期，新安文化兴起。晋代的“永嘉之乱”和唐代的黄巢起义是中国历史上的两件大事。它不仅造成西晋和唐朝的灭亡，导致中国社会的分裂，而且对我国南方的发展产生深远的影响。“永嘉之乱”和黄巢起义期间，中原士族比较集中地迁入新安江流域，现存的徽、严二州不少姓氏族谱中，对始迁祖的追溯都上溯到这一阶段。中原士族大量迁入以后，以其自身的文化素养和生活习惯渗透民间，改变了新安江流域越族的风俗习惯，越族尚武习俗与中原儒雅之风融合，儒家思想的仁义忠孝和修身齐家理念，开始在新安江流域流行。休宁吴少微的“吴富体”在文坛崭露头角，新安江下游的“睦州诗派”更是享誉诗坛。

五代至元，新安文化崛起。这一阶段新安江流域的教育与科举得到长足发展，仅南宋时期徽州、严州二府进士就有 806 名。南宋理学大儒朱熹祖籍徽州，曾两次回徽州省墓、探亲、授课，并在严州丽泽书院、遂安瀛山书院讲学论道。新安人读朱子之书，秉朱子之教，以邹鲁之风自恃，形成新安理学学派，使得朱熹理学在新安江流域广为流传，对整个流域的文化形成和演变起到关键作用。文风郁起，留下很多脍炙人口的作品，如胡仔的《苕溪渔隐丛话》和方岳、方逢辰的诗歌，在全国诗坛都占有一席之地。徽州刻书和严州刻书，在中国刻书史上贡献卓著。制瓷技术、医学、植物学、光学、生物学等科学技术都取得一定成就，其中歙县张杲淳熙十六年（1189）写成的《医说》一书，是中国医学史上第一部医史传记。

明清时期，新安文化进入鼎盛。私学、官学和书院教育同步发展，推动新安江流域科举繁荣兴盛。淳安人商辂“三元及第”，于明宣德十年（1435）乡试、正统十年(1445)会试及殿试均为第一名。理学、心学与朴学相互融合发展，理学家们提倡“和会朱陆”，阳明心学受到欢迎。清康熙、乾隆时期，新安学者提倡实事求是的治学精神，开创朴实的学风，成为清代学术的主流，朴学领袖戴震更是中国哲学史上的唯物主义启蒙思想家。文学艺术百花齐放，新安画派是明清文人画的正统继承者，徽派版画代表了中国传统版画的最高成就，徽派篆刻成为中国文人篆刻的主流，徽剧乃京剧之母。科学技术成就斐然，新安医学所主张的“固本培元”理论，是中国传统医学中的精华；程大位是中国历史上珠算集大成者；郑复光《镜镜詅痴》集当时中西光学知识大成。

近代，新安文化开始转型。光绪二十六年（1900），歙县基督教堂在城内创办崇一学堂，迈开新安江流域兴办新式学堂的第一步。在西方近代科技和工业革命的影响下，实业救国成为潮流，培养近代农林、商业、工业人才，是教育转型过程中的重要一环。光绪三十四年（1908），戴英在休宁县隆阜珠里创办新安江流域近代第一所职业学校——休宁初等农业学堂。随后，徽州乙种商业学校、淳安县初级实业小学、建德县浙江省立甲种森林学校等相继开办。新安学术也开始向近代学术思潮转型，胡适成为近代文化转型中承上启下的关键人物。文学艺术在转型中得到提振，其中由汪渊集句成词、其夫人程淑笺注的《麝尘莲寸集》，以词集词，前无古人。黄宾虹成为近代中国绘画领域中的一座高峰；黄士陵的篆刻形成自己的艺术风格，被称为“黟山派”。“徽路徽戏”和睦剧得到全面发展。

新安江流域自古为越族领地，随着中原士族的迁入，中华儒家文化的价值观“修身齐家治国平天下”，在这里不断积淀，形成尚武自强、重教崇文、俗尚文雅、治生重商的区域特征。

新安江流域早期越人以尚武著称。明清时期，新安江流域百姓依然习武自强为常。至今民间仍留存不少延请拳师的“拳关”文书。明万历休宁程冲斗所著《耕余剩技》，是中国武术史上的名著。绩溪县张横秋更是以武术名世，在武术史上形成“豫徽武术”流派，其拳术至今仍在新安江流域流传。很多文人在习文的同时练武，明末休宁县抗清义士金声不仅文章出彩，而且武艺高强。休宁画家汪肇，喜好持矛舞剑。新安朴学后期的重要学者汪宗沂，通拳术、剑术、马术，喜谈兵。他的学生许承尧、黄宾虹，一个是著名诗人，一个是著名画家，跟着汪宗沂学习时，练剑、骑马也是必备的功课。

中原士族迁居新安江流域以后，注重文化传承。这种传承使得新安江流域重视教育，崇尚文雅。朱熹提倡读书，研究学问，从事著述，强调“穷理之要，必在于读书”。新安理学的兴起，增强了新安江流域的读书氛围。儒家思想被塾师细化在自己教学实践中，塾师编写的大量蒙学教材中，将儒家的道德观念灌输给学童。在新安理学的影响下，新安江流域读书著述之风盛行，形成“十家之村，无废诵读”的景象。宋元以来，被称为“东南邹鲁”。

随着儒家思想向民间基层渗透，礼教在老百姓中扎根。民间礼仪以朱熹《家礼》作为依据，渗透于各个家庭。休宁《茗洲吴氏家典》根据《家礼》，结合本宗族的情况，规定冠婚丧祭的礼仪，作为子孙后代遵行的法典。民国遂安《高峰朱氏宗谱》卷三《家训》对子弟的礼仪教育写得非常具体，结合家族特点，将礼教具体化，教育族人如何做人、做事，各项规范要求明确，可操作、能监督，俗向文雅，成为“礼下庶人”的典范。

新安江流域有一个异于全国其他地区的现象，就是人们以经商致富为荣，从商成为风气。新安学者提倡职业不分卑贱，引导民众经商，鼓励商人创业，提倡“廉贾”价值观。地方士绅还通过各种方式为商人代言，创造良好的经商环境。学者的倡导、士绅的鼓励，对不轻视商业、不以经商为耻社会风气的形成，起到极大的促进作用，使新安人在观念上获得解放，理直气壮去经商，造就了雄飞于中国商界三百年的新安商人集团。

新安文化不断兼收并蓄，坚持实事求是，遵循儒雅中庸的发展过程，构成以“包容、探索、和谐”为核心的人文精神。

在沉淀中原汉文化和践行儒家思想的过程中，新安江流域不断地塑造自身的人文精神，推进新安文化的发展。新安文化的形成，是中原汉文化与当地土著越文化进行融合的过程。在两种文化的融合过程中，汉文化虽然是强势文化，但具有很强的包容性，促进了越文化的自然融合，从而产生出新质的新安文化。这种包容性，在新安文化发展过程中，贯穿始终，成为新安文化特色。兼收并蓄的包容精神，体现了新安文化的博大气象，是新安文化得以发展的源泉。

在新安文化发展过程中，新安人一直遵循实事求是的原则，博学求知，努力探索规律，追求真理，勇得时代风气之先。朱熹提出“濯去旧见，以来新意”；戴震主张“不以人蔽己，不以己自蔽”；胡适要求“重新估定一切价值”，都是不懈求索、勇得时代风气的典范。实事求是的探索精神，体现了新安人的思辨能力，是新安文化得以不断创新发展的动力。

新安文化是宋以后中国儒家文化在民间社会最完整的体现和典型范例，其儒雅中庸的内质得到很好的体现。“薄利多销”成为新安商人的经营手段，自己少赚些，让消费者不吃亏，成为“中庸”思想在商业领域的一种表现，即双赢。新安宗族在“中庸”思想的指导下，和睦相处，很少发生械斗。就是宗族间有了矛盾，也是协调处理，互相谦让。在艺术上，也非常讲究中庸平和。新安篆刻中的雅逸隽秀、平和光洁；新安版画内蕴的恬静和安乐，也是儒雅中庸的一种表现。儒雅中庸的和谐精神，使得新安江流域社会平稳安定，是新安文化不断发展的基础。

新安江流域靠近越文化核心区，其文化既具有新安文化特点，又带有钱塘江流域良渚文化特色，体现出新安文化与良渚文化融合的趋势。对河系流域上下游文化碰撞、交融的研究，具有重要价值。

新安江流域至今保存下来的地面文物遗存10000多处、8000余种文献、100余万件文书，跨越千年历史，涵盖政治、经济、文化各个领域。尤其地面文物遗存、非物质文化遗产和文书档案，均为第一手资料，是人们了解中国封建社会后期农村社会实态不可多得的资料，为按历史本来面貌做综合实态研究创造了前所未有的有利条件。中国社会科学院历史研究所周绍泉先生指出："以徽州文书为代表的历史文书档案为主要资料，综合研究历史社会实态，将是我们这个时代的学术潮流。"

新安文化是中国封建社会后期传统文化的典范，独树一帜，在各自领域都处于领先位置。从新安文化中提炼出来，形成新安宗族、新安学术、新安商人、新安教育、新安建筑、新安书画、新安工艺、新安科技、新安文学、新安戏曲、新安饮食、新安民俗等文化现象，是新安文化中的精华，学术界在研究专业史时无法绕开这些课题。对新安文化展开研究，实际也就是对中国封建后期传统文化展开研究，窥一斑而见全豹，具有普遍的学术意义。

新安江流域四面环山，作为一个独立的自然地理单元，风景秀丽，人们的审美观受到山水环境的影响。新安四雕艺术、文房四宝艺术、盆景艺术、新安书画、新安文学等，都是新安江流域自然环境同新安人审美观相结合的产物。而新安饮食、方言的形成，同新安江流域独特的自然地理环境及资源有关；新安宗族社会构成和村落结构，同新安地理环境也是密切相关，具有地理文化单元的人类文化学研究价值。

新安文化是移民文化，中原士族的内迁，决定了其社会与文化的诸多现象和特点，受到中原文化的影响。同时，新安文化的昌盛与发展，还存在着一个由新安江流域再向外移民的过程，并对侨寓地的文化产生影响。如新安学术、徽剧、新安艺术、新安刻书、新安篆刻等对扬州学派、京剧、江南园林、江南版画、浙派篆刻都有渗透和影响。研究新安文化，可以获得中华大文化融合各民族文化、各地方文化的一般与个别规律，为繁荣中华大文化作出贡献。

新安江流域是宗族社会。明清时期，农村基层依靠宗族自治管理，有不少好的做法。现存不少宗族公约中有值得学习和借鉴的条文，如禁止乱砍滥伐和禁止赌博等。从内容上看，它们符合当今所提倡的环境保护和社会文明的主旨。从实施机制上看，它不是依赖于行政系统，而是靠"公约"的形式自我约束，这给建设社会主义新农村带来启示，村民自治要以农民为主体，增强农民的自觉意识，而不是靠行政手段。新安文书中的商业合同，反映了新安人市场观念的成熟；分家契约反映了新安人既遵从中国传统的伦理观，又理性地处理家庭财产等经济问题；诉讼文书，反映了古代新安江流域民间已经有较强的法治观念。新安江流域古村落人与自然和谐，以人为本的思想贯穿村落建设，村落中的防火措施、水系设计都十分讲究，科学性很强，给当代环境规划设计带来启示。

新安文化博大精深，对新安江流域上游的徽州文化研究，已经成为一门专门的学问——徽学。但对整个流域的整体研究还是一个空白，编撰《新安文化》丛书，可以填补全面涵盖新安江全流域文化的研究空白，力求科学、全面、准确、系统地展示新安文化的各个方面，对于新安文化学术研究及开发利用，是一件十分有意义的事情。

《新安文化》丛书编撰委员会

2023 年 4 月

目 录

第四章 明代新安工艺美术

绪 论

中国工艺美术的历史古老悠远，大致可以追溯到远古先民第一件劳动工具的创造，其随后的每一步演进和突破，也都体现了古人劳动实践的积累以及生活审美的需求。马克思在《资本论》中指出 ：“工艺学会揭示出人类对自然的能动关系，人的生活的直接生产过程，以及人的社会生活条件和由此产生的精神观念的直接生产过程。”[①] 这说明，工艺美术实质就是人在与自然的相互能动中产生的。因此，在工艺美术的发展史上，尤其是在初创时期，自然环境的影响显然是有着举足轻重的作用。故而，工艺美术与生俱来就有着地域的显性，会由于各地区自然环境、人文风尚、生产力水平以及审美观念上的差异，形成风格上的多样化形态。

中国的国土幅员辽阔，地形种类多样，有雄伟的高原，起伏的山岭，广阔的平原、低缓的丘陵，还有群山环抱的大小盆地。在古代交通不便的情况下，复杂的地形以及相应的气候差异，必然会分化出丰富多样、各具特色的工艺美术形态，新安江流域的工艺美术也因此孕育而生。发源于安徽省与江西省交界山区的新安江，因流经古新安郡境而得名，古之新安的地域概念，涵盖了新安江所流经的范围，大致包括今属安徽省黄山市的屯溪区、徽州区、歙县、休宁县、黟县、祁门县，安徽省宣城市的绩溪县，浙江省杭州市的淳安县、建德市。新安江水穿行于皖南和浙西的低山丘陵中，经年冲刷形成了祁门盆地、徽州盆地、淳安金紫尖盆地和建德盆地等。在这些平缓和富饶的山间平地，自石器时代，就已成为人类主要的活动和栖息地。史前、先秦，以及秦汉时期，因群山环绕、交通不便，新安相对于皖、浙两省的其他地区而言，几乎是一个封闭而独立的区域。但在区域内，新安江水系将各地勾连贯通，人缘相亲、语言相似、文化相通，且自古以来的密切交往，使之形成了一个区域的文化整体，并同时孕育出了极富流域特色的工艺美术——新安工艺。

目前已知的新安工艺，大约肇始于距今 10 ～ 5 万年，由居住在下游建德地区的

---

①《马克思恩格斯全集》第23卷，人民出版社，1980年，第410页。

古“建德人”[①] 所创造。如中国大多地区一般，古建德人在打磨石器、削编木竹、塑烧黏泥等生产活动中，创造了最原始的工艺美术技艺及审美，虽然他们自身可能并未意识到，这些日常的行为活动正是工艺美术诞生的源泉和标志，以及最基础的探索和最可能发生进步的方向。也正是在这种生活化的不断探索中，工艺美术和书画、建筑等姊妹艺术一同走向成熟，并共同构成新安文化审美的基本要素。在其后的新石器时代和先秦时期，新安人已经开始依托水运通道，不断和周边地区开展文化交流。例如，在歙县、建德、淳安地区出土的石器和陶器，就体现了杭州湾地区文化的影响；而黄山北麓姜家山遗址出土的石器，其选材和加工部分又体现了凌家滩文化的影响。由此可见，交流互通，以及本土化的创造、演化，使新安工艺发展出独具风格的文化内容和技艺特征，并留下了众多精美作品，从而奠定了工艺各门类的基础及内容。

新石器 有段石锛

新石器 石钺

秦汉、魏晋以降，中原世家大族为了躲避战乱，纷纷南迁。新安由于地处万山之中，地理闭塞，是一个较少受战乱波及的地区，因而北方移民不断迁人。至唐宋时期，新安居民的构成已发生巨大更迭变化，中原南迁士族及其后裔成为居民主体，除少数偏僻之地的越人外，绝大部分的原住民已经和南迁北人融合。罗愿在《新安志》中就指出：“黄巢之乱，中原衣冠避地保于此，后或去或留，欲益向文雅。宋兴则名臣辈出。”[②] 人口结构的变化和人口素质的提高，对当时及以后的新安工艺发展，起

① 韩德芬、张森水：《建德发现的一枚人的犬齿化石及浙江第四纪哺乳动物的新资料》，《古脊椎动物与古人类》1978年第16卷第4期，第255～262页。

② [宋]罗愿：《新安志》卷一《风俗》，光绪戊子李光煝重刻本。

到了关键性的推动和影响。这一时期，儒家思想渐次成为新安文化的主脉，工艺也随之出现了文人化的转变趋势。“退食之室，图书在焉，笔砚纸墨，余无长物，以为此四者为学所资，不可斯须而阙者也”。[①] 这是北宋文学家徐铉为《文房四谱》所作序文中的一段文字，虽为阐述文房四宝的重要性，但实际表达了士人趋文的心志和向往。这种追求高雅境界的社会风尚，导致了工艺美术风格的转变。

自两宋以降，新安工艺除了保持手工艺制作的加工方法、技巧及流程等“工手”的追求外，进一步补充和完善了工艺指导思想的内涵，也就是对“艺理”观点的诠释。完善内涵后的新安工艺，其作品不但极富文人气韵且饱含自然情趣，门类也获得了极大的丰富。两宋时期，新安工艺从原来以实用器制作为主，转变为包括经艺术加工的日用生活器、装饰陈设器以及文人赏玩器三大类。生活日用器多是以实用为主，装饰为辅，其中，有织绣、家具、竹编、草编和各色日用的陶瓷、金属、漆木等制品；装饰陈设器主要有木雕、石雕、砖雕、匾额、楹联、剪纸等；文人赏玩器的制作是新安工艺的特点和优势，种类繁多、形制各异，大致有笔、墨、纸、砚和水丞、臂搁、镇纸、印盒、印章等文玩杂项。所用材质囊括瓷、竹、木、石、铜、漆、料、牙、玛瑙、紫砂、水晶等，几乎无所不用。发展上转向，内容上的丰富，以及艺理的拔高，恰恰契合了士人社会的精神追述，也为新安工艺在明清时期的辉煌，奠定了基石。

自石器时代的第一次敲击、刮削或者研磨开始，新安人就秉持着用最好材料、花最多心思、下最大苦功的理念，不断在前人的基础上再启程，推动工艺技艺的

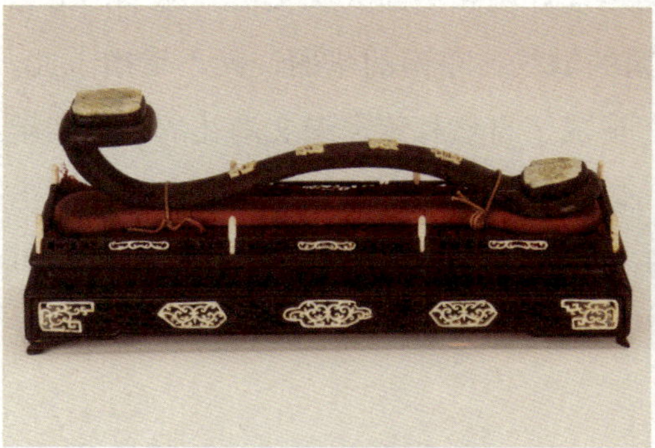

清 嵌玉、牙红木如意

清 犀牛杯

① [宋]苏易简：《文房四谱·序》，《从书集成新编》第48册，新文丰出版社，2008年，第237页。

紫檀嵌口竹笔筒

水晶老人坐像

进步，并逐渐攀登至时代顶峰。在选料上，他们按照彼时生活的物质和意识需要，利用周围的一切条件，取得并使用最优质和最合理的原材料；在制作上，他们通过对材料性能的深入了解，以及对技法方面的纯熟掌握，使手工业劳动成为一种高度综合的工艺创造，并在数千多年的历史长河中，始终保持着“精、雅、巧”的“英雄本色”；在造型艺术上，他们极尽可能地革新和运用技术，同时又在艺术修饰方面，做出他们认为最美观的纹饰、图案和形制，以期还原出当时的生活状态、劳动技巧、经济实力和思想内容。这一追求完美和极致的理念，是新安工艺的内涵精髓，它根植于每一位创作者的血脉之中，并不断传承，从而形成了整个地区的风格特征。自然而然地，新安工艺也成为中国工艺美术中最典型的范例之一，并与戏曲、书画、篆刻、建筑等姊妹艺术形式一起，成为新安对中国艺术宝库做出的辉煌贡献。

中华文明内容广博、形式多样，在不同地理环境和不同人文文化濡沐下，工艺美术的审美也不尽相同。西北的豪放，江南的婉约，东南的华丽，无不皆因于此。而新安工艺的作品，在长期的历史发展中，形成了自然朴素、崇文尚礼的工艺美学观念。这既体现了新安文化的发展、演进，以及与域外文化融合痕迹，也揭示了当时的社会发展程度，又反映了彼时的人们思想状态。所以研究新安工艺，一方面可以帮助厘清新安社会发展和审美演变的历史，同时也对长江中下游文化发展融合进程的研究大有裨益。

第一节 工艺风格的形成和特点

新安工艺早期风格的形成，与所处的地理环境密切相关。新安江流域地区多在群山环绕之中，河流顺势自西向东浩荡入海，在古代交通极不发达的情况下，水运这种大自然的馈赠，自然成为东西连接、山海沟通的首要选择，也成为经济、文化和工艺交流的主要途径。相似地理环境和生活习惯，加之交流和互动的频繁，使流域内各地区的工艺制作和风格，呈现出渐趋相近之态。当然，因不同时期经济和文化发展水平的差异，以及受临近文化影响的强弱之别，各地的工艺形式和技术，也保留了一定的区域特质，其中尤以徽州、淳安、建德这三个上中下游的交通要冲最为典型。

在石器时代和向阶级社会过渡时期，处在中下游地区的淳安和建德，早期遗存比较丰富，体现出工艺萌芽的特征较多，并对上游地区产生了影响，促进了新安工艺大背景的形成。宋元及以后，上游徽州的社会经济文化逐步繁盛，工艺发展也随之进入“诸工皆巧”的阶段，新安江则成为工艺及其产品输出的主要途径。在这一过程中，淳安、建德成为受其影响最为直接和明显的地区，例如雕刻、文房器、民间工艺等方面，有着整体类似的工艺特征。黄宾虹在《新安巧工》中曾做了如下论述：

> 新安郡邑，处万山之中，风俗朴美，宦游其地者，往往家焉，遂世其族。经两晋之乱，迄于唐宋元明，时丁叔季，中原鼎沸，避地入深山谷间，尤以新安为乐土。富商显宦，邻里相望，以故百艺工巧，为供士女之娱玩，常优于他处。[①]

可以看出，黄宾虹认为在地理优势、人力资源和富庶经济的促进下，经两晋、唐、宋、元的发展，新安工艺的体系在明代完成，并步入其发展的黄金时期，在中国工艺史上也形成“常优于他处”的领先局面。

新安工艺的发展，是新安社会兴衰嬗变的缩影，它似乎是一种波浪形的发展，有多元、高潮时期，也有单调、低潮的时期。商周是第一个高潮阶段，青铜器和原

① 黄宾虹：《黄宾虹文集·杂著篇》，上海书画出版社，1999年，第88页。

始瓷器的制作，就技术和应用而言，已经成为长江中下游乃至全国的先驱。秦汉则处于颓势，各个门类的发展几乎毫无新意，有的工艺出现倒退甚至泯灭的情况。唐宋是新安工艺比较发达的时代，尤其是文人器具的制作，诸如笔、墨、纸、砚等，获得了皇室和士大夫阶层的美誉，并成为一种雅致工艺的符号被社会接受。到了元代和明前期，发展似有停顿。但明代中叶以后，情况出现很大的变化，隆（庆）万（历）时，工艺呈现出空前的盛况。及至晚明和清初，新安工艺的门类之多、工手之巧、审美之雅，均能感觉到百家争鸣、百花齐放的发展态势，很多门类的制作，已经和当时的手工业中心如北京、四川、浙江、江苏、福建等地，形成一种竞争状态。晚清民国，新安工艺的发展又突显停顿。这种发展的起伏，显然是与新安经济的兴盛息息相关。最直观的体现是，清代中后期盐政改革后，尤其是太平天国运动后，随着中国封建社会的整体衰落，盛极一时的新安商帮日渐式微。失去资金支持的工艺美术，也出现规模缩小、产品减少和质量下降的凋敝景象。故黄宾虹有文曰："今垂三百余年，民物之殷阜不逮往昔殊甚。而技能不出，虽籍其名，悉多陈陈相因，无复前日之盛举矣。"①

新安工艺的发展，很少因战乱等外界的干扰而打断，因而工艺的特点也保持了相对连续性和稳定性。这里的工艺设计者和继承者，在不断地学习和创新的基础上，灵活地按照社会需要，建立和发展了本行业的工艺美术。总体来看，是能够坚持对质朴和典雅的追求，并形成"洁""约""健"的特色艺术风格，符合和反映了中国文人的传统美学观点的。所谓洁，指立意上高洁而不落俗；所谓约，是造型上简洁而不繁复；所谓健，是手法上利落而不赘疣。宋以后，文人气韵的表达传递，成为工艺作品所追求的重点。工艺思想体现出更趋自然、朴实和贴近生活性，细节处理上也并不花哨，即使在清代纤巧、繁复的审美思路影响下，出现了如高浮雕、镂空雕、多层雕、金银彩饰等华丽的髹饰技法。但总体上仍显得较为洗练和洁净，并体现了以下几个特点。

一、贯穿了对"礼"的尊崇

自史前和先秦时期开始，"礼"的观念就深深镌刻于新安工艺的制作之中，也始终贯穿于作品创作的主题思想中。建德落山岩遗址和青龙头遗址出土的石钺，淳

① 黄宾虹：《黄宾虹文集·杂著编》，上海书画出版社，1999年，第99页。

安出土的新石器时代的玉琮、玉钺，屯溪西周八墓出土的青铜器和原始瓷器，纹饰、形制、材质以及器物组合，无不反映了古代新安人对礼的谨守。而且这一时期，被普遍制作的各种形制、材质的礼器，其组合规制也反映了地域特点。在屯溪奕棋西周土墩墓中，随葬的青铜礼器没有依次大小的列鼎配置，而且不仅鼎是偶数，簋、尊、卣、盘等也多成偶数配置，① 体现了先民不同于西周的礼制认知。出土的五柱器、单柱器、立鸟铜饰件和可置于掌中的小鼎等器物，在同时期中原遗址中均未发现类似器形，表现出先民在礼器制作上的独特智慧及创新。

汉唐以后，儒家文化成为中国传统文化的主流，儒教礼仪也贯穿于百姓生活的方方面面，并在工艺美术创作中得到充分体现。如文房、三雕、漆木器和编织等工艺作品，其纹饰、形制乃至色泽，都能充分领略到崇礼思想的浸润。儒学经典、科考入仕、忠孝节义、中庸和谐等，都被演绎成一个个典故、图纹或题跋，并以百姓喜闻乐见的戏曲唱本、神话故事、名人逸事等形式表现出来，深入浅出地完成教化功能。新安工艺作品在对礼的表达方式上，就是带有很强的多样性和通俗性，不仅将目光投向儒家本身，而且更多地反映在人们的世俗生活中，在体现文人精神向往的同时，也在宣传儒家思想方面起到了潜移默化的作用。如淳安进贤的“丹阳世家”方氏宗祠，就用中厅“彝伦攸叙”等30余块匾额和楹联，近乎直白地表达了这一思想。淳安、歙县、黟县等地常见的“世间数百年旧家无非积德，天下第一件好事还是读书”等楹联，则是将长辈对子女读书、取士、走科举仕途的期盼，作为孝悌礼仪传达而出。此类科举题材工艺作品，还有诸如安徽中国徽州文化博物馆馆藏的清蟹形玉挂

清 蟹形玉挂件

清 马上封侯玉雕把玩件

① 李国梁：《屯溪土墩墓发掘报告》，安徽人民出版社，2006年，第71页。

件、清鳌鱼童子纹玉牌、清马上封侯玉雕把玩件等。或将器物琢成蟹形，以蟹身之甲取传胪之意；或在玉牌上琢出足蹬鳌鱼头的童子纹饰，童子天庭饱满、面含喜色，手持宝相花，除了寓意独占鳌头外，也作“乘龙快婿”“平步青云”之解，亦谓步步高升。这些在民间广泛流行的题材，彰显了传统儒家文化思想对新安工艺广泛而强烈的浸润。

二、呈现出清冷、高雅和傲骨的气韵

新安流域的工艺作品，即不同于北方的雄浑壮美，也区别于江南的清润秀丽，呈现出意境清冷、高雅脱俗和傲然不屈的艺术气韵。这种风格的形成，与地域和人文因素有着密切的关系。

新安境内多崇山峻岭、奇峰险隘，地理环境较为闭塞。汉以前，这里的居民主体是当地土著和大越徙民，他们生活在深山之中，依靠火耕水耨和渔猎山伐的方式，满足生活需要。由于地广人稀、资源丰裕，人们的生活并不困苦。故《史记 · 货殖列传》云：“楚越之地，地广人稀，饭稻羹鱼，或火耕而水耨，……无积聚而多贫。是故江淮以南，无冻饿之人，亦无千金之家。”[①] 但在公元前 3 世纪至公元 3 世纪的一段时期内，秦汉等中原政权对新安地区实施的是高压和歧视政策，造成民众对政府和国家的归属感并不强，因此往往“依阻山险，不纳王租”[②]，与中原政权相抗争。唐宋以降，随着北方移民的迁入，带来了居民结构和文化风尚的变化，社会治理结构也随之演进，形成了以宗族为纽带和以“约”“法”来维护的体系，抗争形式也逐渐转变为合法合理的诉讼途径。至明中后期，新安好讼、健讼之风盛行，更有甚至，由于地方官府断案不公等缘由，导致一场诉讼前后延续数十年之久。明末歙县知县傅岩就曾言：“新安健讼，每有一事，冒籍更名遍告各衙门数年不已。”[③]

明清易代之际，目睹山河破碎的新安诸生，放下了儒学中的政治抱负，投入战场浴血抗清。明朝灭亡后，他们则多结庐于山水，逃离世俗。这种鲜明的士人逸品格调，以及人品和气节因素，正是新安人血脉中抗争和不屈精神的延展表现，而这也不自觉地在工艺作品中得到体现。有着寒士之称的歙砚，尚玄审美的漆器、孤傲的松柏纹饰，诸如此类。这些作品纹饰所突出表现的，不独为雄、为秀、为美，而

①《史记》卷一二九《货殖列传》。
② 胡三省注：《资治通鉴》卷五十六《汉纪》，中华书局，1987年。
③ [明]傅岩：《歙纪》卷五《纪政迹 · 事迹》。

有沉郁，有冷逸，更有傲骨，形成了新安工艺独特的艺术语言，表达出新安人千年传承的气韵、气理不断，故而艺韵长存。

三、装饰手法上秉持质朴典雅

不同的历史时期，新安工艺会呈现出不同的艺术特点。如周代的秩序，两汉的凝重，唐代的丰腴，宋代的理性，明代的趣意和清代的繁复。但总体来说，审美上追求自然、质朴和典雅的统一，制作上力求达到精巧和洗练，是新安工艺始终坚持的艺术风格。

这一点在砚雕工艺的传承中，风字形砚这个在砚雕发展史上最为重要的砚式上，体现得尤为突出。唐代结束了魏晋、南北朝以来的分裂割据状况，实现了国家大一统的局面，在历经“贞观之治”和“开元盛世”后，繁荣的经济和富强的国力，使得文化思想趋向自信、开放，文风也趋向自然、清新和富有生活情趣。因此，唐砚的造型变得舒展和灵逸，歙县博物馆藏唐风字形砚如穹般的砚首和如凤般的砚边，正是这一风格的完美表现。及至宋时，尤其是真宗、仁宗之后，以范仲淹、欧阳修为代表的文人阶层，倡导“平淡自如、条达舒畅”的文风，理学上更是讲求“存天理、灭人欲”。所以凤形演化成风字形，砚式已近方正，变得严谨含蓄，不施浮华，各处褶勒痕也几近直角，琢刻上讲求遒劲有力，线条简洁挺直。明代砚工则在石材允许的情况下，尽可能地保持按方正之式制砚。如安徽中国徽州文化博物馆藏明长方形一指池抄手歙砚，作长方抄手门字形（风字形的变式），在砚堂上部琢一指砚池，以宽侧壁为墙足。砚边、额堂、四壁等部位褶勒处不见挺直、锐利之态，线条处理上表现得圆润而柔美。[①]清代风形砚的变式沿用明式做法，仅在砚面地子或砚边增加了一些装饰，多采用古器物之璃纹、夔纹、云雷纹和几何纹饰，整体造型表现依旧不失典雅、大方。

四、工艺制作注重联系人们的现实生活

新安工艺的作品，多为实用和欣赏兼备的功能器具，故而和人们日常生活保持着密切的关联。如制砚、制墨和雕刻等，器物造型上都追求质朴、简洁和贴近生活，不太做繁缛的装饰，即使在木雕、造像等装饰味较重的工艺门类上，也多以本色出现，极少采用上彩、施金银等华丽的装饰，使人感到平和、清雅之美。同时，作品的创作，

---

① 姚昱波：《明代歙砚雕琢艺术简说》，《鉴定与鉴赏》2015年第4期，第86页。

多根据人们生活的需要进行适应性调整。新安地区的山体多为片状岩石，极易发生剥落和崩塌，因此不同于中原和西北地区依山凿穴、建窟塑佛的习惯，新安人巧妙地将佛教造像艺术和建筑结合，并熟练地运用砖雕技艺，将造像的宏伟、庄严，在砖、石、木的方寸之间表达出来，并置于塔、庙、祠等百姓身边的建筑之内，既不失去其原有的功能，又使其贴近生活。如祁门县胥岭乡塔下村，保存的宋元祐八年（1093）的伟溪塔，为六角五层式砖塔，每层内外六面均有序地嵌以佛像砖雕，双手合十的跏趺坐式菩萨造像，宝缯垂肩，莲座下部有须弥座，身后是火焰背光。还有淳安汾口镇武强溪，也保存了明万历二十九年（1601）建琅琯塔遗迹，据记载为六面七层砖构塔。塔基上，为砖雕须弥座，塔内一～四层面壁上置放砖雕佛像：一、二层每面五块，每层各 30 块；三、四层每面 3 块，每层各 18 块，共 96 块／尊佛像。

五、装饰布局上给人以灵动的美感

装饰纹样和布局比例的巧妙配合，是新安工艺尤为突出的优势。商周的窃曲纹，战国的蟠璃纹，两汉的云气纹，六朝的仰莲纹，唐代的牡丹纹，元代的松竹梅纹，明代的串枝莲纹，清代的博古纹等，这些历朝历代的代表纹饰，都被恰当地运用于器物装饰之中。唐宋以后，新安山水在装饰图案上占了主导地位，采用绘画技法的现象也已经较普遍，而且极为注重结合器物的形体特点，适应了整体布局的需要，因而不显突兀。布局比例尺度合理，充分考虑实用功能和艺术性的统一，在表现艺术美感的同时，不失其基本功能。同时，由于文风昌盛，很多工匠多具有一定的文化水平，对设计美学方面也有了更深的理解和诠释，能够在制作过程中更好地体现这一意图，使很多作品宛若一幅浑然天成的山水画卷。如安徽中国徽州文化博物馆藏明随形蛙蜥栖穴纹歙砚，砚作随形，砚堂宽阔略内凹，墨池于砚堂上部琢出，砚工巧妙地依照原石形态在墨池、砚额巧雕出泥淖洼地，并在墨池中浮雕一青蛙，砚边左右各浮雕一蜥蜴，两相呼应，构思精巧。在注重实用功能的基础

明 随形蛙蜥栖穴纹歙砚

上，布局平衡协调，纹饰装饰取法自然，充满生活气息，无论整体布局还是雕琢细节，都使人感到了灵动之美。

六、注重材质与表现形式及内容的统一

最大限度呈现出材料的美感，是新安工艺的又一特色。无论是金银、玉牙、檀梨等珍贵之材，还是随处可见的竹、木、石、砖等寻常之料，在极具美学观念的新安匠人手中，材质之美都被合理利用和表现而出。在建筑装饰艺术方面，这种工艺审美的巧妙之处，就被完美地展现出来。如淳安汾口宋京村的“大夫家庙”，就是巧妙地组合了大量的砖、石、木三雕作品，并通过与环境的融合，达到了审美整体的整体性。据《公惠余氏宗谱 · 列卷 · 汝楠行八公原传》的记载，这栋建筑始建于明嘉靖年间，因余汝楠抗倭有功，受到嘉靖帝嘉奖而建。该庙前为一座砖木结构的牌楼，八字门墙，面阔三间，重檐歇山顶。上额悬挂着“大夫家庙”4字竖匾，下额立着“世科甲弟”的横匾，背面还有一块“龙章褒显”匾额。内庭为水磨砖雕的门楼，三合院式的砖木结构前堂，中门和两侧门为牌楼式，门楼上方有“恩荣”竖匾。门楼前设5座单孔拱形石桥，因似故宫金水桥布局，而被当地民众称为“小金銮殿”。① 其中，木雕多用在梁、架、窗等上，雕刻精细纤巧，题材多为戏曲故事、山水花鸟；石雕多用在柱础、栏杆、抱鼓上，手法简洁浑厚，纹饰多为兽纹、夔龙、回纹等；砖雕多用作门罩、照壁、花窗等，手法细腻传神，题材多为花鸟、博古等。这些作品的装饰布局合理，妥善处理了各类材质与表现形式及内容的关系，而且建造者以非凡的审美能力，掌握整体布局与局部装饰间的平衡，使得工艺材料和工艺技艺完美结合。尤其是在新安山水美景的衬托之下，这些遍布乡村的白墙灰瓦的古建筑，成为集砖、石、木等诸雕工艺完美交融的工艺精品。

另外，在不同材质的搭配使用上，新安工艺也有诸多的创新。如安徽中国徽州文化博物馆藏清代竹编银胎杯，就巧妙地借用了竹编艺术，为银杯的富贵气韵中增添了素雅之意。还有清镶紫檀口、底竹雕笔筒，就利用了硬木不易开裂、变形的特点，作为竹雕笔筒的镶口和底嵌，以避免竹器的崩裂情况发生。其他的还有如明竹编漆器果篮、清嵌玉红木墨床、清嵌螺钿墨匣等，或为装饰平衡，或为实用所需，不同材质的搭配总是体现得恰当和适宜。

① 鲍艺敏、方明华：《淳安历史文化丛书 · 文物叙略》，西泠印社出版社，2008年，第80～82页。

第二节　形成和发展的影响因素

作为一种本土文化与外来文化充分融合的典范系统，新安工艺建立在本土观念和传统儒学思想的基础之上，得益于富庶经济的支撑，以及“万般皆下品，唯有读书高”的精神追求，在新安理学、新安书画、教育科技等姊妹学科的相互促进之下，形成了新安人独特的工艺美术理念和语言。今天我们看影响新安工艺形成和发展的因素，大致有以下六个方面：

一、稳定和安全的社会环境，是新安工艺诞生和发展的先决条件

工艺的发展，需要有连续和稳定的社会环境。石器时代，群山环绕的地理环境形成了天然屏障，使得新安地区处于一个长期稳定的区域环境之中。在淳安进贤高祭台遗址的发掘中，发现石器时代上有商周文化层的地层叠压关系，出土的石器、夹砂陶、印纹硬陶和原始青瓷片，体现了连续的工艺发展进程。这一情况也出现在歙县的新州遗址，深约2.5米文化层，出土有瓷器、瓦块、陶器、石器和玉器，时代历新石器、商周、两汉和两宋，延续时间长达数千年。这种连续的长时间跨度，从侧面印证了历史学家陈怀荃教授的观点，他认为先秦的新安地区社会，经历了一个长期稳定的发展时期。在《东南扬越之域的开发》一文中，他就提及：屯溪西周八墓出土的器物“其形制之精美，铸造技艺之高超，绝非短期所能练成。其多样化的原始瓷器，便超越中原地区”。[①] 前文提到，黄宾虹先生也认为，处万山之中新安，百姓风俗质朴纯美，是故中原世家大族无不以此为人间乐土。自然环境和民众素质共同构成的安定社会，成为新安工艺持续、稳定发展的先决条件。新安墨业的发展即如此，自南唐李廷珪南渡，创制“新安香剂”开始，历宋元明清而至近现代，墨业的发展几乎从未被打断，从而全面和完整地展示了唐代以来中国墨业的演进历程。

二、水运交通和内外交流，保持了新安工艺发展的活力和创造性

在新安工艺的肇始阶段，先民们就凭着便利的水运交通，进行域内外的交流和沟通。屯溪奕棋西周土墩墓遗址出土的青铜器，经检测，其主要成分为铜、锡、铅，

① 陈怀荃：《东南扬越之域的开发》，《安徽师范大学学报》第31卷第6期，2003年，第692页。

其中铜的比例较低，含铅比例较高，这和吴越地区尤其是越文化的青铜铸造技术特征相近。[①] 而器物铜色鲜丽、纹饰细腻、器体偏于单薄、质地疏松且锈蚀物较多等诸多特征，与安徽铜陵等铜产地的出土器物比较，均体现出较大差异。在淳安进贤高祭台遗址的考古发掘中，发现了“商代的炼铜遗址，出土了坩埚、铜炼渣和一些青铜产品”[②]，青铜器有柄曲刃和铜口锛等。这些实物的出土表明，商代淳安地区的青铜冶炼和铸造水平已达相当高度，能够冶炼合金和铸造较为复杂的器型，而这些青铜器的形制、化学成分，以及现存状况，与屯溪出土的器物相类。在淳安和建德两地文物部门收藏的其他商周青铜器，也体现了相类的特征，这些遗存都为屯溪出土的西周青铜器提供了关联线索，揭示了流域地区青铜文化的发展联系，以及流传脉络。

建德地区的新石器晚期遗址，如落山岩遗址、青龙头遗址，以及稍迟的久山湖遗址，出土了泥质陶器和几何印纹陶器。淳安的进贤文化遗址、赋溪北河坪山遗址、左口乡小塘坞遗址，在和石器时代有地层叠压关系的早商或商周文化层中，则发现了较多相似特征的印纹陶和原始瓷片。在屯溪奕棋的西周土墩墓，发现的原始瓷器在陶瓷器总量中占比近80%，器形、器类、装饰以及刻划符号等，与中下游地区的出土器物明显存有关联性。同期出土的几何印纹陶和夹砂陶，也体现了地区陶瓷发展的整体承绪，揭示了陶瓷制作工艺的发展进程。即从石器时代较为粗糙的夹砂红陶、灰黑陶，过渡到几何印纹陶，再发展成为精美的原始瓷器。这一发展情况在相邻金衢盆地的考古发现中也得到印证。结合器物出土情况和窑址调查来看，浙西和皖南山区是原始瓷的主要产区，其生产技术约出现于商前期，盛行于春秋战国时期，并成为主要的生产、生活器皿。新安陶瓷工艺从落后到领先的蜕变，除了拥有优质瓷土这一自然优势外，流域内的文化交流和沟通，相信亦起到极为重要的作用。

明代隆庆以后出现的《一统路程图记》和《士商类要》，是两部新安商人编撰的行商路程图记，从中可以看出，新安江已成为商旅和货物往来的水路大动脉。当时严州的淳安、分水、建德等地，业已成为人员和货物集散，以及转运的交通要冲。万历《续修严州府志》中就称：当时严州“舟车往来，生意凑集，亦称闹市”。[③] 交流的频繁开阔了视野，有利于保持发展的活力和创造性，也有利于吸纳新知识、新

① 李国梁：《屯溪土墩墓发掘报告》，安徽人民出版社，2006年，第46页。
② 倪士毅：《浙江古代史》，浙江人民出版社，1987年，第18页。
③ 万历《续修严州府志》卷三《经略志·城郭》。

技术，从而持续推进工艺的繁荣

三、崇文尚教的社会氛围，为工艺发展提供了高素质的人力资源

中原世家望族为了躲避战乱，自两汉开始就陆续迁入新安地区。他们聚族而居、昭穆有序，不仅保持着原来的宗族体系，而且继承了诗书传家、科举兴家的思想。在这一思想的影响和带动下，新安地区的文教事业渐次繁荣兴盛。魏晋之后，历代才子辈出、文风不绝，一如南宋罗愿在《新安志·风俗》篇中所述："黄巢之乱，中原衣冠避地保于此，后或去或留，俗益向文雅。宋兴则名臣辈出。"①《绩溪县志》也记载："大江之东，以郡名者十，而士之慕学，新安为最。"②在世家大族的垂范引导下，社会形成了重视教育的自觉。新安江地区流行的一些民间谚语，如"孩子不读书，不如养只猪""即使卖了茅茨，也要给孩子读书"③等，就很能说明这一问题。教育昌盛必然会提高地区的人口素质，而在封建社会，这种提高的直观体现则是于科举方面。仅以淳安为例，据《续纂淳安县志》《遂安县志》中的记载，共有2000余人通过中进士、举人，或入国子监读书入仕，另有征辟者142名；仕籍284人。淳西威坪的蜀阜村就流传有"三斗三升芝麻官，满街行人官碰官"的民谚。④明代，淳安人商辂更是分别拔得宣德十年（1435）的乡试、正统十年（1445）的会试及殿试的头筹，成为明代三百年科举史中"三元及第"的第一人。⑤明清时期的徽州，也出现了"同胞翰林""父子尚书""连科三殿撰，十里四翰林"和"兄弟九进士，四尚书者；一榜十九进士者"等佳话。

文教事业的兴盛，人口素质的提高，带来的不仅仅是科考的成功，也为社会发展提供了丰富而优质的人力资源。同时，新安社会并不鄙视手工业者的风尚，则为高素质人才进入手工艺行业，扫清了障碍。歙县稠墅的许氏一族，在宗谱的《许氏家规》一栏中就记述："耕种田地，农之生理也；造作器用，工之生理也；外出经商，商之生理也。至若产无、本无，不论匠艺、佣工亦是生理。若能各安生理，则衣食自足，可以供父母妻子之养，亦可持门户，不为乡人所非笑。故圣祖教尔以各安生

① [宋]罗愿：《新安志·风俗篇》，光绪戊子李光熠重刻本。

② 嘉庆《绩溪县志》卷一《风俗》。

③《淳安文化志》，浙江工商大学出版社，2016年，第3页。

④《淳安文化志》，浙江工商大学出版社，2016年，第3～4页。

⑤ 明代第一个科举连中三元者为洪武年间的黄观，但因"靖难之役"后，黄观及其妻女投江殉难，被明成祖朱棣除名。所以，商辂是明代唯一一个"三元及第"。

理者，欲尔有衣食不寒不饥也。”这种士、农、工、商皆为职业，且各行各业应该“各安生理”的观点，代表了当时新安社会开放和包容的整体态度，在这样一个良好的社会背景下，手工业者的素质，以及工艺作品的艺术化和精品化，必然是可期的。

四、兼收、变革和创新的发展理念，使得新安工艺具有高度的适应性

新安工艺能够传承有序、长盛不衰，关键在于它能顺应社会发展趋势，不断地吸纳姊妹艺术和优秀文化的养分，通过不断变革推动技艺的持续进步。

在包容、吸纳、兼收并不断创新方面，新安墨业的发展之路显然也是十分典型的。晚唐时期，河北易州的李氏制墨家族，在李超的带领下，避乱迁至新安歙县一带，利用黄山、松萝山之古松取烟，并改进配料、和胶、杵捣等技术，制造出前世无法企及的“新安香墨”[①]，奠定了新安墨业的基础。宋宣和三年(1121)，改歙州为徽州，“徽墨”之名逐渐日显。宋明时，地区已形成如沈德符在《万历野获编》中所描述的“新安人例工制墨”之盛景，墨业也成为新安工艺中最为显著的代表。在其后中国墨业发展的数次大变革中，新安墨家也始终走在时代的最前列。如在制墨原料的变革中，李超之子廷珪，就有感于北方制墨业因松烟原料枯竭而凋零的窘境，故采用新安地区盛产的桐油点烟制墨，获得成功，拓展了制墨原料来源。之后，明清的新安墨家，又相继拓展出漆烟和猪油烟等烟炱原料，在降低成本的同时，又避免了原材料来源的单一。又如在制墨技术上的变革，南宋的新安墨家，借鉴了传统粿模的模具技术，改进了墨模的制作方法，使墨品更趋规范和美观。明代制墨家罗小华、程君房、方于鲁等，则依托新安雕刻、绘画和书法等姊妹艺术的技术支撑，按照文人的审美情趣和设计理念，将诗、书、画、印结合，使用于墨品的髹饰上，终成集实用、观赏、宝藏于一体的工艺珍品。再如销售理念的创新。宋以前，墨的流通方式主要有三种，即皇室赐予、专门机构供给和文人间的交流馈赠。入宋后，受到科举制度改革和印刷技术进步的驱动，商品化的“市肆墨”自此诞生，商业化经营模式也随之出现。宋代孟元老所撰《东京梦华录》中记述，当时在首都东京相国寺的坊市中，新安潘谷所制的墨品极其抢手。元代陆友所著的《墨史》中也记载：潘谷售墨时“士或不持钱，留券取墨，亦辄与之。……后忽取积券焚之”。[②] 这种极富文人特色的贸

① 李氏一家所制墨品，多以“新安香墨”或“供御香墨”等为墨名。

② [元]陆友：《墨史》；转引自桑行之：《说墨》，上海科技出版社，1994年，第77～78页。

易活动，正是商业经营的雏形。另外，宋代晁氏所撰《墨经》中记载，墨匠为了达到速制、速售和速用的目的，制作墨品时往往采用轻胶的方式。[①]这些适应性的自主变革，在新安制墨史上不胜枚举，正因如此，新安制墨逐渐从中国墨业体系中凸显出来，在明清时期成为中国墨中最光耀的一个品类

五、不断调整工艺发展的重心，形成和保持了工艺门类及特色

中国工艺美术，自远古发端伊始，各地就多具自身的特色。如北方仰韶文化的彩陶，南方河姆渡文化的雕塑，东部龙山文化的黑陶等，这些工艺都是建立在地区资源优势的基础上，为了符合生产、生活，以及审美的需要，而诞生和发展的。

考古发现表明，新安江流域在石器时代即初步形成了工艺的体系特点。从这一时期遗址出土的器物来看，石器、青铜器及原始瓷制作业，就是采取就地取材的方式发展起来的。石器器型中多见网坠、石镞，且斧、锛等，而农业工具占比较少的情况，说明工艺制作是与彼时渔猎生产的方式相适应的。出于山区开发和简便生产的需要，制作的石器中，既有打制器，也有打磨结合器和磨制器，存在打磨共存的区域特点。陶器制作在经历了夹砂、泥质和几何印纹的漫长过程后，依靠本地瓷土的优势，形成了先进的原始瓷制作，影响和带动了区域陶瓷业水平的提高。直到两宋时期，制瓷业仍保持着较高水准，建德文管所藏西晋青釉双耳盘口壶，东晋黑釉鸡头壶、青釉镌斗，唐代青黄釉碗和宋代青釉葵口盏等文物，[②]系统展现了地区制瓷工艺发展的脉络。歙县竦口、绩溪霞涧、建德大白山等窑址，也为该地区五代至宋的瓷生产和瓷工艺发展，提供了系统的实证。

唐宋时期，新安工艺的发展方向出现了明显调整。由于官府对陶瓷、织纺、金属等工艺行业的控制极严，各种形式的官方作坊，在一定程度上遏制了民间参与的积极性。唐代官府规定，工匠必须在官方作坊内服番役 20 天；宋代官府也往往强雇手工业者役使。更有甚者，元代建国之初，就在江西浮梁设置瓷局，将各地的优秀工匠强迁至此，并编成匠户、入匠籍，不允许其随意脱籍，必须世代相袭。《元史》则记载，1276 年元军取得杭州后，"籍江南民为工匠，凡三十万户"。元代王恽著《秋涧文集》也记述：(1279)"籍人匠四十二万，立局院七十余所"。[③]匠户实际上是一

① [宋]晁说之：《墨经》；转引自桑行之：《说墨》，上海科技出版社，1994年，第30页。
② 李树帆、李康：《建德文物》，建德县文物管理委员会资料，1988年，第58～60页。
③ 转引自田自秉：《中国工艺美术史》，知识出版社，1985年，第260～261页。

种工奴，受到贵族和官吏的层层盘剥，生活十分艰难，这难免会打击手工业者的积极性。因此，自唐宋开始，新安工艺的发展方向就似乎在主动规避这些行业，转而利用统治阶级对文人士大夫的优容，积极发展管控宽松且有文人参与其中的工艺门类，如墨、砚、竹木雕、刻书等，以至于在很短的时期，便在行业内形成了领先的局面。当然这些工艺门类的选择，也是依托于新安地区的资源，以及人才优势的。

六、商业经济的发展，促进了新安工艺的兴盛

两宋时期，尤其是宋室南渡定都杭州后，新安山多地少、人多田少的矛盾，在接纳了大量移民后尤显突出。生存的危机，促使部分农业人口或外出谋生，或转为手工艺者。对此，道光《休宁县志》记载："徽州介于万山之中，地狭人稠，……天下之民寄命于农，徽民寄命于商。"① 明末清初学者顾炎武在《天下郡国利病书》一文中论述道："徽州保界山谷，土田依原麓，田瘠确，所产至薄。……小民多执技艺，或贩负就食他郡者，常十九。……以故中家而下，皆无田可业，徽人多商贾，盖其势然也。"② 顾炎武所言的徽州小民，沿着新安江、富春江、钱塘江，将新安的茶叶、竹、木、瓷土、生漆等土产运销外地，开拓了市场，带动和促进了整个新安地区手工艺的商业化发展。明清时期，新安商帮是中国最为成功和资本最为雄厚的地区商帮，据《清朝野史大观》记载："富者以千万计""百万以下者，皆谓之小商"。③

在自然经济的封建社会，海量财富不是用于投入再生产，而大多是供拥有者挥霍。但等级制度下的商人又有着诸多消费的阶层限制，所以除了修桥补路、兴学助教等善举外，兴宅建院、收珍纳玩则是其财富支出的重要部分。明人沈德符在《万历野获编》中记载："滥觞于江南好事缙绅，波靡于新安耳食，诸大估曰千曰百，动辄倾橐相酬，真赝不可复辨。以至沈、唐之画，上等荆、关；文、祝之书，进参苏、米。其敝不知何极。"④ 文中之意虽是讥嘲新安商人的艺术鉴赏水平不高，但也从侧面说明了这一群体的收藏之风极为兴盛。近代歙人许承尧在《歙事闲谈》中则提到："（清代康乾时期）休、歙名族，乃程氏铜鼓斋、鲍氏安素轩、汪氏涵星研斋、程氏寻乐草堂，皆百年巨室，多蓄宋元书籍、法帖、名墨、佳砚、奇香、珍药，与夫尊彝、圭璧、

① 道光《休宁县志》卷一《风俗》篇

② [清]顾炎武：《天下郡国利病书》"江南"。转引自鲍义来《徽州工艺》，安徽人民出版社，2005年。

③ 小横香室主人：《清朝野史大观》，中央编译出版社，2009年。

④ 转引自吕友者：《明末清初徽州的书画市场》，《东方收藏》2012年第10期，第112页。

盆盎之属。每出一物，皆来历赏鉴家津津乐道者。”[①] 新安富贾的喜好，以及大量的金钱投入，对文化艺术的推动作用是显而易见的。梁启超先生就秉持这一观点，他认为以新安商人为主体的两淮盐商，对清初的文化繁荣作出了突出贡献，其作用甚至可堪与南欧富商对文艺复兴的推动作用相比拟。梁启超在《清代学术概论》中论述："即穷极奢欲，亦趋时尚，思自附于风雅，竞蓄书画图器，邀名士鉴定，洁亭舍、丰馆舍以待……然固不能谓其于兹学之发达无助力，与南欧巨室豪贾之于文艺复兴，若合符契也。”[②] 黄宾虹先生也认为商人是新安工艺兴盛的主要因素之一，即“富商显宦，邻里相望，以故百艺工巧”。[③] 借由雄厚资本的支持，新安工艺的技艺水平和生产能力同时得到极大的提高，很多行业逐渐成长为国内的行业翘楚。以刻书出版业为例，明万历进士谢肇淛就曾说过："宋时刻本以杭州为上，蜀本次之，福建最下。今杭州不足称矣。金陵、新安、吴兴三地剞劂之精者，不下宋版。”[④] 新安刻书出版业的骤然进步，与新安富商的助力息息相关。康乾时期的祁门盐商马曰琯、马曰璐兄弟，不但藏书极丰，且以广搜古本和精选良工刊刻而闻名，世人极为推崇其所刻之书，称之为“马版”。在刻书出版需求的带动下，新安本土也诞生了歙县虬村黄氏这样的刻工群体，以极高的文化素养、独立的布稿能力和工整雅致的雕刻手法，成为当时中国雕版和版画艺术的翘楚。

新安江流域的先民，通过辛勤的劳动创造了灿烂辉煌的工艺美术，发展形成了新安人独特的工艺美术理念，并在陶瓷、雕刻、文房、建筑等工艺方面取得了惊人的成就。它充实了新安江流域文化的内容，也丰富了中华工艺的宝库。更为重要的是，这些遗存的工艺美术作品，也成为我们今天研究新安江流域社会历史发展的主要依据。

---

① 许承尧：《歙事闲谭》卷二十《咸丰前歙人收藏之富》，黄山书社，2001年，第706页。

② 梁启超：《清代学术概论》，东方出版社，1996年，第60页。

③ 黄宾虹：《黄宾虹文集·杂著篇》，上海书画出版社，1999年，第88页。

④ [明]谢肇淛：《五杂俎》卷四，明万历刻本。

第一章　晨光熹微

——史前和先秦时期的新安工艺

第一节　概　述

旧石器考古的发现，揭示了新安人的起源。建德乌龟洞的“建德智人”遗址说明，早在10万～5万年前，我们的祖先已经在这一地区生活。随着考古调查的逐步深入，在新安江流域各地，发现了数十处的石器时代遗址，在发掘工作开展较多的徽州盆地、淳安金紫尖盆地和建德盆地，中土坑、进贤高祭台文化、下冯塘以及新州等遗址，基本揭示了氏族公社时期新安社会的基本文化面貌，揭开了新安文化以及工艺孕育形成的篇章。尔后数千年光辉灿烂的文化传承，工艺美术就是从这些简洁、质朴的文化形式中萌芽而出，并传承和发展起来。大量的实物例证，有力地证明了新安工艺发展的悠久和连续性。

文献记载和考古发现说明，以黄（河）淮（河）流域为核心的中原地区，在夏朝（前2070～前1600），由原始社会进入到阶级社会阶段。这以后，社会开始有了阶级划分，并有了不事生产的社会阶层。在新安江流域地区，高祭台文化类型遗址早期地层的考古发现启示，当时的社会，可能已经出现了阶级划分的萌芽，一些精美石器和陶器，于是被作为私有财产为少数人占有和使用。在部分出土的器物中，如鱼鳍形、扁凿形的鼎足，以及有段石锛和琮、钺等玉礼器，呈现出和良渚文化晚期，如钱三漾遗址出土器物相似的特征。这大概率说明，新安文化及工艺在漫长的形成期中，通过新安江水路交通，与浙江杭州湾文化有过持续地接触和交流。当然，不仅于此，中国的其他地区，也是早期新安工艺不断汲取养分的源泉。例如，上游祁门中土坑遗址和太平蒋家山遗址，出土的部分石器，其器形、石质和加工痕迹，则表现出与含山凌家滩遗址出土器物相近的情况。工艺作为新安文化的一个重要组成部分，在不断汲取外来文化精髓的同时，也不断地影响了周边地区。如浙江金衢盆地（今浙江金华、衢州一带）的陶瓷制作，就呈现和新安相近的特征。而且，这种相互影响，一直到今天也没有间断过。

出土的青铜器和冶炼工具表明，在中原商朝（前 1600 ～前 1046）早期或者更早时间，以淳安进贤地区为代表的高祭台文化类型，已经发展出青铜冶炼及青铜铸造和加工工艺，新安江流域进入了“铜石并用时期”。青铜器的使用带动了生产力发展，也促进了生产关系的转变，新安地区的农业生产水平，较之以前有了显著的提高，这促使手工业脱离农业而独立出来，相应的技艺水平也随之迅速提高。以青铜铸造的工具，在当时并未得到普及，在农业生产中占主要地位的，仍然是那些比较原始的、易制的和不易损坏的石制工具，但在手工业生产的领域，青铜铸造已经发展成一个重要的门类。值得注意的是，在高祭台文化的商代类型遗址中，发现了原始瓷器与泥质陶器、夹砂陶器，以及几何印纹硬陶并存的情况，厘定了地区陶瓷工艺发展演进的序列，也表明了新安江流域是中国最早制作和使用原始瓷器的地区之一。在自然资源、劳动实践及长期稳定的定居生活等多因子条件作用下，以青铜、原始瓷和几何印纹陶制作为代表的商代新安工艺，业已成为中国南方工艺美术体系中的一个重要部分。到了西周（前 1046 ～前 771）时期，青铜器和原始瓷器已大量制作，其规模和水平，如屯溪奕棋西周土墩墓葬遗址所显示，已经在商代基础上有了极大的提升。我们还可以从大量遗存痕迹中得出结论，如玉石加工、漆器制作和镶嵌工艺等手工业技术也已经出现，且技术水平并未体现出生疏之感，当是有了长期发展后的成果。陶瓷、金属、纺织、漆器等后代手工业制作的基本门类，在这一时期已经基本形成了，而且显然不是直接来自中原等地区。譬如，西周时期的青铜和陶瓷制作，器形除了极少部分是模仿中原地区外，大部分在形制或者纹饰上已经赋有鲜明的地域特点。这说明，从商到西周的 9 个多世纪中，新安工艺不但在制作、材料上有了很大的进步，而且它的艺术审美性，也越来越体现出显著的区域特色。

春秋（前 770 ～前 403）时期，中原地区的奴隶社会逐渐瓦解，开始进入封建社会。在此期间，中国历史发展进入了一个动荡的时期，数以百计的小封邦，经过数百年的兼并，到战国时期已成为七国。又经过一个半世纪的不断的战争，才终于在公元前 221 年，由秦始皇完成了统一中国的大业。这期间，由于吴、越、楚的争霸之战，新安江流域地区经历了一场空前的浩劫，手工业发展急速衰落，制作精细和纹饰精美的礼器，如青铜鼎、青铜尊、玉琮等突然消失；曾经在生产、生活中广泛应用的原始瓷器，也逐渐式微，甚至在一些地区已不见踪迹。各种遗迹和遗存，无论规模和数量都大不如前。新安工艺之光在顷刻间变得黯淡，又退回到制作陶器、石器的原始阶段。

一、天开神秀

材料是工艺美术诞生和发展的物质基础，古代尤其是交通不便的史前和先秦时期，就地取材是当时人们近乎唯一的选择。于是，山川地理条件，以及物产、气候等自然资源优势，直接决定了区域工艺门类的诞生和早期发展方向。因此，研究史前和先秦时期的新安江工艺，首先就要了解彼时的地理环境。

新安江发源于安徽省休宁县，“其源头在安徽省休宁县率水上游冯村河发源地怀玉山脉主峰六股尖的东坡”。[①] 新安江的源头分为两大支流，南支为率水，是新安江正源，发源于五龙山脉的六股尖；北支称横江，发源于黟县五溪山主峰白顶山。两条支流在屯溪汇合后，经歙县由街口镇入浙江淳安县，至建德市梅城镇以上，称新安江。在梅城与兰江汇合后，称桐江；至桐庐县桐庐镇与分水江汇合，称富春江。富春江流经富春县至闻家川与衢江汇合后，始称为钱塘江。钱塘江因钱塘县而得名，最早见于东晋时期，古称浙河、浙水、渐江、淛江，先秦古籍《山海经》就记载“浙江出三天子都，在蛮东，在闽西海北。”[②] 郭璞则注释：“浙江出新安歙县东，谓之三王山，浙江出其边也。”[③]《汉书》《水经》称：“渐江水出三天子都，北过于杭，东入于海。”[④]《新安志》称：“‘浙’或作‘淛’，音制；或作‘渐’，义并同。”[⑤] 故此，有观点认为在东晋或者更早，新安江和富春江及钱塘江总称“浙江”。无论历史称谓如何，新安江和钱塘江系一脉而出、水路相连，在历史上形成了勾连皖南和浙西，进而连接江浙乃至东南地区的文明通道。同时，新安江也拥有丰富的渔业资源，溪河塘坝中的鱼类就有 120 多个品种，还有各种淡水虾、螺、龟等，为古代先民的捕渔业发展提供了基础。基于食物获取和往来交通的生存需要，和渔业相关的工具以及舟船，成为早期工艺制作的主要方向。

新安江流域地处黄山主峰的南部，黄山山脉盘踞于西北部，莲花峰、天都峰、

---

① 钱塘江河源河口考察队：《钱塘江河源河口考察报告·前言》，浙江省科学技术学会1986年铅印本。

② 袁珂校注本：《山海经·海内东经》，上海古籍出版社，1980年，第332页。

③ 袁珂校注本：《山海经·海内南经·三天子鄣》注二，上海古籍出版社，1980年，第269页。

④ 郦道元：《水经注》卷四〇《渐江水》，《四部备要》本。

⑤ 罗愿：《新安志》卷四《休宁县·率山》，清光绪十四年重刊本。

光明顶三大主峰，海拔均在1800米以上，千米以上高峰就有75座。东南部的天目山、白际山、千里岗山脉、龙门山脉，海拔也在千米以上。新安江在群山环绕中流淌，江流清澈，青碧相溶，形成了极其优异的野生动物生存环境。在这里生活着200多种各类飞禽走兽，其中包括云豹、金钱豹、黑麂、金丝猴、大灵猫、黑熊、穿山甲、蕲蛇、短尾猴、猕猴、香狸、獐、白颈长尾鸡、八音鸟、相思鸟等。先民的原始狩猎经济也因此得到支撑，用于狩猎的如箭镞、投掷器等工具的制作，也随之发展进步。而且，新安境内山脉连绵、层峦叠嶂，地势高峻，相对高差大，山地及丘陵占十分之九，故有“八山半水半分田，一分道路和庄园”的地势之说。发源地及上游地区由盆地平原（休歙盆地、绩溪盆地）、台地丘陵和低山地貌类型组成，屯溪至深渡，河流蜿蜒而出，右岸靠山，左岸为河谷平原。深渡以下至淳安又是峡谷河段，淳安至建德境内的地貌以丘陵低山相间河谷平原为主。新安江河系发育健全，河网密度大，在汇入新安江的各级支流中，河流长度在10公里以上有57条；在10公里以下达586条。在干流和支流交汇的三角洲地区，每年的丰水季，河流都会带来大量和肥沃的泥土，为农业生产提供了优异的条件，这些地区，也成为古代新安人从游居生活向定居生活转变的首选。同时，由于地处亚热带北缘和亚热带季风区，这里四季交替明显，年平均气温除个别地段外均在15℃～17℃，年均降水量900～1700毫米。温暖湿润的气候，十分适宜农作物的生长，对茶、桑、竹、麻等喜温湿的经济形植物生长，也十分有利。诸如松、杉、杏、柏、椿、榧、樟、楠、梓、枣、梨等各色树木，金桔竹、节慈竹、对青竹、拜竹、苦竹、猫头竹等各种竹品类，应有尽有，南宋罗愿《新安志》中就有“山出美材”的记载，这就为木竹工艺的出现和发展提供了可能

新安江流域还蕴藏了丰富的石材和矿产资源。石宕几乎遍布全境，河谷平原上，有紫红色砂岩、粉砂岩组成的低丘；盆地边缘的丘陵、低山，则多由千枚岩、片岩和板岩等组成；山脊线上兀立的尖削高峰，主要由变质砂岩、板岩、片岩等组成。其中著名的有黟县西递东源盛产的“黟县青”大理石，歙县所产的“凤凰石”，婺源龙尾山盛产的珍贵砚石，淳安茶园镇的“茶园石”，为特色雕刻提供了非常好的原料。另外，建筑用的红麻石和白麻石，四隅也皆有分布，仅屯溪花山石宕就有36处，最大的一处石宕面积达12000平方米，据称开采下来的石材用作铺路，可以从屯溪一直铺到杭州。矿产资源的蕴藏则可谓点多、面广，总计达数百处，按种类可

分为燃料矿产、非金属矿产和金属矿产。其中燃料矿有石煤、沥青煤等；非金属矿主要有重晶石、水晶、黄铁矿、磷矿、萤矿、瓷土、纬晶岩、大理岩、石灰岩、花岗岩和石英（脉）等；金属矿主要有金矿、铜矿、磁铁矿、赤铁矿、锡铁矿、褐铁矿、铁铜锡矿、铜锌、铅锌矿、铜矿、锑矿、钨矿、汞矿、钒矿、钼矿、铍矿、铀矿等有色金属矿和稀有金属矿物。众多的资源为陶瓷、铸造、镶嵌、砖石雕工艺发展提供了优越的条件。

新安江沿岸雄奇秀丽的自然景观，是工艺美术创作的源泉。黄山山脉雄伟秀丽，奇松、怪石、云海、温泉被誉为“四绝”，且四季景色各异，朝夕有别。休宁县齐云山，古称“白岳”，以丹霞地貌为特色。有36奇峰、72怪岩、24泉，以山奇、石怪、水秀、洞幽称胜，构成“天开神秀”、独具一格的山水画卷。千岛湖位于淳安和歙县境内，湖水清澈，碧波浩瀚，千岛百姿，地貌景观丰富，石灰岩、丹霞地貌、薄层灰岩、花岗岩组合变化，多姿多彩。建德的大慈岩山势险峻，灵栖洞天以水、风、云见长，境内还有资源和景色兼具的铜官峡。对于新安山水的美色，唐代诗仙李白曾赞颂道：“清溪清我心，水色异诸水。借问新安江，见底何如此。人行明镜中，鸟度屏风里。”南朝文学家沈约也赞曰：“洞彻随深浅，皎镜无冬春，千仞写乔树，百丈见游鳞。”大约也正因对家乡景致喜爱，新安人的工艺美术自诞生起，其风格就以再现自然、师法自然为特色。另外，缺少适宜耕种土地的自然条件，使得人们一方面要通过狩猎活动取得生存的基本食物，另一方面还要开山辟田、种桑植麻，尽可能地改造和利用自然资源。因此，智慧和辛勤的新安人，极富于创新思变，这在工艺发展有着很好的体现。

二、石开鸿蒙

根据考古发现可知，在距今10万～5万年前的旧石器晚期，建德盆地就居住着新安人的祖先“建德人”，或者称为“建德智人”。他们生活在洞穴中，通过狩猎取得食物，并可能于生活实践中逐步掌握了打制石器的方法，这是目前已知最早的新安江流域文明。

流域内新石器时代遗址和遗存的发现是较为丰富的。从区域分布来看，建德盆地地区以航头六山岩遗址、寿昌青龙头遗址、大同久山湖遗址等为代表；淳安金紫尖盆地地区以进贤高祭台遗址、赋溪北河坪山遗址、左口乡小塘坞遗址等为代表；徽州盆地地区则以歙县新州遗址、歙县富堨下冯塘遗址、屯溪下林唐遗址等为代表。

从文化序列上看，从新石器时期一直到商初，大体可分为两个阶段：第一阶段，为新石器时期，有祁门中土坑遗址、建德久山湖遗址、歙县新州遗址一期、淳安进贤高祭台遗址一期等；第二阶段，为夏至商初，有歙县新州遗址二期、淳安进贤高祭台遗址二期和建德梓池岗遗址等。

（一）乌龟洞建德人遗址

新安江流域旧石器时代遗址以乌龟洞建德人遗址为代表。1963 年，寿昌区李家乡新联村上新桥后山交溪西岸的乌龟洞，第一次发现了人的牙齿化石。1974 年冬，在中国科学院古脊椎动物与古人类研究所和浙江博物馆对杭州、金华两地进行的野外考察中，在建德县李家乡的乌龟洞内，出土了一枚人的犬齿化石。这枚化石标本为右上犬齿，齿冠高 11.6 毫米，远中近中径 8.2 毫米，唇舌径为 9.5 毫米，判断可能是代表 30 岁左右的男性青年个体。综合其形态、出土地层和伴生的哺乳动物化石情况，都于华南更新世晚期的柳江人相当，属于智人阶段的古人类，为更新世晚期的后一阶段，大约距今 10 万～ 5 万年前，相当于考古学年代旧石器晚期或新石期早期时代，这枚人的犬齿化石被定名为“建德人”，或“建德智人”。“建德人”也被认为是这一地区最早的智人以及越人的祖先。[1] 和犬齿化石伴生出土，以及相邻

乌龟洞建德人遗址

① 韩德芬、张森水：《建德发现的一枚人的犬齿化石及浙江第四纪哺乳动物的新资料》，《古脊椎动物与古人类》1978年10月第四期。

地层出土了部分浙江第四纪哺乳动物化石，说明“建德人”的生活、生产方式，是依靠狩猎和采集为生。但遗憾的是，发掘中并未发现打制石器或其他文化遗存、遗迹，所以尚不清楚“建德人”文明的发展水平和类型。但至少说明，早在旧石器晚期，新安江流域就有了古人类活动。

生活在丘陵河谷地区的“建德人”，可能沿着钱塘江，逐步向水网平原迁徙，在与建德毗邻，连接浙江桐江、浦江、嵊州一带的钱塘江以南地区，先后发展起了新石器文化。这之后，萧山跨湖桥文化、余姚河姆渡文化、余杭良渚文化相继出现，这些新石器文化有着共同或相似的文化内涵，具有先后孕育传承关系，形成了浙江地区最早的工艺美术。[①] 良渚文明在辉煌了1300年之后，在距今4000年左右，突然从原聚居区消失。消失的原因，大多数观点认为，是由于居住环境的巨变，而进行了大规模的族群迁徙。近年来，在建德、淳安以及歙县地区的考古发现中，出土器物的形制、质料，以及所反映的制作方法和审美取向，都反映出良渚文化的强烈影响，为我们研究良渚文化晚期的活动范围和影响区域提供了思路。

(二)建德久山湖遗址

久山湖遗址因位于浙江省建德市大同镇久山湖村而得名，距今时间5000～4000年，它是新安江流域迄今发现最早的新石器时代文化遗址之一。久山湖遗址处在久山湖村东南的屋后山上，周围均为水田，被浙西山地环绕。遗址北依久山，以西约百米有大同溪自北向南流过。遗址现存面积逾5000平方米，范围为南北长约100米、东西宽约50米，属台地类型。1989年11月，由杭州市文物考古所对其进行了抢救性发掘，发掘面积240平方米。遗址地层堆积为耕土层、良诸文化层和生土层。出土较完整的陶器23件，可确认出相对集中的5组，另外，还发现有大量的陶片。陶器质地多为夹砂红陶和泥质灰陶，间有少量夹细砂黄陶，器形有鼎、壶、釜、簋、罐、豆等；出土石器31件，均为磨制而成，器形有有段石锛、石钺、石镞和石镰等；同时出土的还有两件玉质锥形器。久山湖遗址的年代在新石器时代晚期，大致与良渚文化晚期相当。[②] 将久山湖遗址出土的陶器与良渚文化比对，可见久山湖出土的鱼鳍形足鼎、双鼻壶、折腹浅盘豆、侈口折腹或敛口弧腹簋、贯

---

① 郑巨欣：《浙江工艺美术史》，杭州出版社2015年版，第1页。

② 杭州市文物考古所：《浙江建德市久山湖新石器时代遗址的发掘》，《考古》2006年第5期

耳壶等，在良渚文化中都能找到相同的器形，它们应是来自良渚文化的因素。另外，久山湖遗址出土的石钺、有段石锛与良渚文化的相同，采集的玉锥形质料也与良渚文化的相同[①]。良渚文化中未见素面玉质方锥，而久山湖遗址出土的玉锥，不但为素面，且柄部都有对钻小孔；在出土的陶器中，宽折沿圜底绳纹釜、浅盘垂棱细把豆，也具有久山湖遗址自身特征。这恰恰证明了前文所持观点，即新安江流域的史前工艺，虽有周边文化的交融和影响，仍保持着一定的自身特征。

(三)进贤高祭台遗址新石器时代地层

进贤高祭台遗址因位于浙江省淳安县进贤乡高祭台村而得名，距今时间约 3600 年，是新安江流域目前发现最早的石铜并用遗址。高祭台遗址现已处于新安江水库淹没区，大约位于千岛湖镇东北 5 公里处，新安江支流左口溪和贤溪在此交汇后，汇入新安江干流。据考古资料记载，该遗址当时为农田用地，被浙西山地环绕。1957 年，因新安江水电站建设的需要，浙江省文物部门组成了新安江考古工作队，在拟淹没的水库区域进行田野考察与清理时发现，并对该遗址开展了抢救性发掘。进贤高祭台遗址面积较小，仅 181 平方米，文化层堆积也不厚，仅有上下两层，但出土文物类型多样，种类丰富，涵有的历史信息量巨大。下层为新石器时代文化地层，共发掘出土石器 162 件、铜器 2 件及大量的陶片和瓷片。出土的石器均为磨制石器，形制有石斧、石锛、石凿、石刀、石矛、石镞和砺石等。其中石镞数量最多，石锛、石凿多为有段式。出土的陶器，质地主要是夹砂灰陶和泥质黑陶，器形有鼎、鬲、壶、碗、豆、盘等。鼎足多为鱼鳍式，与良渚文化晚期钱三漾遗址出土的器物相类。黑陶全为轮制，陶土匀净，表面有光亮的黑色陶衣，圈足上有纹弦和各种镂孔纹饰。综合分析进贤高祭台遗址的地层和堆积情况，新石器文化地层出土的有段石锛、石凿，以及鱼鳍式鼎足等器形，和建德久山湖遗址以及良渚文化晚期钱三漾遗址出土器物类似，考虑地层年代和叠加关系，存在文化承接的可能。按考古学惯例，高祭台遗址被认定为新石器时代文化遗址，其文化层下层约为新石器晚期至商代早期。

(四)歙县新州遗址新石器时代文化层

新州遗址位于歙县城徽城镇北郊一处台地上，东、南、北三面分别被布射水、扬之水、富资水环绕，四周分别由黄山和天目山山脉环绕，形成了一个狭长的山间

① 杭州市文物考古所：《浙江建德市久山湖新石器时代遗址的发掘》,《考古》2006年第5期

盆地，地理环境较为封闭，亦是新安江上游一处较为宜居的开阔河谷盆地。北宋宣和三年（1121），原歙县县城因方腊起义被毁，宋廷遂将州城迁往原址北郊，并更歙为徽州，新城即今新州。一年后州府复迁回原址，即今歙县县城所在。但“新州”作为地名仍沿用至今，遗址即坐落在此。

安徽省考古所曾四度组织对该遗址的发掘。首次是1986年开展的试掘，第二次是为了配合工程建设于1994年进行的抢救性发掘，其后又分别于1995年和1998年进行发掘。遗址位于一长方形岗地上，高出周围地面约3米，现存面积2万平方米，文化堆积厚1～2米，文化层深约2.5米。遗址可划分为两大阶段：第一阶段，为新石器晚期，对应第四和第五地层；第二阶段，为夏商时期，以第三层为代表。新石器时期地层出土的遗物十分丰富，且四五两层差别不大，多为磨制石器、夹砂陶器，以及磨光陶器。出土石器数量达100余件，有石镞、石犁、石矛、石斧、石锛、石凿、石网坠和半月形石刀等，其中部分石器仅一面磨光。陶器以夹砂红陶最多见，其次为夹砂灰陶和泥质磨光黑陶，绝大多数素面，仅少量器物上饰有刻划纹、弦纹或附加堆纹。主要器类有鼎、豆、壶、罐、钵、簋形器和钵、器盖等，其中以罐形鼎和簋形器最具特色，罐形鼎为夹砂灰陶，折沿垂腹，腹部饰一周凸弦纹，扁凿形足；簋形器为宽折沿、深腹、腹部下垂，圜底、高圈足、素面。

新州遗址的新石器时代文化层，出土了大量的鱼鳍式鼎足、鸭嘴形鼎足以及磨光陶器，与良渚文化晚期钱三漾遗址出土器物存在类似的器形特征，同时又和上游淳安进贤高祭台文化遗址，以及建德久山湖等新石器遗址的出土器物有着一定的相似性，体现了良渚文化对该地区工艺制作影响的特征。

三、铜呈瓷现

在古建德人开启新安人征服、改造自然的历史数万年后，进贤人揭开了新安地区青铜文明的华丽篇章。从商至秦王嬴政统一（公元前221），中国历史经历了商、西周和春秋战国时代，前后约1400年，这一时期即是新安地区的先秦史。其间，新安江流域的社会经济、文化得到长足发展，工艺美术品种逐渐丰富，制作技艺也趋于成熟。大量的印纹陶器和磨光石器被发现，淳安进贤高祭台遗址和屯溪土墩墓遗址，更是出土了制作精美的青铜器和原始瓷器，规模和质量在新安江流域以外地区极为少见。因此，可以说，商周时期的新安工艺美术是有着高水平的独特创造的，并为后期的发展打下了坚实基础。历史文献中对新安江流域先秦的历史记载极少，因此对这一时期工艺美术发展情况的了解，主要是来源于考古发现，其中以土墩墓遗址的资料尤为重要，历史信息也是最为丰富的。

土墩墓是我国古代一种较为特殊的葬式，主要流行于长江以南地区。与同时期中原地区墓葬多建于平地、深坑不起坟的葬式有着明显区别的是，土墩墓的营造特征是不挖墓穴，亦或有少数设浅坑，只在平地起封堆土，外形略呈馒首状。葬式为墓内无葬具，随葬品多为印纹陶器、原始瓷器和带地方特征的青铜器。在良渚文化中，出现过不向下挖穴而向上堆土埋葬的现象，也出现过在高土台上埋葬死者的现象。因此大部分学者认为，土墩墓的出现是受良渚文化传统的影响所致。在已发现的良渚文化遗址中，就有60%左右属“土墩遗址”类型，其中多为由祭坛和墓葬组合而成的“祭坛墓地”。土墩墓的存续时间大致是夏商至战国前期，约公元前5世纪，随着吴国的灭亡，土墩墓这一葬式也渐渐演变消失。在新安江流域发现的土墩墓遗址，时间跨度由新石器晚期至春秋战国时期，大致可分为早中晚三个时期：早期从新石器晚期至商时，形制可能受到良渚文化葬式的影响，后逐步本地化，随葬器物、葬俗等也具有本地区特色。中期为西周时期，此时的土墩墓，出土文物已经十分丰富，而且器类全、形制多，反映社会生产、生活的信息较全面。考古资料显示，当时的耕作农业有所发展，纺织、漆器、镶嵌等手工业初露端倪，原始青瓷生产日渐成熟，并成为较为常用的生活器皿，青铜冶铸业地域特色鲜明也颇具规模，社会分工整体呈现日益细化的局面。春秋战国时期，土墩墓葬式的发展进入晚期，出土器物种类单一，工艺制作也较为粗劣，体现了受战乱影响下，工艺发展停滞甚至倒退的局面。

(一)进贤高祭台遗址早商或商以前文化地层

淳安县进贤高祭台遗址的文化层虽仅有两层，但上、下文化层的出土器物，在类形和装饰上都有较大差异。上文化层对应的历史时代，约为商早期或商以前，地层出土了大量印纹硬陶、磨光石器，以及少量青铜器和原始瓷器。出土的陶器主要为几何印纹硬陶，类形有生产工具和生活用具两种，器形有罐、鼎、盂、钵、瓮、坛等，其中以罐、瓮最多。罐的腹部带有栏纹、底呈圜形，下有较高的圈足。装饰花纹多为曲尺纹、方格纹、席纹、网纹等。地层中还发现青铜器两件，并发现有氧化腐蚀的铜镇粒，以及冶炼工具坩埚等遗物，同时，灰黑色的土壤中，夹杂有大量的人工红烧土块，因此存在为青铜冶炼遗址的可能。出土青铜器的器形，一件为有柄曲刃钢刀，另一件为铜口锛，虽然形制简单、器形较小，但石器、陶器和青铜器并存的出土情况，说明生产和生活工具的制作技术，具有渐进性和连续性；另一方面出土的青铜器、坩锅和氧化腐蚀的铜镇粒等遗物，说明新安先民至少在商代，就已经掌握了青铜冶炼和铸造技术，标志着新安江流域地区已由后石器时代跨入了青铜时代。联系屯溪奕棋西周土墩墓遗址出土的大量青铜礼器，以及在建德地区发现春秋时期青铜器，表明当时新安地区青铜冶炼的工艺，正呈稳步发展的趋势，铸造技术也有相当发展。同一地层发现的印纹硬陶和原始瓷，表明在商代早期，新安人已步掌握了原始瓷器烧造技术，陶瓷制作逐步自印纹硬陶向原始瓷制作过渡，并已具有一定水准。而周边同类型文化遗址，以及屯溪奕棋土墩墓遗址，出土的大量原始瓷器，揭示了新安陶瓷演进的发展过程，展示新安人高超的工艺技巧和伟大的工艺智慧。

由于发现了青铜器和青铜冶炼遗迹，高祭台遗址也被称为“淳安进贤高祭台石铜并用时代文化遗址”。该遗址的发现，对于研究良渚文化在新安江流域的影响途径和范围，以及流域内青铜文化的发源、类型和发展，具有极为重要的意义。年代跨度自新石器晚期至春秋战国，影响范围包括新安江全流域，以及金衢盆地等地区，地域文化的系统性、代表性强，尤其是早商或商以前极具特色，故被命名为高祭台类型文化。

(二)小塘坞遗址和赋溪富德遗址

小塘坞遗址位于淳安县县城（排岭）以北约12公里，距离进贤高祭台遗址约5公里，遗址地处原左口乡富息村旁的小山上，左口溪与贤溪在此汇合后注入新安江，1959年，新安江水库建成后已被淹没，只有在枯水季水位下降后才可见。遗址属于西周土墩墓类型，1979年秋，由浙江省文物考古所会同淳安县文管会进行田野调查时发现，并组织试掘。此次发掘共清理土墩墓5座。5座墓葬内均不见葬坑和葬具，地面亦多无土墩痕迹。营造方式除5号墓(位于距小塘坞200米的施家凸岗坡)外，均是以鹅卵石铺垫墓底形成石床，再堆土成堆。[①] 随葬器物多为生产、生活用具，清理共发现原始瓷器41件，陶器、印纹陶器、青铜器各一件。原始瓷器均为生活器具，如豆、盘、碗、双耳罐、筒形罐等。该遗址的土墩墓葬式，以及出土随葬器物的形制、质地和装饰，多与屯溪奕棋土墩墓遗址出土器物相同或类似；和宁镇地区及福建北

---

① 浙江省文物考古所:《浙江淳安左口土墩墓》,《文物》1987年第5期。

部山区遗址中的出土器物，也有部分相似之处。

赋溪富德遗址位于淳安赋溪富德村北河坪的山上，属西周至东汉的文化遗存。1958 年 2 月，为配合新安江水库工程建设，浙江省新安江文物考古队对赋溪富德遗址进行了试掘，出土较多的印纹硬陶、原始青瓷碎片。器形多为罐、坛与碗类的生活起居，印纹硬陶均为手制，纹饰有人字纹、回纹等；碗、罐器形的硬陶，烧制时窑炉火候高，器皿脂质坚硬，均为素面，釉色为灰黄色，不少是夹砂陶，大多均为手制。①

综合这两个遗址的出土器物来看，器形、种类和制作工艺，与“进贤高祭台类型”出土器物相类似，属于同一个文化类型。但相较于高祭台遗址的出土器物，小塘坞遗址和赋溪富德遗址出土的印纹陶器和原始瓷器，数量显著有所增加，这说明陶瓷器物的制作工艺，在继续获得发展，并逐步在生活用器中占据主导地位。这一发掘情况，与屯溪奕棋土墩墓遗址的发掘结果是相吻合的，说明了流域内陶瓷制作工艺的发展，整体进程是协调的。

（三）歙县新州遗址商周文化地层

新州遗址文化层中的第三层，对应的历史年代为商周时期。地层出土有陶器、石器和少量的小件玉器。陶器以夹砂红陶为主，有少量泥质灰陶和印纹陶，纹饰以绳纹为主。主要器类有凹圜底绳纹罐、斝、带流罐等，罐类器物常常在口沿部位设绾。石器有镞、有段石锛、斧、刀等，其中一件石刀上阴刻有类似夔纹的图案，雕刻极为规整，体现了新安工艺制作逐步注重装饰美的趋向。

（四）屯溪弈棋土墩墓遗址

安徽省文物工作队先后于 1959 年、1965 年、1972 年和 1975 年，在屯溪西郊的奕棋村附近发掘出 8 座墓葬，经考证，为西周中期贵族墓葬。所出土的文物证明，当时的烧造、铸锻、镶嵌等工艺已经达到较高的水平。

屯溪这 8 座墓葬及其所出文物，尤其是青铜器和原始瓷器，引起极大的轰动。首先，这是土墩墓葬式的第一次被正式发现，为了解江南地区西周至春秋时期的葬俗提供第一手资料。随后，这类墓葬在皖南、苏南和浙北等江南地区被广泛发现，并被命名为土墩墓类型。它的基本特征是一墩一墓、平地起坟、封而不夯，葬式与南方地区多河流湖泊、地下水位较浅的地理条件相适应。其次，屯溪土墩墓出土了

① 新安江水库考古工作队：《浙江淳安县赋溪乡文物清理简报》，《文物参考资料》1958年第10期。

多达107件的青铜器，其中很大部分为礼器，蕴含内容极其丰富，器形风格也特色鲜明，是长江流域以及中国南方地区极为重要的一个组群。再次，屯溪土墩墓出土的陶器、几何印纹硬陶和原始瓷组合，反映了我国陶瓷文化萌芽和演进的重要进程。墓葬出土了原始瓷器311件、几何印纹硬陶23件、陶器29件，原始瓷器已占出土陶瓷器总数的85.7%，是全国已发现商周遗址中原始瓷占比最大的。其中的原始瓷器，器表纹饰整齐精美、造型和谐美观，大部分质地坚硬、细腻，吸水弱，击之有铿锵之声，推测烧成温度已在1200℃左右。现代科学检测说明，其化学成份和瓷胎的显微结构，都具有后来南方青瓷的特征。表明当时的原始瓷器制作技艺和规模，已经达到相当成熟的阶段。同时，根据胎体原料的检测结果，可以推定这些原始瓷器的原料取自祁门，烧制地点也应在其邻近地区。

考古发现的大量器物有力地说明，新安江流域的先民们，早在数千年前，就在这片土地上繁衍生息，协同发展。自建德人打制石器开始，新安工艺的一熙曙光在不断传承、创造和发展中，逐渐显露了夺目而灿烂的耀彩。这时的他们已经能种植水稻、饲养家畜、进行渔猎，他们的烧制、冶炼、铸造、雕琢、编织等技艺已达到相当的高度。与此同时，新安江流域的工艺美术也不同程度的接受了周边文化，尤其是当时中原文化和吴越文化的影响。

第二节　以石为器

在人类最早的历史时期，石器是主要的生产和生活工具，这一发展过程大致经历了二三百万年的漫长时期，历史学上称之为“石器时代”。根据制作技艺的不同发展阶段，石器时代又可分为旧石器时代和新石器时代。旧石器时代，是指使用简单打制方法加工石器的时期。制作多就地取用天然砾石、石片或者石核为原料，成品较为粗糙简陋，器形呈现出极不规则的特点，而且一件石器往往也没有固定的形态和用途，抑或做多种用途使用。新石器时代，是指使用磨制方法加工石器的历史时期。制作上除了以打击方法制作坯形外，成品还需经过细磨甚至抛光加工。这一时期的石器，种类较之以前大大增加，器物也有了相对固定的形态和用途。如铲、犁、锄、镰等农业工具；斧、刀、凿等手工工具，镞、矛、网坠等渔猎工具，等等。

新安江作为山溪性的常年河流，河床较宽阔、降比大，且支流众多。在干流和支流的交汇地区，形成了众多50米以下的冲积平原。加之气候上温暖湿润、四季分明，降雨量也较为充沛，这些自然环境条件优越的山间盆地，成为古代人类选择生息繁衍的适宜之地。虽然流域内的旧石器考古成果不及预期，目前仅在建德地区发现乌龟洞“建德人”旧石器遗址一处，出土的遗存也不丰富，所以工艺发展和文化内容难以确定。这一情况的形成，除了文献记载缺失和田野调查基础不充分外，复杂的地形、地貌，也对史前考古工作造成了诸多困难。新安江流域潮湿多雨，河谷交错，且地层结构复杂，每年梅雨季节的山洪，都会引发的山体滑坡、岩洞掩埋等次生地质灾害，地形地貌甚至文化层结构都会随之发生较大改变。如建德乌龟洞遗址发现时，原洞顶的大部已经坍塌，呈岩厦状①，这显然不利于田野调查和考古发掘工作的开展。另外，新安江水库建成后，改变了原有的地貌，并淹没了大量石器时代的遗址，不利于考古调查的连续性和拓展性。最后，北方干燥地区发现的石器遗址，除了石质等器物外，还往往有骨骼类化石出土，这对于遗址文化属性或者发展脉络的厘定，有很大帮助。但新安地区境内多为酸性重的红壤土质，极不利于骨骼等生物化石的保存，这也是考古发掘工作面临的难点。随着近年来国家对考古工作的重视，以及更多的新技术应用，相信新安江流域的旧石器考古工作必将有所进展。而且，建德乌龟洞及其周边地区，考古调查工作也具有很大的继续挖掘潜力。

进入新石器时代后，新安先民为了生产生活的需要，在打制石器的基础上进一步琢制和磨制，加工工艺的进步，促进了工具种类的增加和用途的专门化。此时可

新石器 石钺

新石器 三孔半月形石刀（淳安进贤高祭台遗址出土）

① 韩德芬、张森水：《建德发现的一枚人的犬齿化石及浙江第四纪哺乳动物的新资料》，《古脊椎动物与古人类》1978年第4期，第255～262页。

能为了居住的目的，发展了木工工艺；为了原始信仰的目的，发展了玉器工艺，并因此发展出了原始的石质加工工具。新安江流域工艺美术的雏形，大抵形成于此。

一、承嬗离合

目前，新安江流域已发现的新石器遗址已有数十处，几乎遍布全流域。分布状况上多处在建德盆地、淳安紫金盆地、屯溪盆地和祁门盆地等范围，大多位于新安江或其支流的沿岸二级台地，以及近水的山岗之上。盆地河段流速相对较缓慢，以及四周相对较为开阔的地形，使之成为新安先民较为适宜的绵延栖息之地。在这些地区的遗址，出土的石器遗存也较为丰富和全面。从工艺制作上分析，器类、器型和加工技艺上，整体表现出大致的相似或统一。当然，因时间和空间上的差距，不同区域遗址出土的器型，也存在差别，表现出一定的小区域特点。从考古发现的资料来看，这种独立性会因空间距离的加大而不断增强。

建德地区，在1956年9月和1957年5月为配合新安江水库的建设，调查发现了乾潭区安仁乡后山村和寿昌区航头乡东村杨树岗新石器时代遗址。在1981～1983年文物普查工作中，杭州市文物考古所联合属地文物管理委员会对寿昌溪沿岸进行的考古调查，又陆续发现的航头乡溪沿村落山岩、寿昌东门外青龙头、大同乡久山湖和邓家乡过塘源等新石器遗址，这些遗址都出土了一定量的新石器遗存。其中，落山岩遗址、青龙头遗址和久山湖遗址的文化层堆积较厚，出土器物类型全面，尤其石器制品丰富而成体系，并呈现出与太湖流域原始文化，尤其是良渚文化较为密切的联系，这与其所处的地理位置是有很大关系的。建德是新安江、兰江和富春江的三江交汇处，与皖南山区、金（华）衢（州）盆地毗邻，在原始时代既是皖浙山区和金衢地区通往杭嘉湖平原的要冲，还能通过富春江和钱塘江水系与太湖流域互相贯通，便于古代氏族部落间的往来交流，所以体现出受周边文化影响较大的特征，区域内遗址的出土器物也呈现出一定相似性或共同点。

就石器而言，良渚文化主要有磨制精细的大型三角形犁形器，大量的扁薄长方形穿孔石斧、半月形石刀、石镰等，还有较多的长锋短铤断面呈菱形的石镞和矛头，以及共存扁薄的常形锛和有段锛，并开始打制粗糙的“石钺”[①]。在建德地区开展的考

① 牟永杭、魏正瑾：《马家浜文化和良渚文化——太湖流域原始文化的分期问题》，《文物》1978年第4期，第65～66页。

古调查和发掘，采集到的很多新石器。如，里叶小泉水库出土的舌形穿孔石斧、大同郎家出土的弧背石锛、落山岩和青龙头遗址中出土的石钺，以及久山湖出土的有段石锛等，与良渚文化遗址出土的石器比较，加工工艺有一定共通之处，差异化则主要表现在石器类型的构成上。建德地区遗址出土的石镞、网坠等渔猎工具，所占比重较大。如，在落山岩遗址先后出土的183件石器中，器型分别有斧、钺、锛、镞、矛、网坠、刀、杵、球等，其中石镞有81件，石矛12件，网坠12件，占出土器物总量的57.3%，而且基本为成品、成品残件，实用器的痕迹明显；在青龙头遗址出土57件石器，有镞、锛、钺、刀、刮削器、网坠等，其中石镞就有29件，石网坠13件，石刀和刮削器8件，占比87.7%，也基本为成品和残件；久山湖遗址出土石器25件，主要有锛、镰、钺等，其中石镞11件，占比也达到了44%。与建德相邻的淳安地区，遗址出土石器的类型，以及所占比重，也体现出相似之处。虽然淳安的系统考古发掘主要集中在1957～1958年间，目的是配合新安江水库建设而进行的抢救性发掘，田野调查工作十分匆忙，存在有未发现遗址，或者已发现遗址，揭示不完整的情况。但即使如此，进贤高祭台文化类型各遗址出土的石器情况，以及对近年来因水库水位下降所发现遗址点的调查来看，器类和器形特征与建德地区类似度较高。例如，高祭台遗址出土的162件磨制石器，器型有石斧、石锛、石凿、石刀、石矛、石镞、石网坠和砺石等，石镞占出土器物的比重也是最大的，石锛、石凿则多为有段式。器物类型和组合，体现了和建德地区相似的文化影响特征，就功能组合和数量来看，渔猎活动显然占据了生产的主导地位，是获取食物的主要途径。少量石斧、石锛，以及石镰等农耕器具的出土，显示采集和农业已成为重要的补充。

歙县新州遗址的新石器地层中，出土器物则较之中下游地区更具地方特征。新州遗址出土的石制品共有483件，其中五成以上为半成品、石坯、废料或石料，其余为的成品。成品种类有刀、犁、矛、斧、锛、凿、镞、网坠和刮削器等，不但数量大、形制多，而且主要器物已经具有成熟、稳定的形态。其中以石镞的数量最丰，共计108件；其次是石锛，共40件，长方形和有脊石锛有12件，另有部分有槽型和小长方形锛；再次是石刀和刮削器，其他器物则发现的较少。石器中仅有半月形石刀，与良渚文化同类器接近，其他器物的工艺面貌与之差异较大，并没有发现直接的承袭关系。而且，新州遗址还出土了大量待加工的石料、已粗加工的石坯，以及大量石器加工制作过程中产生的碎屑、残损品和半成品，因此，遗址可能为石器的加工和制作地点。这体现出专业化生产的趋势，表明当时的生产力发展水平较高，已经允许部分人脱离直接的渔猎和农业生产，而从事专门的手工业制作，这对工艺美术的发展具有里程碑式的意义。

二、琢磨之道

进入新石器时代后，石器制作不再是随意性的行为，而是形成了一种专门的技术。制作者要根据不同的用途，选择适宜的材料和恰当的工艺方法进行加工。由于专业性的加强，出现了专门从事石器加工的匠人群体，以及相对集中的石器制作地点，进而促进了制作技术的发展。新石器时代的石器工艺，已经成为原始手工业中最为重要的部门，也是最为基础的一种工艺美术。

新安江流域的新石器早期遗址，从面积和堆积看，多数面积较小，文化层也较浅薄，地层叠加和打破情况少见，文化性质较为单一，出土的石制品或者种类不全，或者器型单一，这表明聚居族群的发展并不稳定，存在游猎或者短暂迁徙的可能。因此，考察流域内石器制作工艺的发展情况，主要还是要从存续时间较长的遗址入手，如新州遗址和进贤遗址等。相对而言，这些遗址的出土器物，类型多样、器型丰富，甚至包含制作、使用和废弃石器的遗存，对于观察和厘定工艺发展的脉络极为有益。另外，在这些遗址周边，多散布着的文化内容相近、历史时期相仿的遗址，其中的发现也可以作为补充和引证。通过考察这些遗址出土的石器成品、半成品、石坯、废料及石料来看，制作原料基本来源于当地，主要有变质岩、沉积岩和岩浆岩等，并已经能依据石质特性，选择性进行加工和制作，选料的倾向性明显。制作大部分都经过了选料—制坯—整形—磨制—钻孔等制作步骤，制作流程已基本固定。制作的石器，按使用用途，可分为砍砸器、刮削器、尖状器、投掷器、研磨器等。其中，砍砸器有石锛、石斧、石铲、石锄等，刮削器有石刀、石镰等，尖状器有石矛、石镞、石凿等，投掷器有石球等。研磨器有石磨、石磨棒等，其中，石镞、石锛、石斧（钺）、石刀是最为常用的器型。做渔业用途的石网坠也是较为常见。

（一）斧和钺的制作工艺

石斧是远古时代用于砍伐等多种用途的石质工具，一般呈梯形或近似长方形，两面刃。石钺则是由石斧演化而来的，早期石钺的用途与石斧相类，多做砍伐器使用，后逐步演变为武器。在石器时代晚期和青铜时代，石钺及其演变而出的玉钺和青铜钺，已逐渐成为象征权力和威严的礼器。

新安江流域各遗址中多有石斧、石钺出土，但数量普遍不多，形制也较为单一。多用砂岩质砾石制成，以打制和磨制结合的方法成器。建德地区发现的石钺较为聚集，在落山岩遗址、青龙头等遗址都有出土，器形多为双肩带柄弧刃钺，钺体呈扁平状，刃部宽阔，弧曲度大，两角微微上翘。从出土的石坯和半成品来看，石钺的制作大致分为四个步骤：首先是选料，选择扁平而椭圆的砾石为原料；接下来就是打制，打击的重点在器身两侧，由器背向刃部竖向敲打，从而形成束腰线的板形；再下来就是琢制，主要对刃部进行细节处理，进一步增强其锋利度；最后则是磨制，磨制的主要部位也是刃部，而大多数器物的器身磨制并不彻底，残留了打制甚至天然岩面的痕迹。这种略显原始的加工工艺，体现了实用的需要。因此可以看出，在新石器时代的新安江流域地区，石钺显然还是一种实用工具，并未出现功能上的变化。

（二）石镞制作工艺

石镞为石制的箭头，是石器时代主要的狩猎器具，也是新安地区遗址中出土最多的石制品。根据考古发现可知，古新安人制作石镞的工艺和流程基本相似，原料也大多选用板岩，较少使用泥质板岩、粉砂岩或钙质泥岩。器型多作叶形、扁三棱形或柳叶形，多中线竖向起脊，亦发现少数中部起有横向脊，横剖面基本呈扁菱形或扁六角形，铤长面尖。石镞的制作首先进行的是剥片，即选用具有板状结构的岩石，沿板理方向剥成合适的薄片，然后竖向打制和修整器物周身。有脊石镞的脊，是通过竖向打制有意先修出来的，之后再从脊部分别向两侧刃部斜向向下打制，最后是敲打琢制出铤部。因此，在出土的半成品中，有的器身布满竖向打制或琢制的痕迹，尤其是刃部布满了紧密的打制痕迹；中线起脊或者中部有脊的半成品，则呈现了从脊部斜向刃部打琢的纹理。

成品的石镞往往都是通体磨制光滑，整体不见一丝打击的痕迹，尤其是刃部和前锋的大部，都磨制得十分锋利，部分甚至已呈现抛光技法运用的痕迹，使用的可能是细砂加水摩擦，或者是兽皮摩擦的方法。由此可见，工艺制作者已经开始注重使用者的使用反馈，因而在完成打制工作后，进行了十分耐心和细致的磨制工作，磨去凹凸、抛光器身，以便在使用中减少阻力，这体现了先民对力学原理的初步认识。另外，出土石镞的种类较多，大小长短厚薄不一，个体体量也差异较大，应该为了狩猎不同猎物的需求，而制作出相应的器具，体现了专业化生产带来的进步。

(三)石锛制作工艺

石锛是石器时期最常见的一种农具，是谷物生产的主要工具，多呈长方形，单面刃，装上木柄即可做砍伐、刨土之用。在石锛的制作上，新安江流域各地间表现出一定差异。在淳安进贤高祭台遗址和建德久山湖遗址，出土的石锛数量较少，且多为“有段石锛”[①]，说明农业经济发展尚不充分，在社会生产、生活中处在次要地位，器型特征则表现出受良渚文化的影响；而在歙县新州遗址的地层中，出土的石锛成品和半成品数量较大，并呈现出多样化的形制特征，其中有便于耕作的大型有脊锛，也有小巧灵活的微型锛。这说明原始经济的逐步转型，农业开始替代渔猎成为主要生产部门，族群的社会生活也逐步趋于稳定。

古代新安人制作锛的石料来源很多，各种岩性的石料都有使用，其中最常见的是砂岩和砾石。石锛的器形也呈多样化，有的地区以单一的有段或无段锛为主，有的地区则出现了有脊锛、无脊锛、有槽锛和小型锛等类型共存的情况，体量大小也有两种发展趋势，大者厚而重，小者轻而便，体现了充分考虑实用性的制作思路。但无论大小，其制作步骤是基本相似的，即先选择适合的石料进行制坯，通过反复的竖向打击琢出雏形，然后琢制刃部，最后再进行全身的磨制。在出土的石锛类型中，有段和有脊石锛的制作是较为精致的，并体现出一定工艺差别。有段锛的段部十分明显，应是采用了硬切割技术，剖面是有着明显的折向；有脊锛的脊部则不很明显，只是在制坯时确定好脊位，大多是在器身的二分之一处，再由此位置分别向两端琢制，因而剖面形似略耸起的坡。有段锛和有脊锛在完成制坯工序并琢制出刃部后，通常都会进行精细的磨制，将器体打磨得通体光滑，不留琢制痕迹。可能考虑随身携带、利于美观等原因，微型石锛的制作则显得更为精良，器物表面会呈现出细腻光滑的石纹。除微型锛外，其他类型石锛的磨制精细度，是弱于镞、矛、镰等锐形器的。这说明，当时的人们在制作石器时，已经充分考虑了其功能性或观赏性。另外，部分出土的石锛刃部或者器身，布满使用的痕迹，体现出农业生产活动的日益频繁。

(四)石刀制作工艺

石刀是指用石头打磨制成的刀形器，既可作为劳动工具，也能作为随身携带的

---

① 有段石锛：有的石锛上端有“段”，即磨去一块。

武器使用。石刀的器形多为长方形、椭圆形、菱形或三角形，呈背厚刃薄状。由于板岩和砂质板岩具有板状片理构造，能够沿板理方向剥成薄片，且硬度强、质地密、颗粒细而美观，因此多以此作为制作石刀的材料。

石刀的类型主要有孔石刀和无孔石刀两类。制作上，都是先进行随形打制，将石料剥成石片状，再用敲琢的方法，修理成适当的形状，并琢出刃部，最后再进行磨制。在磨制环节上，无孔石刀与有孔石刀的制作有很大区别。无孔石刀在打琢出基本形制后，往往只进行较为简单的磨制；有孔石刀的磨制则相对较为细腻，器身表面光滑细致，刃部更是采用了细磨的方法。无孔石刀在磨制结束后就已经完成了制作，有孔石刀则需再行钻孔。从出土实物看，这时的钻孔已经使用了单面钻和双面钻两种技术。单面钻的石刀孔，呈现出孔面大小不一的特征，内径自正面向背面递减的痕迹。如新州遗址出土的一件半成品石刀，由于采用了单面钻技术，因此在孔面尚未完全钻透的状态下，背面也就无相应的钻痕。采用双面钻技术加工的石刀，孔形则十分规整，孔两端呈现自面向中间缩小的特征。钻孔位置均在厚背部，孔的大小、间距、顶距呈不规则状态，孔的数量也不等，多为 3 个或以上的单数，孔的作用可能为穿挂或者系柄。有孔石刀的器形总体较无孔石刀小，可能是作为随身携带使用，体量小巧操作起来会更加方便，用途存在收割工具、刮削工具，甚至是织布用打纬刀的可能。

三、尚美工艺

石器是古代新安人最初掌握的生产和生活工具，使用时间极为漫长，在石器时代甚至青铜时代都有使用。因此，考察石器制作技术的发展，对于研究古代新安人的工艺行为，以及工艺的发展路径是极具意义的。

在制作石器的材料选择上，方便、快捷和实用当然是最初的目的。因此，早期的原料大多是直接从河滩中采集，抑或山体岩石的自然剥落。随着对岩石性质和力的认识逐步加深，人们开始有目的和针对性地开采岩石作为原料。比如，板岩的板理发育，非常利于修制锋利的薄板及各种片状构造，而且成型的片状纹理也很美观，因此被广泛应用于石镞、石矛、石镰、石刀等锐利器的制作上。石锛、石斧、研磨器、砺石等器物，对岩石剥片要求不高，故而选择面宽，板岩、砂质板岩、变细砂岩、钙质泥岩、变砂岩、石英二长岩、石英闪长岩、石英角斑岩等，都可以作为原料来源。新石器中晚期，有目的地开采岩材，已经成为石器制作原料的主要采集方式，河滩中采集的卵石，一部分进行简单加工制成石网坠；石质润泽和石纹细腻的，则被加工成装饰器，或者饰件。

确定器型用料之后的关键，是步骤制坯和整形。歙县新州等新石器遗址，出土了部分未经加工的坯体，形状有块状、条状和片状等，这说明古人在制坯工序中已经有很强的目的性，会根据器型特征需求制作不同的坯体备用。观察这些坯体可知，大部分器物的打击面都很大，几乎不见集中的打击痕迹，打击方向也较为随意。由此可见，制坯和打磨的工序已各自独立，并由不同的工匠负责。故而制作者会根据原石的形状，进行批量粗加工，以待之后的整形和细加工。整形工序分为打制和琢制两个步骤，相较于制坯，整形工序中的打制环节则表现出较强目的性，打制痕迹也自然更为集中，主要分布在器身部分。琢制也是一种打击工序，是为了平整、锐利，或其他实用的需要。但与打制痕迹集中在器身不同，琢制主要集中在刃部，而且琢制也往往更加精细。值得注意的是，少量具有成熟琢制痕迹的石器，并未呈现进一步磨制的迹象。说明这一时期，是存在打制石器和磨制石器共存的情况。打制石器虽然整体制作占比趋于下降，但随着打制技术的提高，实现了更加精准的控形后，打制在石器制作中仍占有重要的地位，并保持着不断发展的态势。

整形琢制后的石器，为了使之光滑、工整和锋利，往往采用细砂、砺石或兽皮进行磨制加工。在歙县新州，还出土了专门的磨制工具“砺石”。当然，各类器物在磨制程度上还是有很大的区别，甚至同类型器物的磨制程度也大不相同。如大型石锛和一些石钺在整形结束后，都只是进行了简单的磨制，器身表面残留了明显的打击痕迹；一些无孔石刀和刮削器除刃部磨制细致外，其他部位磨制也较一般，更有部分刮削器仍保留有大面积的天然岩面。但有孔石刀、箭镞、石矛和个别小型石锛却是通体磨光，部分器物局部甚至通体采用了抛光技术，技术表现得也相当成熟。在即使同为砍伐器的石锛，又或者同为刮削器的石刀，由于体量大小，以及是否随身携带的考虑，抑或凸显美观和彰显身份等原因，采用了不同程度的打磨。最后为了便于装柄或者携带，部分石斧、石刀、石钺、石网坠，以及一些特殊的器物还采用了钻孔工艺。钻孔方式分为单面钻和双面对钻，双面对钻占多数，钻孔时往往先凿出浅窝再施钻，也有的是先磨出凹槽而后施钻的。从黄山区蒋家山遗址等地出土的小圆石柱，以及建德落山岩遗址出土的紫红色圆石管来看，当时的人们已掌握了管状和柱状两种钻孔技术，运用管状工具加工的孔，孔眼更加直且平整光滑。穿孔技术是最早和最具有实用意义的工艺技术，这一技术的掌握，使石器可以装柄，或制成其他复合工具，一方面有利于生产效率的提高，另一方面也促进了雕琢工艺的进步。

古代新安人在石器的制作上，已经开始根据器物的不同用途，使用了不同的加工技术，并出于对“工艺美”的考量，摸索创造出相应的髹饰技法。而且这些髹饰技法，在之后的玉器制作上，得到进一步的发挥和提升。在淳安出土的玉琮和玉钺，就体现了这一变化。这两件玉器的出土地点，位于淳安县城西北约 50 公里的平缓山岗之上，此地可能为父系社会晚期的祭祀或墓葬遗址所在，因此才有如此高等级的玉器组合出土。玉琮，高 4.1 厘米，射径 9.1 厘米，作短筒镯式。内孔为两面对钻而成，因而孔径并不一致，约在 7.1 ～ 7.3 厘米之间。琮面由上下两组四块的凸面组成，各凸面之间亦以宽 1.6 厘米的直槽相隔，每块凸面的中部有一条 1 毫米宽的横槽，将琮体分成上下两节。上节刻饰神（人）面纹，下节刻饰兽面纹。器身内外玉色有明显差异，内壁呈乳白色隐现青绿，外壁则泛淡赭色。同期出土的玉钺，长 23.5 厘米，宽 10.3 ～ 12.9 厘米，厚 0.3 厘米。素面无纹饰，整体呈扁平状，上端圆弧，有一直径 1.5 厘米的圆孔，下端为双面弧刃。[①] 这两件玉器器形规整，通体精磨，抛光程度很高，体现了极为高超的工艺水平。玉钺的孔壁有明显的管钻台痕（或旋纹），可能为接柄所用，而其刃部并没有磨出刃口，显然不是一件实用器。玉琮的纹饰简洁明快，线条雕镂得也十分流畅，整体具有很强的装饰美感。这说明，古新安人通过在石器制作上的长期经验积累，已经开始对工艺复杂化、美术化进行思考，

新石器 良渚文化有孔玉钺

新石器 良渚文化玉琮

① 鲍艺敏：《从淳安出土的玉琮、玉钺看淳安古文化与良渚文化的关系》,《南方文物》1993年第3期，第42～47页。

于美的追求，他们使用钻孔、刮削、磨光和刻绘等技术，使制作的器物能够初步符合审美需求，从而诞生了原始的工艺美。

长期的劳动实践，是工艺上系统化和精细化的基础，这一方面促进了石器制作技术的进步，另一方面也会对其他工艺门类的诞生起到催化和借鉴作用。例如，古代玉器的形制，如钺、刀等就直接来源于石器，其他如璧、琮、佩等器物，器形或局部纹饰也有借鉴于石器的特征。而加工处理玉器的剖、琢、磨、碾、钻等制作技术，也都是在石器制作的长期劳动中，逐步诞生并熟练掌握的。石器作为最初的劳动工具，从而引起人们的热爱，并被当作创造美的对象，这种不觉到自觉的上升过程，即工艺美术诞生的原始动力的过程。今天，我们重新审视这一过程，这种对工艺美的追求贯穿于整个石器制作中。

第三节 陶起瓷承

陶器，是使用黏土或陶土，经捏制塑型后烧制而成的器具。作为新石器时代最为主要的特征之一，陶器的出现“在人类生活中具有很重要的意义，不仅丰富了生活用具，而且也加强了定居的稳定性”。[①] 瓷器的诞生，是制陶技术发展和自然资源条件共同作用的结果。瓷土为胎，外施人工釉，采用约1200℃的高温烧成，这些都是瓷区别于陶的主要特征。由于极大降低了吸水率，拥有更强的硬度，以及更光洁、晶莹和美观的外表，瓷逐渐取代陶，成为人们主要的生产、生活用具。

古新安人在掌握了火的使用后，逐步摸索出将泥土烤干以获得结实耐用器物的方法，从而初步掌握了制陶的技术。在新安江流域的石器时代遗址，如建德的落山岩、青龙头、久山湖遗址，淳安的进贤高祭台遗址、小坞塘、赋溪遗址，以及黄山市的中土坑、蒋家山、下冯塘和新州遗址，普遍发现了大量的陶器遗物。进贤高祭台遗址和新州遗址，还出土了部分制陶工具，表明可能已有了专门的制陶工坊。早期的陶器，不论是炊器、水器还是食器，形制都不稳定，结构也较简单，器体胎壁

① 田自秉:《中国工艺美术史》,上海知识出版社,1985年,第8页。

较厚，也多留有手工捏制的痕迹。新石器晚期，自建德至淳安，再到黄山市歙县地区，甚至远在黄山北麓的蒋家山遗址，陶器制作工艺都出现了迅速发展的迹象，也相继发现了带有良渚文化显著特征的器型或装饰，如鱼鳍形、扁凿形鼎足，陶衣装饰技法，磨光黑陶工艺等，体现了文化交流的特征。在此基础上，几何印纹硬陶、原始瓷的制作技术，也蓬勃发展起来了。

先秦时期的新安陶瓷工艺，其信息主要来源于考古发现的文化遗址，其中最值得注意的是河谷盆地类型和土墩类型遗址。河谷盆地类型遗址，由于适宜农业生产和定居生活，往往延续时间较长，有的从新石器中期开始，历经相当于良渚文化的时期，一直绵延到商周，甚至更晚时代。这一类型遗址，出土遗存呈现陶器、印纹硬陶、原始瓷并存的组合，体现了器物材质演进的过程。土墩类型则主要为西周至春秋时期遗址，其中以屯溪西周 8 座墓为代表，出土遗存中的原始瓷器，占陶瓷器总量的比重极大，器型和纹饰也具有明显的地域特色，对材质的进一步科学分析表明，原料为本地区特有。

西周 原始瓷带盂圆座

西周 原始瓷盉

一、源起制陶

随着原始生活的发展，以及生产力发展水平的提高，古代新安人在原料选择和成型加工方面愈发纯熟，陶器制作逐步成为一种专门的技艺，并因当时人们的生活习俗和审美取向，随之形成了相应的陶色、造型和装饰风格。

(一)制陶技艺

冯先铭先生认为：“制陶的发明与人类知道用火有密切的关系，被火焙烧的土地，或者黏土因落入火堆而变得坚硬定型，可能促使原始先民有意识地用泥土制作他们需要的器物。因此，就一般意义来说，制陶完全可能由不同地区的先民各自在生产、生活实践中发现、发明，而不一定需要其他地方人群的传授与教导。”①诚然，古代新安人无意识的捏塑行为，可能是制陶术最初的端倪。这之后，寻找适宜的泥土、捏塑不同的形状、摸索烧制的温度等，成为一种主动和自觉的行为，而正是这种主动和自觉，成为原始制陶工艺发端和发展的驱动力，后世的陶瓷塑艺术也由此诞生。

手工捏塑而成的物件或器皿，往往大小不一、厚薄不匀，仅能获得一些简单的小型器物，难以满足生产生活的需求。而贴敷制陶技术的出现，改变了这一状况。贴敷法是在以竹、木、藤等制成篮筐状内模上敷贴泥片，干燥成型后，再取掉内模烧制成型。这一技术的诞生，可能是受到了竹木质筐篮汲水的启发，而筐篮编织的方法，又启迪先民使用泥条盘筑成了一些较大的容器，这既是“泥条盘筑”制陶技术的起源。“泥条盘筑”就是将拌制好的黏土搓成泥条，根据器型需要自下而上依次盘筑成型，再用泥浆胶合成器。有些器型如鼎、罐、豆等，还采用了分段制作法，既分别做好口沿、上腹部、下腹部等，然后再拼接成器，拼接时持陶垫或光滑的卵石顶住器壁，用陶拍拍打加固器壁，并使之均匀，最后再抹平器壁接缝痕迹。建德落山岩遗址中出土的侈口鼓腹、敞口鼓腹、直口微敛、高领罐式的釜、鼎，都具有“泥条盘筑”法的工艺特征。

新石器晚期，在泥条盘筑法的基础上，新安人摸索发展出了“轮制成型”技术，这是制陶技术发展上的一个飞跃。他们借助“陶车”这种原始和简单的动力机械，对陶坯进行制作和修整，使得陶器生产更加稳定和高效。陶车也被称为陶钧，是一个固定在立式短轮轴上的水平木质圆盘。操作时，将事先和制好的陶泥放在圆盘上，由人力驱动圆盘使其平衡旋转，通过旋转的力量，便可以用手工提拉，或者借助工具，对陶坯进行成型和修整操作。当然，轮制成型技术的发展，是一个逐步摸索完善的过程，早期的陶车，使用结构简单、转动缓慢的慢轮，主要用于辅助成型工序。之后，随着制造技术的进步，陶车主轴与平圆盘间的摩擦被逐步降低，轮速明显提升，快轮技术于是出现。在淳安进贤高祭台遗址的新石器晚期文化层，出土了大量泥质黑衣陶，有鼎、鬲、壶、碗、豆、盘等，器形规整、造型对称、比例均衡，而且在多数器物的器壁上，还发现有密集的轮纹，部分器物的底部留有线割偏心纹。这些工

① 冯先铭：《中国陶瓷》，上海古籍出版社，1994年，第1页。

艺痕迹都明确指出，“轮制成型”技术已经被掌握和运用。而且均匀的器壁、规整的形制，以及较多的出土数量，表明当时的轮制技术应该已经渡过了探索阶段，发展得较为成熟。在塑形技术取得进步的同时，打磨髹饰工艺也取得了长足的发展。在歙县新州遗址的新石器文化层，就出土了采用磨光技术髹饰的泥质黑陶。其加工方法是在轮制成型的陶器未干之时，用光滑的卵石对陶面进行反复打磨，直至器表呈现出平整、光洁和亮丽之态。使用这种技术制成的黑陶，烧制成型后，器表会呈现出美丽的黑色光泽。另一方面，各地出土的陶器遗存也表明，制陶工艺的发展进程，是有着明显的承袭关系的，因此很多遗址出土的陶器标本，即有轮制器，也有盘筑甚至手工捏塑器的存在；既有髹饰精美的装饰器，也有较粗糙的实用器。

制陶技术的革新和发展，极大地提高了生产力，也对制作者提出了新要求。轮制技术的熟练掌握，需要漫长时间的锻炼；大量精细陶泥的制备，需要众多的熟练工匠；陶车等加工工具的制作，需要木器甚至原始机械加工专业人员的参与，这些都不同程度地推动了社会分工。在新石器晚期到商初，新安江流域如淳安进贤、歙县新州等地区，就可能已经形成了比较专业的手工作坊，以及对应的工匠阶层。

(二)陶质陶色

由于地质、地貌及气候等原因，中国各地制陶所用的黏土成分差异较大，加之烧造方式和温度控制的不同，陶器成品的色泽也就有不同的表现。中原地区常常选用细腻的黄土作为原料，陶器在总体面貌上会呈现出偏灰黄、灰褐的色系。在浙江的宜兴地区，曾选用一种名为“紫金土”的黏土制陶，其氧化铁含量高达10%，故而陶器色泽会表现为深红和褐色。新安地区的制陶原料，是选取较为细腻的红壤，或者灰土，陶色总体上偏灰红和灰黄色。随着制陶经验的丰富，古代新安人认识到，如果仅使用一种自然土制坯，陶器的耐热急变性相对较差，烧造时会因干燥和烧成收缩而产生爆裂现象，从而大大降低了成品率。为此，他们在陶坯制作中，采用“双料混炼”的技术。“双料混炼”，是指用一种自然泥土与另一类材料（土壤、石料、贝壳，或其他材料）按一定比例配比混合，加适量水羼和搅拌后，形成具有一定黏接力及抗烧炼能力的坯料，用其塑制的器物可承受一定程度的高温烧炼，甚至炼而不裂。新安制陶采用的双料混制工艺主要有夹砂陶和夹炭陶两种。夹砂陶是指在原料中掺入一定数量的砂粒；夹炭陶则是指在原料中，加入了大量植物碎末（如稻壳）烧成的炭颗粒。相较于夹炭陶，夹砂陶的存续时间较长、制作也更为广泛。在建德落山岩遗址和青龙头遗址，以及稍迟的久山湖遗址和歙县新州遗址的新石器文化层，出土的陶器就以夹砂红陶最多，其次为夹砂灰陶，间有少量的夹细砂黄陶。如落山岩遗址出土陶器 70 片／件，其中夹砂红陶 51 件，另有夹砂灰陶 8 件、夹炭黑陶 1 件。在落山岩遗址东南麓山腰出土的 101 件陶器中，夹砂红陶就有 36 片件，另有外红内黑夹碳细砂陶 22 片[①]。从粗砂粒到细砂改变，即体现了夹砂混炼技术的进步，也展示了古新安人对工艺美的进一步追求。

值得注意的是，建德落山岩遗址出土了少量的泥质陶，其中泥质灰陶 8 件，泥质红衣陶 2 件，器类有豆、盘、簋等。而地理位置相邻，年代稍晚的久山湖遗址中，出土的陶器则绝大多数都是泥质黑灰陶。[②] 淳安进贤高祭台遗址的新石器晚期文化层，也体现出从夹砂陶和泥质陶共存，并过渡到泥质陶器占主要地位的特点。泥质陶的制作原料，采用了经过淘洗的黏土，因而更加细腻和纯净，也大大提高了可塑性。不但陶器的造型能够有更加丰富的变化，而且陶质、陶色也远较双料混炼的陶器表现好。双料混炼加入的以石英颗粒为主要成分的砂子，抑或以植物炭为主要原料的碳晶粒，虽然可以降低变形和爆裂的风险，但由于烧结不充分（大多数出土陶器的烧结温度都在 700℃ ~ 900℃），一方面会使成品产生大量的气孔，降低密度，器身因而显得疏松；另一方面石英颗粒经烧结后会出现结晶，炭颗粒烧结则会出现黑褐色斑，因此无论夹砂陶还是夹炭陶，陶色的表现都不均匀。而泥质陶原料的黏土，是由地壳表层的岩石风化分解而成，属于含水硅酸盐矿物，主要成分是硅和铝的氧化物。此外，还有起助熔作用的钾、钠、镁、钙、碱土氧化物，以及起呈色作用的铁、钛的氧化物。将其粉碎、研磨，再经过淘洗去除杂质后，制成的“陶泥”，在温润含水的状态下，可塑性很强。当加热到一定温度时，其中的易熔物质开始熔化，并填充到未熔颗粒之间的孔隙中，使陶坯体积收缩、密度提高，从而得到致密坚实的成品。淳安进贤高祭台遗址和歙县新州遗址出土的泥质黑陶标本，其化学成分与当地常见的原生红土不同，而与沉积土相近。由此可知，新安先民已经有目的地选择沉积土，经过细致的淘洗后，用以作为陶泥原料。

---

① 姚桂芳：《对建德县几处时代遗址的思考》，中国考古学会：《中国考古学会第八次年会论文集》，文物出版社，1991年，第3～5页。

② 姚桂芳：《对建德县几处时代遗址的思考》，中国考古学会：《中国考古学会第八次年会论文集》，文物出版社，1991年，第9页。

另外，为了掩盖胎料因杂质未除净而泛出来的杂色，以及克服器表粗糙或凸凹不平的毛病，古代新安人还在陶器髹饰上使用了“陶衣”技术。即以较细的陶土，用水调和成泥浆涂抹在陶胎之上，再入窑烧制。烧成的陶器表面，会形成一层薄薄的陶衣，从而提高了器物的美观度。在建德落山岩遗址中出土的泥质陶，就有少量器物表面施有红色陶衣；而在淳安进贤高祭台遗址和歙县新州遗址发现的泥质黑陶表明，这种髹饰技术已经被广泛使用。

(三)造型和装饰

陶器，由于材料易取和制作方便，因此在生产、生活的很多方面替代了石制品，被大量制作和使用。加之陶器易于破碎，需要频繁更新，所以在新石器遗址中，陶器成品和残件的出土数量是最多的。通过对这些遗存的批量对比、分析，尤其在造型、功能和装饰方面的解读，能够间接了解新安江先民的生活状态和审美取向。

新石器时代的陶器主要是日用器皿，因此陶器的造型，更多是基于生活的实用需求而考虑。在《中国陶瓷》一书中，冯先铭先生将陶器的器类与组合按用途大致分为六类，分别是汲器、炊器、饮器、食器、盛贮器和其他杂器。① 冯先铭先生还认为，器类组合关系的不同，会反映不同人群共同体的不同生活方式。在建德落山岩遗址和青龙头遗址，出土的陶器器型以炊器类的鼎和釜，以及食器类的豆和簋居多，而饮器和盛贮器少见。结合同期出土的石质品器型类型分析可知，当时人们的生产力水平明显不高，还处在渔猎经济为主的原始生活状态，没有过多的剩余产品需要长期储存，以及用于酿酒等其他用途，因此对盛贮器和饮器并没有过多需求。而年代稍迟的建德久山湖遗址，出土的陶器器类和器型则显著丰富，一方面炊器和食器的器型，有了更多的丰富和变化，如大口折沿、直口折沿和浅弧腹、筒腹的各式陶盆，以及浅盘、折腹、喇叭形高足的陶豆；另一方面泥质灰陶杯等饮器和侈口扁鼓罐等盛贮器的出现，呈现出生产力发展和食物逐步富足的趋势。淳安进贤高祭台遗址和歙县新州遗址的新石器文化层，出土的陶器器类体系已经较为完整，造型上的表现也更加丰富，设计感更强。如为扩大受热面积、缩短烧煮时间，炊器鼎的足部设计出现了变化，扁锥形的足演化为扁凿形和鱼鳍形的三足。在器物各部分的附件上，形制也更显丰富，如竹节形豆把，就采用了扁条拱形的宽杯把设计，并自口沿一直

① 冯先铭：《中国陶瓷》，上海古籍出版社，1994年，第7页。

延伸到下腹部，极为便于手执。还有一些器皿，增加了器盖和流，盖纽多做方便执提的环形把，流的设计则方便了流质倒取。其形制也大多都为后世所继承。

新安地区陶器髹饰工艺的发展，呈现出与中原及西北地区不同的方向，当半坡文化、庙底沟文化、马家窑文化、半山文化和马厂文化等地，先后出现色彩绚丽的彩陶工艺时，新安陶器的装饰，却呈现出洁净、素雅、简练和规整的单色系风格。这一方面是源于新安山水风光培育而出的审美取向；另一方面则因为陶胎的色泽较深，如用红或黑彩进行装饰，不易获得理想的艺术效果，所以黑衣和磨光两种髹饰技艺，就成为陶器装饰工艺的主要发展方向。在淳安进贤高祭台文化类型遗址中出土的黑陶，陶面纹饰以绳纹为主，部分器物在腰腹部和圈足部等处，以单行或多行的凸或凹弦纹装饰，弦纹间辅之对称的横排椭圆形镂孔，部分还有刻划纹饰。这种装饰手法应是几何印纹陶的工艺来源。这些黑陶的表面呈现出光亮的黑色陶衣，显色物质可能为炭黑或含磁铁矿和伊利石的黏土。陶衣髹饰技术的出现和应用，提高了陶器的装饰感，是中国陶瓷制作技术上的重大进步，这种类似“化妆土”和“护胎釉”的陶衣，也为瓷釉的诞生提供了实践依据。这之后，陶器向瓷器演变的进程大大加快了。磨光黑陶在歙县新州遗址的发现较多。这种装饰技法对原材料的要求极高，需多次过滤和筛选细泥，尽可能地淘洗去杂质，以确保陶坯的紧致细腻。磨光黑陶多在快轮上完成塑形制作，并在陶坯尚保持湿润时，用圆润的鹅卵石对器表进行打磨，使之泛发光泽。经过干燥定型后，还会使用薄的板状器对表面再次进行打磨刮削，使之尽可能轻薄。也因于此，磨光黑陶多为素面，在圈足上以纹弦或各种镂孔纹装饰，新州遗址发现的器物就多采用这种纹饰髹饰。

无论黑衣陶或是磨光黑陶，其制作流程都较一般陶器要复杂，并对技艺细节要求严苛，这显然需要一个稳定的匠人群体，专门从事其生产。同时，这类器物一般只在大型遗址或墓葬中出现，应为高等级的生活用具，或者是使用者的身份象征。表明当时的新安社会，可能已从原始聚落逐步向城市文明发展，虽然不能确定是否形成了政权，但在这些新安先民中，显然已经有了阶级的概念，有些人可能并不事生产，而仅靠别人的劳动成果过活，为了标榜他们自己的身份，对生活用器也做出了特殊的规范要求，从而间接推动了技术进步，以及新工艺的诞生。

二、印纹遂兴

印纹硬陶是一种质地坚硬、表面拍印图案的日用陶器，质地较一般陶器细腻，烧成温度也较一般陶器高。由于其器表拍印纹饰多为几何形的连续纹饰，故也称几何印纹陶。

印纹硬陶的几何纹饰，一般为凸起的阳文状，凹的部分与阳文互为纹地关系。纹饰常见的有仿细篾丝或麻布的编织纹，仿铜器的回纹、云雷纹，以及用竹管等戳印的圆圈纹等，装饰手法常见多纹饰交叉使用的情况。印纹硬陶的纹饰制作方法，是在陶坯制成后，用木质或者陶质的花纹模具拍打器物表面，从而形成纹饰，然后烧制完成的。在新石器时代和西周时期的遗址，均出土了制作印纹的工具。如屯溪奕棋西周土墩墓的4号墓，就出土了一件陶拍实物，为泥质灰陶质地，高4.2厘米、径4.2厘米，形似蘑菇，顶面光滑，背面中心有短圆柄，柄周有凸起的花纹。[①]这种陶拍拍印花纹的做法，可能源于早期制陶所采用的泥条盘筑法，是盘筑完成后为抹平泥条之间的勾缝，用拍打器身使之均匀坚实，从而总结发展出印纹硬陶技术。可见陶器制作技艺的任何一次进步，都不是突兀出现的，往往都是源自古代先民的实践劳动中，并在不断地实际操作中逐步完善。也因于此，从新石器晚期到商周时期的遗址，夹砂陶、泥质陶和印纹硬陶都有并存的情况，只是主次关系有了一定的变化。制作工艺的完善过程，从器表几何纹饰的变化中也可体现。在早期的印纹硬陶中，几何纹饰单一，拍印的痕迹无序且浅，显得目的性不足，较多采用的是

新石器 几何纹陶拍

① 李国梁:《屯溪土墩墓发掘报告》,安徽人民出版社,2006年,第56页。

一些斜向的条形纹饰或方格纹饰。中期印纹硬陶的纹饰，其装饰的目的性明显加强，出现了组合或复合主题的几何纹，拍印痕迹也较深，常见斜方格加饰云纹、回字纹、菱形填线、折线纹等。晚期的印纹硬陶，几何纹饰虽然又重新回归到以单一形式的几何纹为主，但布局已显得极为规范和协调，大尺幅的主题纹饰，如绳纹、弦纹等，占据着主构图面，部分器物在足、肩、颈或者口沿部辅之以回字纹、云纹等，显得极为协调和美观，体现了新安先民平衡和稳定的审美观念。

在不同历史阶段，新安的印纹硬陶制作，呈现出一定的差异化特征。早商或商代以前，在以淳安进贤高祭台类型文化遗址为代表的遗址中，出土的印纹硬陶还多为辅助生活的用具，器形有罐、鼎、盂、钵、瓮、坛等，其中主要以罐、坛、瓮等盛贮器居多。烧成温度可能已经达到1100℃甚至以上，因而成品器体是较为坚硬的，胎壁也较薄。但陶泥的淘洗处理尚不充分，存在较多的杂质或砂粒，因此烧结成型后，灰色胎体中出现了大量的晶体颗粒，显得较为粗糙和疏松，影响了器体的质地。也因于此，在对质地要求高的水器、饮器和食器制作上，较少采用这一技术，常见的大多是一些对质地没有过多要求的贮藏器，或炊器。装饰上多采用曲尺纹、方格纹、席纹、网纹等纹饰，利用这些几何纹饰的连续反复，形成了一定规律的图案美。底足多呈圜形，罐多见高圈足式，足的外壁往往也有印纹装饰。从出土实物的形制和纹饰特征可以看出，作为商代印纹硬陶的区域代表，高祭台文化类型对新安江流域及周边金衢等地区的影响，也是十分显著的。在建德落山岩遗址、青龙头遗址、久山湖遗址，以及歙县新州遗址的商周时期地层，都采集到一定数量的印纹陶片，文化特征与进贤遗址的上文化层比较相似，表现出颇多的关联。金衢地区的江山南区窑址和营盘山遗址，出土的印纹陶遗物与高祭台文化类型也比较接近，而且该地区的开化十里铺、双溪口和江山山崖尾等石器遗址的陶器，鱼鳍形鼎足，体型较宽短，也有扁凿形和圆柱形鼎足。泥质灰陶多为圈足器等。[①] 这些器物特征与落山岩、青龙头遗址的文化共性较多，这说明，可能在商以前，新安江流域地区和金衢盆地同属一个文化区域。从地理位置上看，淳安的进贤地区位于皖浙交界，地处新安江干流与左口溪和贤溪的三水交汇处，和皖南山区、建德地区和金衢盆地毗邻，在原始

① 牟永抗：《浙江新石器时代文化的初步认识》，中国考古学会：《中国考古学会第三次年会论文集》，文物出版社，1984年。

时代既是交通要冲，同时四周也有一定的屏障保护，自然环境和区位位置十分优越，适宜原始聚落长期和稳定的发展，可能形成了区域文化中心。

西周或者更早时期，原始瓷制作已经在新安地区出现，但印纹陶器仍是人们常用的生活器皿。就屯溪奕棋西周土墩 8 墓的发掘情况而言，出土大量原始瓷器的同时，也有一定数量的印纹陶被发现。这些印纹陶器显然并不是专门为随葬制作的明器，多数器物都是留有使用痕迹的实用器皿。在 M3 号墓，共出土几何印纹陶器鼎、罐、瓮 3 种 13 件，全部为实用的炊器或盛贮器，陶色有灰、灰白、灰黑、灰红之分，器壁较厚，胎质较为疏松。装饰纹饰多集中在腹部，多见折线纹、云纹、回字纹，或者方格纹和云纹的组合纹饰，颈部基本为弦纹。另外 7 座墓葬中的印纹陶器遗存情况，也基本相类。这表明，自商至周，新安先民保持了对印纹陶的制作和使用，其技艺发展并没有间断，制作技艺也较商代有了一定的进步。如安徽中国徽州文化博物馆藏的西周印纹陶罐，呈侈口，厚唇，溜肩，鼓腹，平底状，腹部印回纹。该器物体形硕大，形制规整，纹饰装饰也十分美观。陶色呈灰褐色，陶质紧密，说明制坯原料淘洗得较为彻底，所含杂质较少。这一时期的器物用途，主要还是集中在盛贮方面，器型多见鼎、罐、瓮和大口尊式，类型甚至较进贤高祭台遗址更少。而同期出土的原始瓷器，数量众多，类型全面，器型也丰富多样，装饰手法更呈多样化。因此可以推测出，古代新安人已经根据印纹陶和原始瓷的特性，分别制作相应器物以供日常使用。根据 1956 年安徽省化工研究所对屯溪西周土墩墓出土原始瓷和几何印纹硬陶的化学成分分析结果可知，两者原料中氧化硅（SiO_2）、氧化铝（Al_2O_3）和氧化铁（Fe_2O_3）等主要氧化物的含量相近，化学成分组成基本一致。且原始瓷的成型工艺，仍是以泥条盘筑法为主，因此在器物内底面或腹壁内表，存有泥条圈叠和按捺压平的痕迹。使用瓷石类黏土制坯、相类的成型工艺和相近的烧成温度，都说明古代新安人是在几何印纹硬陶的制作实践中，逐步摸索出原始瓷制作方法，并不断完善。

随着制瓷技艺的日渐纯熟，印纹硬陶的制作量和使用量逐步减少，仅在部分地区少量沿用，制作技艺和器型特征也没有太大的变化。在淳安出土的春秋印纹硬陶坛，造型上出现丰肩、长腹和平底的变化，仍沿用在肩腹部装饰的习惯，纹饰为双线方格与菱形填线等组合纹，大体显示出了工艺演进的有序进程。

三、釉成瓷现

原始瓷是瓷器的原始阶段，是陶器向瓷器过渡的重要环节。20 世纪 50 年代以前，由于认识不清晰，一度采用“釉陶器”称呼这类器物。1959年，安徽省文物工作队在屯溪西郊的奕棋村附近，发掘出2座土墩墓，共出土文物102件，内有71件敷有黄绿或者青绿薄釉的器物，占出土文物总数的69.6%。随着对这批出土器物研究的深入，“原始瓷”的概念被提出。随着考古发现的数量日渐增多，这一概念也逐渐明晰并确立。研究认为，原始瓷是指采用瓷石制作坯体、全部或部分施釉、烧成温度在1200℃左右的器物。与后代的成熟瓷器相比，制作技术上表现得较为原始和粗糙，烧成温度偏低，胎体烧结不完全，釉色不稳定且薄，易脱落，整体水平尚处在较为原始的状态。

原始瓷的具体诞生年代没有统一的论断，目前发现最早的原始瓷瓷片标本，是山西夏县东下冯夏文化遗址出土的，[①] 但由于标本的唯一性，因此难以判定为人工施釉的主动行为。商代以后，原始瓷的标本在各地发现较多，其中以江西、浙江和安徽南部出土最丰。新安地区的原始制作，大约诞生于商代早期或者以前，在淳安进贤高祭台遗址的这一时期地层，就出土了一定数量的原始瓷。这表明，古代新安可能是中国最早掌握原始瓷制作技术的地区之一。

(一)成型制作

学界普遍认为，判断是否是原始瓷的标准主要有三个：一是使用氧化硅（SiO_2）、氧化铝（Al_2O_3）含量较高而氧化铁（Fe_2O_3）含量低的瓷石制作坯料；二是烧成温度在1200℃左右，胎壁烧结坚硬，不渗水；三是表面施透明洁净、有光泽的釉，釉的主要成分为氧化钙（CaO）。这三个条件中，一个涉及长期高温陶器制作的经验积累，另两个则受到了自然资源的制约，因此相较于制陶工艺的偶然性诞生不同，原始瓷制作工艺的形成是有着必然性的。

新安江流域的很多地区，都有着丰富的瓷石，或高岭土矿产资源。尤其是祁门地区，蕴藏了极为丰富和优质的瓷土原料。现代检测探明，屯溪奕棋西周8座墓出土的原始瓷器，原料就可能取自祁门地区。[②] 在烧造工艺方面，通过几何印纹陶的实践，古代新安人积累了丰富的制作经验，窑炉的温度已经能够达到或接近1200℃。在屯溪、歙县、淳安等地博物馆，馆藏的商周印纹陶器，质地坚硬，击

① 东下冯考古队：《山西夏县东下冯遗址东区、中区发掘简报》，《考古》1980年第2期，第97～110页。
② 李国梁：《屯溪土墩墓发掘报告》，安徽人民出版社，2006年，第101页。

之有铿锵之声，渗水率低，这应是采用高温窑炉烧制的结果。另外，陶衣技术的应用，以及受硬陶高温烧制时偶发的“爆汗”① 现象启迪，新安先民逐步掌握了人工施釉的使用方法。在屯溪西周土墩墓和淳安左口西周土墩墓出土的原始瓷器，已经有了青黄釉和灰青釉两种釉色。在显微镜下观察，釉面呈现如玻璃状光泽，表面呈灰黄色，内部呈青灰色，已经表现较为成熟的南方青瓷特征。同时，除少数器物下部有流痕外，大多数器物的釉层较坚固，还有极少数器物的内外壁及底部均施满釉，施釉方法应为刷涂法。这些工艺特征都表明，古代新安人对于人工釉使用是有着长期的实践经验。

综合以上可以推测，可能在商代或者更早，新安人就已经根据以往的制陶经验，采用和印纹硬陶同窑烧造的办法生产原始瓷器，并在西周时期广泛制作和使用。

屯溪 8 座墓葬共出土陶瓷器 363 件，其中原始瓷就达 311 件，占出土陶瓷器总数的 85.67%，而江西吴城遗址晚商或周初地层，出土原始瓷片仅占陶片总数的 16.6%②；江苏句容浮山果园西周土墩墓出土的原始瓷，也只占出土陶瓷器总数 18.8%；即使在浙江绍兴漓渚 23 座战国墓葬中，原始青瓷也仅占 46%，而同时出土的印纹硬陶器则占到 50% 的比重③。可见，当时的新安人已将原始瓷器作为主要的生产、生活器皿，大量制作、使用，或者随葬，并在生产规模上处于全国领先的地位。规模化生产的背后代表的是制作技艺的成熟，而技艺的进步和成熟也必然是一个漫长的渐进式历程。因此，新安江流域应是原始瓷制作技艺的主要发端地之一，也是当时主要的原始瓷制作中心。

（二）器型器类

新安地区出土的原始瓷器，大致可划分为食器、酒器、盛贮器、饮器、杂器和明器六类。其中，食器有鼎、豆、碗、碟、钵等；盛贮器有罐、瓮、坛等；饮器有盂、杯、瓶等；酒器有尊、盉、壶等；杂器有圆座、漏斗；明器则多为仿照实用器造型的豆、盂、碗、碟等。整体看，原始瓷的器型，大多还是源于当时的陶器和青铜器，形制显得

---

① “爆汗”现象：以瓷土制作的硬陶坯，在高温窑炉烧制过程中，会偶发外析，并由此在器体表层形成一种类釉色的天然光亮面。

② 江西省博物馆、北京大学历史系考古专业、清江县博物馆：《江西清江吴城商代遗址发掘简报》，《文物》1975第7期，第59页。

③ 冯先铭：《中国陶瓷》，上海古籍出版社，1994年，第7页。

规整而成熟，种类则较后世成熟瓷器少。下面就出土的重点器型，做逐一分述：

1. 豆

在发现的原始瓷中，豆是最常见的器型，仅屯溪奕棋8座西周土墩墓中，就出土了152件，几乎占出土原始瓷器总数的一半。器上作盘形，一般是口大于腹部，多作敞口收腹，或敛口折腹形，下接喇叭形矮圈足，圈足的高低、外撇幅度差别不大。按盘口和腹壁的形制，大致可分为敛口深折腹盂形式、敛口折壁浅腹高圈足式、侈口弧腹圈足式、侈口曲壁收腹圈足式和盘口折肩收腹高圈足式5种形制。至春秋早期，豆的功能部分被碗、碟、盏等器物所替代，出土数量大幅减少，形制也趋于单一和稳定。在淳安左口的春秋时期土墩墓中，豆的形制仅有敛口浅腹式和敛口深腹式，其均为喇叭形矮圈足。

2. 碗

屯溪奕棋西周土墩墓及淳安左口的春秋土墩墓中出土的原始瓷碗，都已经具备了后世的形制，碗壁高抬且较直，口微敛，圆唇，足作圆饼状或假圈足。

3. 鼎

器形自陶鼎演化而来，是一种炊器。商周时期，以青铜制成的鼎逐渐演变为礼器，成为中国礼制的重要象征。在发现的原始瓷鼎中，多为无耳短足的随葬器，如屯溪西周3号墓中出土的青瓷鼎，侈口，无耳，鼓腹，圜底，底下有外撇的三圆锥状足。

4. 罐

原始瓷罐的渗水率低，故不仅可做盛贮用途，还可用于汲水或烹煮，因而具体形制也更显多样。器型以大口、大腹、平底为主要特征，多在肩或上腹部置有对称的系耳，有双横系、三横系和双耳。在屯溪的8座西周墓葬中，就出土了鱼篓形、筒形、球腹、鼓腹、长（或扁）腹、肩耳6种形制的26件罐；在淳安左口土墩墓中，也出土了直口筒腹双系、敞口鼓腹双耳、侈口束颈鼓腹3种样式。

5. 尊

为古代祭祀或者宴客中极为重要的器皿。屯溪奕棋西周土墩墓中，尊的出土量较为丰富，器形变化也较多，共计出土24件，有盘口折腹平底、盘口折腹圈足、盘口扁折腹、盘口鼓腹圈足、喇叭口鼓腹圈足、侈口折腹圈足、侈口斜腹圈足双耳等形制，其中还有5件瓷尊带有耳。相似的器形，在淳安左口春秋土墩墓中也有发现，为侈口束颈鼓腹双兽耳式。

6. 圆座，器形较为罕见，属杂器类。

屯溪奕棋西周土墩墓中出土了2件，上为平圆的座面，下为喇叭形外撇的圈足，座面中有贯通到圈足的圆孔。出土时，圆座上同时置小盂5件或7件，说明该器物和盛放酒樽的“禁”作用相类，中间的圆形小孔应为渗漏之用。

7. 漏斗，属杂器

仅见在屯溪奕棋西周土墩墓出土，上部作钵状，下作短小的管状器，钵中底部有圆空和管相连。联系出土的圆座、尊、壶等酒具来看，应为灌注酒水等液体之用。

(三)纹饰装饰

从考古发现的实物来看，原始瓷的装饰已经较为丰富，刻划、模印、堆贴等手法都有使用。纹饰是在坯体制作时模印或刻划的，商代常见的圆圈纹和绳纹这时已较为少见，弦纹、方格纹、曲折纹等则比较常见。弦纹以多圈形式出现，布局在碟、钵、盘、碗、壶、豆的口沿、腹部，或者肩颈部。罐、尊、豆、瓿等器物的装饰多在外足和腹部，通过刻划或拍印出方格纹、曲折纹、锥刺纹、回字纹等几何纹饰，亦见有少量饰组合纹。纹饰的种类大致如下。

弦纹，是最简单和最普遍的传统纹饰，表现有宽凸和窄凹两种。刻划而出的弦纹多细、凹，以若干道平行线条分布在器物的颈、肩、腹、足等部位；在部分器物内壁及底部，也会由于坯体制作而留下粗而凸的圜状弦纹。

曲折纹，是一种斜向的连续曲折纹，线条彼此平行组合成网格状的四方连续，多出现在罐、尊、盂等器物的腹部。折线纹是演变于编织器的肌理纹样，最初出现在几何印纹硬陶上，经过长期的发展，逐渐脱离了编织物的原始形态，只是示意地表现编织物的形象。

方格纹，是用两组不同方向的平行斜线交叉，构成斜向的网络化方格纹饰。和折线纹一样，这一纹饰也是来源于编织纹饰。

锥刺纹，也称篦点纹、篦线纹、梳齿纹、梳篦纹等，是用梳状器在坯体未干时刺划而成，形式有刺的连续点状纹和划的平行线状纹两种，一般多作为辅助纹饰出现。

回字纹，形似汉字的“回”字，一般多在罐、瓮等器物的腹部出现。

旋纹，形作数道螺旋状纹，多用在器物的足底或内底部，自底中心由内向外旋转数圈。

填线纹，常见的有人字、三角和菱形填线纹，既以如人字、三角或者菱形纹饰连续重叠，并在间隙处填以短线，形成片状或圜状纹饰。

水波纹，由若干平行的波状曲线组成，有平行斜线波纹、斜波纹和波带纹几种，多施于器物的肩、腹部。

压印纹，也称指甲纹，有两种形式，一是如人指甲掐出的弧形印记；另一种是人指按捺和指甲掐痕的组合印记。多施于器物的肩部，推测该纹饰应源于制作者的手工捏制痕迹。

值得注意的是，在屯溪奕棋西周土墩墓出土的原始瓷碗，其底足部大多刻划有符号，有横竖符（由一道、数道横或竖向的短线组成）、齿刷符（如用等距的齿刷划过）、箭或箭头符、人字符等。淳安左口春秋土墩墓的出土器物中，也发现了类似的装饰手法，刻划符号集中在碗和盘两类，施于底（足）部，其中碗底分别刻划“‖”“×”和“Ⱥ”符号，盘底刻划“|”符号。[①] 其用途可能是用于标识制作者或者是类型，作用与后世的款识相类。

堆贴技法的使用，也是新安原始瓷制作的一大特点。堆贴，又称贴塑，是指将印出或塑出的立体状纹饰贴附在瓷胎上，然后罩釉烧制而成的一种装饰技法。新安原始制作中堆贴，多用于系、纽、耳的制作上，“系”多为一股或两股的横条（桥）形；“耳”多以兽形出现；无实用功能的S纹和云纹纽，则以对称的方式布局于器物肩或腹部。这些堆贴技法的运用，与纹饰和器物的结合都恰到好处，形制虽简单，但却能达到装饰与造型之间的匀称协调，从而增加了造型的美。

西周时期的原始瓷，在全国分布范围较广，陕西、河南、山西、河北、湖北、湖南、江西、安徽、江苏、上海、浙江和福建等省市均有发现，其中又以皖南、苏南和浙江地区最多。新安地区出土的原始瓷器，多作为随葬器物在土墩墓中被发现，从出土的数量、类型和制作水平等方面看，在全国都属前列，其中又以屯溪奕棋西周土墩墓的出土最为典型。在与屯溪相邻的淳安进贤高祭台地区，以及与新安地区东南相邻的浙江金衢盆地，原始瓷器的生产也表现出兴盛景象，器类器型体现了相近特征。淳安左口西周土墩墓遗址出土的原始瓷豆、碟、盏和双耳罐，与屯溪西周土墩墓出土的器物颇为近似，在淳安小塘坞遗址和赋溪富德遗址发现的原始瓷器，和左口遗址及屯溪西周土墩墓遗址所见的器物略同。浙江衢州衢县云溪乡西山村的西周

---

① 浙江省文物考古所：《浙江淳安左口土墩墓》，《文物》1987年第5期，第37页。

早期土墩墓中，出土了13件原始瓷器，[①]其中的原始尊与浙江江山营盘山遗址、屯溪西周土墩墓遗址所出类似。可见，就制瓷工艺发展的方面来看，金（华）衢（州）盆地和新安江流域是具有联系的，可以认定为基本相似的工艺发展道路。而在衢州江山南区发现的古窑址，第一阶段相当于新石器时代，是大量的黑陶；第二阶段有了印纹硬陶；第三阶段开始出现原始瓷器；第四阶段原始瓷器明显增加；第五个阶段原始瓷器约占出土物的80%，黑陶完全消失，即完全被原始瓷取代。[②]时间跨度从新石器时代至周代，基本再现了从陶到瓷的演进过程，也基本反映了新安陶瓷工艺演进的脉络。

第四节 铸铜为礼

20世纪50年代开始，新安江流域地区陆续发现了商周时期的青铜器遗存，数量较多，且相对集中，出土情况和总体风格等与中原及周邻地区的商周青铜器差异明显。研究这些青铜器的来源、制作、使用和埋藏，直接关系到新安地区商周文化的研究。

在相当于中原商代早期或者以前，新安江流域地区的农耕经济获得了长足发展，产出不断增加，逐渐替代渔猎成为主要的生产方式，男子也成为生产和生活中的支配力量，原始社会发展就此进入了父系社会阶段。这一时期，手工业逐渐从农业中分离出来，成为一个独立的生产部门，并得到显著发展。人们不但能够烧制出精美的陶瓷器，还通过对铜矿开采和冶炼，制作出简单的金属工具。天然的铜材呈现出红色，所以称之为“红铜”；青铜则是用铜材加锡、铅冶炼后获得的一种合金，色泽呈青灰色，故名“青铜”。学界将使用青铜制作金属工具的时代，称之为“青铜时代”。20世纪在淳安地区发现的高祭台类型文化，年代跨度自新石器晚期至春秋战国，其文化特征大致可分为早期和晚期两个时期。遗址发现的青铜器，尤其是同时出土的

① 衢州市文物管理委员会：《浙江衢州市发现原始青瓷》，《考古》1984年第2期，第130页。
② 董楚平：《吴越文化新探》，浙江人民出版社，1988年，第242页。

坩埚，以及坩埚内尚存有少量氧化腐蚀的铜颗粒，表明这一文化类型在商或者商以前，就已进入青铜时代。这种熔铜的坩埚，也称“将军盔”，是熔解和精炼青铜的必要工具。冶炼时，将铜锡按照一定比例放入，溶解精炼后，倒入预制的范模以浇铸出所需器物。关于先秦时代的铜锡合金比例，在《考工记》中有着明确的记载：“钟鼎之齐六分其金而锡居一，斧斤之齐五分其金而锡居一，戈戟之齐四分其金而锡居一，大刃之齐三分其金而锡居一，削杀矢之齐五分其金而锡居二，鉴燧之齐金锡半。”③这里所记载的“金”，指的是纯铜，古代人把铜称之为金，而把现在所谓的金称之为黄金，而“齐”则是调剂的意思，也就是不同的比例。《考工记》把中原人民冶铸工艺的经验和心得总结为“六齐”，即六类青铜器的不同铜锡合金比例，铸造不同用途的器物，对原材料硬度、韧性，以及其他机械性能的要求也不尽相同。古代新安人通过自身长期的生产实践，也认识到了这一点。有柄曲刃青铜刀需要锋利，硬度要高，青铜中锡的比例就要相应提高；青铜口镈需要坚韧、耐久，锡的比例就要较刀刃要低。冶炼工具及不同类型青铜器的出土，说明至少在商代，新安人就已经掌握了两种或者以上的青铜合金技术，并成功运用到生产实践中。

现代实验检测，含锡量达到25%的青铜器皿都非常脆弱，不能使用，至于含锡量达到50%的青铜，稍经撞击即碎裂。因此，为了铸造出更加复杂的曲线和纹饰，古代新安人尝试在青铜溶液中加入一定量的铅，以增加了液态青铜的流动性，从而使浇铸精美器形和精细纹饰成为可能。这一成就的取得，大约是在西周时期，屯溪西周土墩墓出土的青铜器就是个中代表。从冶铸技艺来看，这批青铜器铜色青灰发亮、色泽艳丽，经1959年中国科学院安徽分院化学研究所、1965年安徽省化工研究所和1993年地质矿产部安徽中心实验室的三次科学分析认定，虽然这批青铜器的主要成分仍是铜、锡、铅，但其中铜的比例较低，除铜镞外，其他铜器含铅的比例都较高④。说明当时的工匠，已经掌握了合金比例与硬度、熔点的关系，冶炼技术在商代的基础上有了极大提高。从两相对称的范痕，以及器内平滑，器外表铸花浮于器面等特点看，这批铜器采用的是陶范铸造法，这比邻近的地区如江西的石范铸铜技术，已有显著进步。屯溪奕棋的八个西周土墩墓，共计出土107件青铜器，其中

③ 转引自马承源：《中国青铜器》，上海古籍出版社，1988年，第506页。
④ 李国梁：《屯溪土墩墓发掘报告》，安徽人民出版社，2006年，第80页。

礼器占有很大的比重，共有60件，另有兵器26件、工具13件、车饰8件。每座墓的出土数量不尽相同，其中以3号墓发现数量最多，有54件，器物的组合关系也比较清楚，反映的历史信息最为全面。随葬的青铜器组合有鼎、簋、尊、卣、盘，分属食器、酒器和水器三类，这种组合配置明显是受中原西周礼制的影响，但没有依次大小的列鼎，而且鼎和其他器物也多成偶数随葬，加之特色明显的牺尊、盉、五柱器、单柱器等器物，说明这一时期的新安地区，已经形成具有地区特征的礼仪制度。纹饰上也与中原和相邻地区有差异，主要有动物纹和几何纹两大类。动物纹主要有兽面纹、兽形纹、夔纹、蟠虺纹、凤鸟纹等，但都有一定的变形；几何纹变化较少，部分仍承袭于陶器装饰，主要有斜角雷纹、斜方格乳钉纹、涡纹、四瓣花纹、云纹、编织纹、锯齿纹、折线纹、圈点纹、绳纹和弦纹等。这些纹饰既有中原商周文化的烙印，又有浓郁的地方色彩，一些器物甚至将这两种元素完美地融合于一体。综合以上特点来看，屯溪西周墓葬出土的青铜器，出土单元明确、组合关系比较清楚，且伴出有陶瓷器，器物群完整，时代特征明显。器形特征和工艺风格独特，地域特点十分鲜明，很明显是当地冶铸出来的器物，冶铸技术也是通过长期发展而形成。因此，很多学者将它作为长江下游地区青铜器断代的一个标尺。①

西周以降，新安江流域先后为吴、越、楚之地，因而常处于兵燹不断的环境，使得冶炼铸造业急速衰落了。春秋战国时期，祭天礼地的青铜礼器突然消失，一般的青铜工具也极为罕见，仅在中下游地区发现了一些剑、箭镞等兵器。

[商]有柄曲刃铜刀

[西周]青铜卣

① 李国梁：《屯溪土墩墓发掘报告·序言》，安徽人民出版社，2006年。

一、冶铸之术

冶炼技术是青铜器生产和青铜文化产生的基础。约在7000～5000年前的新石器时期，中国就已经开采并冶炼出铜。《管子·地数篇》中记载了铜矿资源分布的情况，“出铜之山，四百六十七山；出铁之山，三千六百九山。上有丹砂者下有黄金，上有慈石者下有铜金，上有陵石者下有铅、锡、赤铜，上有赭者下有铁，此山之见荣者也。”[①] 在西安半坡和临潼姜寨的仰韶文化遗址中，发现有质地不纯的黄铜片，经检测为冶炼所得，距今已有6700～6500年历史。大约在公元前2000年，中国北方地区进入了青铜时代。在新安地区，存在着相当于商以前或早商的青铜制品，如前所述的淳安进贤高祭台遗址，出土有小件青铜器、坩埚以及铜渣，这是制造和使用青铜器的最早例证，显然新安江流域地区青铜冶铸业的发生时间是晚于中原的。

在冶炼出青铜合金以前，古新安人最初使用的应是自然铜，这是一种存在于铜矿床所在地表的天然铜材，纯度很高，部分可以达99%甚至以上的纯度，呈紫红色，故又称“红铜”。红铜的质地柔软，富有延展性，稍加敲打即可加工成工具和生活器皿。目前，虽然尚未发现这类器物的直接证据，但从青铜文化发展演进的序列，以及出土青铜制品的工艺水准来看，新安地区在进入青铜时代之前，是有着漫长的技术和经验积累。新安地区已探明的铜矿，主要分布在淳安和建德地区，淳安的上梧、安阳、铜山、甘坞、郭村等处，均探明有铜、铁矿，其中尤以铜山乡的洪铜山蕴藏最为丰富。民国八年（1919）的《建德县志》转载了宋代《元丰九域志》中关于建德铜官山矿早期开采和冶炼的情况。这些铜矿的矿脉，多分布在海拔600～700米的半山腰，方便开采和利用。经分析矿石的主要成分是铜和锡，其中铜含量较高，可以使用一些简单的方法，冶炼出纯铜。开采冶炼所获取的纯铜（紫铜），强度低，且熔点较高（纯铜的熔点为1083℃），铸造性不好，难以直接利用。高祭台遗址出土的坩埚实物和其中氧化腐蚀的铜颗粒则证明，古新安人早在3000多年前，就总结摸索出在纯铜（紫铜）中加入锡、铅的合金方法，显著增强了青铜的强度，并降低了熔点（加入25%的锡冶炼青铜，熔点就会降低到800℃）。由于不具备现代科学的检测手段和设备，加之各批次金属矿的纯度不尽相同，所以在制造青铜的下料中难以做到精确控制，只能以经验为依据，造成早期青铜器成分不甚稳定。至西周时期，随

---

① 转引自马承源：《中国青铜器》，上海古籍出版社，1988年，第501页。

着对金属特性认知的不断提高，熔铸技术有了进一步发展。对屯溪西周土墩墓出土青铜器的科学分析表明，铜、锡、铅三种主要成分的含量已趋于稳定，并能根据不同器类的功能需要，有意识地调整配比。如多锡少铅的箭镞配比，是为了解决刚性和不至于脆裂的问题；再如盘或器盖，因精美纹饰的铸造需要，为增加铜液的流动性而加大了铅含量，并相应减少了锡含量。即使是同时铸造的同一组器物，虽然下料的配比完全相同，也会因火候或者氧化还原反应速度的不同，造成成分的微小差别，这恰恰说明当时掌握的配比和冶炼铸造水平是不低的。

屯溪西周土墩墓出土青铜器主要合金成分一览表

序号	器物名称	铜%	锡%	铅%	资料来源
1	鼎腹片	主要	大量	多量	中国科学院安徽分院化学研究所
2	镞	60%	20%	1%～5%	安徽省化工研究所
3	盘腹	51.55%	2.86%	4.64%	地址矿产部安徽中心实验室
4	器盖	51.58%	2.53%	4.76%	地址矿产部安徽中心实验室

《管子·地数篇》认为“刑（型）范正，金（铜）锡美，工冶巧，火齐得”，是铸造青铜器的四大关键要素。尤其认为，型（范）制作是铸造精美器物的首要环节。中国青铜器的铸造技术大致经历了石范铸造、陶范铸造、复合陶范铸造，以及分铸铸接技术等，这些范制技术在新安地区出土青铜器上均有所体现。尤其是屯溪奕棋西周土墩墓的出土情况极富特点，不同时期形成的范制痕迹，同时和较为集中地出现，一方面揭示了铸造技术发展的连续性，另一方面也体现了本地区冶铸的可能性。

范制也称范（模）铸法，大约诞生于新石器晚期。在这之前，人们可能是采取直接锻打的方式处理材料，史称“冷锻法”①。目前，新安地区尚未发现使用冷锻法铸造的铜器遗存，因此青铜器制作技术的起源，尚需进一步厘清。淳安高祭台遗址出土的有柄曲刃青铜刀和青铜口锛，则已经有了早期范铸器物的特点，表明在早商

① 转引自田自秉：《中国工艺美术史》，上海知识出版社，1985年，第39页。

或以前，“范铸法”就已经被使用和掌握。早期的范铸法，以石材为原料制作范（模），在内腔中凿刻出器物的形制，再用一次浇铸成型的方式制成。在当时的条件下，石材难以雕琢出复杂的形制和纹饰，因此石范法只能制造出一些简单的青铜工具和武器。西周时期，石范铸造青铜器的方法，除箭镞制作外已经很少使用，①而在此基础上发展出的陶范铸造法，无疑是青铜铸造工艺的一大进步。陶范铸造法的工艺流程可分为五步：第一步为塑模。用泥土塑造出所需器物的基本形状，有纹饰的需在泥模上勾勒并剔塑出；高浮雕的部分纹饰，则需另外制好泥片后敷贴在模面；第二步为制范。按照器形的需要，用细泥制成的数块泥片，紧贴在模的表面，拍打形成外形和纹饰，取下后烧成陶质；第三步为合范。将烧成的陶片拼成外范后，用支钉或子母榫将外范和泥模的外层合成一体，即为铜液留存的地方，两者的间距就是青铜器的厚度；第四步为浇注。将合金铜液注入内外范之间的空隙，待其凝固后，打碎陶范取出器物；第五步为打磨和整修。青铜器一次浇铸成型的铸造方式，称为浑铸法。大件或形制复杂的器形，则需要将整个器物拆为数件范（模）分别制作，其后拼接成一个整体，这种铸造方法称之为分铸法。浑铸和分铸这两种陶范铸造的方式，在屯溪西周土墩墓出土青铜器中都见使用，如鼎多是腹范连足三分，簋、尊、盘、盒、壶多腹范两分，盂从颈到足范缝两分。②

出土的新安青铜器，在装饰手法上也呈现出多样性的风格，焊接、嵌铸、刻划、镶嵌、镂空等技术都已熟练运用，甚至春秋时期吴越青铜兵器制作的错金银技术，也有体现。

（一）焊接

为热加工接补部件的工艺方法，是将耳、足、纽等部件分开铸造，然后再与器身焊接的工艺。屯溪奕棋西周1号墓出土的青铜盒，其肩上对置的两纽，即是分铸后焊接的。

（二）嵌铸

嵌铸的目的是将较多的小铸件与主体连接，制作时将嵌件先行铸造，再在铸件的铸入处制出直纹、斜纹、凹槽或凸起等，以增强两者的结合能力，最后将嵌件和

---

① 屯溪土墩墓出土了三式石镞范，说明当时在批量制作青铜小件武器时，仍采用了不易损坏的石范铸造法。
② 李国梁：《屯溪土墩墓发掘报告》，安徽人民出版社，2006年，第80页。

铸件铸合而成。屯溪奕棋西周墓出土的青铜盘等器物，紧附耳与器身连接处常有一条明显的金属镶嵌痕迹，显然是事先铸好后嵌铸的。

（三）镶嵌

镶嵌是将绿松等其他物质的装饰材料嵌在青铜器上，相较于焊接和嵌铸，镶嵌属于冷加工，适用于不同物质间的媾和。屯溪奕棋西周土墩墓出土的器物上，部分留有镶嵌物，抑或有嵌痕。如尊的腹部就有四个云形镶嵌物，有的留有镶嵌洼窝，有的尚留绿松石片；出土的4件青铜剑，剑格上均留有似兽面纹的洼窝，应为镶嵌物留下的痕迹；还有牺尊的头部，就用绿松石镶作眼。说明镶嵌工艺的使用已趋普遍，工艺发展已十分成熟。

（四）刻划

刻划是源于陶瓷器的装饰技法，但由于铜质坚韧，不易刻镂，所以在铁质工具尚未流行的西周时期，仅用于铸造难以表现的阴识铭文及纹饰。如屯溪奕棋西周3号墓出土青铜簋，底部的狩猎图案，以及卣盖、底的铭文，就是在器物铸造完成后刻划的。[①] 而4号墓出土的雕刻用刀，也侧面印证了这一工艺的使用。

（五）镂空

主要成分为铜锡的青铜合金非常脆弱，很难制作出繁复的立体或镂空装饰。因此，古代新安人创造性地提高了铅含量，使青铜器的韧度和延展性都有极大提升，这也为刻划、镂空等工艺的运用提供了可能。屯溪奕棋西周土墩3号墓出土铜簋、铜盒的双耳，以及铜盘腹部玲珑剔透的装饰，就是用镂空技法雕镂的。

（六）金银错

金银错的工艺方法是在铜器表面上镶嵌金银丝，制成图案，再用错石磨错平滑。在屯溪奕棋西周8号墓出土的青铜剑，剑身布满平面暗花，呈黑色圆弧状暗斑，自近格处直至前锋，视之可见，摸之无痕，唯不能拓。它既非腐蚀造成，也不是镶嵌而就，是吴越兵器上常见的浅层填充金属技术的表现。[②] 这项技术，在春秋战国时期得到进一步发展，不仅用在兵器上，而且也用在礼器、符节、玺印、铜镜上。

---

① 出土的两件青铜卣，盖和底部分别阴刻同铭“公作宝尊彝，其孙子永用”和“作宝尊彝”。

② 李国梁：《屯溪土墩墓发掘报告》，安徽人民出版社，2006年，第81页。

西周时期，新安人不但掌握了较高的冶炼、熔铸技术，使用陶质复合范浇铸青铜器的技法，也有了很大发展。陶范的选料、塑模、翻范，以及花纹刻制均极为考究，铸造和装饰技术的运用也十分纯熟，显示出早期新安工匠的卓绝审美和奥妙创造。

二、器类器型

古代新安人在掌握青铜冶铸技术后，首先是将这一技术运用于日常生产和生活，所以早期的青铜制品都是简单的实用器。至西周时期，随着工艺技术的发展，各种复杂的器形被铸造出来，青铜器出现了艺术化的转变。同时作为贵重资源和复杂技术的集合，青铜制器成为身份和地位的象征，以及政治权力的标志。这一时期的新安青铜器，显然是主要用于礼仪和祭祀等活动，因此礼器数量最多，制作也最为精美，代表了当时青铜制作工艺的最高水平。按照使用用途，又可大致划分为饪食器、酒器、水器、祭祀器、兵器和杂器 6 个种类。下面结合出土的重点器类作逐一分述。

(一)饪食器

1. 鼎

器形源自石器时代广泛使用的陶质鼎，属烹煮用的炊器，商周时期的青铜鼎，渐渐失去了实用功能，成为等级制度身份和权力的重要标志。新安地区出土的青铜鼎多为西周时期，分圆、方两类。圆鼎常见的器型有三式，分别为立耳、深鼓腹、柱足，立耳、侈口、束颈、圆腹、圜底柱足和立耳、侈口、浅盘、腹圜底锥足。方鼎有两式，均为长方槽形的四足双耳器，一式为四角尖翘、平底、直壁的四矮足；一式为平底、直壁的空兽面足。

2. 簋

用于盛放熟食的器皿，商周时作礼器用。根据《礼记 · 玉藻》的记载和考古发现可知，簋多以偶数组合与奇数的列鼎配合使用，如四簋五鼎、六簋七鼎等。但在屯溪奕棋的西周土墩墓中，出现了既有偶数簋也有单件簋随葬的情况，配合的鼎也为偶数，显然不符合西周礼制，揭示了新安地区有着不同的祭祀、宴享和随葬习俗的情况。整个西周时期，簋的式样繁多，比较复杂，大致可分为五式：一是双耳、侈口、鼓腹的直圈足式；二是双耳、敛口、短颈、扁鼓腹的矮圈足式，双耳有兽耳垂珥或下垂扉棱，以及耳背镂空扉棱的变化；三是双侧方附耳的侈口束颈矮圈足式；四是敛口短颈扁鼓腹矮圈足的无耳式；五是双镂空云形耳的浅腹圈足大侈口式。簋的式样总体看，具有浓郁的江南地区和徽州地域特色。

3. 盂

大型的食器，兼可盛水或盛冰，西周时期作礼器。青铜盂的体形通常较大，多与青铜簋配合使用，簋中的饭食或肉食乃取自盂中。屯溪奕棋西周土墩墓中出土了两式盂，一式侈口折肩敛腹，一式敛口敛腹丰肩。两式形制与同期出土的原始瓷器颇为相似，存在承袭关系，具有典型地方特色。

4. 盒

用于盛食物的器皿，为南方地区特有的器形，在中原地区未见出土。屯溪奕棋西周土墩墓出土了两件，分两式。一式为上下相叠的双层塔形盒，下层扁鼓腹，双镂空耳，圈足外撇；上层呈圆塔形，肩置双纽，上覆环拱形盖，盖有纽。一式为单层盒，鼓腹，双耳，圈足外撇，上覆环拱形盖，盖有纽。

5. 匕

多做取食器，用途是挹取黍稷等饭食和牲肉，后世的羹勺即由它演变而来的。屯溪奕棋西周土墩墓出土的匕，体呈叶形，柄扁平细长，与中原地区两头尖的桃叶形有明显区别。

(二)酒器

1. 尊

为盛酒器。容庚在《殷周青铜器通论》中即称其是“一种大而圈足的盛酒器”，功能和现代的“酒樽”相类。在新安地区西周土墩墓的葬制中，尊是重要的礼器，为身份等级的主要象征。基本形式有三种：一式上口侈大，口径超过肩腹径，长颈，腹略鼓，高圈足；一式大口折肩，颈部粗短，鼓腹，高圈足；另一式颈、腹、足呈三段均衡配置，口大于腹，肩部丰圆，扁鼓腹，颈较圈足略粗。

2. 卣

盛酒器。在新安地区的随葬器中，属礼器组合之一，多以偶数出现。基本形式有两种，一式椭圆体垂腹提梁，一式椭圆体鼓腹提梁。较其他地区出土器形不同，这些卣的肩部显得特别丰满，整个造型偏高且臃肿，盖纽和腹部的装饰也颇有地方特色。

(三)水器

1. 盘

承水器，多用于商周贵族的祭祀或宴饮，为沃盥之礼所需。《礼记》中记载：“进盥，少者奉盘，长者奉水，请沃盥，盥卒授巾。”“沃”即指用匜或盉浇水以盘承接的净手行为。新安地区的西周盘式有圆、方之分，均有地方特色。圆盘一为侈口浅腹直壁直圈足双耳式；一为侈口双耳折圈足浅镂空云纹腹式。方盘一为飞沿浅鼓腹平底方圈足式；一为双耳弧壁曲尺四足式。

2. 方鉴

盛水或冰之器。《说文》中即称“鉴,大盆也”,这与各地区的出土实物情况相吻合。新安地区出土的方鉴为西周时期，器形较中原地区小，形制为侈口、敛颈、平底、方圈足的方体鼓腹器。

(四)祭祀器

1. 牺尊

属酒器，原指祭祀用纯色牛形尊。《周礼》中的六尊即指牺尊、象尊、著尊、壶尊、太尊和山尊，其中最华美的是牺尊。新安地区仅见屯溪奕棋西周土墩墓出土的一件牺尊，形制极为独特。呈四足矮兽形，兽身肥胖，腹中空，尾部上翘成假圆筒盖状，盖面有龙形纹饰，并镂有双孔以盛酒，兽面眼、鼻处镶嵌绿松石。

2. 柱形器

属祭祀器，具体用途不明。分两式，一为单柱器，下部为空腔的方罩形座，座中心位置嵌入一圆柱，柱中空；一为五柱器，下部为空腔鼓腹方座，座上横列五根等距圆柱，柱中空。柱形器是新安江流域上游地区独有的青铜礼器，各地同时期文化遗址未发现相似器物，历代文献亦不见著录。

(五)兵器

1. 剑

中国古代主要的短兵器，其铸造约始于商代。新安地区铸造剑的历史始于何时，尚无确切的发掘资料可为佐证，但出土的西周早期青铜剑，形制即已经相当成熟，铸造得极为精美。如屯溪奕棋西周土墩墓出土了一件有格狭前锷圆茎式剑，整体呈柳叶形，圆盘首、剑格、脊和从，分饰有细圆纹、兽面纹、雷纹和云纹，剑格上还有镶嵌，纹饰精美、质地精良，可能为高等级贵族的佩剑。

2. 戈、矛

先秦时期主要用于勾、啄、刺的格斗长兵器，以石器时代骨石镰、陶镰、尖木棒或石质和兽骨质矛头为原型。戈头在新安地区的西周遗址中有发现，形制与中原地区相类；矛头形制则呈窄叶形。

3. 镞

安装在木质箭杆前端的锋刃部分，为最早出现的青铜兵器之一。在新安地区各时期文化遗址中较常见，形制较多，主要有两翼三锋式和三棱式。

(六)杂器

1. 刀

多作兵器用途。但在屯溪西周土墩墓出土的青铜刀，则为小件的随身工具。其中的一组八件，长短不一、形制各异，锋刃部均十分锐利，部分柄首处有穿或系。该组刀具出土时置于一方青铜盘中，可能有两种用途：一种是割取肉食，功能类似后世的餐刀，另一种是雕镂纹饰所用的工具。4号墓也出土了一件青铜刀，形制与后世刻刀相类，尖刃极为锋利。

2. 车饰件

西周是中国车马制度始兴的时代，并被作为等级身份的体现。屯溪奕棋西周土墩墓中出土了部分车器，均以偶数成对出现，长度、大小、孔径、形制雷同，用于加固和装饰车毂。

3. 鸟形饰件

屯溪奕棋西周土墩M2墓中出土了鸟形饰2件，呈尖喙、大圆眼、云形翅和上翘长尾的形态，鸟腹下有残空柱，疑为仪仗器。林华东先生认为“伫立于立柱或盾形的鸟，才是良渚先民的图腾崇拜”。[①] 在淳安出土的玉琮，也刻有相类的立鸟纹图像。这些鸟形或鸟纹饰件的出土，侧面反映出良渚文化对新安江流域影响。

在青铜器作为政治权力标志的社会背景下，其具体用途是相似，即作为礼仪和祭祀活动的重要用具。但由于先民信仰和应用场景的不同，相应诞生了具有特定用途的特定器形以及装饰。因此，新安青铜器从总体上看，宜分为两大类：一类以各类鼎、盂、尊等为代表，多与中原地区相近；另一类与中原地区差异明显，或完全不见出土，这些以柱形器以及动物造型的牺尊、卣等最具代表。

① 林华东：《论良渚文化玉琮》，《东南文化》1991年第6期。

西周 青铜牺尊

西周 青铜云纹五柱器

三、纹饰装饰

新安青铜器的纹饰，很多是来源于石器、几何硬纹陶、原始瓷和玉器等姊妹工艺。在新州遗址出土的石模具上就发现刻有变形动物纹，这与青铜装饰所使用的变形鸟纹有相似之处；淳安进贤高祭台文化遗址出土的印纹陶器和原始瓷器，其装饰的圈点、平行线、折线、弦纹、锯齿纹等几何纹饰，在西周时期的青铜鼎、盘、簋、方鉴等器物上也见运用。与中原地区以动物纹作为青铜器纹饰主体的情况不同，新安青铜器的纹饰，主要有变形的动物纹与几何纹两大类。变形的动物纹主要用于青铜器的组合纹饰，譬如凤纹和鸟纹，大多都不是中原常见的式样，但却是新安青铜器的纹饰主题。其中，凤纹多为头顶花冠和分歧下垂的长尾，以及两凤隔扉棱相对的组合形式；鸟纹作两鸟相对，目不点睛，尾羽上卷过顶；变形的鸟纹有的有冠不见目，有的足爪难辨，有的仅能根据躯干形式辨认。另外，很多图案化的花纹也是从凤、鸟这类纹饰衍变而来的。如形似倒置的逗号，就有可能是极简的鸟纹。变形兽面纹的使用也是新安特色，这类纹饰通常是没有明确的兽体，兽耳和兽爪也都略去，躯体以中间的鼻准线向两侧对称展开，双角没有固定的形状，双目多以双点的形式出现，或者直接省略，故只可依稀辨认。这类变形兽纹的周围多以乳丁纹为地纹，且兽纹单元极其复杂，与中原常见的形制甚至结构都有不同。如蟠龙纹的兽首较小，完全不见威武之势；再如蝉纹，多以两两相对为一组做横向的连续，首尾部做回纹间隔；还有龙纹和涡纹组合为一个单元，做横向连续，龙纹首前视、身歧、卷尾，圆目实睛，较中原的龙形变化很大，有较为明显的地方特征，体现出装饰艺术上的某种创新。

在几何纹饰的使用上，窃曲纹的复杂变形和交连，以及完全新颖的棘刺纹是典型特点。窃曲纹在新安地区使用，最早可见新州遗址出土的石饰件，其表面刻镂的就是一个竖置的S形，正符合于窃曲纹"上下皆曲"的特点。在商周时期的青铜器上，延续了这一纹饰，但已经很少作为器物的主纹饰，多以变形的窃曲纹作横向连续，装饰部位也多在口沿、肩颈、圈足，或者上下腹边。纹饰变化极多，有单勾、双勾，有波纹、蛟龙纹、鸟纹等多种基本形态。还有棘刺纹的使用上，虽然有观点认为这是一种变形的夔纹或是蟠璃纹，但迥然不同的是，这种花纹单元虽然以双勾的线条形式出现，但在线条的开头和结尾处做尖钩形状，并在钩形的开头和结尾，以及各单元的交接处，布有突起的棘刺。这种纹饰往往以数个单元为一个组合，然后做横向连续，或是横向多层次的连续，构成类似密集方格状的条状或片状，这显然是一种本地区的创新纹饰。

新安青铜器的纹饰大多承袭于陶瓷器装饰，其中方格纹、平行线纹、折线纹、草绳纹、虚线纹、三角纹和锯齿纹，都具有典型地方性。如三角纹，中原商周时的三角纹多做内填云雷纹或动物纹，这里的三角纹虽然也是两等边三角形，但纹样往往做成二三个三角形相套，或与相邻的三角形做正反颠倒，底下无边线的形式①；而多为中原商周青铜器辅助纹饰的圈点或圈带纹，却以数个圈带形成腹部主题纹饰的形式出现。

四、小结

淳安进贤高祭台遗址源起的新安青铜文化，在西周以及之后的青铜遗存中赓续了工艺脉络。总结新安出土器物的特点、风格及文化面貌等，都有相似之处。如动物形象和几何纹饰的地方类型不见于中原，与新安相邻的杭嘉湖地区和安徽沿江地区，既未发现此类青铜器，也没有与之相适应的社会背景和区域文化，且并未发现中原文化在商周前的介入迹象。因此，尽管在新安还缺乏铸造作坊等方面的考古发现，但能基本判定这些青铜工艺为新安本土诞生发展的，并受到建德或淳安地区铜

① 李国梁：《屯溪土墩墓发掘报告》，安徽人民出版社，2006年，第77页。

资源的支撑。

西周之后，新安江流域发现的青铜器十分零散。春秋和战国时期是中国奴隶制向封建制社会转变的时期，各诸侯国的相互征伐，在一定程度上促进了青铜兵器铸造工艺的发展。当时的新安地区处在吴、越、楚三国交界，《墨子·节葬下篇》云："今之好战之国，齐晋楚越，四分天下而有之。墨子非功，诸侯力征，南有楚越之王，而北有齐晋之君"。在墨子看来，越国和楚国是两个极为好战的国家，历史上看也是如此。从周简王元年（前 585 年）开始的吴越争霸，到周元王三年（前 473 年）勾践灭吴，再到周赧王九年（前 306 年）的楚威王灭越，直到公元前 223 年秦灭楚之战，这近 400 年的战争对新安江流域地区造成了极大的伤害，工艺生产基本处于停顿状态，仅有部分门类因战争的需要而得以保存。如建德地区采集的青铜剑，应属越国遗物，故此在浇铸工艺和纹饰装饰上与中原地区存在差异，形制也不像北方诸国的雄浑、凝重和庄严，多呈现简朴灵巧、不尚雕饰的风格，以效用为目的。

第五节　工艺滥觞

新石器晚期至商初，新安地区的原始氏族社会逐步瓦解，社会阶层日益分化，在这种形势下，工艺美术开始反映出新阶层的生活方式和消费需要。从土墩墓的葬式以及随葬器物的多寡可以昭示，西周以降的新安社会，结构上已形成了贵族阶层主导的局面。因此，玉器、青铜器、陶瓷器等工艺品的制作，逐渐摆脱了实用的设计风格，转而盛行复杂化的工艺追求，一些制作精美却只为彰显身份的繁复器物出现了。同时，为了满足复杂工艺的生产需求，配套的漆器、编织、镶嵌等工艺门类也逐步诞生和发展起来。

一、玉石雕琢

随着打磨、抛光技术的逐步成熟，新安先民开始尝试将纹理细腻的美石，加工制作成如有孔石刀、微型石锛等小件工具，一是方便携带，同时也是基于对佩饰美的追求，原始的玉石加工工艺，因此始见端倪。

在歙县新州遗址出土的石质品中，出现了雕琢极其精美的反"S"形，以及光线纹饰组合的阴刻饰品，表明加工工具的进步，以及处理复杂纹饰的能力和技术，此时已获很大提升。在淳安和建德地区的新石器文化遗址中，出土的玉石器，或质料，或纹饰，或加工工艺方面，除了体现出受良渚文化影响的特征外，总体也不乏本土化的创作特色。诸如建德久山湖遗址区域采集的锥形玉，素面方锥和柄部对钻小孔的形制，就和良渚文化有明显区别。[①] 淳安出土的玉琮和玉钺中，玉钺的素面无纹饰，玉琮的简明化、图案化神（人）面或兽面纹饰，[②] 也具有鲜明的地域审美取向。从地理位置上看，古代钱塘江水系和新安江互相贯通，原始氏族部落可通过水路进行人员和文化交流，并因此在工艺上产生了某些共同点。新安先民正是通过不断地吸收、优化和再创作，逐步将工艺制作推向巅峰，这一过程在玉石器制作中，得到完美地诠释。

根据出土实物的制作痕迹来看，在早商或者商以前，玉石器的加工技术已经十分成熟。如钻孔工艺，就采用了两面对钻的技术，在处理较长孔径时，能够做到误差很小，孔壁的磨琢也十分光滑，存在使用轮轴和砂浆来进行磨制的痕迹。如淳安出土的玉琮，射径虽长达 9.1 厘米，但两面对钻的孔径误差却只有不到 0.2 厘米，内壁呈乳白泛青绿色的玉色，体现了令人叹服的工艺精度和抛光技法。同期出土的玉钺，1.5 厘米的孔径几乎没有误差，而且通体精磨，抛光程度更高。[③] 商周玉石器制作取得的成就，很大程度上是得益于加工工具的鼎新，尤其是雕琢器具的改进。在屯溪奕棋西周土墩墓中，出土了小型的刀具，其中一把的形制已和后世的刻刀极为相类。另外七件的形制也十分适合手执，且锋刃十分锐利。

工具革新带来的工艺进步是显见的。一方面工艺作品的数量大大增加了。在屯溪奕棋西周土墩墓的随葬器物中，玉石器开始成为单独的器类独立成区。如屯溪西周土墩墓 3 号墓葬中，位于两组青铜器之间的就是玉石配件区，虽然器物被取出，但地面尚存很大一片白灰痕迹，可见数量是很多的。另一方面材料种类有了很大扩展。目前已知的材料就有青玉、白玉、青白玉，以及石、水晶、绿松、料器等，其色泽有绿色、淡绿、暗绿、青白和白色等；再者加工工艺水平也有所提高。屯溪奕棋的西周 8 座墓葬，出土的玉石器有珠状、管状、璜形、玦形、牙形等，珠又有浑圆、

① 杭州市文物考古所：《浙江建德市久山湖新石器时代遗址的发掘》，《考古》2006年第5期，第90页。
② 鲍艺敏：《从淳安发现的玉琮、玉钺看淳安古文化与良渚文化的关系》，《南方文物》1993第3期，第42～46页。
③ 鲍艺敏：《从淳安发现的玉琮、玉钺看淳安古文化与良渚文化的关系》，《南方文物》1993第3期，第46页。

扁圆之分，管则有扁管、圆管的区别。这批玉器的体形较小，精细加工是殊为困难的，即便如此，整体器物也都打磨得光滑细腻，且多数都有穿孔和弦纹装饰，孔穿内壁和纹饰亦经过细致打磨，工艺十分精湛。

这一时期的玉石器，已逐渐从实用器转变为赏玩器，制作是为满足贵族阶层的装饰所需，淳安出土的玉钺，钺体下端的双面弧刃，并没有磨出刃口，显然非实用之物。[①] 屯溪奕棋西周土墩墓出土了大量的珠串料管，以及配套的玉、石、水晶珠，也显然不是实用器。该墓同时出土的青铜跪坐人像，双耳部皆有穿孔，这表明佩戴饰品已成为彼时的习惯。

二、制漆尚朱

新安各地都有着相似的地理环境，“山多地瘠，民贫而啬，穀食不足尝，仰给他州，故勤于本业，而更蒸茶割漆，栽培山木，以要懋迁之利”。由此可知，先民们把栽培漆树、割取漆液视作重要的“本业”。而且通过考古发现可知，他们认识漆的性能，并用以制器的历史，远比文献记载更为久远。

20 世纪 50 年代，屯溪奕棋西周土墩墓的考古发掘中，发现了朱红色的细小薄漆片，出土时附着在青铜簋和盘的口沿内外[②]，推测应为汤匙或其他勺类食器的遗存。同期出土的还有少量贝壳，存在镶嵌用途的可能。天然漆液呈灰乳色，置于空气中，会发生氧化反应而变成栗壳色，干燥凝固后的漆，则又会呈现黑褐的色泽。“白赛雪，红似血，黑如铁”，就是对漆色变化过程的生动形容。古人通过割取漆树获取的天然漆液，经过滤后涂在木、麻等质地的胎体上，使得成器更为牢固，并且增强其耐酸、耐热和防腐的性能。天然漆液干燥后，器物表面会形成一层黑色的漆膜，故而器物呈现出黝黑亮丽的色泽。东汉学者郑玄对《周礼 · 春官、中车》记载的漆车，就注云：“漆车，黑车也。”可见当时使用的漆液，多为未经加工制备的天然漆液。要获取朱红的漆色，则需要将朱砂碾磨成粉，然后混进漆液中搅拌制成，这种调和制漆的方法，是古人通过长期的实践摸索而出的。屯溪奕棋西周土墩墓发现的朱红色漆器残片，表明早在西周或以前，新安先民就已经掌握了调和漆的制作工艺，制漆水平达到相当高的程度。平地起穴的土墩葬式，以及未采用密封墓室等防潮措施的原

---

① 鲍艺敏：《从淳安发现的玉琮、玉钺看淳安古文化与良渚文化的关系》，《南方文物》1993第3期，第46页。

② 李国梁：《屯溪土墩墓发掘报告》，安徽人民出版社，2006年，第46页。

因，加之多雨、潮湿和土壤酸性重的恶劣条件，使得漆木器极难被保存。故而与技术发展大相径庭的是，在新安商周遗址中至今尚未发现完整漆木器，也就无法完整地揭示彼时漆器工艺的发展面貌。

漆器制作是一门极其复杂和耗时的综合工艺，需要多部门和多工种的长期配合。漆液制备需要一定数量脱离狩猎和农业生产的人员；木胎制作要求有专门的木器加工工艺和设备；髹饰涂漆也需要专门的匠人和工具；配套的陶质和竹木质等胎体的生产，以及滤网编织等工艺，也都需要大量的熟练工匠操作。这表明当时的新安社会已明显具有了组织和分工的能力，并可能存在较完备的区域治理机构。

三、编麻织布

从人类制作和使用工具开始，编织工艺便应运发展起来了。使用竹、藤、草、麻等天然材料编织而成的物品，如篮、筐、罐等，应是新安先民最早使用的生活用具。然而，由于原材料极易腐烂，因此并没有石器时代的编织实物传世。但在淳安进贤高祭台等新石器遗址中，出土陶器上即绘有来源于编织实践的席纹，而大量几何印纹陶上的纹饰，如人字纹、菱纹、斜方格纹等，也是直接源于编织物的纹理。而在各地新石器遗址中出土的陶质纺轮，更是这些原始编织活动的直接印证。

新石器 陶纺轮

陶纺轮的发现，表明新安先民在新石器时代即已使用植物纤维来进行纺织。屯溪奕棋西周土墩墓中出土的麻织品，则体现了先秦时期新安纺织工艺所达到的水平。当考古人员在对两件青铜簋进行清理时，发现了内壁和外底附着的麻布残片。残片呈编结的网状形态，织物结构均为平纹组织，分细、中、粗三种类型，对应的经纬线密度分别为每平方厘米 15×25、11×20 和 9×16 根。[①] 从技术上看，这些麻纤维上残留的胶质极少，边沿部分的纤维几乎呈分离状态，可能为采用脱胶技术的结果。虽然不能

① 李国梁：《屯溪土墩墓发掘报告》，安徽人民出版社，2006年，第31页。

确定是自然沤渍脱胶法还是人工煮炼脱胶法[1]，但对麻脱胶相关技术的掌握，新安先民显然是有了一定的经验。另外，其采用的平织法技术，交织点多，经纬线也最为紧密，因此布的质地最为坚固、外观最为平挺，体现出先民们对原始力学和结构学的初步认识。

今天，流行于淳安八都源地区的麻绣编织技艺，其中绣底麻布的制作技艺，即这一技术传承的例证。八都源位于淳安西北的山区，为躲避春秋战国时期的诸侯战争，新安地区的土著居民山越人，逃至此地定居。闭塞的自然环境，以及其后秦、汉和东吴政权相继实施的高压统治政策，导致他们在很长一段时间内几乎与外界隔绝，只能自给自足解决生存问题。因此，商周时期纺麻织布的方法，被其使用，且至今仍有保留。八都人以当地所产的苎麻制作麻线，采用自然沤渍脱胶法制作原料。具体工艺为先去除枝杈和枝叶，捆扎成束后在水中自然浸泡约 12 小时后取出，再剥去麻秆表面的青皮，并用刮麻刀清除皮上杂质，最后置于阳光下晾晒，待青色变为白色后，即可收储备用。与各地常见的手撕制麻线法不同，八都人采用了“梳麻”制作法，即以梳子（竹木质或黄铜质地）将苎麻皮篦分成细缕，以确保制出的麻线更为均匀。梳过的麻缕以手工逐根捻接成长线，利用麻丝上留有的胶质糊状薄层，以及接头部位的捻合力，将麻丝续接成细长的麻纱作为纺线备用，这道工序被当地人称之为“绩麻”。早期编织麻布使用的织机是原始的“踞织机”，也称腰机。编织者席地而坐，卷布轴的一端系于腰间，双足蹬住另一端的经轴并张紧织物，用分经棍将经纱按奇偶数分成两层，用提综杆提起经纱形成梭口，以骨针引纬，打纬刀打纬，根据需要编织成布。

今天的八都地区，仍流传着“不种今年麻，哪来来年衣”“种麻织布，下种收谷”“麻布挑花，一针对一孔”“麻秸搭桥，担当不起”等民间俗语。[2] 由此可见，麻纺织在当地的重要性，以及与百姓日常生活的密切关联。麻布的出现，替代了动物皮或者植物皮，成为人们的穿着之用，这是地区社会生产力进步的结果，也是新安文明曙光的重要标志。

---

① 自然沤渍脱胶法，是将去除枝叶、枝杈的麻秆捆扎后浸泡在水中，使之自然发酵，达到脱胶的目的。煮炼脱胶法，则是通过人工蒸煮的方法，达到同样的效果。

② 金琳、楼婷：《八都麻绣的织绣技艺和艺术特征》，《丝绸》2014年第10期，第38页。

四、砌筑之痕

“建德人”依靠原始狩猎和采集为生，有目的地选择乌龟洞作为栖息之所。虽然他们自身可能并未意识到，与中国其他地区一样，这种择居行为恰恰是建筑艺术最基础的探索，以及最可能发生进步的方向。也正是在这种生活化的不断探索中，建筑与工艺、雕塑等姊妹艺术一同发端，并渐次走向成熟。

新石器时代的考古发掘和田野调查显示，在新安上游地域内的氏族部落已由“洞穴式居住方式逐渐过渡为营居的生活方式”。[①]在新石器晚期到早商时期部分遗址的出土遗存中，我们都发现了先民构筑居所的活动痕迹。在歙县富堨下冯塘遗址中出土了较完整的房遗址，分布于新石器晚期地层，有三条宽 25 ~ 35 厘米的基槽，呈类“上”字形分布；基槽内柱洞呈不等距分布，大小亦不等，直径在 8 ~ 20 厘米之间，另有部分柱洞不位于基槽内。在歙县新州遗址的新石器时期地层，则发现了大量烧土块，上面还残留有编笆的痕迹和草筋的孔隙，以及原始建筑的地槽和台阶地。据此，有观点认为，在新石器晚期至商周时期，新安地域可能出现了原始干栏式建筑的雏形。通常意义上的干栏式建筑，泛指以木、竹、砖石柱等支撑和架空底层的建筑。在中国南方地区，采用干栏式建筑的目的是防潮及避开野兽和虫蛇的袭扰，因而人们的居住面都集中在高出地面的上层房屋内，下部挑空层则用以放养动物和堆放杂物。但区别于长江中下游地区上山、跨湖桥、河姆渡等新石器遗址出土的干栏式建筑遗存，下冯塘和新州遗址均并未发现该类型建筑所伴生的桩木、木板，或者带有榫卯孔的木构件，类“上”字形柱洞分布与之相较也存在很大差异。在目前已明确的干栏式建筑遗址中，其柱洞多呈大致的行列布局，以围成方形、长方形或者类环形的结构，从而满足支撑和架空房屋的受力要求。另外，在下冯塘房遗址内发现有一层堆积，其中包含大量烧土块及颗粒，出土物有夹砂陶片、泥质陶片、印纹陶片，以及陶网坠 1 件，石器 10 件；[②]在新州遗址也出现了类似的大量烧土块。但基于干栏式建筑的空间布局原理，人类居住面的迹象是存在于垫板或者排木之上，类似下冯塘这种房遗址内的堆积，则应处于柱洞也就是居住面范围外。更加需要引起注意的是，下冯塘遗址出土的陶器以盛储器罐类最多，用于谷物烹饪的三足炊器极为少见；出

① 陈伟：《徽州乡土建筑和传统聚落的形成、发展与演变》，《华中建筑》2000年第3期，第126页。
② 方玲：《下冯塘遗址研究——兼论新安江上游地区先秦遗址》，安徽大学历史系，2011年。

土石器主要是用于狩猎的箭镞、矛、球等投掷器，以及用于切割的石刀和渔猎用网坠等，石锛等耕作类器物较少。在其他新安新石器遗址中，出土的陶器和石器的器类和功能组合，也都体现了相似的社会生活情况。这表明渔猎经济在当时占据着主导地位，而通过烧烤渔猎所获则是他们获得食物的主要途径。显然，这种烹饪行为是不适于在低矮的挑空层内或者竹木质的垫板上进行。因此，综合分析下冯塘和新州等遗址的出土遗存，并不能作为出现原始干栏式建筑雏形的结论依据。

建筑工艺初始风格的形成，与所处的地理环境密切相关。新安地区的新石器遗址，均处于新安江或其支流的沿岸二级台地，以及近水的山岗之上，周围群山环绕，古代交通主要依靠河流这种大自然的馈赠。而孕育他们的母亲河－新安江，在淳安县至建德县东南与兰溪会合，汇入富春江、钱塘江后，经杭州湾注入东海。因此，先秦文化与流域周边文化，尤其是良渚文化，显然是具有一定联系的。前文已有所述，在相似的地理环境和生活习惯下，依托水运交通连接东西、沟通山海，逐步形成了经济、文化和工艺的交流走廊，社会整体形态也呈现出渐趋相近之态。如在石器的功用组合，特别是半月形双孔石刀，以及新州遗址出土的鱼尾形鼎足、鸭嘴形鼎足等，就都是良渚文化的典型遗物。[①]而在良渚文化的遗址中，也发现了与下冯塘和新州遗址类似的构筑迹象。比如，在浙江普安桥遗址就发现了以浅基槽作为墙基的房屋，基槽内埋木柱，墙体由黄褐色土块筑成；昆山少卿山遗址的房屋，则是以竹或芦苇交叉编织固定于木柱上，再抹上泥土构成墙体；吴江龙南遗址中，房屋分半地穴和浅地穴两种，这些房屋用粗树干交叉搭成南北两面坡、东西垂直的框架，架上扎树干、竹及芦苇和掺草的黄泥，做成的棚架式屋顶；在余杭庙前遗址发现的房屋，更出现了大跨度屋顶，内设柱子或重檐、加设回廊的建筑。[②]这些平地建造、半地穴式、浅地穴式的单体建筑和两间式[③]的房屋遗址，这为我们研究同时期新安民居的形式提供了参考依据。从已掌握的资料可以判断，先民们显然是掌握了构筑房屋所需的技艺，并实际开展了构筑活动。遗址中较规整的基槽或者地槽，是房屋的基本框架，类似后世的建筑基础。考虑到残留编笆痕迹和草筋孔隙的烧土块，以及陶器装饰上大量采用的篮纹、弦纹和绳纹，再结合新州遗址出土的陶拍实物，说明可能采用了

---

① 方玲：《下冯塘遗址研究——兼论新安江上游地区先秦遗址》，安徽大学历史系，2011年，第56页。
② 朱薇君：《浅论良渚文化的建筑》，《南方文物》2000年第1期，第43～44页。
③ 朱薇君：《浅论良渚文化的建筑》，《南方文物》2000第1期，第44页。

木（竹、草）骨泥墙技术，即使用竹、草或藤等植物编织骨架，再敷泥烧结成墙体。基槽柱洞中安置的立柱，应起到连接和加固的作用，而布置于基槽外的柱洞，则是隔墙或者大跨度建筑的支撑。

另外，在良渚遗址中发现了大量的古井遗迹，这从某些方面反映了当时气候环境的变化，气候有由暖湿向凉干发展的趋势，[①] 因此没有挑高居住环境的客观需求。对这一点的理解，也可以从木加工工具的出土情况得到印证。下冯塘、新州等遗址，都罕见有大型斧状砍伐器，以及用于木结构建造的石凿，也未见木构件的遗存。在缺乏大量砍伐树木并加工的活动依据下，以及没有客观生活需求的条件下，以底层架空为核心特征的干栏式建筑，显然是没有诞生和发展的基础的。

虽然基于考古工作相对较少，研究情况也比较薄弱的原因，使我们并不能确定在漫长的旧石器时代及新石器早中期阶段，新安地区是否存在着干栏式建筑的发展阶段。但就现有资料来看，至少在新石器晚期至早商时期，当地已开始采用平地建造的方式构筑房屋。这昭示了新安地区民居乃至建筑艺术的诞生，尔后数千年的璀璨光辉，就是从这些简洁和质朴中萌芽而出，并且传承和发展起来的。

五、书绘之迹

元代陶宗仪在《辍耕录》中曰："上古无墨，竹挺点漆而书，中古方以石磨汁。"提出了中国商周时期才开始以石墨磨汁并书绘的观点。但近年的考古发掘证明，中国书写材料的诞生和使用，当更早于此。1963 年，属于旧石器时代晚期的峙峪文化遗址（今山西省原平市）出土了一件由一面穿孔而成的石墨装饰品，以及一件骨质尖状器和一些具有刻划痕迹的骨片，[②] 表明可能早在 3 万年前，古人就已经有意识地使用天然石墨。1979 年，在距今约 5000 年前的姜寨文化遗址（今陕西省西安市临潼）出土了一套工具，其中有石砚、研磨棒和经检测为石墨的黑色矿物质。同期出土的大量绘有像生纹饰的彩陶，其纹饰的绘制痕迹显示，应是用笔涂染而成的。迄今最早的关于人工制墨的记载，是明人朱常淓在《述古书法纂》和罗颀在《物原》中，对西周宣王时期的邢夷制墨的记录。《庄子 · 田子方》篇中有"宋元君将画图，众使皆至，受揖而立，舐笔和墨，在外者半"的记载，以及《韩诗外传》卷七中"愿为

① 朱薇君：《浅论良渚文化的建筑》，《南方文物》2000年第1期，第45页。

② 贾兰坡、盖培、尤玉贵：《山西峙峪旧石器时代遗址发掘报告》，《考古学报》1972年第1期，第53页。

愕愕之臣，墨笔操赎，从君之后，伺君过而书之”和《管子·霸形》篇“令百官有司，削方墨笔。”[1]的记载,则为我们揭示了先秦时期书绘活动的场景。尤其是“削”“和”两字的使用，说明当时可能使用了竹木质的笔，以及需要研碎和制的墨。

在新安地区，虽然没有发现史前书绘工具的实物，但歙县新州等遗址出土的黑陶器说明，早在新石器时代，先民们就已熟练掌握了运用黑色作为器物装饰的方法。在淳安左口和屯溪奕棋的商周土墩墓中，出土了大量底部带有“十”“‖”“×”“Ѧ”等刻绘符号的原始瓷器，部分符号附着有黑色的墨迹。虽然并未确认这些墨迹属于天然，抑或人工制品，但从中已可以追踪到新安制墨的踪迹。另外，这些墨迹中还带有明显的刷痕，与现代毛笔书写的笔锋极为相似，存在使用书绘工具的可能。从自然条件看，新安地区可用于制作书绘工具的资源十分丰富，有适宜制作笔杆的各类竹材，以及制作笔毫的各类动物毛发，用于研磨的石材资源也十分丰富。先民的工艺创造，是源于生产、生活的需要，与大多数工艺门类的诞生一样，书绘工具的创造、制作和使用，也是一种偶发到自觉的进程。而且，我们今天看那些纹饰精美绝伦的青铜制品，如果没有成熟的描绘勾勒，并用墨或其他着色物标识，完成其模范制作是难以想象的。

第六节　小　结

考古发现显示，进入青铜时代的新安地区，作为一个邦国或者族国，已经具备了可以讨论其形态的成熟条件。尤其是屯溪奕棋西周土墩墓出土的青铜器，在象征地位权力的鼎、簋、尊、卣、盘等礼器的随葬制度上，呈现出完全不同于周礼的礼制组合，体现了独立的礼制特性。

屯溪奕棋西周土墩墓出土的大量随葬品，不仅制作极其精美，而且器类齐全，有生产工具（纺轮、砺石等）、生活器具（碗、盘、罐等）、玉石器（玉璜、水晶饰品等）等，质地有陶、原始瓷、青铜、玉、石、麻、漆等，意味着社会分工业已十

① 齐徵:《中国的文房四宝》,商务印书馆,1998年,第76页。

分发达，农业与手工制造业间存在着确凿的分工；不同质地的加工工艺日益纯熟，说明拥有发达的科学技术，以及深彻的社会动员能力和高效的组织管理能力；墓葬随葬品的不同反映了等级制度的确立，奴隶形象的青铜跪俑，以及代表武力和暴力的青铜剑、矛、箭镞等兵器，都表明社会分层已十分明显，业已进入阶级社会阶段。另外，青铜柱形器、牺尊、鸟形仪仗器，以及大量特色鲜明的鸟、蛇等图腾纹饰，则指向了原始信仰还具有地域特点。最明显也是直接的证据，来自出土青铜器的铭文。其中1号墓的青铜尊内底有"£父乙"铭，3号墓两件青铜卣，盖和底部分别阴刻同铭"公作宝尊彝，其孙子永用"和"作宝尊彝"。青铜器的铭文，又称金文、钟鼎文，约中原早商时期开始出现，商中期，特别是盘庚迁殷后，随着阶级的分化加深，用于歌颂或记录统治者的铸铭铜器迅速增多。按殷周彝器的通例，屯溪奕棋西周墓出土青铜器铭文中，"父乙"是人名，"£"是国或者族名；[①] 而"公"可能是官职或者身份的象征。因此，1号墓和3号墓主应是奴隶主贵族，而"£"国也许是新安地区最初的族国。

在春秋战国之前，新安四周的行政归属都已有了明确的记载，但唯独新安尤其是上游地区不见经传。在其他势力控制的区域，制作带有本地区审美特色以及礼制特点的青铜器，抑或原始瓷器，当是缺乏可信的支撑依据。《元和郡县图志》记载新安在"春秋时迭入吴、越"，亦明确指向西周以及更早一段时期，存在邦国或者族国社会的地方势力，依靠新安水路形成联系上下游的网络统治结构，并招致吴越两国的多次征伐。也因于此，史前和先秦时期的新安工艺，都因其独立性形成了自身的风格，这主要表现在以下四个方面：

一、工艺美术风格始终保持了对传统的继承。

观察淳安金紫尖盆地和屯溪盆地的文化遗址，可以看出，稳定的发展环境，使新安工艺发展形成了很强的衔接性，并保持了对现实生活的关注和反映。从新石器时代到青铜时代，工艺的演进过程是十分完整，各门类工艺技术的发展也是连续的，就最具显性代表的纹饰来看，以渔猎活动为主的纹饰题材，贯穿了整个史前和先秦时期。区别于中原地区以彩绘装饰陶器的做法，这里以网格、菱形和折线等几何图形作为主要纹饰，是源于渔具编制的长期使用实践；在青铜器纹饰运用上，北方那

---

① 翟屯建：《徽州文化史——先秦至元代卷》，安徽人民出版社，2014年，第24页。

种威猛的兽面纹饰，被一些更显柔美的简略线条所替代，蛇、蜥蜴、鸟等动物纹和其变形而来的纹饰是装饰主体，人们手持弓箭进行狩猎的行为，也被纪念性地引入到刻划纹饰中来；

二、工艺美术发展具有很强的包容性。

多文化交际的地理位置反映在艺术表现上，尤其是在新石器晚期到西周时期的艺术作品上，展现了多元的风貌与高超的水平。在新石器中期或更早阶段的文化遗址，出土器物的工艺特征还处在一个较为原始的状态，新石器晚期也就是良渚文化繁盛到突然消失的阶段，自下游建德地区落山岩、青龙头和久山湖文化遗址开始，溯新安江向上，高祭台和新州等文化遗址，都相继呈现了工艺发展进程加速的迹象，相当多的出土器物，如有段石锛、鱼鳍形鼎足、磨光陶器和陶衣技术，也表现出和良渚文化或河姆渡、马桥等江浙文化类似之处。从地势分析，古代太湖流域与钱塘江水系发达，并和新安江互相贯通，原始氏族部落之间的往来是可能的，而且这种随地理位置变化发生的渐进式发展，明显带有外部工艺技术影响的特性。在其后的商周时期，中原文化和吴越文化的烙印，也在出土器物的纹饰、形制和制作工艺上有了体现。

三、工艺美术的作品，更多体现了从实用性出发的目的。

新安先民往往是根据用途，创作不同的器类或者品种。石器时代，针对不同用途的器物，采用不同的岩石质地以及打磨方法；在几何印纹陶和原始瓷的共生阶段，根据吸水率的不同，相应地制作贮藏类和日用类器。进入青铜时代，器物的造型向专用化发展，酒器和饪食器存在实用器和祭祀器的区别，并出现了如有柱器、牺尊等区域文化专有的祭祀器具；刀具的发展也很具典型，不但出现了雕刻等特定用途的单件器具，更出现了组合的功能器。

四、工艺装饰的审美观，体现了原始的崇灵思维。

原始装饰中，具有普遍意义的是氏族的徽号或标志，也就是“图腾”。在原始的新安社会，氏族往往用飞鸟作为标志，将其神灵化并赋予超自然的能力，以祈求达到保护自己的目的。这种崇灵的思维，渗透于生产和生活的方方面面。或外化为图案，或黥刺于身体，或刻绘于器物及武器上。鸟凤纹或者变形是祭祀用器中最常见的纹饰，如淳安反山遗址出土玉琮的神（人）面纹饰，屯溪奕棋西周墓出土青铜尊的鸟纹饰，还有同期 2 号墓中出土的鸟形仪仗器饰，等等。这些装饰的审美意义，更多的是服从原始崇拜的思想要求。

新安工艺美术在距今约5万年前萌芽发端。新石器晚期和商周时代，在氏族或邦国社会的组织和推动下，通过与域外文化的不断交流、融合、发展，于石器、陶瓷器、金属器等制作工艺方面取得了更令人惊叹的成就。这些精美的工艺美术作品，一方面满足了生产、生活的基本需求，另一方面又满足了祭祀、随葬等精神层次的追求。更为重要的是，这些作品构成了新安文明的主体，并成为后人研究新安文化发展走向的历史实证。

第二章　秦汉和六朝时期的新安工艺

第一节　概　述

一、重归一统

春秋战国时期，以兼并为目的的诸侯间征战，摧毁了很多零散的小封邦，打破了原有的社会治理结构，并在事实上阻碍了一些地区工艺发展的进程。经过公元前585年开始的吴越争霸和公元前306年的楚灭越之战，新安地区原有的邦国治理体系已荡然无存，社会经济和文化严重倒退，工艺制作又回到了制作石器和陶器的原始状态。从公元前230年攻韩到公元前221年灭齐的秦灭六国之战，结束了西周以来的封建诸侯割据。公元前221年，中国历史上第一个统一的中央集权制国家“秦”建立。为有效加强中央集权，避免重蹈西周覆辙，秦朝在全境实行“郡县制”。根据《新安志·州郡沿革》的记载，新安地区设立了黟县和歙县两个县级行政区域，属鄣郡管辖。[①]

秦帝国建立后，为了加强对偏远地区的行政治理，防范原属六国的贵族叛乱，采取了强化人口管理和移民戍边的政策。新安地区有记载的人口迁入，即始于此。据《越绝书》卷八《越绝外传记地传第十》记载：公元前210年，秦始皇东巡会稽郡期间“徙大越民，置余杭、伊攻、故鄣”。《越绝书》卷二《越绝外传吴地传第三》又记载：“乌程、余杭、黟、歙、芜湖、石城县以南，皆故大越徙民也。秦始皇刻石徙之。”大越（今浙江绍兴）是越国古都所在，也是越国经济实力最雄厚和文化认同感最强的地区，族群凝聚力也相应是最强的。因此，迁入新安后的他们依旧保持着独立性。《淳安县志》就记载：在县东北六十五里，“一乡至今为越语，妇人必环钗重裙，与比邻言语不同”。[②] 另外，此地“三陇相连，各高十余丈”的三坟也被民间传为“越王墓”。这些记载和民风表明，迁入徽州后的大越民，依然饱含着对故

---

① 《新安志》卷一《州郡沿革》载：“秦并天下，置黟、歙二县，属鄣郡”。

② 光绪《淳安县志》卷三《冢墓》。

国和故土的思念，故而仍保持着原有的语言、风俗，以及居住和丧葬习惯。一般认为，干栏式木构建筑是越国的主要建筑形式[①]，歙县渔梁现存的吊脚楼式建筑，即是由此演化而来的。其构造大致由桩柱、横梁、地板、墙体和屋顶等组成，营造过程一般采取密集的桩柱支撑来架空居住层，桩柱与横梁搭接，梁上铺以板条或树枝作为居住层，最后采用芦苇、树枝或者竹子当作围护的墙体和屋面，人们可以通过台阶或吊梯而上，居住其中。[②]显然，迁入新安的大越民并未充分融入当地社会，原本随迁徙行为产生的社会经济文化变革，也未在同时期的工艺生产上体现。

秦帝国的寿命并不长。在秦始皇之后，立刻爆发了中国历史上第一次大规模的农民革命，推翻了秦朝统治，建立了汉朝。汉朝是中国封建文化的第一个高潮时期，建立了强大的中央政治集权制度，中原地区的社会经济有了全面发展。但在新安地区的治理上，西汉时仍沿袭秦代移民实边等政策。汉武帝元封元年（前 110），西汉政府以“东越险阻反覆辙，为后世患”为由，分两次将东越民悉数迁往内陆。次年，又在改鄣郡为丹阳郡的同时，在歙县设立了属军职的郡都尉，采用准军事化的手段管理越族聚居地区。王莽篡汉后，压迫和歧视性政策进一步加剧了越民对中央政府的不满，而新的移民措施又造成了新社会冲突，产生了诸多土著和新迁入族群间的矛盾，这些矛盾直到东汉末年仍未得到有效缓解。184 年，爆发黄巾起义。东汉政权为解决黄巾之乱而实行的州牧制度，虽有利于平定起义，却也因对地方的过度放权，造成了皇权衰弱、群雄割据的局面，中央政府也逐渐放松了对黟、歙两地的行政管控，两地人民也相机发动了起义。建安十三年（208），东吴政权在取得对外战争胜利的同时，立即以“以镇山越”[③]和安定后方为目的，派遣威武中郎将贺齐领兵征讨新安，贺齐采用各个击破的策略，在数月间就镇压了起义。同年，孙吴政权为加强对黟、歙的统治，划歙县东乡为始新县（今浙江淳安境），南乡为新定县，西乡为黎阳和休阳县（后避吴主孙休讳，改休阳为海阳），并在始新县设新都郡，领黟、歙二县和新设四县。晋太康元年（280），晋灭吴，更新都郡为新安郡。梁武帝普通三年（522），随着寿昌县（今浙江建德）划属新安郡，新安地区开始有了统一的行政区划和历史称谓。

---

① 钟越宝：《越国建筑新探》，《东方博物》2004年第3期，第62页。
② 陈伟：《徽州乡土建筑和传统聚落的形成、发展与演变》，《华中建筑》2000年第3期，第126页。
③ 陈寿、裴松之：《三国志》卷四八《孙皓传》，中华书局，1959年。

司马迁在《史记》中的描述："楚越之地，地广人稀，饭稻粥鱼，或火耕而水耨，果隋蠃蛤，不待贾而足，地势饶食，无饥馑之患，以故呰窳偷生，无积聚而多贫。是故江淮以南，无冻饿之人，亦无千金之家。"[①] 从这段记载来看，属于楚越之地的新安社会，生产方式还停留在刀耕火种的状态，渔猎等自然经济占据主要地位。同时由于人口稀少、资源丰富，食物的获得也相对简易，因此百姓生活呈现出较为安定的状态。但秦汉两代的统治者，出于中原正统文化的优势心态，以及对边鄙地区的蔑视防范，连续400余年在新安地区实施分化、歧视和镇压的政策。因此，即使在没有遭受大规模战争和灾荒破坏的情况下，新安社会的经济文化也没能恢复到先秦时期的水平，部分手工业门类的制作水平，甚至出现退步的迹象。这一时期的手工业门类，主要还是陶、原始瓷和铜器的制作，多以兵器和工具制作为目的，铁器冶炼呈逐步发展之态。从出土器物体现的工艺水平和审美取向来看，与汉代会稽郡、丹阳郡、吴郡所辖的苏南、浙江、上海等地颇有相似之处，具有长江下游地区的共性，但与上述地区比较，技术水平仍不属先进。

二、重序昭穆

东汉末年，孙吴政权对新安地区的征伐，对社会发展造成了巨大的创伤。土著和迁入的越族被大量屠戮，社会经济文化也几乎停顿。据西晋初年的人口统计，新安郡六县县均约833户，仅有相邻地区县均的三分之一左右。新安郡建立后，为了恢复经济发展和稳定社会秩序，东吴政权开始有意识地将中原移民迁入新安。至西晋末年的永嘉之乱，中原士族的迁入更为汹涌，这形成了新安地区历史上的第一次移民高潮。

魏晋南北朝时期，先后有程、王、鲍、黄、胡、俞、余、任、詹、郑、何、巴等迁入新安地区，迁入的原因大致有两种：一是受南朝统治者的委派，出任郡或县的长官，安家后族人或其他分支陆续随之迁入，程、王、鲍、黄、胡、何等姓氏的迁新安始祖，即通过这种方式进入的；另一种是举族南迁后，先是在太湖流域抢占土地，求田问舍，和土著士族豪门发生了矛盾或冲突后，不得不向边远的山区发展，其中就有余氏、詹氏、郑氏、洪氏等。但无论哪一种迁入缘由，他们在抵达新安地区后，都选择山水俱佳之地聚族而居，建立田庄、兴修水利、开垦山田，实际上推

① 司马迁：《史记》卷一二九《货殖列传》第10册，中华书局，1959年。

动了当地社会经济的发展。相对安定的生存环境，也为南迁士族的繁盛创造了契机，宗族组织逐渐恢复，并随着他们族人子孙的繁盛，以及有能力的后代不断外迁，扩大了宗族的势力。如鲍氏，永嘉时期避居江南。东晋咸和年间，鲍弘出任新安郡守，后留居在郡城西门，之后又迁往丰乐河南岸的金圭坦。金圭坦地处河谷盆地，自然条件优越，加之鲍弘及其后人的不断开发，成为“畦畎相望，阡陌如绣”的富饶之地。后人为纪念鲍氏，将地名更改为“鲍屯”。鲍氏一族在此兴盛，并不断向新安腹地发展。据记载，由鲍屯分迁各地的鲍氏就有29派，鲍氏也成为新安地区的望族。

中原的士族大量迁入，对新安社会各方面的发展，都带来了极其深远的影响，在工艺美术上的体现尤为直接和显著。

首先，人口结构的变化，改变了原来的民俗民风，工艺作品的审美取向，也从原始对自然物的崇拜转变为儒家文化的倡导。秦汉时期，新安地区仍旧保存了鸟图腾崇拜的痕迹，休宁出土汉代鸟形陶俑，以及歙县新州遗址出土的鸟形铜带钩，就说明了这一点。随着中原士人的迁入，系统的礼乐文化被引入了，具有崇德、慎终、追远，以及先人神格化本质的祖先崇拜，逐渐成为人们信仰的主体。于是，神人等代表原始崇拜的纹饰渐次消失，寓意长寿康健的龟形，以及代表儒家教育的辟雍形制等，开始盛行。新安地区，也从罗愿笔下的“自昔特多以材力保捍乡土为称”的地区，转变成陶渊明所称颂和景慕的“世外桃源”。

其次，北方人口的迁入，直接带来了先进的知识技能和生产工具，使得农业生产水平，在量和质两个方面都得到迅速提高，也推动了手工业的发展。在中原士族的直接参与下，新安地区开始了大规模的水利建设，东晋新安太守程元谭在任期间，就发动百姓疏通河道、兴修水利，以便垦荒和兴农；东晋鲍弘则在新安郡“创兴水利以资灌溉”；南梁胡明星修建了江柏山堨、疏筑二渠；南梁吕文达又在岩寺著吕堨。这些水利建设显著促进了农业发展，提高了粮食产量，也相应带动了麻、桑蚕等手工业的生产。南齐永泰元年（498），沈瑀任建德县令，教导百姓种植桑木果林，取得了很好的成效。[①]梁大通三年（529），徐摛任新安太守，教民礼仪，劝课农桑，不过月余，风俗为之一变。[②]在官府的直接推动下，新安地区的桑麻业快速

① 姚思廉：《梁书》卷五三《沈瑀传》，中华书局，1973年。东汉丹阳太守李忠“乃为起学校，习礼容，春秋乡饮，选用明经”。

② [宋]罗愿：《新安志》卷九《牧守》，清光绪十四年重刊本。

发展，促进了编织和绣染工艺的进步。而从中原传入的鼓风机和水碓技术，也促进了瓷器制作技术的进步。

最后，文化的融合和教育的发展，提高了人口素质。新安土著经济文化的发展，被战乱冲击而数度中断，甚至是部分泯灭，这为中原文化的进入并迅速占据优势地位创造了条件。南迁士族进入新安，续昭穆、尚祖祭、重教育、崇礼仪，同时吸收了当地捍乡卫土、尚气好义、简朴勤劳的民俗民风，逐渐形成新的文化体系，即后世称之为“新安文化”的雏形。中原儒家学说虽于东汉光武帝时期即已进入新安，[①]但彼时是为官府教化越人所用，仅在郡县治所或周边推行，范围、广度和深度都不足。魏晋时期的中原士族，广居乡野，亲农耕、兴水利、睦乡邻，更易被普通民众接纳。如南朝梁武帝时期的新安太守任昉，“在郡不事边幅，率然曳杖，徒行县郭，人通词讼者，就路决焉。为政清省，吏人便之。卒于官，唯有桃花米二十石，无一为殓；遗言不许以新安物还都，杂木为棺，浣衣为殓。阖境痛惜，立祠堂于城南，岁时祀之。”[②]在百姓心中树立了清廉、正直、洒脱的名士形象，深受爱戴和敬仰。由他们出面兴办学校、教民礼仪、授业传道，也自然更易被民间接受。随着儒学教育的深入推广，新安地区的人口素质有了全面提高，并与安定的发展环境、繁盛的经济需求，共同成为当时和后世新安工艺美术兴盛的三大要素。

三、工艺融合

秦汉时期的官营手工业发达，中央和地方都设有专门机构负责管理工匠和组织生产。严格的管控措施，使得手工业主要聚集在都城以及一些大城市之中，制作门类也往往受到统治者意志和需求的影响，因而呈现地区间和门类间的发展不平衡的状况。如秦始皇陵陪葬坑出土的宏大兵马俑，以及精妙绝伦的青铜车马器，这些浩大工程所需的工匠是数万人计；在汉代中山靖王、海昏侯和马王堆等墓葬中，均出土了数量不菲、材质各异、制作精美的随葬器物，其中所耗费的人力和物力，也是难以想象的。但作为创造者的工匠处在社会最底层，被统治者肆意剥削和压榨，严重打击了手工业者的积极性，对手工业发展也间接起到了阻碍作用。因此，在新安地区发现的秦汉平民墓葬中，几乎没有随葬器物，即使有也多是一些生活器皿，出

---

① 范晔：《后汉书》卷二一《李忠传》，中华书局，1965年。

② 姚思廉：《梁书》卷十四《列传第八》，中华书局，1973年。

土器物不但量少，质也不高。

东汉末年至魏晋南北朝的战乱，打破了原有的手工业管理模式，工匠反而因此有了一定程度的自由，从而推动了民间手工业的发展。三国时期，就存在了拥有独立户籍的“百工”，东晋则确立了番役制度，南朝更实行了纳资代役。这些措施使手工业者得以摆脱旧的人身依附关系，能够较自由地迁徙和进行生产创作。因此，包括新安在内的广大地区，民间手工业呈现出逐步恢复和发展的趋势。东汉时期的南迁士族，活动范围逐渐向新安江腹地的歙、黟等地扩展，当地手工业的制作风格，因此也出现了融合的迹象。如歙县发现的东汉墓葬，以及东汉晚期至六朝墓葬群，就多采用了中原地区流行的砖石制，土墩墓和土坑墓制已极罕见。① 砖石墓制式的变化，也呈现出与中原同步发展的特点。汉墓多有较长的甬道，魏晋以后，布局趋于简单，面积也大为缩小，一般都是单室，规格高的也只有前、后两室，多室的极少。出土器物的组合以及形制和纹饰等工艺，体现出陶瓷、织染、雕塑和金属工艺生产逐步恢复的迹象。另一方面，葬式的转变，也标志着居民构成和信仰有了重大变化。

第二节　瓷陶兼蓄

有关秦汉时期的新安陶瓷工艺，文献记载和考古资料都很少，仅给我们展示了一个粗略的概貌。就存世器物的总体面貌来看，工艺水平较先秦有了提高，但创新不足。前期制作仍以几何印纹陶为主，原始瓷较为少见。至汉时，基于人口增长和随葬的需求，相应地刺激了陶瓷器生产，品种也有所增多，主要有釉陶、几何印纹陶、砖瓦和少量的陶塑、原始青瓷等，装饰手法有印纹、刻划和推贴等。

六朝时的中国工艺美术，已进入了瓷器时代。最早的成熟瓷器是青瓷，产地主要集中在浙江地区，杭嘉湖平原、绍虞平原、金衢盆地、浙南山地，甚至浙东南的沿海平原都发现了六朝窑址。受地区间文化交流的影响，尤其是金衢盆地青瓷生产的影响，新安地区的陶瓷制造，在技术方面也多有所进步。

---

① 邵国榔：《歙县文物志》，歙县文化局内部资料，1989年，第10～11页。

一、陶承余绪

考古发掘资料显示，在新安大多数遗址的秦汉文化层中，陶器遗存的占比是最大的，器形也最全，说明陶制品是当时人们普遍使用的生活器皿。出土陶器种类以几何印纹陶为主，少部分属灰陶系统。几何印纹陶又可按胎质，细分为泥质灰硬陶、泥质红硬陶、砂质灰硬陶和砂质红硬陶等。另外，值得注意的是，屯溪地区曾发现有汉代绿色低温铅釉陶的遗存，这种以铜作为呈色剂的低温铅釉陶，可能吸收了商周时原始瓷器的施釉经验，并为后世低温颜色釉的发展奠定了基础。这些出土器物，总体反映了当时新安制陶工艺的发展情况，就其体现的工艺特点而言，主要体现了以下三个方面的特征：

(一)承袭了新石器晚期以来几何印纹硬陶制作的余绪,并就此形成了秦汉陶器制作的主脉体系

这一时期制作的几何印纹陶与先秦时相比，器形更为规整、硕大，常见有罐、壶、钵、盆、碗等。罐多作直口、鼓腹、平底式，也有做成内外双口的“泡菜罐”式；壶则多为盘口式。装饰上更显简洁和利落，多见细密的方格纹、水波纹或锯齿纹等，装饰部位主要集中在器体腹部。胎体的硬度较高，敲击发出的铿锵之声极为清脆，体现出烧制温度更高和温控更好的特点。在屯溪出土的西汉几何印纹硬陶大罐，即个中代表，其整器造型大方、规整，直口、圆肩、鼓腹、平底，器体因胎料中含铁量高而呈灰褐色，器表则因烧结火候高而形成类釉光泽，周身印有细密的方格纹。

(二)灰陶制作技艺获得了显著提高

出土灰陶器的数量虽然不多，但器形比例协调、规整，胎体质地坚实、细腻、紧密，陶色均匀、明艳，体现了较高的制作水准。灰陶器形多源自先秦的青铜器，并基于技术提升和功能变化的需要进行了局部或整体变化，体现了陶器产品逐渐摆脱了对青铜器的仿制的状况，形成了自身的表现风格。如具有典型汉代特征的盘口壶，器形就源自先秦铜罍，约于西汉晚期出现，早期壶的高度较高，通常可达40厘米，腹径多在下腹最宽；东汉时期，盘口的壶颈部逐渐变细，且腹径渐高，显得修长而优美。20世纪60年代，在屯溪采集的一件东汉灰陶盘口壶，就显著体现了以上特征。该壶壶身较高，口微侈，溜肩，颈部宽，腹径高，肩部贴塑双绳纹系，肩上饰一周弦纹。规制的器形，体现了轮制技术趋于成熟的特点；细腻的胎体，表明坯泥淘洗工艺的纯熟；明艳均匀的青灰陶色，说明烧成温度应在1000℃以上，温度的控制也很

好。1958 年，在淳安赋溪乡发掘的东汉墓葬，也出土了曲折纹的灰陶陶片，胎质细腻，成器的火候高，与新石器的遗存明显不同。[①] 还有 1987 年建德寿昌陈家汉墓出土的弦纹双系灰陶瓿，器形和制作工艺也体现了相似特点。

（三）诞生了低温釉陶技术

釉陶是汉代陶瓷工艺的一种创造，它是在普通陶器上施釉，用 1000℃以下的低温烧制而成的，分别有北方的铅釉陶和南方的青釉陶两种技术体系，这两类作品在新安地区都有发现。铅釉陶最早在关中地区生产，后扩大至整个北方，它以铅化合物作为基本助熔剂，以铜或铁作为着色剂，在约 700℃的气温中烧成，颜色以绿色最多，此外还有黄、黑、褐等颜色。东汉晚期，这一技术随北方人口的迁徙而进入新安，并因厚葬之风的盛行带动生产。在已发掘的东汉墓葬中，就出土了专用于随葬而制作的铅釉陶建筑明器。如屯溪地区采集的东汉绿釉谷仓模型，呈方形，黄釉绘围栏与上层建筑相连，体现了汉代新安农民的生活场景。铅釉陶由低温烧制而成，吸水率较高，且釉中含铅，不利于日常使用，多做随葬用途，在新安地区存在的时间极为短暂。大致在同一时期，承袭了商周原始瓷制作经验的青釉陶工艺，在新安各地区普遍流行。青釉陶的烧成温度为 900℃～1000℃之间，因此胎体更为致密，胎釉的结合也较好，脱釉情况极为罕见。器物造型以壶、罐、盘、虎子等实用器为主，其中尤以虎子的造型最为典型。在淳安东汉谢伯文墓、歙县竦口东汉墓，以及建德寿昌下桂东汉 5 号墓中都有出土。歙县竦口东汉墓出土的虎子为白陶，前胸薄施青釉，直口，背上提把似蝎状，戳小方格纹，四角短小，后臀平圆，可竖起。淳安东汉谢伯文墓出土的虎子，背井附加堆纹上以蔑纹装饰，筒身则饰以波状蔑纹；[②] 建德出土的釉陶虎子，通体施青釉，呈黄褐色。形做虎伏状，虎首左转，四肢屈曲，张口露齿，以右耳为流，左耳与上翘的尾巴相连，形成把手，把手刻饰羽毛纹[③]。这些釉陶虎子造型生动、线条流畅，装饰风格上体现了几何印纹的承绪，并与器形结合紧密，达到了美与实用的恰当结合。相较之下，罐、壶、盘等生活器的装饰就比较简单，纹饰制作多为刻划，通常是位于器物的口沿、肩部或腹部位置以弦纹装饰，也见有在器内底等部位施水波纹。此外，在罐和盆的肩或上腹部贴敷辅首或系，也是一种常

① 新安江水库考古工作队：《浙江淳安县赋溪乡文物清理简报》，《文物参考资料》1958年第10期，第47页。
② 赵人俊：《浙江淳安古墓葬发掘》，《考古》1959年第9期，第465页。
③ 李树帆、李康：《建德文物》，建德县文物管理委员会资料，1988年，第20页。

见的装饰技法。

汉末，北方的墓葬礼制和随葬器规范，对新安的影响已明显趋弱。青釉陶制作的随葬器频繁出土，铅釉陶等北方技术制作器物的逐渐消失，说明南迁的北人已逐渐融入新安社会，并摆脱了原有影响，开始依托地方资源优势，以及传统技术发展陶器工艺。青釉陶的推广，也为后来青瓷的发展奠定了基础。

两汉 谷仓明器

东晋 釉陶虎子

二、制砖塑俑

秦代在咸阳建造了规模空前的宫殿群，以及多达 270 处的离宫别馆，战国时期各国在北方边境所筑的长城，也被统一后的秦帝国连续起来了。巨大的社会需求促进了工艺发展，这一情况也在汉代砖瓦制作上得以体现。汉朝都城长安和皇宫的建筑规模宏大，是东方土木结构的代表。虽然，这些建筑留存至今仅有部分遗迹或少数遗构，但已可见秦、汉两代陶质建材工艺所达到的水平。

中国北方是制砖业先发地区，至东汉末年在南方普及。由于修葺城池、兴建居所，或砌筑砖墓等建筑的需要，各地多有专事烧制砖瓦的作坊。在歙县新州遗址的秦汉地层，出土了建筑用筒瓦；在歙县潭渡、西溪南和金鸡石的田野考古，则发现了大量刻有“永建”“永和”“永寿”年号的东汉残砖；建德下桂汉墓也发现了“永元十七年三元”的年号砖。1987 年，对下桂汉墓群的正式发掘显示，5 座墓葬的甬道、券门、墓室四壁和墓底，皆以砖砌筑而成，墓砖侧边有三角、水波、圆凸等纹饰。[①]在歙县竦口东汉墓、稠墅汉墓群，以及淳安东汉谢伯文墓，也发现了相似的墓制和

① 罗道平、尧志刚：《建德文物》，天津古籍出版社，2011年，第13～15页。

墓砖。其侧边除了有方格、波折外，还有个别有椭圆形印记，或小篆“刀”字纹[①]。如此规模且形制相似的砖瓦显然为本地生产，歙县的竦口和新管地区，即认为有这类砖窑址的存在。

通过以上考古发现可知，秦汉和六朝时期，新安各地采用的砖瓦制法是相似的。制瓦都是采取了硬模法，即先制成模芯，而后覆以泥坯拍打而成。为了方便脱模，通常会在模芯上覆盖一层湿麻布作为衬底，因此在成品内面留有网格状的布纹。制砖多作方式和楔形式，从出土实物的规范形制和平整砖面等痕迹来看，制作采用了模制成型法。既先备好相同形制的中空模，然后将泥坯铺于模内拍打牢实，再翻倒脱模，经自然晾干后入窑烧制而成。与制瓦的过程相似，为了脱模方便，会在模内底覆一层湿麻布，故成品的底部会呈现粗麻布纹。歙县竦口汉墓和稠墅汉墓出土的墓室用砖，就体现了这一工艺的特征。而在歙县稠墅六朝墓葬和蓝田王姬叶母六朝后期墓葬中发现了的墓砖，砖制则较汉代略微增大，普遍为长约 35 厘米、宽 17 厘米、厚 5 厘米，侧边印有古钱或双十字纹饰。[②]

新安地区出土的两汉陶瓷作品中，陶塑也是较为出色的一个种类。陶塑艺术，是源于新石器时代手工捏塑黏土的古老工艺。在歙县桐子山的新石器遗址中，就出土了一件“且”形陶器，为手工捏塑而成，捏塑的目的可能源于原始生殖崇拜。在屯溪、淳安和建德地区发现的新石器遗址中，多有陶质的纺轮、兽形足，以及敷贴用途的器耳或系出土，即早期的泥塑艺术作品。至于青铜时代陶塑艺术的成就，则多表现在陶范制作上，并由同期青铜器的形制和装饰反映出来。屯溪奕棋西周墓出土的青铜器，因其独特的造型、生动的姿态和精美的纹饰，成为彼时中国南方青铜铸造艺术的典范，其中陶范塑形的贡献可见一斑。青铜时代晚期，仿人和仿动物的陶塑，逐渐取代了人殉和牲殉的陋俗，这些随葬用途的陶塑作品，则被统称为陶俑。河南安阳商代遗址中出土的带镣奴隶俑，为迄今发现最早的陶俑实物。经数百年发展演进后，以兵马俑为代表的秦代陶塑艺术，成就了中国乃至世界陶塑史上的空前辉煌。汉代陶俑已逐渐转向生动和传神，制作上综合运用堆、贴、捏、塑等多种技法，把造型特征糅合于艺术形象之中，因而作品在表现各种物象特征时，往往显得

① 邵国榔：《歙县文物志》，歙县文化局内部资料，1989年，第10页。
② 邵国榔：《歙县文物志》，歙县文化局内部资料，1989年，第11页。

洗练生动。如建德寿昌下桂汉墓出土的红陶鸟，昂首翘尾，器身饱满，形制简洁而生动。[①]而在休宁地区汉墓中，除发现了形制类似的红陶鸟外，同时出土的还有一组牲俑，有团身的蛇、俯视的鹰、扭动的鱼俑等，虽姿态各异，但均表现出比例匀称、轮廓优美、变化细腻的特点。汉代随葬的陶俑，制作题材广泛，除了以上的动物俑外，还有用具、人物俑和建筑明器等。

东汉 鸟形陶塑

东汉 蛇形陶塑

三、制瓷涅槃

如前章所述，新安原始瓷制作在春秋战国时期转瞬衰落，不管是遗址考古，或是墓葬发掘，都出现了原始瓷作品几近匿迹、釉陶制作渐次兴起的现象。虽然没有证据说明，原始瓷与釉陶器的发展，有直接的传承关系，但两者以及之后的成熟青瓷，基本沿用了原始瓷的釉料，即主要成分为氧化钙（CaO）的石灰釉。从工艺演进上看，商周是原始瓷的兴盛期，两汉是釉陶的流行期，东汉晚期至六朝则是青瓷的成熟期，三种陶瓷制作技术在新安地区相继出现，之间的相互重叠和影响是必然的。甚至在某种意义上可以认为，成熟的青瓷器，正是吸收了釉陶技术的原始瓷器的涅槃重生。

原始瓷器和成熟青瓷的划分主要有三个依据：一是坯体的瓷化程度。所谓瓷化，就是瓷土中的高岭土、石英、长石及氧化钙等物质，在高温作用下，发生氧化还原反应，完全熔融和烧结，改变了原有矿物的成分结构和化学性质。原始瓷器和青瓷都是用瓷土作坯，但青瓷的烧成温度在1300℃左右，明显高于原始瓷器，因此结构更紧密，气孔更少，吸水率也更低。歙县博物馆馆藏的一件东晋青瓷鸡首壶，盘口

---

① 罗道平、尧志刚：《建德文物》，天津古籍出版社，2011年，第15页。

磕损处露出的胎骨结构，细腻缜密，且有瓷质光泽，瓷化程度显然已经很高。在其他地区出土的青瓷作品，也表现出相似的瓷化特征，说明当时的新安青瓷工艺已具相当的水准。当然，不同成分的瓷土可耐高温的程度也是不同的，所以瓷化的温度也有所不同。有些瓷土可能在1250℃左右就基本上完成了瓷化过程，有些瓷土则要在1350℃以上才能完成瓷化过程，因此即使是原始瓷器，也有出现胎骨瓷化的现象，而后世一些成熟瓷器的胎骨，也有未完成瓷化的现象。二是完整的施釉工艺。观察屯溪奕棋和淳安左口等土墩墓出土的原始瓷器，可以推测出当时的施釉工艺，使用的是含氧化钙（CaO）较高的釉水。这种釉在高温条件下黏度容易迅速降低，故而容易产生流釉现象；釉色表现也不稳定，有青黄、黄绿、青绿或青中泛褐等多种色系，玻璃质感和光泽度差别较大；施釉方法多采用刷釉方式，即在器物的口、肩部或内底刷釉，因此露胎处较多。至六朝时期，施釉工艺已经有了明显进步，这一点在歙县、淳安和建德地区采集的青瓷上得到体现。淳安博物馆藏晋代青瓷盘口壶，釉层均匀，且厚度明显高于原始瓷器，加之施釉不及底部的特征，说明施釉工艺已采用了浸釉法。这种工艺制作的器物，釉面表现好，胎釉结合紧密，几乎无脱釉情况发生。施釉的部位也能够根据器物的不同用途，而有所区别，碗、钵等几乎都是满釉，只在近底部露胎；壶、罐等容器一般是口沿内外及外壁施釉，内壁露胎；砚则是堂内、足底露胎，其余位置全部施以青釉。三是造型和装饰工艺的提高。由于采用了分部制作、组合成器的方法，故而能制出如盘口壶、鸡首壶、三足砚等造型繁复的作品。歙县博物馆和建德文管所，都收藏有两晋时期的鸡首壶，就明显采用了颈腹分段拉坯成型，再粘接成器的制作方法。壶的柄和流，是用手工雕塑或模印成型后，再粘接或敷贴于器上。休宁博物馆和屯溪博物馆收藏的六朝青瓷魂瓶，则采用了拍片的制作方法，即按设计需求拍成大小合适的坯片，然后拼粘成器。青瓷的装饰工艺方面，最显著的成就是化妆土技术的应用。新安

魏晋 青釉盘口执壶

魏晋 青釉盘口执壶

魏晋 青釉盘口执壶

地区制瓷多采用黏性强的深色土，虽然能够很好地塑造出所需形制，但在烧制过程中易凝结出青灰或者青中泛黄的芝麻点状，有的还密布裂纹，又或有奶黄色的晶体析出。为提高瓷器质量，同时覆盖胎体表面差异化，古新安人用较纯净的瓷土，加工成白色或奶白色的细腻涂层，施于坯体表面，这样可使胎体表面光滑平整，釉层也更柔和光润。在新安各地保存的六朝瓷器作品中，就有很多采用了这一技术，尤其歙县博物馆馆藏的一件六朝盘口壶，由于大面积脱釉造成的露胎部位，就呈现了明显化妆土应用技术的特征。

六朝 青釉盘口壶

两晋和南北朝时期，新安制瓷工艺获得了很大提高，瓷器的种类、样式和釉色都较以往大大丰富，原来由铜、漆、陶制等许多器皿，逐步让位给瓷器，瓷器的应用范围越来越广。受佛教文化的影响，宗教题材的器型和纹饰在陶瓷器中大量出现。淳安博物馆就收藏了一件典型器，即仰莲纹青瓷钵，呈敛口、鼓腹、圈足状，外腹部刻划仰莲纹饰，口沿饰两道弦纹。这件器物形制规整，纹饰洗练，釉色莹润，生动的纹饰与青绿的釉色和谐呼应，形成端庄、沉稳的艺术风格。[①] 另外，歙县博物馆和建德文管所还藏有两晋时期的黑釉瓷器，器型有扁壶、鸡头壶和四系罐等，既有体形较大的实用器，也有明显不具备使用功能的随葬明器。

[六朝]仰莲纹青釉瓷钵

[东晋]黑釉瓷鸡头壶

第三节　织染遂兴

中国织染工艺在汉代有了很大发展。根据文献记载，两汉时北方的织染业规模庞大，不但有了东织室和西织室等专门的官营织染机构，世家大族也多有自己的私营作坊。《汉书·张汤传》就记载："有张安世者，其夫人自纺绩，有家僮七百人，皆有手技。"《西京杂记》也记载："霍光妻遗淳于衍散花绫二十五匹，绫出巨鹿陈宝光家，机用一百二十蹑，六十日成一匹，直万钱。"[②] 东汉末年的中原战乱，造成

① 鲍艺敏、方明华：《淳安历史文化丛书·文物叙略》，西泠印社出版社，2008年，第153～154页。

② 转引自田自秉：《中国工艺美术史》，上海知识出版社，1985年，第141页。

北方士族纷纷举族南迁，织染工艺也相应向南方转移。

东吴以及之后的东晋等南朝政权，为了发展边远地区的经济，采用赏赐等政策鼓励南迁士族前往开发。中原世家为了避免与旧有南方豪强势力发生矛盾，也主动向闽北、赣东、浙西和皖南等地区发展。新安江流域的皖南和浙西山区，成为这一次人口和经济转移的主要受益地区。中原士族迁入后，在盆地或丘陵兴建庄园，聚族而居，因地制宜地发展农业和手工业。新安地区温润的气候、充沛的雨量，以及丰富的桑林等自然资源，也为承接北方织染业的转移提供了良好基础。

一、植桑缫丝

汉代，中国北方丝织业的兴盛，很大程度源于中外贸易发展的旺盛需求。自张骞通西域后，中国与中亚及欧洲的商业往来迅速增加，通过这条贯穿亚欧的动脉，中国丝织品被源源不断地运往中亚和欧洲，带回了巨额利润，这条商道也因此被誉为“丝绸之路”。东汉晚期后，国力衰弱的中原政权逐渐失去了对西域的控制，令商路难以通行，并最终导致陆上丝路陷入半停顿状态。但海外贸易带来巨大收益，以及欧洲人对中国丝绸的狂热，促生了对新商道的开发。东吴以及其后的南方政权，如东晋、宋、齐、梁、陈等，在与北方的军事对峙中，积累了丰富的船舰设计和制造经验，为航海技术的发展夯实了基础。近年来的考古发现表明，当时的长江中下游地区，经济繁荣、商贸活跃、手工业也十分发达，商家亟须进一步拓展市场。在多方因素的推动下，萌发于先秦时期的海上丝绸之路此时最终形成。海上丝路带来了丰厚利润，故而南朝的历代政权都极为重视丝织的发展。南朝宋元嘉二十一年(444)，文帝就曾专门下诏：“凡诸州郡，皆令尽勤地利，蚕桑、麻务尽其方”。南朝梁吴均在《陌上桑》中，就描绘了当时百姓植桑养蚕的情景：“袅袅陌上桑，荫陌复垂塘。长条映白日，细叶隐鹂黄。蚕饥妾复思，拭泪切提筐。故人宁知此，离恨煎人肠。”这反映出桑蚕养殖业已关系到寻常百姓的生计，是其极为重要的收入来源。

新安地处中亚热带季风性气候北缘，终年气候温润潮湿，且山区气候类型又造成昼夜温差较大，极利于桑树的生长。夏秋季，白天高温时间短、夜间降温散热快的气候特点，也十分适宜发展桑蚕养殖业。而且丝织业产业链长、涉及工艺门类广和需要大量人力的特点，极为适宜在民间推广，故而历任郡守均十分重视桑蚕业发展。南齐时沈瑀为建德令，教男丁种桑十五株，女丁半之，“人咸迎悦，顷之成林”[①]；《梁书》卷三〇《徐摛传》记载：梁大通三年（529），徐摛被任命为新安太守，“至郡，为政清静，教民礼仪，劝课农桑，期月之中，风俗便改”。在官府的大力推动下，加之优越的自然条件，使新安的丝织业迅速发展起来。至西晋时期，淳安和建德地区既已是遍地桑林。同时出现的，还有桑苗的商品化生产。早期桑蚕养殖所用的桑叶，取自野生桑种，桑叶的产量和质量都很不稳定。为了适应蚕养殖业发展的需求，新安人选择生长较好、叶片较大的实生桑进行商品化育苗，显著提高了桑苗品质。至南朝陈末年，新安地区已盛植桑，尤其当时所提倡“索巾取于丘岭”的做法，[②]开创了江南地区利用丘陵山地栽种桑树的先河。

有意识地选种和育种并进行商品化生产，以及大力拓展桑树种植面积的行为，表明当时新安的蚕养殖业已具相当规模。据《隋书》记载“新安等地，一年蚕四五熟”。[③]当时的新安人，还十分重视桑蚕养殖技术的创新。他们已经认识到桑宜肥则叶厚而广润，冬春必须肥沃之以粪。肥时之物不一，人粪力旺，畜粪力长，垃圾最松弛，而河泥之益尤巨。所以基于山区土地贫弱的原因，通过在桑园中施猪、牛、羊粪，堆肥、草木灰、油饼、蚕沙等肥料，改良了土壤，提高了山地丘陵的肥力。可见，智慧的新安人是极擅于在实践中积累经验的。两晋南北朝时期，淳安地区就开始用海宁官盐渍茧的方法防治蚕病。另外，为了“疾老少病，省叶多丝，不惟收却今年蚕，又成就来年桑”，淳安地区则采用了“每岁育蚕一次”[④]的方法，以合理调配桑蚕生产。

在南迁中原士族的推动下，新安丝织工艺亦有所精进。东晋时，新安属扬州，《宋书》曾记载：“扬州有全吴之沃，……丝绵布帛之饶，覆衣天下”。刘骏在《刘户曹集·东阳、金华山栖志》则记载了新安地区生产丝绸的情况。另外，通过晋代杨泉在《蚕赋》中的描写可知，蚕丝生产已经告别了手篗绕丝的阶段，一些简单的缫丝工具，如木制手摇缫丝机、脚踏缫丝机等，被推广和运用。《隋书》记载，六朝时期新安郡的丝织业发展，与豫章郡颇为相似，都是“其君子善居室，小人勤耕稼。衣冠之人，多有数妇，暴面市廛，竞分铢以给其夫。及举孝廉，更要富者，前妻虽有

---

① 倪士毅：《浙江古代史》，浙江人民出版社，1989年，第59页。
② 李春才等：《淳安县茧丝绸志》，《淳安县茧丝绸志》编撰委员会，2005年，第79页。
③ 李春才等：《淳安县茧丝绸志》，《淳安县茧丝绸志》编撰委员会，2005年，第108页。
④ 李春才等：《淳安县茧丝绸志》，《淳安县茧丝绸志》编撰委员会，2005年，第108页。

积年之勤，子女盈室，犹见放逐，以避后人。俗少争讼，而尚歌舞。一年蚕四五熟，勤于纺渍，亦有浣纱而旦成布者，俗称为鸡鸣布”。[①]

二、绣起八都

秦汉时期，在先秦麻纺织业的基础上，淳安八都地区（严家、王阜一带）的染布和刺绣工艺也已发展起来。八都百姓用麻布制作出脚布、围布、饭袋、头巾等生产和生活用品，出于审美的需求，将其染上颜色，并绣出各种图案用以装饰，从而诞生了著名的“八都麻绣”工艺。因八都原为山越人居住之所，故也称“山越麻绣”。

据当地百姓传述，秦汉时的八都麻绣工艺，已形成完整的工艺流程，大致可分为种麻、收割、翻晒、蒸煮、剥皮、捻丝、搓线、纺纱、漂浣、织布、染色和挑花 12 道工序。从种麻到织布工序，基本沿用前章所述的先秦工艺，但分工更加明确，技术更趋成熟。比如，搓线、纺纱和漂浣多由女人承担，而需要体力的织布工艺，则已由男人承担。漂白已采用“煮纱”和“浣纱”工艺，即用未受潮、过筛的火塘热炉灰，与生纱按 1∶1 配比，以文火长时间稳定烧煮。煮后的纱再用河水浣洗，滤干后自然晾晒成熟纱。印染技术主要采用浸染法，由专门的染匠在室外搭成砖头灶，架上大铁桶，以木柴烧开水，放入配好的染料，调匀后再放入裁剪好尺寸的麻布用品，边加热边搅拌，并掌握好火候，待染织品完全吸收染液后捞出冷却，再以清水漂洗、晒干即可。[②] 染色所用的染料，为新安山区盛产的天然蓝靛。八都地处山区盆地，气候温暖湿润，极为适合蓝靛的生长。每年三四月间，八都人上山采摘蓝靛种子，五六月育秧，七八月间移栽，待蓝靛生长到二三尺、气味芬芳时，八都人便将其采割，经浸泡后制成上佳的天然染料。用这种染料染成的织物，不但不褪色，且含有怡人的草香气味。

刺绣挑花工艺是八都麻绣的特色，主要运用的是辫绣针法，也称锁子绣。这种针法有开口和闭口之分，开口用以填充装饰花纹，闭口则适于表现线条。针法特点是立体感觉强，绣法圆润、饱满，图案生动，富有灵气。图案线条用一根线绣成，中间无间断或系结，寓含“连绵不断，九九归一”的含义，作品绣成后不仅正面图案美观好看，反面针脚也排列有序。绣线多为白色或青色两种麻线，一般白麻布用

---

① 翟屯建：《徽州文化史·先秦至元代卷》，安徽人民出版社，2014年，第63页。

② 刘来根、刘政：《淳安历史文化丛书·民间艺术》，西泠印社出版社，2008年，157～159页。

青麻线绣，青麻布用白麻线绣，形成图案与底色的强烈对比。所绣图案大体分为对称装饰图案、动植物象形图案以及反字图案三类。对称装饰图案，多由规则的几何图形组成，主要有十字形、方形、菱形和之字形等；动植物象形图案中，最主要和常见的是凤鸟纹，八都麻绣的代表作品“凤窥牡丹”，就采用了这一纹饰。麻绣凤纹采用的抽象审美堪比秦汉器皿，而与商周时期的凤纹形态相似，这也侧面印证了八都麻绣工艺的起源。其他常见的动植物纹饰，还有寓意长寿的桃纹，代表多子多福的石榴纹，竹报平安衍生出的竹纹，以及勇猛象征的狮纹等。用文字作为刺绣的图案，也是八都麻绣的一个特色，图案多用反字来寓意福到（倒），常见的也多为“福、禄、寿、喜”等吉祥文字[①]。八都麻绣的审美最讲究对称和充实，整幅作品不论图形还是空间几乎完全对称，且少有空白之地。八都的妇女刺绣从不打底稿，也不必先描绘草图，所有图案均为世代相传，她们凭借着天生的悟性、娴熟的技艺和非凡的工手，根据底布上的经纬线挑绣，将一个个局部图形组合成丰满的绣品。

八都麻绣有着悠久的历史，是独具特色的一种中华刺绣艺术，显示了新安人高超的工艺水平。今天的八都依旧保持着这种纺麻刺绣的习俗，虽然部分工艺流程有所改变，但对称的几何图形，变形的凤鸟纹饰，是从石器时代的几何印纹硬陶制作，以及先秦时代的铸铜烧瓷中，绵延承续的审美意识，体现了新安工艺传统的薪火相传，以及新安文化的前行轨迹。

八都麻绣图——金銮殿

八都麻绣图——凤窥牡丹

① 刘来根、刘政：《淳安历史文化丛书·民间艺术》，西泠印社，2008年，157～159页。

三、编织工艺

新安地区的竹资源丰富，品种繁多、质地优良，为竹编工艺的发展打下了良好基础。原始社会，随着生产力的提高食物有了剩余，为使其长久保存，新安人以竹藤编成篮、筐和其他盛置器皿，由于取材方便且坚固耐用，遂成为新安编织工艺的主要方向。秦汉和六朝时期，竹编的篓、篮、簸箕、谷箩、竹席等器物，已经被广泛应用于渔业、养蚕和农业。淳安地区流行的“巨网捕鱼”，据考就来源于汉代的“迷魂阵”。“迷魂阵”也称“箔旋”，其制作方法是以竹或苇为原料，编制成高 5 至 6 尺、长丈余的箔帘，再将若干箔帘连接成倒八字形墙箔。[①] 民间相传此法由西汉大将韩信、张良所创，为防御楚军所使用一种浅水定置网具，故又有“韩信兵法”之称。

六朝时期，休宁所产的竹簟即已列为贡品。竹簟为卧用席，使用精细扁篾条经细劈、刮青、磨光等工序编制而成。席面多运用人字纹、梅花眼、菱形格、十字纹等几何纹饰装饰，为了经久耐用，还往往将席边编成“辫子口”。南朝梁武帝天监年间（502 ～ 519），仲文秀出任歙县令，首令民输元尺簟四十领进贡。沈约担任新安太守后，认为此举增加了百姓负担，故予以取消。[②] 在今天的新安地区，仍旧保存了这种传统编席工艺，流程、方法也大致传袭于古代。原料制备通常需要五道工序：一是裁料。即根据需求选择适合的竹种，并锯裁成合适的大小；二是片竹。即将竹节削平、去节后，按需将竹子剖成竹条；三是刮青。即用篾刀刮去竹子表面青色的角质层；四是分篾。按需将竹片劈成粗细不同的篾备用；五是煮篾。即将加工好的竹篾放入水中煮沸后晾干，目的是防止发霉、虫蛀和开裂变形。竹簟的编织技法大致可分为平面和立体两种。平面编织技法的产品有扇、席、匾罗等，通过挑压、穿梭纵向和横向的篾条，编织成不同的图案，常见的有十字、米字、斜纹等。立体竹编编织的产品有篓、篮、簸箕等，这类器物往往从底部开始编制，并需先以较粗篾编成骨干，再用细篾缠绕、穿插，编织成器。

秦汉和六朝时期是新安竹编工艺的发展时期，逐渐形成了实用和美观相结合的制作风格，并开始具有了工艺美，为后世发展打下了坚实的基础。

---

① 方本昌：《千岛湖民间故事精选一（二）》，淳安县政协学习和文史调研室编内部资料，2000年，第51页。
② 翟屯建：《徽州文化史·先秦至元代卷》，安徽人民出版社，2015年，第63页。

第四节 金属工艺

考古发现的实物资料表明，秦汉时期的新安金属工艺总体有所衰落。衰落的原因，一是战国末年的动乱，使得金银错、镶嵌等很多高超的工艺技术，都面临失传或一度中断的局面，金属制品无论品质还是工艺上，都出现了严重倒退。二是秦汉政权出于对越族的警惕，严格控制新安地区的金属生产，尤其是青铜兵器的制作。三是大量的铜被用于铸造货币。

一、铜作渐微

《史记》《汉书》和《后汉书》等典籍记载，秦代的鄣郡盛产铜矿。鄣郡为秦末所置，治所在故鄣（今浙江安吉西北），管辖范围大致为今天的江苏长江以南、安徽水阳江流域以东、江苏茅山、浙江天目山和新安江流域的广大地区。汉武帝建元二年（前139年），改鄣郡为丹阳郡，郡治设在与新安相邻的安徽宣城。《汉书·地理志》记载，丹阳郡曾设有铜官，专事铜铁矿开采和冶铸。据《元丰九域志》记载，在距建德城西80里的铜官山地区，秦代时就置官采铜。[①] 而淳安地区，虽然没有秦汉时期开采和冶铸金属的文字记载，但该地区丰富的铜矿和铁矿蕴藏，出土的秦汉金属文物，以及在早商甚至更早时期的冶铸历史，都表明冶铸业的存续。综合史籍和方志的记载来看，新安江流域是汉代著名的产铜地区，即“铜出丹阳”的代表之一，建德、淳安地区，亦可能是当时重要的冶炼和铸造地。

从出土两汉铜制品看，新安冶铸兵器的传统仍有延续。歙县博物馆藏汉代铜剑，剑体修长，扁圆柱茎，茎上有两道箍和圆盘首，剑身断面呈菱形，薄刃起脊。装饰和纹饰上，显然已不如商周时期华丽，呈现出向实用性转变的风格。歙县竦口的东汉墓葬中出土了一件红铜长刀，形微弯，单边刃，刃长700毫米，宽约20毫米，背厚5毫米，柄长149毫米，环内为牛头图饰。[②] 遗存的加工痕迹显示，不同于原始时期对天然红铜的打制成型法，该刀使用了经高提纯技术冶铸而得的纯铜，加工而成，这表明铜冶炼技术已有所提升。安徽中国徽州文化博物馆藏有大量的汉五铢

① 民国八年《建德县志》。

② 邵国榔：《歙县文物志》，歙县文化局，1989年，第10页。

钱，以及两汉时期铜镜，经科学分析，其中铜的含量相对较低，含铅锡的比例则较高。器表的锈蚀情况，也与屯溪奕棋西周土墩墓出土的青铜器相类，呈现出质地疏松偏软，锈蚀较严重的特点，应为使用本地铜材冶铸而成的。

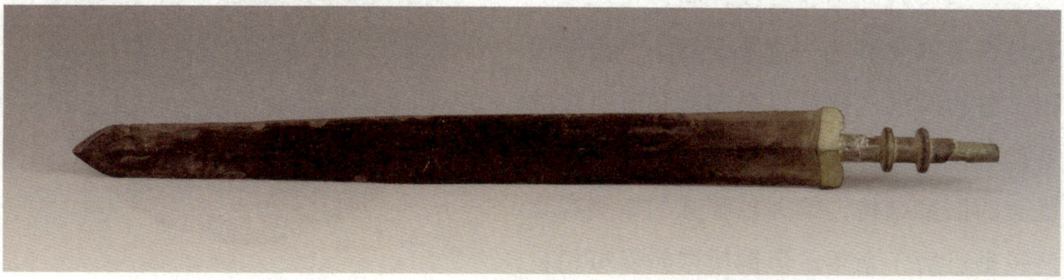

两汉 铜剑

两汉 青铜带钩

汉代，铜质生活器皿大多被瓷器所替代，但铜镜因其日用功能的不可替代性而得到发展。铜镜制作是当时金属工艺中的一个主要品种，官方设置了专门的机构进行管理。《后汉书》记载："尚方……掌上手工作御刀剑好玩器物。"在当时所置的左、中、右尚方官职中，右尚方即主制镜、椠、釜。早期的汉镜制作，讲求背纹的华丽、铭文的丰富，镜面则需磨砺光亮、清晰照面，所以合金中的锡或银含量较高，而建德、淳安等地出产的铜原料，就极为符合这一点。汉时新安属丹阳郡管辖，郡内所产铜材统称为"丹阳铜"，传世的铜镜中就有镜铭云："汉有善铜出丹阳，炼冶银锡清而明""杜氏作镜大毋伤，新有嘉铜出丹阳"等，[①] 说明彼时对丹阳铜料的推崇，被认为是制镜的"善铜"和"嘉铜"。在安徽黄山、浙江淳安和建德地区的文博机构中，保存了一定数量的早期汉镜，其中淳安博物馆馆藏的汉代规矩镜，就很具代表性。

---

① 田自秉：《中国工艺美术史》，知识出版社，1985年，第125页。

该镜作规矩式，直径16.4厘米，边厚0.4厘米。镜背中置圆纽座，外围饰一周火形纹饰，间八乳钉。内区主题纹饰为一正方形框，框边内外饰卷云纹，间带连珠纹的乳钉，镜缘上亦为一周卷云纹。[①] 由于采用了方和圆的对比，以及卷云和乳钉纹的合理填充，镜背纹饰在视觉上形成了一个优美的图案结构，给人以很强的审美观念。该镜虽已历千余年，但铜质依然保持精良，未失去其良美的质感，体现了汉代新安铜镜制作的技艺水准。

汉 青铜规矩镜

东汉末年，随着中原士族的进入，新安铁器制造业呈现出快速发展的迹象。在东汉至六朝的墓葬中，如建德下桂东汉墓葬群、淳安赋溪富德东汉墓葬和歙县稠墅汉至六朝墓葬群，出土的金属生产工具和兵器已基本为铁制品。

二、冶铁制钢

中国自西周晚期开始步入铁器时代，人们在冶炼青铜的基础上逐渐掌握了冶铁技术。战国中期以后，铁质工具在农业和手工业生产中逐渐替代了铜工具，并逐步取得支配地位，在社会生产和生活中发挥着巨大的作用。随着炼铁规模不断扩大，技术传播范围更加广泛，在当时的七国地区都有铁器出土，并开始传入北方的匈奴和南方的百越地区。两汉和六朝是中国冶铁工艺发展的一个重要阶段，铸铁脱碳钢、生铁炒钢、百炼钢等技术相继出现，直至南北朝时杂炼生鍒的灌钢工艺问世后，中国古代冶铁技术的体系建设基本完成。

新安江流域的铁矿资源主要分布在建德和淳安地区，其中淳安的蕴蓄最丰，主要有枫树岭镇铜山、安阳乡桑麻坞和黄川源等矿区，在东乡界牌山、南乡罗山、西乡威坪镇和碰村等地还发现了赤铁矿蕴藏。虽然资源蕴藏较为丰富，但铁制品的发现却相对较晚。1958年1、2月间，新安江水库考古工作队在淳安赋溪富德村清理

① 鲍艺敏、方明华：《淳安历史文化丛书·文物叙略》，西泠印社出版社，2008年，第161页。

东汉墓葬时，在凸形券拱砖室墓内发现了铁矛、铁刀等兵器。①这表明至迟在东汉时期，新安人已掌握了铁矿开采、冶炼和制作技术。中国的制铁技术，于东汉前后进入了炒钢和百炼钢的工艺时期。据1990年版《淳安县志》记载，东汉建安十三年(208)，吴主孙权派贺齐征讨新安黟、歙等地时，叉式钢制武器随之传入淳安。流行于淳安地区的民俗活动钢叉舞，所用的钢叉即源于此。当地关于钢叉制作的起源还有另一种说法，据传是当地一位老员外，因家中幼子突然失踪，遂延请道士找寻。道士言其子是被鬼怪迷惑，要想找回，须众人拿着钢叉、敲着铜锣，才能找回被鬼迷惑之人。员外立即请铁匠按照道士所绘式样，打制了几把钢叉，又请铜匠打制铜锣，组织村民手摇钢叉，敲着锣鼓，满山满垅地找，果然找回了失踪的儿子。员外为感谢道士所助，特地又请人打造了许多钢叉和铜锣，分发给各家各户，以作辟邪驱鬼之用。②从此，在重大祭祀活动中舞钢叉的习俗就沿袭下来，而且自东汉建县以来长盛不衰。这则记载说明，冶铁业虽然在新安出现较晚，但发展却较为迅速，至迟在东汉时期，就已经掌握了以生（熟）铁炒制钢材的技术，民间的制作业已十分普及。

东汉末年，战乱频繁、国力空虚，薄葬之风渐渐兴起，至曹魏建国，遂将“薄葬”作为国策施行，并影响了魏晋南北朝时期的丧葬习俗。另一方面是佛教思想的传播，其转世再生、生死轮回的主张，也成为推动薄葬的重要思想因素。纵观六朝时期的遗址、墓葬，虽形制不一，但金属、珠玉等随葬品，都较秦汉大为减少。在歙县稠墅的六朝墓葬中，除钱币外，未见其他金属质地的明器出土。

第五节　四宝端倪

文房器制作是新安工艺最为经典和重要的门类。千余年来，笔、墨、纸、砚是长期延续生产的工艺品，经久不衰，而金属、陶瓷、漆器和竹木牙雕制成的文玩器，也一直闪耀着夺目的光彩。

① 新安江水库考古工作队：《浙江淳安县赋溪乡文物清理简报》，《文物参考资料》1958年第10期，第47页。
② 刘来根、刘政：《淳安历史文化丛书·民间艺术》，西泠印社出版社，2008年，第206页。

关于秦汉和六朝时期的新安文房工艺，文献记载和实物资料均十分缺乏，因此详细厘定发展状况和工艺流程是困难的。通过对史料的稽考以及遗存的分析，也仅能窥探到其发展的端倪。譬如南朝梁武帝时期的新安太守任昉，就记载其独到之处在于“工于笔”，《隋书志》和《两唐书志》记载：“昉所著诗文，共数十万言，为卷三十有四。《梁书·本传》称，又撰《杂记》二百四十七卷，《地记》二百五十二卷，《文章》三十三卷，《文章缘起》一卷，并传于世。”任昉身后，留下上万卷的孤本和异书。六朝时期任职新安的文人还有萧几、徐摛、沈约、王规等，均对新安文化的发展起到了推动作用，其著述传文的活动也相应带动了文房工艺发展。后世新安的文房器制作，颇有盛誉，相信是有漫长演进的过程，一如蒙恬制笔、邢夷制墨和蔡伦造纸般，必然是长期劳动实践后的经验积累和智慧结晶，而非一人一时之功。

一、笔墨为和

工具以及材料的发展是相互促进和相辅相成的，这在中国笔墨制作工艺上的体现尤为突出。由出土实物及文献记载可知，早在书契诞生之前，古人就已经开始使用“笔”和“墨”了。

新安地区并没有发现唐以前漫长时期用墨的实物，但从一些文献记载中，可以大略了解古代的用墨情况。《文房四谱》中就转录有《新安郡记》的记述，云：“黟县南一十六里有石岭，上有石墨，土人多采以书。有石墨井，是昔人采墨之所。”③《新安志》所录《方舆记》中亦载：“云墨岭上出石墨，土人采之以书，采处成井，今为水所淙，其井转深。《寰宇记》云，墨岭上有石，特起十余丈，峰若剑峙，有灵鼓潜发，令长每以为候鸣则不利。岭旁窦出石墨，可书。又《新安图经》云，岁贡柿心墨木，黟之字县，职此之由。”④新安先民以石墨作书的情况，与中原地区的制墨发展也是相似的。早期使用笔的依据，如前章所述的，可从出土的陶器、原始瓷器或青铜器等实物上，得到间接支持。

秦汉时期的中国人工制墨技术有了较大发展。1975年，湖北省云梦县睡虎地秦代墓葬出土了墨锭实物，两汉和六朝遗址中墨的出土数量逐渐增多，并体现出工艺愈加精湛、形制愈加规范的特点。但在两汉400余年间，甚至魏晋时期，均未见石墨被

---

③ 桑行之：《说墨》，上海科技教育出版社，1994年，第35页。

④ [宋]罗愿：《新安志》卷五《古迹》，清光绪戊子李宗煝重刻本。

人工制墨完全取代的情况。宋代苏易简在《文房四谱》中有“陆士龙与兄曰：一日上三台，得曹公藏石墨数十万斤”的记载。以及北魏郦道元在《水经注》中有言曰：“邺都铜雀台北曰冰井台，高八尺，有屋一百四十间，上有冰室数井，井深十五丈，藏冰及石墨焉，石墨可书。”直至三国时期，天然石墨在书绘中的使用仍占据着较大比重。另据东汉应劭撰《汉官仪》中曰：“尚书令、仆、丞、郎，月赐隃糜大墨一枚，小墨一枚。”《文房四谱》中有汉代“皇太子初拜，给香墨四丸”的记载，以及《墨志·系氏》中对汉代制墨家仅“田真、尚书令”的记载，[①]说明直到东汉晚期，人工所制墨品仍为奢侈和时尚之物，仅有皇室、士大夫和高级官吏等社会精英阶层才有能力使用。也因于此，一些今天看来简陋和粗糙的汉墨，能比肩金、银、玉等质地的器物，被王侯、显宦、鸿儒随葬。同时，由于人工墨的珍贵性和稀缺性，天然石墨依然作为重要的书写用具在民间广泛使用。

天然墨和人工墨并行的状况，在六朝时期出现了转变。长期的封建割据、连绵的战乱侵扰，以及缺乏统一的治理，方便了波斯等外来文化的渗入，尤其是佛教文化得到广泛的传播。在皇室和官府的推动倡导下，抄经活动盛行，墨的消费需求日益增长。制墨技艺因而逐渐突破了阶层的壁垒，被民间掌握和流传，并进一步促进了革新和发展，制墨史上最伟大的三大变革因此不约而同地发生了。首先，是人工制墨技法的改革和成形。三国制墨家韦诞独创“合墨法”，在总结前人经验的基础上，提出了以药入胶、烟和杵捣宜多等理论；其次，又是制墨研究和论述的发端。北魏贾思勰的《齐民要术》第一次系统地记载和分析了韦诞墨的制作方法；再次，是制墨工具的创新。简单的木质素面墨模诞生，使中国墨的形状自此开始变得规整、美观，具有了大小、方圆的规格之分，也使得墨业的规模生产成为可能。1974年在江西省南昌市晋墓中发现的纺锤形墨[②]和1993年在甘肃酒泉西沟村魏晋7号墓出土的1件墨块[③]，可以看到黑腻如漆、墨面润滑和质坚而轻的特征。西晋陆机的《平复帖》、东晋王珣的《伯远帖》和敦煌出土的《华严经卷》，墨色如新、宛如初书，亦说明当时的制墨工艺已达很高水平。关于当时新安地区的墨业发展，穆孝天先生就认为“制墨业的大繁荣，可以说是南唐地区文化艺术繁荣的显著标志。在这之前，歙、宣两州是否已有制墨之事，其制墨情

① [明]麻三衡：《墨志》，咸丰蒋氏宜年堂本。
② 余家栋：《江西南昌晋墓》，《考古》1974年第6期，第32页。
③ 马建华、赵吴成：《甘肃酒泉西沟村魏晋墓发掘报告》，《文物》1996年第7期，第24页。

况究竟如何，由于资料缺乏，直到现在尚不得而知”。[①] 但在唐代崛起之前，新安制墨应是有一个漫长的积累过程，同期的文化发展水平亦体现出墨的制造和使用当时是较为普遍的。

安徽文物考古队在对屯溪奕棋西周土墩墓的考古发掘中，发现了原始瓷底部有黑书的“十”字符号，“其墨迹中还有明显的刷子痕迹，刷痕的形式和现代毛笔写的笔锋完全一样，可见其时已经使用刷笔。”因此，完全有可能在西周就有了制笔业。[②] 据韩愈《毛颖传》所述，公元前 223 年，秦将蒙恬帅兵伐楚期间，途经中山（安徽省泾县一带山区），发现这里兔肥毫长，便以竹为管，在原始的竹笔基础上制成改良毛笔。秦汉和六朝时期，泾县地区一直是主要的兔毫笔产地，并长期被列为贡品。新安江上游的歙县与泾县相邻，制笔资源亦同样丰富，是否在同一时期发展起制笔业，目前尚无准确的资料依据。但文化的发展，势必会对制笔业有所推动，并因长期制笔经验的积累，从而在后世发展出极具声誉的“徽笔”。

笔墨的出现使新安文明从未知抵达可知，所以其诞生意义不在于其单独个体，而在于把多种不同的文化艺术加以联系和融合，而文明也正是由这些文化艺术组成的。

二、砚纸相辅

文房四宝中，砚和纸的真正形成较笔墨晚。在两汉以前的很长一段历史时期，制造它们的材质始终未被固定。直至六朝时期，砚和纸的制作技术，才和笔墨同时进入到高速的发展阶段。也因于此，如敦煌藏经和两晋书画等优秀的艺术作品才得以留存至今。

砚的历史，可以追溯到石器时代古人使用的研磨工具，但直至春秋时期，“研”的形制也并未完全固定。在湖北省云梦县睡虎地秦墓中发现的石研和研磨石，都是在卵石原形的基础上略作改动，石研和研磨石的表面均留有使用痕迹和墨迹。此时的“研”大多就地取材，形制也比较简单，且均配有研石或研杵，以用于研碎墨锭。故而早期的砚，也称为“研”。东汉末年刘熙所著《释名》一书中就称：“砚者，研也，可研墨使之濡也。”汉代由于人工制墨的发展，砚形和砚质呈现出多样化的发展趋势，瓷、玉、漆等材料被制作和使用，人们也开始注意砚的装饰美。西汉时期，出

---

① 穆孝天、李明回：《中国安徽文房四宝》，安徽科技出版社，1983年，第57页。
② 翟屯建：《徽州文化史·先秦至元代卷》，安徽人民出版社，2015年，第33页。

现了雕琢精美的立体石砚，并在东汉和六朝时期得到继续发展。如盖上浮雕盘龙的石砚、通体鎏金并镶嵌彩石的铜盒石砚等，都是这一时期的精品；适应于人们席地坐姿的三足或多足式，也是代表砚式。石研和研磨石的组合，在两汉民间仍有普遍使用，形制则多为长方形平板式。有学者认为，新安地区在汉代即开始制作这种长方平板式的歙砚。苏东坡在为歙砚作《万石君罗文传》中称，汉武帝时，由中书舍人毛纯的荐举，万石君罗文蒙召见于文德殿上，以玉质金声、质地精良而待诏中书，后拜中书舍人。① 苏氏以拟人化手法描写了歙砚罗纹石品的精良，并侧面反映了汉代新安制砚的史实。另外，东汉和魏晋南北朝时期兴盛的文化活动，也对新安制砚工艺的发展起到了促进作用。《严州图经》就记载了汉代名臣朱买臣凿池涤砚的典故，称："朱池，距城三十里，相传朱买臣读书处。其东有朱太守祠，唐李频文其碑，石今不存而文传。"碑文曰："吴王濞举兵，民不遑居，公逃难至此，挹下涯水饮之，曰：'水香而善，其地可居。'于是深入大周（大州），得地为蓬荜而居之。后去官，因家于下涯之上，筑室读书，凿池为涤砚所，后人即其姓而名之曰朱池。"②

汉代以后，人工点烟制墨有了飞速发展，墨的质地已较天然墨更为酥软。因此，以调和和储存功能为主的铜、陶、玉、漆等材质得以在制砚中运用。加之六朝时新安瓷业生产的蓬勃发展，瓷亦作为新的砚种而兴起。在建德文管所就收藏有东晋时

两晋 辟雍砚

① 穆孝天、李明回：《中国安徽文房四宝》，安徽科技出版社，1983年，第132页。
② 罗道平、尧志刚：《建德文物》，天津古籍出版社，2011年，第12页。

期的青瓷砚[①]，形制承袭于东汉圆形三足石砚，面作圆托盘式，面即堂，无墨池，高口沿，平唇。盘下三足，外撇，足底有四个支钉痕。整器除砚堂为以利和墨不施釉外，其余部分均施青褐色釉，釉厚而莹润。两晋后的瓷砚式，越发注重贮墨的功能，池、堂之分愈加明显，堂和池的交界部渐凸起，形成了拦墨的砚岗。由圆形三足砚发展出的辟雍砚式，墨池环堂而置并内凹，足也逐渐向装饰化发展，形成五足或多足。

两汉 研石和墨丸

与砚的制作相似，在制纸工艺被确定前，人们曾尝试使用各种材料作为记录事物的载体。在中国，契刻文字发现于公元前 14 世纪左右的龟甲和兽骨之上，这之后的商周青铜器、战国至秦的竹木简牍，以及两汉大量使用的缣帛，也都曾有作为书写载体的历史，并分别有大量出土实物作为印证。西汉时即已发明了造纸方法，并已经开始使用纸张，但可能基于质量和耐久性的考虑，并没有广泛普及，竹木简牍和帛书、帛画的使用，仍占据重要地位。直到东汉和帝永元十七年（105），中常侍蔡伦在前人实践的基础上对造纸技术进行了改良，倡导以“树肤、麻头及敝布、渔网”等简便易得材料制纸后，这种并用的情况才得以根本改变。在新安江上游的皖南山区，民间就流传有蔡伦徒弟孔丹改进造纸工艺的传说。孔丹在皖南一带以造纸为业，他很想造出一种世上最好的纸，为师傅画像修谱，以表怀念之情。但经过多次试验，一直难以如愿。一次，他偶见青檀树倒在山涧边，因终年日晒水洗，树皮

① 罗道平、尧志刚：《建德文物》，天津古籍出版社，2011年，第175页。

已腐烂变白，露出一缕缕修长洁净的纤维。于是，孔丹取之造纸，经过反复地试验，终于造出一种质地绝妙的纸来。另据《旧唐书》记载，天宝二年(743)，江西、四川、浙东和皖南四地，即已是当时主要的产纸地区，分别有纸品进贡。因此在唐以前的隋和六朝时期，新安地区就应存在造纸活动，并在技术方面有其特点。

尽管秦汉至六朝时期留存下来的实物很少，但结合文献记载仍可反映出，由于北人南迁和儒学传播的带动，文房用具工艺相应有了实质性进步，这方面的技艺水平及其随后取得的成就，更为新安文明写下辉煌的一章。

第六节 舟楫之利

新安江及其支流覆盖了徽严二府的全境，并通过富春江、钱塘江与江浙水系相连。自古以来，地区的生产、生活和商业活动，以及人员的出入往来，都需要水路运输的支撑，因此带动了造船工艺的发展。

新安江流域地区的新石器遗址，普遍出土了网坠、石镞、石刀以及鱼鳍形足等器物，且数量不菲。可见原始社会的新安先民主要通过渔猎方式获得食物，这显然促使了原始舟船制作的诞生。《世本·作篇》言："观落叶，因以为舟。"《易·系辞下》则载："伏羲氏刳木为舟，剡木为楫，舟楫之利，以济不通。"无论是观落叶因以为舟，还是窾木浮而知为舟的缘故，现代考古都已经证明，先民们早在石器时代就已经掌握了制作水上交通工具的技术。秦汉时期，新安的主要居民是山越人，他们其中有很多是南方越人的后裔。据史料记载，越人极善于造船操舟。《越绝书第三·越绝吴内传第四》就言："方舟航买仪尘者，越人往如江也。"《汉书》则记载：秦汉时期的越人"处溪谷之间，篁竹之中，习于水斗，便于用舟，地深昧而多水险"。[①]这些记载都说明，当时越人的造船和操船技术已经十分高超。另据《汉书》的记载，因避七国之乱而迁居新安建德的汉代名臣朱买臣，曾在其出任会稽郡太守之初，就受

① 《汉书》卷六四上，中华书局，1962年，第2778页。

武帝诏命，在辖地内为平定东越叛乱，而筹备楼船、粮草和水战器具。① 楼船是一种仿造楼车制作的大型战船，早在吴越争霸战争中，就已经被越人制作和使用。西汉时，楼船成为水军的主要装备，制作也有了一定的规范。它的结构一般是舱下一层，甲板上三层或多层。甲板下为桨舱，舱两侧均设有数目相等的桨和操桨士；甲板之上第一层是半身高的女墙，即防护墙；第二层为庐，内有战兵；第三层为飞庐，内置弓弩手；最高一层为爵室，作用类似今天的指挥室。② 楼船作为汉代水军最重要的攻击武器，在汉武帝征伐闽越和东越时，都发挥了巨大作用。建德时属会稽郡管辖，当也在朱买臣的筹措地之列，而制造楼船的繁复工艺，相信也对新安造船业的发展，起到了推动作用。

汉献帝建安十三年（208），孙策派遣威武中郎将贺齐，征伐新安的山越族人。大军溯新安江而上，沿丰浦、东阳、武强、叶乡等水路攻入新安的黟、歙等内陆地区。后孙权分歙县东之叶乡置始新县（为淳安置县之始），并在此置新都郡，领黟、歙、黎阳、休阳、新定和始新六县，以贺齐为太守，长期镇守新安。《三国志》有记载：贺齐“性奢绮，尤好军事，兵甲器械极为精好，所乘船雕刻丹镂，青盖绛襜，干橹戈矛，葩瓜文画，弓弩矢箭，咸取上材，艨艟斗舰之属，望之若山。”③ 文中记述的“艨艟”，也写作艨冲，或艨艟，是汉代水军使用的一种进攻性快艇。其船体狭而长，外蒙生牛皮以防护箭矢，左右前后设有弩窗矛穴，战时甲士可以通过窗穴以攻击敌船，防护良好、机动性也很强。“斗舰”则是一种装备齐全的大型战船。《通典》卷一百六十称：“船上设有女墙，可高三尺，墙上开掣棹孔，船内五尺，建棚与女墙齐，棚上又建女墙，重列战敌，上无覆背，前后左右树牙旗幡帜金鼓，此战船也。”《三国志》称贺齐麾下水军装备的这两种舰船，“望之若山”，其舰队之规模和战舰之精良足可想见。新安江上游的屯溪，也因贺齐的水军“屯兵于溪上”而得名。

新安江自屯溪以上多为峡谷，屯溪至深渡，河形弯曲，右岸靠山，左岸河谷平原，河面宽窄不一，枯水宽 100 ～ 350 米。深渡以下至街口又是峡谷河段。河床总体落差较大，形成滩多、水浅、急流的河道特点，部分浅滩处水深仅 0.2 ～ 0.4 米。

---

① “诏（朱）买臣到（会稽）郡，治楼船，备粮食、水战具，须诏书到，军与俱进。”《汉书》卷六四上，中华书局，1962年，第2792页。

② 席龙飞：《中国造船史》，湖北教育出版社，2000年，第72页。

③《三国志》卷六〇，中华书局，1959年，第1380页。

所以民间日常出入往来，多依靠竹筏、木筏等浅水运输工具。民间所造的竹筏是以多根毛竹并排绑扎制成，并漆成黑色，故称“乌排”。由于乌排有底无邦，平面铺开，面积大故浮力也大，一对乌排最多时能载货 5 ~ 7 吨，且能载客，因此成为山区河流的主要运输工具，被当地居民亲切地称为“山间轻骑”。

第七节 小 结

历史文献中所描述的新安地区先民，往往沿用秦汉两代的记载，称他们“依山阻险，不纳王租”，依旧“断发文身，勇悍尚武，火耕水耨”，仍然过着那种几乎是“与世无争，与世隔绝”的生活。《南史》记述三国东吴时，称黟、歙土著是一种体形特异的短人①。甚至有专家认为，当时的新安或许有过一个“黄毛人”的时代。②但实际上从西周初期开始，新安文明的发展已呈蓬勃之势，并未明显落后于同期的中原地区。春秋以后，由于累次战争的打断，文明的发展之势戛然而止，社会也陷入动荡，原来的繁荣景象不但不复存在，甚至出现萧条和退化。汉末至六朝时，北方移民的大量迁入，形成中原文化的广泛传播，当地文化已经渐被其吸收和融合，后世“新安文化”的形态已逐渐显现。但不能忽略的事实是，在六朝及其后的很长一个时期，新安文化在很多方面依旧保持了自己的特色。这种特色体现在工艺美术方面，有以下几个特点。

首先，材料上、技术上和装饰上的融合创新，多是建立在对传统继承的基础上，其中最为突出的体现是制瓷工艺的承绪。在石器和青铜时代，制作印纹硬陶和原始瓷器所取得的非凡成就，为青瓷烧制提供了丰富的经验积累，在瓷土釉料的选择、素底刻划的装饰，以及器体器表的轮制痕迹上，都可以发现对以往的传承。此外，在冶铸、编织等工艺技术的发展中，也都说明了这一点。

其次，在工艺美术的设计上，追求贴近自然和质朴实用。两汉时期，新安的许

① 李延寿《南史》卷七八《列传第六十八》，中华书局，1975年。

② 邵国榔：《从地名看古歙历史的概貌》，《徽学通讯》1991年第1期，第64页。

多地区，自然经济在生活中仍然占有相当大的比重，经济形式与中原先进的农耕区相比是落后的，较相邻的吴越地区也有差距。因此工艺设计还是更多地讲求实用，装饰风格更显古拙、简练。如淳安八都麻绣工艺的作品，就多为脚布、围布、饭袋、头巾等日用之物，装饰上也极富生活气息，其他编织工艺的作品也大多如此。

再次，儒学与佛教的传入，对工艺创作产生了影响。迁入新安的士族，通过自己的言传身教，在乡土间广泛传播了儒学文化，众多的儒学传播活动，如著书教化等，就显著带动了文房工艺的发展。东汉传入中国北方的佛教，魏晋时也随避乱南来的僧人输入新安。晋朝时，黄山轩辕峰神仙洞下就建有轩辕古刹；东晋大兴二年(319)，僧天然在休宁万安镇水南村建南山寺；梁时，祁门县九都石驴山建有普福庵。①众多寺院的建设，相应带动了建筑工艺的进步。与中原和西北地区依山凿穴、建窟塑佛的习惯不同，由于新安山区的地质条件并不适于这类建筑，于是古新安人巧妙地运用砖雕技艺，将佛教造像艺术微缩化。在现存的祁门宋伟溪塔和淳安汾口明琅琯塔等建筑中，发现的佛教造像砖雕，即源自此。

永嘉以后，北方人口向南方的迁移，不但带来了大量人口，也带来较为先进的生产技术和经验，使得南方地区经济有了质和量的提升，为商业资本和商人阶层的形成提供了可能。叶显恩先生根据《晋书·五行志》中“海西公时，庾晞四五年中……宴会辄令娼妓作新安人歌舞离别之辞，其声悲切”等资料的记载，认为：“饱尝离别之情的新安人显然是商人，他们出外经商的离情别意被编入歌辞供娼妓演唱，说明新安商人的经商活动已为时人所知。”②在新安商人早期的经营活动中，手工艺品当是商品交易的主要标的。另根据《南史》的记载，南朝梁时，新安太守王实的从兄前来求助，王实给其五十万铜钱，其“密于郡市货，还都求利”。③这则史料说明，当时新安已有了较大规模的商品交易市场，而作为传统的粮食输入地，能够一次性提供如此巨量的交易，货物中手工艺品的比重当占有很大部分。

---

①翟屯建：《徽州文化史·先秦至元代卷》，安徽人民出版社，2015年，第66页。

②叶显恩：《试论徽州商人资本的形成与发展》，《中国史研究》1980年第3期，第104～118页。

③《南史》卷二三《王莹传》，中华书局，1975年。

第三章　唐宋时期的新安工艺美术

第一节　概　述

一、徽睦分治

581年建立的隋王朝，于589年南下灭陈，结束了自西晋末年以来长达260多年的南北分裂局面，统一了中国。其在地方行政制度上的改革，则直接导致了新安行政区划的改变。开皇九年（589），文帝杨坚废除了天下的郡置，改为州县二级制管理，以州直接统县。在新安地区，先后就有歙、睦二州的设置。歙州领休宁、歙、黟三县；而新安故城则于仁寿三年（603）改置睦州，治新安县。以此为始，新安江上下游地区分属不同行政区域的格局，就此形成。上游歙州成为徽州的雏形，而划出的睦州地则为严州的前身。唐代地方行政制度沿袭隋朝，歙、睦二州的管辖区域、名称或治所，虽在不同时期略有变化，但已大体奠定了此后一千余年的建制基础。

隋朝之后的唐，是中国封建社会的一个全盛时期。在当时的世界，中国处在发展的最前列，是文明先进、繁荣发达和富庶强大的国家。农业上，"均田制"土地分配制度和"租庸调"赋税劳役制度开始推行，大批水利设施被修复或新开凿，锄、铲、镰、犁等工具得到改进，农业生产达到了一个新的高度，并带动了手工业和商业的进步。在新安地区，自六朝萌芽的商品经济，此时因农副产品生产的商业化趋势而逐步发展起来，尤其是茶叶的生产和经营十分兴盛。据《全唐文》记载，当时的祁门地区"高下无遗土，千里之内，业茶者七八矣"。[1] 作为唐代对外贸易的主要商品，茶叶在与蒙、藏、回纥等民族的边境交易，以及与西亚、北亚、阿拉伯和欧洲各国的外贸交易中，都占有很大份额。随着市场的发展壮大，茶叶的需求急剧增加，带动了茶叶的商业化发展。唐大中年间杨晔的《膳父经手录》就记载，新安的歙县、祁门、婺源等地的茶叶销售，呈现出"赋税所收，商贾所赍，数千里不绝于

---

① 张途：《祁门县新修阊门溪记》，《全唐文》八〇二卷，中华书局，1983年。

道路”的畅销情景。[①]唐贞元年间，王敷在《茶酒论》中更云：“浮梁歙州，万国来求。”贸易的发展，促进了经济文化上的交流，开拓了人们的视野，也培育了一批见识丰富的商人群体，纵横中国商界千余年的新安商帮就此起步。作为了解市场需求的群体，新安商人极擅于根据市场商品种类的盈虚和供求情况去选择经销商品，并灵活机变地组织生产。在他们的引导和推动下，文房、丝织、编织等新安地区传统的工艺门类逐步发展起来。也正因此，新安工艺的门类构成往往具有很强的时代针对性和灵活性，并走在行业的前列。

安史之乱后的唐帝国，国势已然衰落，加之宦官专政、军阀混战和农民起义，更推动其走上了瓦解和崩溃的道路。公元907年的朱温篡唐，使中国又陷入“五代十国”的分裂混战状态。此时的新安地区，由于没有直接蒙受兵燹的破坏，加之中原士人的再度南迁，反而呈现了缓慢发展的局面。据《新唐书·食货志》的记载：“元和中，供岁赋者，浙西、浙东、宣歙、淮南、江西、鄂岳、福建、湖南八道，户百四十四万，比天宝才四之一。”说明新安所处的浙西和宣歙地区，都是晚唐主要的税赋来源地区，经济和工商业活动是十分活跃的。而且北人南迁带来的中原文化，对新安的影响日益加深，展现出文学作品的质量和数量显著提高、文学影响力日益增强、文人队伍也显著增多的特征。如休宁的吴少微、吴巩父子，歙县的张正甫，淳安的皇甫湜、皇甫松父子等，他们的诗词、小说在晚唐文坛占据显要地位。文化事业的兴盛，也相应影响和带动了手工艺生产，如文房四宝制作工艺就取得了举世瞩目的成就，以至于南唐后主李煜将新安所产的李廷珪墨、澄心堂纸和龙尾砚，誉为“天下冠”，后世则将这三者与汪伯立笔一起，合称为“新安文房四宝”。

五代十国时，歙州先后隶南吴和南唐，睦州则属吴越国。这些割据政权的创立者和继任者，大都采取了对外发展贸易、对内劝农兴业的积极政策，使得新安地区在五代乱世中，社会经济和文化能够保持稳定发展。封闭、偏远和安定的地理环境，吸引了包括工匠在内的北方避乱民众，他们的到来，直接推动了新安工艺的发展。当时的手工业生产，在门类丰富以及产品数量和质量的提升方面，都有了明显进步。隋以后，歙州和睦州的行政区域已分属不同，影响了区域间的人员往来和经济文化交流。且唐以前，北人南迁新安多经建德或淳安进入歙、黟、婺等腹地，然隋唐以

① 翟屯建：《徽州文化史·先秦至元代卷》，安徽人民出版社，2015年，第99页。

后的迁徙之路显然已呈多元化。这对工艺美术的交流互动产生了障碍，也因此形成了技艺和门类发展的区别，这一状况在唐宋时期尤为明显，直到明清时期因商品经济的兴盛才逐渐转变。

二、承前启后

宋代结束了五代十国的分裂局面，国家重归统一。但宋朝自建国之初就面临着十分尖锐的民族矛盾，北方强大的契丹族和占据了内蒙古西部地区的羌族，与宋朝形成一百多年的对峙局势。后起的女真族又分别于1125年灭辽、1127年灭北宋，与偏据临安的南宋朝廷再度形成152年的南北对峙。由于远离对峙前线，新安的社会局势在两宋期间是比较稳定，这显然吸引了北方人口的再度避乱南迁，再度促进了新安社会经济和文化的发展，也带动了工艺美术的前行。

中原士族的大规模南迁始于东汉末年，至两宋时，已历经了晋永嘉之乱、唐末黄巢起义、北宋靖康之乱三个高潮。在这长达近千年的世纪迁徙中，新安地区一直是北方人口迁徙避乱的重要目的地。许承尧在分析歙县地区名门望族来源时，就认为“半皆由北迁南，略举其时，则晋宋两南渡及唐末避黄巢之乱，此三朝为最盛”。[①] 在接纳了大量中原移民后，新安地区山多地少、人多田少的矛盾开始显现。《新安志·户口》载：“吴新都郡不载户口之数。晋新安郡统县六（指歙、黟、黎阳、海阳、遂安、始新六县）、户五千；宋（指南朝宋），统县五（指黟、歙、海宁、遂安、始新五县）、户一万二千五十八、口三万六千六百五十一；隋歙州统县三（指歙、黟、海宁三县）、户六千一百五十四；唐旧领县三、户六千二十一、口二万六千六百一十七；天宝领县五（指歙、黟、休宁、北野和婺源五县）、户三万八千三百二十、口二十六万九千一百。”而到了靖康之乱后的乾道八年（1172），仅上游徽州的歙、黟、休、祁门、婺源和绩溪六县，人口即已达到120082户。[②] 生存的危机促使部分农业人口或外出谋生，或转为手工艺者，中国历史上“三大商帮”之一的新安商帮，此时也渐具规模。对此，道光《休宁县志》记载曰：“徽州介于万山之中，地狭人稠，……天下之民寄命于农，徽民寄命于商。”明末清初学者顾炎武也曾说：“徽州保界山谷，土田依原麓，田瘠确，所产至薄。……小民多执技艺，

① 许承尧：《歙县志·风土》，民国二十六年铅印本。

② 翟屯建：《徽州文化史·先秦至元代卷》，安徽人民出版社，2015年，第135～136页。

或贩负就食他郡者，常十九。……以故中家而下，皆无田可业，徽人多商贾，盖其势然也。”[①] 顾炎武口中的小民，沿着新安江、昌江、青弋江等水路，将茶叶、竹、木、瓷土和生漆等土产，以及墨、砚、纸、竹编、漆器、麻等蜚声国内外的工艺产品，销往他郡。宋代的严州，也因人多地少，已经出现了专业化的农业商品生产。史言："山谷居多，地狭且瘠，民贫而啬，谷食不足，仰给他州，惟蚕桑是务，更烝茶割漆，以要商贾懋迁之利。”[②] 宋廷南迁定都临安后，自新安江至富春江再经钱塘江抵达陪都杭州，并经杭州运往苏浙地区的贸易线路，成为新安商人最重要也是获利最丰的商道。淳安和建德地区，此时业已成为重要的商品转运地。淳安县南三十里处就设有云程墟市，其“富者商者鸠焉，其水陆达杭、越，通衢、建，凡舟车日夜之所奔走，皆夺吾山川芳润之实以去之者”。[③] 处于枢纽位置的建德，东西水陆商货在此云集，商船也在此起航和停泊，史称："千车辚辚，百帆隐隐，据钱江之上游，为鸥歙之达道。”足见商品贸易的繁盛。大量往来天下的商人在此停驻，手工业产品的需求信息也因此更易获得。同时因为临近都城，丝织、金属、印刷、雕刻等手工业，此时作为对陪都经济发展的补充，也逐渐发展兴盛起来。

两宋时期执行的是“安内、重文”的国策，宽松的政治环境使其成为中国历史上经济发达、文化繁荣、科技进步的一个朝代。农业和手工业均有重大发展，航海业、造船业成绩突出，海外贸易发达，尤其千百年来的坊市制度被打破，为商品经济的繁荣创造了条件，一些城市的商业开始兴盛起来。与新安一衣带水的浙江杭州，在北宋熙宁年间，即已是全国仅次于开封的商业中心。宋室南渡后，杭州转为国都，更是成为国家的政治、经济和文化中心，城市和商品经济十分繁荣，产生了巨大的市场需求。由于临近国都的地利优势，以及新安商人频繁的贸易活动，驱使着本就颇具基础的新安工艺美术更上台阶。“家传户习”的工艺制作盛况在新安出现，催生了如汪伯立、张遇、潘谷、吴滋、戴彦衡等引领了中国工艺发展的名家，新安手工业逐渐在中国工艺美术发展史上崭露头角。

此时新安的工艺制作，开始出现自世俗实用化向文人艺术化的转变，一些带有浓郁文人气的工艺门类，如文房四宝、漆器、竹木雕刻等，逐渐发展兴盛起来，这

① 顾炎武：《天下郡国利病书》“江南”，转引自《徽商资料集》，黄山书社，1985年，第4页。
② [宋]陈公亮、刘文富：《淳熙严州图经》卷一《历代沿革·风俗》。
③ [宋]方逢辰：《蛟峰文集》卷五《记·芳润堂记》。

显然是受到新安文教事业发展的影响。宋代，新安的儒学教育崛起，州学、县学、蒙学和书院林立，培育了大量文人，科举取士的人数也急剧增加。北宋时期，既有淳安人方闾、方闳和方闻三兄弟同业太学，每试必迭为之魁。时人语曰，“两浙三方，天下无双”；婺源有汪震天、汪宗颜、汪谷、汪藻、汪恺、汪鸿举接连六世，考中进士；歙县俞氏一族也有俞献可、俞希甫、俞献卿、俞希元、俞希旦、俞叔良六人中进士，这样的事例在当时的新安大地不胜枚举。至南宋时，更是出现人才辈出的盛况，这其中既有如汪伯彦、程珌、程元凤、方逢辰、黄蜕等名臣，更诞生了一代鸿儒朱熹。作为集理学思想大成的朱熹，曾在新安各地讲学，传播了其以“天理”为核心的哲学理念，对新安文化以及新安工艺产生了深远的影响。这之后，“虽由人作，宛自天开”的工艺制作理念逐渐盛行，新安工艺文人化的转身，也就此华丽开启。

元灭南宋后，将其境内百姓悉数划为最低等的“南人”，视同蒙人的奴隶。还将江南的手工业者编为匠户，分配给官府和贵族使用。等级制度和匠户制度的实施，严重制约了徽州经济和文化的发展，工艺美术也随之呈现疲敝之态。

第二节 四宝显誉

隋开皇七年(587)，文帝杨坚正式设立分科考试制度，取代九品中正制。大业二年（606），炀帝杨广开设进士科，用考试办法来选取进士。唐宋继承和完善了隋代的科考制度，如确立了三年一次的三级考试制度，放宽了录取和任用的范围，以及建立糊名、誊录等防止徇私的新制度，等等。自此，官员的选拔不再问门第、出身，平民百姓能够通过科举这个相对公平的竞争平台，获得改变人生的机会，冲破了大地主、豪族势力垄断政治的局面。

科举制度的实施和完善，对隋唐以后的新安社会也产生了巨大影响。由于通过科举可以取得功名、改变人生，而读书受教又是科考的唯一正途，这引发了全社会对于教育的关注和热情。除了州府所办的各级官学外，私塾、书院等各类民办教育，也如雨后春笋般在新安大地出现。徽州就有桂枝、龙川、紫阳、西畴、西山、万山等书院，淳安也有蜀阜、石峡、瀛山等书院。教育的普及和学子的苦读，使得新安科考成果显著，如石峡书院就获得方逢辰高中状元、黄蜕得中榜眼、何梦桂又得探花的佳绩，连宋度宗也御书“石峡书院”匾额予以嘉奖；还有瀛山书院的创立者詹安，他的五个儿子詹至、詹棫、詹柽等皆登进士，真正成为“五子登科”。科考的成功，激励了更多人投身于此。宋时的淳安和遂安两县，即成“淳遂古邑小，处处书院教，琅琅读书声，学士知多少”的喜人局面。教育的发展和科举的兴盛，对工艺美术制作也影响深远。科考取士后，社会结构发生变化，文人阶层逐渐占据主导地位，社会审美也随之改变。秦汉时期围绕贵族豪门所形成的恢宏、骄奢和富贵之气，逐渐在工艺美术作品中散去，取而代之的是文人士大夫阶层所主张的文雅、简洁和疏离之气。在工艺门类的发展和演进中，最直接反映和彰显文人“高”古和“洁”意、“士”气和“风”韵、“雅”逸和“气”节的文房器具制作，地位渐次凸显。

唐宋时期是新安文房及其相关工艺发展的黄金时期。被南唐后主李煜称为“天下冠”的“澄心堂纸”“李廷珪墨”和“龙尾石砚”，其制作工艺在中唐时期同时诞生是绝非偶然，文教兴盛和工艺实践的长期共同作用，故而产生如此的质变结果。这之后，新安的笔、墨、纸、砚制作飞速发展，至南宋理宗时期，“汪伯立笔”和“澄心堂纸”“李廷珪墨”“羊头岭古坑砚”四种文房珍品，一同被称作“新安四宝”。无独有偶，“文房四宝”一词的发端，也与此时的新安有着莫大关系。北宋名臣梅尧臣在为新安墨家潘谷所作的《九月六日登舟再和潘歙州纸砚》诗句中有“文房四宝出二郡，迩来赏爱君与予”。[①] 这是“文房四宝”一词的首次出现。南宋绍兴二十九年至三十一年（1159 ~ 1161），著名文学家洪适任徽州知府时，在府城建“四宝堂”，并“揭苏氏文房谱于四宝堂”，则是中国“文房四宝”之名的正式确认。

一、墨香新安

唐代早期制墨，主要集中在易州（今河北易县）和上党（今山西长治）地区，以祖氏、奚氏和李氏最为知名。晚唐，制墨业中心随着人口和经济重心的迁徙而南移至歙州、宣州一带。宋罗愿在《新安志》中记载：“李超与其子廷珪，唐末自易水渡江至歙州，地多美松，因而留居，遂以墨名家。”李氏父子定居歙州后，以易水制墨法为基础，用黄山和松萝山之上上古松取烟，并改进了配料、和胶和杵捣等技术，制造出前世无法企及的佳墨，史称“李墨”。精于翰墨的南唐后主李煜，

① 转引自穆孝天、李明回：《中国安徽文房四宝》，安徽科技出版社，1983年，第52页。

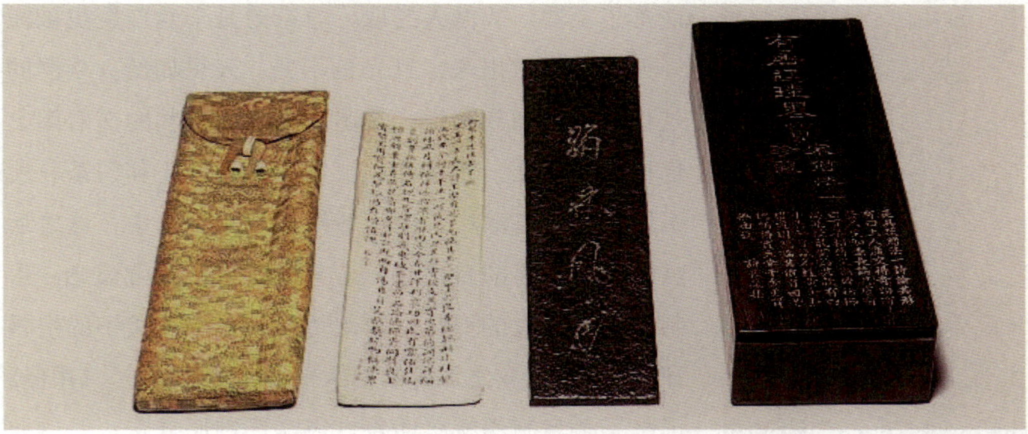

五代 李廷珪翰林风月墨

亦是将李墨和同出于新安的澄心堂纸、龙尾歙砚，誉为文房器的“天下冠”，并敕封李超为检校水部员外郎。由于大量使用和挥霍，北宋宣和年间“李墨”就极为罕见，时有“黄金易得，李墨难求”之说。台北故宫博物院藏有李廷珪制“翰林风月”铭长方墨。墨呈长方薄板形，一面泥金草书阴识“翰林风月”四字；另一面草书填朱三字，已模糊无法辨认。墨色黝黑有漆光，质坚实如玉。墨边薄而锐利，中间略凸，墨面布满大小、高低不平的起突，间有犀纹。从实物的现存状况来看，确如文献记载的，具有“丰肌腻理、光泽如漆”[①]“其坚如玉，其纹如犀”“历久弥新”和质密耐用的鲜明特点。李氏父子摆脱了早期造墨理论的束缚，开创性地灵活运用胶法、药法改善墨质。《墨记》中记载了李廷珪首创分次和制的对胶之法，曰：“见廷珪一墨，曰臣廷珪‘四和墨’，则知对胶之法寓于此也。”《墨经》则记述了李廷珪制墨善用重胶，并添加藤黄、犀角、真珠、巴豆等12味中药，以及少量的生漆和熟漆和制，使解胶和胶力持久两个矛盾的命题完美统一。再通过数万次的均匀杵捣、揉捏和压制，使胶和松烟颗粒充分融合，从而做到了“墨寿千年”。作为中国有名的制墨家，李氏父子将中国墨的品质发挥到了极致。关于李墨的精良，历史上有一些相关的记载。五代宋初时期的文学家徐铉、徐楷兄弟二人，幼年时曾共用一挺长不过尺、细裁如筋的李超墨，每日书写不下五千字，十年方才用完。还有宋大中祥符年间，一贵族误将李廷珪墨遗失于水中，数月后，又于同一地点

① [宋]李孝美：《墨谱》，转引自桑行之：《说墨》，上海科技教育出版社，1994年，第5页。

五代 文府墨

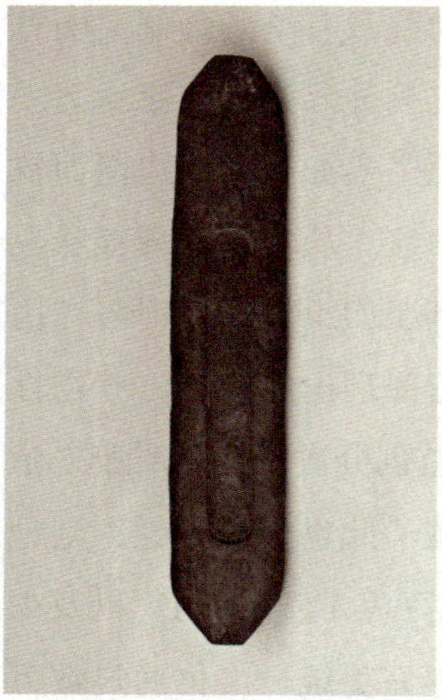

北宋 歙县黄山张谷男处厚墨

遗落了金器，故派人捞取，惊奇的是李廷珪墨也被完好无损地捞取出来，且光色不变、表里如新。李墨的这种耐用性和致密性，在出土的晚唐五代的文府墨上也得到了印证。1978 年，文府墨被发现于祁门茶科所工地的北宋墓葬中，出土时墨体浸泡于水中，这之后虽历经数十年的自然老化，其磨口仍有莹莹胶光，形制整体未见大的变化。由此可见，在李氏父子的引领和推动下，新安之地的制墨水平得以整体进步。《墨经》记载了著名制墨家张遇曾妙得李氏制墨之法，并以此传家，其子张谷、孙张处厚皆以制墨名世。其后，歙州又有耿仁、耿遂、耿文政、耿文寿、耿德、耿盛等，皆受到李氏制墨之法的影响。李廷珪之后，其弟廷宽，儿子承宴，承宴之子文用，文用之子惟庆、惟一、仲宜等，也都不同程度地继承了制墨家传，其中李惟庆曾担任南唐后主李煜的墨务官。当时，李氏一族所制之墨多以“新安香墨”为铭，并题制墨人款识，如“歙州李廷珪造”“歙州供进李承宴墨”和“歙州供进墨务官李惟庆墨”等。直到宋宣和三年（1121），改歙州为徽州后，新安之名才逐渐隐去，而“徽墨”之名渐次鹊起。因此“新安香墨”也被认为是“徽墨”的发端，李超和他的儿子李廷珪也被普遍认为是“徽墨”的不祧之祖。宋代以降，“徽墨”逐渐从中国墨的体系中凸显出来，将要成为中国墨中最光耀的一个品类。

宋代新安制墨的突出成就是确立了油烟制墨法的历史地位。取烟采用色泽肥腻、性质沉重的古松，是中国制墨千百年来维系品质的重要原因。但由于长期的采伐，中原地区适宜制墨的古松越来越少，这严重制约了墨业的发展。苏东坡在《孙莘老寄墨四首》诗中就形容道：“徂徕无老松，易水无良工。”作为易水制墨世家的李氏一族，尤为深刻地认识到了这一点。《四库全书总目》中就记载，古代制墨皆用松烟，李廷珪迁居徽州后，以黄山古松取烟的同时，也尝试兼用桐油烟入墨，之后杨振、陈道真等诸家，也都采取了这一方法。元、明以后，油烟逐渐取代了松烟，成为制墨的主要原料。宋神宗熙宁、元丰年间，易水迁新安的墨工张遇受李廷珪影响，以油烟制出“供御墨”，并独创用油烟入脑、麝、金箔，制成“龙香剂”墨[①]，成为当时收藏家竞相争购的瑰宝。在新安墨家的不断摸索和实践下，油烟渐次成为中国墨的主要原料，极大地缓解了墨原料来源单一的状况，以及原材料面临枯竭的局面。1988 年，安徽省合肥市宋太师舒国公孙马绍夫妇墓出土的两锭宋墨，其中一锭“九华朱觐墨”即为油烟墨。墨作梭形，长 21 厘米，中部宽 3.4 厘米，上下端宽 1 厘米，厚 0.7 厘米。墨面中部钤有阳文楷书“九华朱觐墨”铭。墨背中部钤枣核形线框，内有凤形花纹；线框上下两端各入圆形印纹，圆内各有一阳文楷书“香”字。该墨历千年而不朽，墨色黝黑，坚致如故，宋代油烟制墨的水准可窥一斑。与“九华朱觐墨”同时出土的，还有松烟质的“歙县黄山张谷男处厚墨”，形制也基本保持完整。这两锭墨的出土，使我们较全面地了解了宋代新安制墨工艺的发展情况。可以看出，制墨在造型和纹饰上并未较前代有大的突破。纹饰和款识仍采用热剂钤压的方式，故而并不十分清晰；另据 2018 年常州出土的“叶茂实制”铭来看，至迟在南宋，新安制墨已经采用了整体模制，自然也更为平整和清晰。在造型上，仍以规矩的几何形为主，但较唐墨更为修长和平整，墨面光滑，墨边锐利、挺直，呈现出较唐代更为先进的压制工艺特点。宋墨简洁、修长、挺直的线面造型，显然受到新理学思想的影响。宋代，尤其是真宗、仁宗之后，以范仲淹、欧阳修为代表的文人阶层，倡导“平淡自如、条达舒畅”的文风，理学上更是讲求“存天理、灭人欲”。在这种特定的社会条件之下，新安制墨在秉持墨式严谨含蓄、不施浮华的基础上，在质地方面呈现高低两个方向发展的趋势：一是专供宫廷、士大夫阶层使用的贡墨、御墨等高端墨品，制作更为精绝；二是诞生了面向大众市场的商品墨，制作时力求价廉物美。

北宋 九华朱觐墨

---

① [元]陶宗仪：《南村辍耕录》卷二十九，民国涵芬楼版。

宋代，在皇室的鼓励和直接参与下，规模空前的宫廷画院建立了，聚集了许多著名画家。唐中叶以后兴盛起来的中国山水画，此时成了画家们最喜爱的表现媒介。两宋画坛诞生了一批又一批著名的山水画家，北宋有郭熙、李成、董源、范宽和米芾等，南宋有刘松年、梁楷和马远等。相较人物画的线条勾勒，山水画描绘的清旷烟云、浑厚峰峦和清幽水色，对墨色的浓淡、晕染和层次感，提出了更为苛刻的要求。文人频繁地反馈体验感受，并积极地参与制墨实践，促使新安制墨技艺的提升，以及墨品的文人化发展趋势，也诞生了许多书画家和制墨家“翰墨因缘”的故事。文豪苏东坡就在《孙莘老寄墨》诗中，赞颂新安墨家潘谷“妙手惟潘公”，更言其“墨成不敢用，进入蓬莱宫”。潘谷死后，苏东坡又以“一朝入海寻李白，空看人间画墨仙”悼之。[①] 在文人不遗余力地宣传和推动下，墨家对墨质的追求甚至达到“淫巧奢靡”的程度。尝试以不同的珍贵药材入墨，“轻烟万杵”的精工制作，使得墨品在层次表现和胶力耐久方面，更显突出。宋代遗存的大量书法、绘画作品，如米芾的《蜀素帖》、夏圭的《雪堂客话图》等，今天看来依旧墨色如新、熠熠生辉，新安制墨的贡献不言而喻。

商品墨在宋代的诞生，主要是受到科举制度改革和印刷技术进步的驱动。宋代科举制度实施了诸如扩大录取范围、防止考场舞弊等改革措施，鼓舞了庶族和寒门子弟读书，刺激了教育事业和文化的发展。活字印刷的发明，则缩短了印制周期、降低了印刷成本。书籍的大量印制和流通，普及了文化知识，也带动了墨、纸等相关产业的迅速发展。价格低、产量大的实用墨需求，催生了商品化“市肆墨”的诞生，商业化的经营模式也随之出现。宋以前，墨的流通方式主要有三种：一是皇室赐予，二是专门机构供给，三是少量的文人间交流、馈赠。入宋后，出现了墨品买卖交易的记载。据宋代孟老元所撰《东京梦华录》记述，当时在首都东京相国寺的坊市中，潘谷的墨是极其抢手的商品。《墨史》也记载潘谷售墨时：“士或不持钱，留券取墨，亦辄与之。……后忽取积券焚之。”[②] 这种极富文人特色的交易行为，恰恰正是商业经营的雏形。同时，有的墨家为了寻求利润的最大化，在制作市肆墨品时，往往采用轻胶，以降低成本和缩短制作时长。晁氏《墨经》就记载：“况胶多利久，胶少利新，

---

① 穆孝天、李明回：《中国安徽文房四宝》，安徽科技出版社，1983年，第62页。
② [元]陆友：《墨经》，转引自桑行之：《说墨》，上海科技教育出版社，1994年，第80页。

匠者以其素售，故喜用胶少。”[①]宋罗愿《新安志》则评价："若急于目前之售，故用胶不多而烟墨不昧；若岁久胶尽，则脱然无光如土炭耳。”匠者在知晓轻胶制墨弊病的情况下，仍旧使用这一技法，体现了商人逐利本性的驱动。可见，墨商群体在新安已逐渐形成。

新安墨业，在两宋的三百余年间取得了长足的进步，也带动和影响了元代墨业的发展。元朝统治的几乎一个世纪之中，匠人的社会地位低下，故见诸笔端的新安墨家仅一人，为元顺帝（1333～1367）时期的歙县人陶得和。因其所制的松烟墨和桐油烟墨俱佳，受到当时的大画家倪瓒赏识，并作两首七绝诗称赞[②]，才得以留名。元墨的实物也存世较少，代表的有“中书省款牛舌墨”和“王道宾款一捻金墨”等。中书省款牛舌墨，山西大同元初全真教真人冯道真墓出土。长24厘米，宽5.5厘米，厚0.7厘米。一面阳文篆书“中书省”三字，一面作龙纹。该墨的大小、制式和压制方法，甚至出土后墨色和墨质的表现，与前文提到安徽合肥出土的宋“九华朱觐墨”极为相似，说明制墨者或为新安工匠，抑或受到新安制墨的影响。王道宾款一捻金墨，内蒙古包

元 王道宾款一捻金墨

① [宋]晁说之：《墨经》，转引自桑行之：《说墨》，上海科技教育出版社，1994年，第30页

② [元]倪瓒：《赠陶得和制墨》诗，转引自穆孝天、李明回：《中国安徽文房四宝》，安徽科技出版社，1983年，第66页。

头市达茂旗和锡林郭勒盟多伦县元上都砧子山遗址均有发现，亦曾在新安流传。墨作圆饼形，直径4.9厘米，厚1厘米。墨面和背部皆有长方框，面框内为楷体阳文“一捻金”三字，背框内为楷体阳文“王道宾造”四字。这锭元中后期墨的形状、款识均较为粗犷，装饰上也未见显著变化。

唐代，制墨技艺从中原传入新安地区，北方精通制墨的世家也来了。他们奠定和影响了新安墨业的千年传承。宋元制墨也大都秉承了精工细作的理念，规则的几何形制，简洁优雅的纹饰，为明清两代的辉煌夯实了基础。这是新安墨业的诞生和发展时期，也是中国制墨史上创造力最为活跃的时期。经历了唐代的成熟妩媚、宋代的自信优雅和元代的古典粗犷，新安制墨技艺已蜕变为最富灵气的手工劳动。

二、诸砚之冠

唐宋时期的中国制砚，进入了一个全新的时期。两汉和魏晋时以陶瓷制砚为主的局面得到了改变，一批优质的石材被广泛运用到制砚中，砚的装饰艺术风格也随之发生了变化，中国制砚史揭开了一个崭新的篇章。

宋人胡仔在《苕溪渔隐从话》有云：“新安龙尾石，性皆润泽，色俱苍黑，缜密可以敌玉，滑腻而能起墨，以之为砚，故世所珍也。”①文中所述的新安龙尾石，即指产于婺源龙尾山地区的石砚。因唐和宋初，婺源县属歙州辖，故也归属于歙砚之列，并成为其代表石品。歙砚石质优良、琢制精绝，后世将其与端砚、红丝砚、洮河砚并列为中国四大名砚。据五代陶穀在《清异录》的记载，龙尾歙砚的开采，始于唐开元年间，并在盛唐时期声名大显。五代十国时期，龙尾歙砚受到了无比的宠遇。宋代唐积在《歙州砚谱》中记述：“至南唐，元宗精意瀚墨，歙守献砚并荐砚工李少微。国主嘉之，擢为砚官。令石工周全师之，而后匠者增益颇多。”②此后，南唐后主李煜（937 ~ 978）更是将龙尾石砚提升到“诸砚之冠”的历史地位。根据宋代曹继善《歙砚说》和唐积《歙州砚谱》的记载，景祐年间（1034 ~ 1038），歙州太守钱仙芝调查到河水已经淹没了南唐砚坑，遂将芙蓉溪改道，并令县令曹平主持开采，于“李氏取石故处”“所得尽佳石”。后王君玉为歙州太守时，继续开采取石，所获颇丰，水舷坑、水蕨坑、眉子坑等名坑皆在此次中被开发。嘉祐年间（1056 ~ 1063），县尉

①《中华再造善本·唐·宋卷》，北京大学图书馆藏宋刻影印本，2000年。

②《四库艺术全书·文房四谱》，上海古籍出版社，1991年，第73页。

刁谬在任职期间又开采了一次。这些被开采的砚石，大多被作为地方特产入贡。宋黄庭坚在《砚山行》一诗中就感叹道："自从元祐献朝贡，至今人求不能止。"南宋理宗时，龙尾旧坑砚石和澄心堂纸、李廷珪墨、汪伯立笔一同，被作为"新安四宝"每年入贡朝廷。

传世的唐代龙尾歙砚是罕见的。据《南唐砚》记载：宋代欧阳修曾从王原叔家偶得一方李少微所制南唐御砚，"有江南老者见之，凄然曰：'此故国之物也。'因具道其所以然，遂始宝惜之"。欧阳修于宋仁宗天圣九年（1031）得到此砚后，一直带在身边。皇祐三年（1051），欧阳修作《南唐砚》文，并于砚背刻铭。乾隆五十七年（1792），进士、书法家铁保得此砚，亦在砚边作铭。翌年，铁保请书法家翁方纲在砚盒上作铭。遗憾的是，根据民国八年（1919）邹安编在《广仓研录》中记载，此砚已流落日本。在歙砚原产地的歙县博物馆，众多藏品中也仅见有一方中晚唐时期的风字形龙尾砚。砚纵 16.2 厘米，横 13 厘米，厚 2.5 厘米。石色青中泛绿。砚首圆钝，大弧度的砚边自然外撇，犹如凤之二足，砚身略收窄。砚面开圆形墨池、圆形砚堂，间隔处有小孔，孔径 0.3 厘米，砚边唇围绕池、堂浅刻花纹。砚首端着地为一足，底边外撇处形成细长双足，背部打磨粗糙。从墨池和砚堂的圆形间隔布局、刻绘的纹饰和间隔处的小孔来看，该砚在一定程度上继承了两汉漆砂砚和魏晋陶瓷砚的朴素风格。同时，砚面与边墙间的过渡折角、砚面与边唇较大转折面和底部细长边足的出现，又具有中晚唐时期的砚式特征，展现了唐代砚式承上启下的时代关联。同期出土的，还有一方五代时期的风字形插手龙尾砚，则凸显了后唐时期的洒脱风格。该砚石质极细润，色泽青纯，有细直眉纹。纵 22.2 厘米，横 13.5 厘米，厚 3.3 厘米。上狭下阔，瘦腰，如斧钺之状。砚面前低后高，砚堂自底边向砚首处逐渐内凹，在近首处陷形成墨池，砚堂（池）与砚首之间有褶勒痕。砚壁纯薄，并自面向背内收，砚边线条流畅，弧度柔美。砚背为插手式，砚首端以细边落地形成上部支撑足，两侧薄边形成二墙足，墙足与砚背亦有褶勒痕。此砚琢法娴熟，造型风格极富张力，秉持了大唐华丽

五代 风字形歙砚

雅致、柔和优美的风格。

石质砚的可塑性较陶瓷砚差，以动物式、多足辟雍式为代表的立体砚式，在隋唐之后的石砚雕琢中极少采用，取而代之的是以箕形、风字形为代表的几何形砚式。根据宋米芾在《砚史》中的记载：

> 有上圆下方，于圆纯上刊两窍置笔者，有如风字两足者，独此甚多，所谓凤凰池也。盖以上并晋制，见于晋人图画。世俗呼为风字。
>
> 又参政苏文简家收唐画，唐太宗长孙后纳谏图，官人于玛瑙盘中托一圆头凤池砚，似晋制，头纯直微凸，如书风字，左右纯斜刊下，不勒痕禍，向顶亦然，不滞墨，其外随内势，简易其后。①

这说明米芾认为唐凤字砚式是传承于晋制，且用了“独此甚多”一词来说明凤字砚式在晋代的流行。通过对以上两方窖藏出土龙尾石砚的观察，可以看出，其雕琢技艺已然十分成熟。就制作工艺而言，采用大弧度外向曲线的造型，在石材砚的加工上是极为困难的，亦无法在工艺初创期所能达到，可见在唐以前是有着一个漫长的技术积累阶段的。

唐代 凤字形歙砚

龙尾歙砚的砚式，因古人生活习惯的改变而在晚唐宋初出现较大变化。唐以前人们大多席地而坐，晚唐和宋时，才逐渐采用现今的桌椅，原先放置在地上或低矮案几上的砚，放置到桌上后，形制自然也就随之发生了改变。方便放置和手持的插手式（或称抄手式）逐渐流行，并在五代、宋初得到继承发展。由风字形演化而出的长方抄手形，以及之后的斧式、履式、玉堂式、太史式等砚式的造型，成为龙尾歙砚最为基础的砚式。《砚史样品篇》也对宋代砚式的演变做出了描述，其中记载“仁宗以前赐史院官砚……纯薄，上狭下阔，峻直不出足，中坦夷，犹有凤池之像……

① [宋]米芾：《砚史》，转引自桑行之：《说砚》，上海科技教育出版社，1994年，第4页。

嘉祐末，砚样已如大指粗，心甚凸，意求浑厚，而气象益不古”[①]。这说明北宋仁宗之前砚式较唐时就已变化，砚堂逐渐开阔，线条已趋平直。仁宗之后，原本轻盈的风格则越发变得浑厚，后世的长方抄手砚式自此后渐趋成形。在安徽中国徽州文化博物馆就收藏了一方宋嘉祐五年款风字砚，龙尾石质，质地细腻、色泽青黛。纵20.3厘米，横13.3厘米，厚3.8厘米。砚首部较底部略窄，砚边挺直，砚堂开阔，自底边向砚首逐渐内凹，在近首部深陷形成墨池。背部为插手式，砚首部细边落地形成上部支撑足，两侧墙足纯薄。背部用锐器刻划出“嘉祐五年三月初六日／郭大送吴生记”两行铭文。可见，宋仁宗时期的砚式，保留了唐代薄砚壁、外倾砚边和插手的特点，但整体造型已不复从前。砚式已近方正，各处褶勒痕也几近直角，琢刻上讲求遒劲有力，线条简洁挺直。及至北宋末，长方抄手砚砚堂平直、三侧垂直、砚体敦厚稳健的特征就已经成熟。该馆所藏北宋徽宗二年款长方抄手形砚，就明显体现了这一变化。该砚石色黝黑，质细腻。纵18.3厘米，横9.5厘米，厚4.5厘米。砚堂宽阔，上部深琢细窄一指墨池，宽砚边。砚背为抄手式，砚首端以细边落地形成上部支撑足，浑厚侧边为两墙足，底边呈门字形。砚背刻“天池浴日”铭，一侧刻“政和壬戌七月二十日制于／潜玉斋，澹游老人”两行铭文，下琢“时赏私印”方印，皆阴文。歙砚砚式的变化，不但体现了唐宋文人审美的转变，也体现了新安手工艺者对生活的关注。

作为文人案头常用之物，砚石石色和形制的审美是能直接反映社会主流思维变化的。唐代结束了魏晋、南北朝以来的分裂割据状况，实现了国家大一统的局面，在历经“贞观之治”和“开元盛世”后，繁荣的经济和富强的国力，使得文化思想趋向自信、开放，文风也趋向自然、清新和富有生活情趣。因此唐砚的造型一改魏晋拘谨、威严的风气，变得舒展和灵逸。凤字砚如穹般的砚首和如凤般的砚边，正是这一风格的完美表现。入宋后，由于崇文之风的兴盛

宋代 凤字形歙砚

① [宋]米芾：《砚史》，转引自桑行之：《说砚》，上海科技教育出版社，1994年，第4页。

和教育科考的需求，龙尾石砚进入了一个大发展时期，优质砚材不断涌现，砚式也呈多样化发展。宋人洪景伯《歙砚谱》所载的龙尾石品目就有30种，唐积在《歙州砚谱》所刊的砚式也达40种。整体来看，宋砚的形制，逐渐呈现严谨含蓄、不施浮华、力求实用的趋向，挺直的线条、宽阔的砚堂、深陷的墨池，以及简洁的抄手，也正体现了这种大美至简的艺术思想。

唐宋两朝是龙尾歙砚最辉煌的时期。由于“歙石看似平滑而暗藏锋芒……磨出来的墨汁，稠密而润滑”。[①] 因此，当时的文人学士和书画家，无不对龙尾歙砚赞美备至。明人李日华在《六砚斋笔记》中云：“端溪未行，婺石称首，至今唐砚垂世者龙尾也。”[②] 宋代文豪苏东坡一句“罗细无纹角浪平，半丸犀璧浦云泓”的七律，就点出了龙尾石砚的精妙之处，欧阳修、蔡襄、何薳等也多有诗文赞颂。但也正是这种推崇和酷爱，造成两宋时期过度的开采，以至于“石尽山颓”。南宋景炎二年（1277年，即元至元十四年），婺源县令汪月山“发数都之夫”挖掘，造成矿难，致使旧坑湮没，又转往紧足坑继续挖掘。元至元五年（1268）十月二十八日，紧足坑矿洞崩塌。据元代婺源人江光启在《送侄济舟售砚序》一文中对这次事故的描述，称之：“……堙声如雷，隔溪屋瓦皆震，禽惊兽骇。”[③] 毁灭性的矿难事故，对龙尾歙砚的制作造成了极大的困扰。

从近年的发现成果来看，唐宋龙尾石砚的制作是集中在婺源县砚山村（今江西婺源砚山村）一带的。在当地晚唐至宋代的地层中，存在数十万件残器或废弃料的堆积，并发现夯土和砖铺地面的遗迹，推断可能为当时官营制砚作坊的遗址。元代龙尾砚材开采量的骤然下降，无法支撑如此规模的作坊运转，故此逐渐废弃。另外，根据江光启在《送侄济舟售砚序》一文中“今将怀旧坑真材以取不售之辱乎，将怀伪石以为欺乎”[④] 的记述，说明元代即已用近似龙尾石的材料制砚。当然，将此类砚石简单地称为“伪石”，的确有失之片面。从歙砚的发展史上看，龙尾石砚属歙（州）砚发掘最早、质地最优、声誉最佳的品种，但作为徽州府前身的歙州，辖地包括歙、黟、休宁、婺源、绩溪、祁门六县，除婺源砚山、济源外，休宁流口和歙县岔口、大谷运、

---

① 张莹：《歙砚的宝石矿物学特征研究》，《宝石和宝石学杂志》2008年第3期，第13页。
② 穆孝天、李明回：《中国安徽文房四宝》，安徽科技出版社，1983年，第132页。
③ 桑行之：《说砚》，上海科技教育出版社，1994年，第87页。
④ 桑行之：《说砚》，上海科技教育出版社，1994年，第87页。

竹铺等地，历史上也都有砚石生产，其中不乏歙红、金星、银丝、罗纹等优质材料，这些也当属歙砚范畴。

三、玉版凝霜

魏晋和隋唐，在佛教和佛学发展的促进下，抄印经文的活动大为盛行。从敦煌出土抄经来看，当时所用的纸张，多为黄白经笺。据明代屠隆所著《纸墨笔砚笺》记载，歙县有个名叫龙须的地方，就专门出产这种经笺纸。其中栗黄色的加工纸被称为“硬黄纸”，也作“栗黄纸”。它的制作方法是采用麻纸或者桑皮纸，先用黄檗汁浸染，然后用加热的黄蜡将纸涂均匀，再加熨烫使纸张平整。这种经过加工处理的纸，比一般的纸更光滑挺括，且具有防潮防蠹的特点，十分适宜经卷的长期贮藏。另据《新唐书·地理志》载，早在唐代，新安郡就有纸品进贡朝廷，到了五代时，新安地区所贡纸张宜书宜画，深受南唐后主李煜的喜爱，特别将南唐烈祖李昪节度金陵（今江苏南京）时宴居、读书、阅览奏章的场所——澄心堂，辟为贮藏该纸之所，“澄心堂纸”由此得名。据记载澄心堂纸质地极为优良，“肤如卵膜，坚洁如玉，细薄光润，冠于一时”“长者可五十尺一幅，自首至尾，匀薄如一”[①]，足见制作工艺已达到极高的水平。宋代苏易简在《文房四谱》中简略介绍了当时新安制纸的方法：先用数日将楮树皮整理干净，然后将其浸泡于寒溪之中。腊月敲冰举帘，数十人抄取纸浆，旁边一人敲鼓，大家随着鼓的节奏共同抄浆。纸浆抄出来以后，不用上墙壁晾干，而以大熏笼围在其四周烘干。后主李煜曾在金陵设置了专门的机构，依此法监制澄心堂纸，以供使用。也因于此，后人对澄心堂纸原产自新安，持有一定疑义，但宋人的记载明确驳斥了这一观点。宋代诗人梅尧臣有诗云：“永叔新诗笑原父，不将澄心纸寄予。澄心纸出新安郡，腊月敲冰滑有余。潘侯不独能致纸，罗纹细砚镌龙尾。墨花磨碧涵鼠尾，玉方舞池地与虺。其纸如彼砚如此，穷儒有之应瞰鬼。”[②]宋代书法家蔡襄在《文房四说》中记载：“李主澄心堂为第一，其为出江南池、歙二郡，今世不复作精品。”

975年宋灭南唐后，珍藏于宫中内府的澄心堂纸和李廷珪墨、龙尾砚，一同成为宋太祖赵匡胤的战利品，被运往开封。但区别于李廷珪墨的是，极少见宋廷赏赐

① 许承尧：《歙县志·杂记·拾遗》卷十六，民国二十六年铅印本。
② [宋]梅尧臣：《宛陵集》卷三五，吉林出版社有限公司，2005年。

澄心堂纸的记载。欧阳修曾从刘敞处得此纸十枚，惊叹之余，亦有诗与刘敞相和："君家虽有澄心堂，有谁下笺知谁哉……君从何处得此纸？纯坚莹腻卷百枚。"[①] 由此可见，宋室宫中是收藏有澄心堂纸，但即使是欧阳修、刘敞这样的名士显宦，亦未得之。刘敞在民间搜罗到这百枚澄心堂纸后，也赋诗记述曰："当时百金售一幅，澄心堂中千万轴。摛辞欲卷东海波，乘兴未尽南山竹。楼船夜济降幡出，龙骧将军数军实。舳舻衔尾献天子，流落人间万无一。我从故府得百枚，忆昔繁丽今尘埃。秘藏箧笥自矜玩，亦恐岁久空成灰。"[②] 根据诗文所述，当时的澄心堂纸即已十分珍贵，达"百金一幅"，而且流落民间的万中无一。

宋代，新安地区业已发展成为重要的造纸中心，以及重要的贡纸来源地之一。据罗愿《新安志》记载，宋熙宁年间，岁贡"白滑纸千张，上共七色纸年共一百四十四万八千六百三十二张"。[③] 南宋定都杭州后造纸币，绍兴年间，一次就向新安江上游的徽州地区，采购纸 50 万张用以印造会子（即纸币）。足见当时新安制纸业的规模，产量和质量亦十分稳定，纸的品种也大大超过前代。明人屠隆在所著的《纸墨笔砚笺》中称："宋纸，有澄心堂纸极佳。"这显然指的不是南唐遗物，而是当时的仿品。梅尧臣在《潘歙州寄纸三百枚砚一番》中就记述了，著名制墨家歙人潘谷，亦擅雕砚和造纸，他就曾经仿制一批澄心堂纸，并送了梅尧臣 300 张。梅尧臣拿这些纸与欧阳修所送的南唐遗物做了比较，称其："而今制作已轻薄，比于古纸诚堪嗤。古纸精光肉理厚，迩岁好事亦难推。"可见虽然这种仿造纸不如旧作光滑厚实，但仍极受文人珍视。除了仿制澄心堂纸外，歙县和绩溪仍在延续栗黄纸（龙须纸）的生产。休宁的水南以及虞芮、和睦、良乡一带，出产有进札、殿札、玉版、观音、京帘、堂札等优质纸；另外还有玉版、麦光、白滑、冰翼、凝霜等品种，也深受文人好评。其中玉版纸尤其受文人欢迎，南宋人陈櫰在其所著的《负喧野录》中称："新安玉版，色理极细腻……糨而后用，既光且坚，用得其法，藏久亦不蒸蠹。"这种玉版可能就是延续了唐代白经笺的制法，采用了防虫药汁浸泡后，再辅以蜡饰，以此达到既光且坚，以及长久贮藏的需要。浙江海盐县金粟山的金粟寺，曾在新安定制"金粟山藏经纸"，这种纸的制作工艺，结合了澄心堂纸和硬黄纸的优点，纸

① 杨来京：《"澄心堂纸"考略》，《卷宗》2012年第5期，第13页。

② [宋]刘敞：《公事集》卷一七《澄心堂纸》，台湾商务印书馆，1986年文渊阁四库全书影印本。

③ [宋]罗愿：《新安志》卷二《物产》，光绪戊子李光熠重刻本。

品质地硬密、光亮透明、防蛀不渍，且色泽美丽、寿达千年。按照明代董穀在《续澉水志》中的记载，称这种纸内外都涂有蜡，没有纹理，上有浓淡斑纹，又名“金粟笺”。除了书写外，文人还喜欢用其装潢珍贵的书画，作为引首。据《古今图书集成·理学汇编·子学典》纸部记载，新安生产的这种加工笺纸，还有很多不同的品种，如歙州生产的“碧云春树笺、龙凤印边三色内纸、印金团花笺”等[①]。从这些笺纸的名称中，就可知当时的加工，已采用了印金和印三色等的技法，并采用了研光技术，这极大丰富了纸张的加工制作工艺。

元代，新安制纸的名品尚有团花笺、碧云笺、春树笺、龙凤笺等，元末文学家顾瑛就在《谢静远惠纸》中，盛赞黟县制作的纸品纯坚莹腻，称其为“黟川雪”。元代奎章阁广成局副杨元成到徽州征纸，诗人傅若金为其送行，作七律《送奎章阁广成局副杨元成奉旨之徽州熟纸》一首，曰：“新安江水清见底，水边作纸明于水。兔臼霜残晓月空，鲛宫练出秋风起。五云高阁染宸章，最忆吴笺照墨光。明朝驿使江南去，诏许千番贡玉堂。”诗句中除了盛赞新安纸质地优良外，也反映出元时的新安，每年仍有大量纸品进贡。

自唐至宋元，新安纸业的规模是很大的，加之造纸业又是一项需要大量劳力的手工艺，因此它的兴衰和百姓生活息息相关。在宋代苏易简所著的《文房四谱》，还记载了黟县有人以纸制作衣服。这种制衣做帐的纸，制造方法与书写用纸又有不同。每一百幅要用胡桃、乳香各一两，先煮后蒸，滤干乳香等水，让它们热熟阴干，再用箭竿横卷而顺势收起来。另外，纸帐的制作习俗，在新安山区也较为普遍的。宋代歙县人吴龙翰，尝作自题楼居诗，其中一句“平生睡债何时足，春在梅花纸帐边”，就反映了这一情况。

宋代末年，宣纸的声誉鹊起，并逐渐成为中国的造纸中心，但其造纸工艺多是承绪于新安的。宣纸的开创者曹大三，因躲避战乱，于宋朝末年由黄山的太平地区迁往南陵虬川，再转而迁至泾县小岭山区。据《曹氏宗谱》的记载：“共徙十三宅，即现在该乡的十三坑。当时，因见系山陬，无可耕土，因贻蔡伦术于后，以为生计。”泾县小岭造纸起源于曹氏一族，其技术是传承于新安，并在此基础上发展为后世著名的宣纸。民国时期，安徽地方银行所做的《宣纸业调查报告》也言：曹氏“或以

① 穆孝天、李明回：《中国安徽文房四宝》，安徽科技出版社，1983年，第21页。

环境变迁，或以原料用罄，不得不去旧从新，另寻出路，始由黟、歙而徙至绩溪，复由绩溪而集中于宣州”。

四、毛颖之技

在空前兴盛的文教事业引领下，新安文房四宝的制作，在唐宋间进入了一个发展的全盛时期，不但墨砚和造纸名品迭出，制笔工艺也名闻天下。

新安制笔在两宋时期涌现了很多名家。明代的博物学家李日华在《六研斋笔记》中称，宋代黟人吕大渊，悟韦仲将制笔法，为黄庭坚制作了大小20余支笔，皆十分优良。后见黄庭坚家中有金丝猴毛，于是用其制成丁香笔。黄庭坚在《山谷笔说》中记述，北宋时新安制笔名家吕道人，不为谋生而是为爱好而制笔，因此比起工匠要精致很多。另外，《山谷笔说》中还提及另一位制笔家张遇，并评价："张遇丁香笔，捻心极圆，束颉有力，可学徐季海'禹庙诗'字。侍其瑛、诸葛元，皆不能也。"侍其瑛是宋神宗元丰年间进入太学，为公卿士大夫制笔的名家，诸葛元则为宣州制笔名工诸葛高的后人，皆是当时的制笔名手，但在黄庭坚的眼里他们都在张遇之下。张遇是北宋熙宁、元丰年间，徽州的著名制墨家，以制"贡御墨"闻名于世。他的制笔技艺也很高，但被制墨的名声所掩没。他所制作的丁香笔，以精心选出的紫毫为柱芯，羊毫为副，经过浸、拔、并、梳、连、合等近百道工序精心制成锋颖，软硬兼具，极为适合书写楷、隶书体。

南宋时，新安出了一位制笔大家汪伯立。据《新安志》载，汪伯立在歙州府治创办"四宝堂"，笔、墨、纸、砚四宝俱产，尤以笔著称于世。《云谷卧余》亦记载："宋郡守谢公塈与理宗（1225 ~ 1227）有椒房（后妃的代称）之亲，贡新安四宝：澄心堂纸、汪伯立笔、李廷珪墨、旧石坑石砚"。汪伯立笔选料精细，制作精致，命名精巧，生产过好多种套笔，有的以黄山、白岳、披云峰等名山命名，有的以新安江、渐江、练水等胜水命名，有的还以"碎石银光""问政玉笋""金棚桂枝"等新安的风景古迹命名。笔头所用毫毛，羊毫以细嫩为最、兔毫以长锐为最、狼毫以冬尾为最，且锋长腰直，锐利如锥。制作笔杆的原料也很讲究，多以青花瓷杆和竹木，亦有以象牙、犀角为之。其制笔工序主要有水盆、结头、装套、择笔、刻字等步骤。水盆是指选择笔毫，将笔毫梳理整齐，做好造型。水盆工在水中，按毫的长短粗细梳理分类，如是兔毫，则要将紫毫、花毫、白毫分别选出、梳爬，再按每个笔头的分量进行组合，制成刀片状，称为"刀头毛"；然后进一步在水中梳选，剔除不合格的毫毛，再按长短排列、梳直，根部拍齐；接着将拍齐的毫毛卷合成笔头，谓之“造型”。结头工序是把初步成型并晾干的笔头，在根部用丝线结扎，再以黏合剂胶合，这一工序的要求是紧固，不能有一根毛脱下，底部须平整，笔锋尖锐，线箍深浅适当。接下来的装套工序就是把笔头装进事先选好的笔管中，并配好笔套。装套的第一步，是将竹管内侧用刀滚动挖出大小深浅与笔头根部相适应的空洞，然后按规格对号找出笔头，在根部沾上生漆之类的黏合剂，再装入笔管并牢牢胶住，制出笔坯。最后还要修笔和刻字，修笔是将笔头加淡胶择抹定型，同时对前几道工序所留瑕疵予以弥补修正，最终制成“尖、圆、齐、健”的笔头。刻字即在笔杆上刻上笔名及制笔者名，采取单刀或双刀两种刀法。刻完字后抹色，再粘贴商标，进行包装等。

元代以后，湖笔崛起，徽笔一度被湖笔所掩。但经营徽墨、歙砚的商号，大都也同时经营纸笔以及砚、印泥等文房相关的器物，在各地开设的墨肆，多冠以笔墨庄名号，有的笔墨庄直到民国年间还在经营。

第三节　诸雕纷呈

新安雕刻工艺的发展历史是极为久远的，砖、石、木的制作，分别可以追溯到石器时代。制陶技艺中的刻划抛光、石器制作中的钻孔打磨，以及竹木加工中的镂缕编织等，都是其技艺萌芽和发展的渊源。通过先秦青铜器及秦汉砖瓦的制作，尤其是纹饰塑造方面的实践，诸雕工艺的审美观、布局观和琢刻技法得到了提升，逐步成熟。

唐宋时期的新安社会，经济文化有了长足进步，人们的生活方式也发生了变化，加之北人南迁后不断地开发和建设，这些都对建筑提出了新的要求。出于聚族而居、敦本敬祖、兴教尚礼和往来交通等需要，祠堂、佛塔、桥梁以及民居等建筑，都纷纷开始兴建，典籍、方志的记载以及遗存的古迹，也都说明了这一点。新安的山地特征和地域审美，决定了建筑的体量并不以高大和恢宏见长，只能通过对建筑层次的处理，借用延展进深和增强空间错落来衬托出主体建筑。同时新安人还大力发展建筑装饰，来体现自己的雅致生活。正是在这一理念的推动下，新安砖、石、木等构件的制作工艺，呈现出快速进步的趋势，并作为生活的艺术装饰品，出现在门、墙、窗及其他构件的表面。通过在建筑艺术上的实践，新安诸雕的工艺技巧逐步成熟，呈现艺术化的表现方式，并因此享誉全国。及至南宋，陪都临安和都城杭州的建设，就有新安匠人的身影。据载，南宋迁都临安，就曾在淳安征召了一批木、石工匠和雕刻艺人参加皇宫雕刻。这也为新安诸雕工艺培育和锻炼了大批能工巧匠，他们以新安大好山水为背景，镂刻出在中国乃至世界都影响巨大的文化遗产。

一、制砖为镂

新安的砖雕艺术，脱胎于石器时代人们的制陶活动，工艺来源则是基于秦汉砖瓦的烧造技术，尤其两汉黄淮地区极为盛行的画像砖制作技术，对诞生和初创期的砖雕工艺，产生了启发和引领作用。

砖雕作品的载体是水磨青砖，其制作工艺及流程和汉砖相仿。从原料的选取到出窑，大致要经过选土、制泥、制模、脱坯、凉坯、入窑、看火、上水、出窑九道工序。首先是选取黏性强且细腻的黏土，而且黏土中的硅含量不能过大，否则烧制时极易发生膨胀、爆裂等现象，影响后期制作。黏土经过淘洗、沉淀工序去除砂粒等杂质后，和水搅拌成坯泥，再以人力或畜力反复揉踩，增强其黏性和柔韧性，使成砖更加紧密细致。和制完成的坯泥，经模制成砖坯，再行入窑烧制。烧制青砖的窑多为“馒头窑”或者“马蹄窑”，窑口较小，适宜控制窑温，以提高成品率。烧砖时多用“文火慢烧”，待窑温稳步提升后，再转为“中火”烧制。一窑砖的烧制时间约为三天三夜，熄火后，需在窑顶反复泼水，将窑内砖块淋透，并形成缺氧环境，使砖坯中的三氧化二铁被还原成氧化亚铁,使之成为青灰色。最后打开“窑门”与“窑顶”散热，待砖坯完全冷却后出窑。剔除焦裂、变形的砖坯后，一窑成砖中，大约只有七八成的可用于后期雕刻。上好的青砖，敲之有金石声，质地细润致密，因此在雕琢中不易出现崩、炸等现象。唐代，砖瓦和瓷土窑口遍布新安城乡，专事生产用作雕饰的水磨青砖，以及各色花纹图案雕饰、铭名的砖瓦。

汉代画像砖的纹饰制作，是在制坯时即已用模印出四边纹饰，然后加以黏合，再入窑烧制成型。由于缺乏文献和实物资料，目前尚无法判断新安砖雕艺术的发展，是否经历了整体模制的阶段，但从建筑预制构件的规模化特性，以及工艺发展的连续性考虑，则不应排除这一可能的。相较于模印的纹饰，砖雕镂缕则更具艺术创造性，更加考验制作者的审美和布局能力，因此制砖完成后才是砖雕艺术创作的开始。和多数雕刻工艺的流程相似，砖雕创作大致分为六个步骤：一是修地子，即蘸水磨平砖；二是上样绘纹，或在砖面上贴上图样，或直接绘出需雕琢的图案；三是刻大样，用小凿描刻出纹饰的轮廓；四是打坯，多先凿出四周线脚，再凿主纹，次凿底纹；五是出细活，对人物脸部、山石线条等进一步雕镂；六是打磨抛光，多用糙石细细磨光。最后，如果砖质有砂眼，或者细小的崩、炸，影响整体画面的，还需用猪血调砖灰进行修补。

祁门伟溪塔

伟溪塔砖雕

新安砖雕的艺术化转变，应是在汉末或魏晋时期出现，由于大量南迁北人生产、生活的需要，流行于中原地区的塑像、画像砖等艺术，经过本地化的适应性改造，被运用在佛教、墓葬等建筑上。唐宋时期的新安砖雕艺术显然已趋成熟，在祁门和建德地区的发现，就说明了这一点。始建于北宋元祐八年（1093）的祁门县塔下村伟溪塔，塔作五层六边形，除塔顶用石块砌成六边形塔刹外，券门、佛龛和塔身，均为砖砌而成。塔身内外有 400 余块浮雕佛像砖环绕镶嵌，每块砖上雕有佛像三尊，一佛居中，方面大耳，面相端正，上体半袒，肌肤丰腴，双手合十，趺坐莲台，台下有须弥座。两侧各立佛一尊，形体较小，三佛背后均衬以佛光。佛像形态方圆适中、端庄典雅，雕镂线条圆转，质感厚

宋 建德宋墓砖雕

南宋 砖雕人物像

重，层次分明，展现了宋代新安砖雕艺术的审美。1997 年发现的建德大洋镇宋代黄姓合葬墓，则揭示了建德地区砖雕艺术的发展情况。墓葬发现于大洋镇镇政府所在地下王村附近的一座小山山脚下，属黄姓家族墓葬群，由墓园、墓室和墓前建筑三部分组成，大部分为砖砌构筑。现存的砖雕作品，主要集中在墓园辟土墙的外侧，分为上下两部分。上部为4.86米长的“连生贵子”图砖雕，均由 0.58 米高的方形砖拼砌而成，分别雕镂折枝花、莲花纹和执莲婴孩图，雕刻主要手法为高浮雕，同时结合线刻勾勒叶脉、花蕊和衣褶等细节部分。下部为须弥台基座，纹饰亦由两部分组成，下腰雕镂连续的萱草纹饰；束腰部的纹饰较为罕见，主要为狮纹和瑞兽纹。东侧为回望瑞兽和衔绶狮组成，间有折枝花卉；西侧为站立狮和绶带绣球以及奔走瑞兽的图纹组成。在束腰部的两端各有一组类似建筑箍头的璎珞砖雕。[①] 这组砖雕的布局极为协调，纹饰生动、镂刻精美，是极为难得的早期新安砖雕艺术精品。而且，从保存的仿建筑箍头式璎珞砖雕，以及墓前建筑残存的正方形石柱础来看，在当时的建筑中，砖雕艺术作品的运用应是较为普遍的。

二、琢石以筑

考古资料说明，早在西周时期，新安人就已经在建筑中采用了石砌工艺。屯溪奕棋发现的西周 8 座墓中，M1 号的墓底，即采用侧面横立接砌的鹅卵石铺地法，在该墓墓底的东边，还用 4 块同样大小的鹅卵石嵌砌成圆形的四瓣花。[②] 说明当时的人们，即已开始运用石质建筑材料，并形成了早期的建筑审美。休宁仰山发现的南梁时期摩崖石刻，以及相近时代的石碑，说明南北朝时期的新安宗教建筑，即已把石雕工艺作为装饰的重要手法。据《仰山志》记载，明代休宁汊口的程、毕、吴三姓，发起重建元末因兵焚所毁的仰山寺，当时寺内还保存有南朝张僧繇为宝公所画佛像，以及梁武帝的御笔亲题，寺外还建有石塔和寺庙。这一时期，中原和西北

① 北京大学中国考古学研究中心、杭州市文物考古所：《浙江建德市大洋镇下王村宋墓发掘简报》，《考古与文物》2008年第4期，第10页。

② 李国梁：《屯溪土墩墓发掘报告》，安徽人民出版社，2006年，第6页。

地区的石雕工艺制品，大量表现为石窟的佛教造像，但由于新安地区的山体多为片理结构，并不适宜建造这类建筑，故仅在陵墓、石塔等建筑中，采用了石雕工艺，如墓前的各种石兽、石柱及塔刹等。

两宋时期，石雕工艺被大量运用于建筑中。现存最完整的石雕建筑，为宋代的长庆寺塔和新州石塔。长庆寺塔，始建于北宋徽宗重和二年（1119），位于歙县城西披云峰麓太平兴国寺长庆院旧址前。塔式承袭唐制，七层，平面方形，高 23.1 米。底层为石须弥座，边长 5.28 米，高 2.34 米。须弥座束腰部分较高，有间柱、角柱。塔身实心，以黄土胶泥砌砖。塔每层边长由下向上逐层递减，形成自然圆和的收分，呈现出秀丽舒展的卷杀轮廓。塔一层有回廊，各面辟有卷门，用叠涩砖砌成，当初应为圭角形塔门，后代维修时砍成发卷形状。门洞内有石雕莲瓣佛座。第二层以上每面均隐出假窗，塔身四角有方形倚柱，柱头作方形栌斗。塔顶有刹，作葫芦形，有链系塔顶四角，以稳定塔刹。在歙县县城北郊（今歙县第二中学校园内），还保留有一座南宋建炎三年（1129）建的石塔，原名大圣菩萨宝塔，现称新州石塔。用赭色麻石凿砌而成。重楼式，五层八面，形状如铜。高 4.6 米，每层高度不同，均有棱形挑檐。第二层有香火炉窟；第三层左右两侧镌有斗大“佛”字，正面刻有南宋建炎建塔和明嘉靖年间重修之铭记；第四层八面均为如来神位字样；第五层发券内为如来佛像浮雕。

元代，草原民族传统与汉文化交汇融合的进程，在石雕题材中被大量运用。1976 年底，歙县街口区璜蔚公社天堂村（今璜田乡天堂村）附近，发现了元代苏氏生茔，其中出土了大量石雕。该坟茔坐东朝西，并列二座砖券墓室，祭堂平面呈凸字形，前为廊，后为堂，石板墁地，三面设祭台。墓堂底部、四周全部铺竖石板，左右第一级竖石为两块绝句题材浮雕装饰石，第二级的两块装饰石浮雕花草图形，边厢靠西的竖石刻有龙纹，墓志碑下的两块长条竖石装饰有石刻狮子图形。祭堂共出土 11 方碑石，其中墓志碑记 1 方，浮雕装饰石 10 方。墓志碑题额为“武

元代 初登第画像碑

功万六承事太君胡氏生茔”；10方浮雕画像碑，分别雕刻“初登第”“得意回”“清明诗画”“题都城南庄诗画”等内容，完整叙述了苏氏迁歙县定居、家事及营墓经过。碑石雕刻技法为浅浮雕，所刻人物、器饰因人而异，构图严谨，形象生动。石质为青黑页岩，非当地所出。根据墓志结尾提及，该碑成于1334年，由建德人方再通刊。元代建德县（今浙江省建德市）属建德路，歙县属徽州路，但由于新安江的纽带作用，即使如石刻这类大型建筑构件，也能正常地进行地区间交流。同时也可以看出，新安石刻工艺的发展是具有整体性。在淳安地区，宋代杨宇墓、郑允中墓，以及元代商邦昌墓、管元凤墓等，都发现了石牌坊、石柱、石墓志碑等构件，制作均十分精湛[①]。同时，淳安的茶园镇后山和赋溪乡下於一带，还盛产优质的青碧石，被广泛应用于石雕作品和建筑上。青碧石，又名茶园石，质地坚纯、纹理细腻，色泽灰白带青，因取材适宜、造型方便，故是石材中的上品。据记载，至少在唐宋时期，就已经被规模开发。宋高宗南渡，建都临安（今浙江杭州），建筑中所用的石材就大多取自茶园石。在茶园镇附近，至今仍保存有三四十处古代采矿的遗址，其中仅宝石山顶就留有七口巨大的采石池，可见当时的规模。[②]开采出的茶园石，溯新安江而上可达徽州；顺流而下，经富春江、钱塘江则可达杭州。徽州、婺源、杭州、绍兴、宁波、

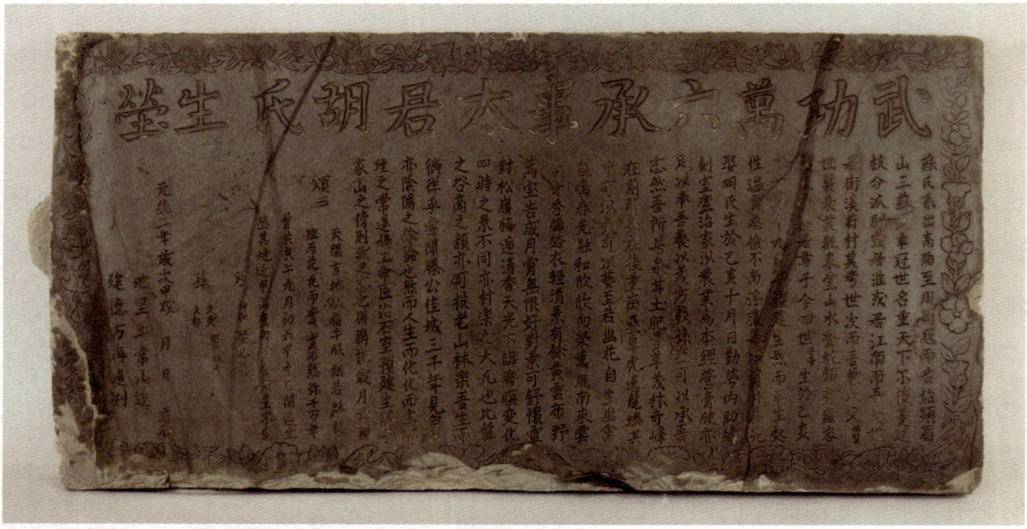

元 苏氏生茔墓志碑记

① 鲍艺敏、方明华：《淳安历史文化丛书·文物叙略》，西泠印社出版社，2008年，第54～59页。
② 方鸿志：《茶园石》，政协淳安县文史资料委员会：《淳安文史资料》第7辑，1991年，第85页。

上海、苏州和南京等地，都有茶园石销售，淳安县志就记载："龟鹤山在县南五十里，两峰相峙，一低小如龟，一高耸若鹤。自邋遢石至此数里许，皆有石矿，采之无尽，藏色微青，其质洁以贞。盖上穷黟歙，下彻吴会，凡饰观台榭，焜耀坊表者，悉取材焉。"茶园石制作的石雕作品，多是应用在石结构的建筑物上，如牌坊、桥梁、庭院、民宅的基础部位，抑或祠堂的石栏板、云鼓、须弥座，以及墓葬建筑上。另外，产自黟县的青石，也是新安石雕的重要取材来源。

宋元时期的新安石雕，已经从建筑材料需要的实用性，向建筑装饰需要的艺术性过渡。早期雕刻风格更多的是体现在形制上，元以后，以写实作为主画面，辅之以结纹、云头纹、缠枝纹以及兽纹等纹饰装饰，形成简洁、细腻的构图风格，并大量运用浅层透雕与平面雕的浮雕技法，呈现出精致和古朴于一体的风格。

三、凿木成器

新安境内多山，林木资源极为丰富，这里的居民早在石器和青铜时代，就已经掌握了使用木材制作工具的技术。遗址中出土的带柄石器和青铜器，以及漆木器的遗存，就证明了这一点。同时，作为伴水而居的越人一族，新安先民早在先秦时期就制造舟船作为交通工具。《越绝书第三·越绝吴内传第四》就记载："方舟航买仪尘者，越人往如江也。"由此可见，春秋时越人的造船和操船水平已经很高。唐宋时，粮食、茶叶、木材等贸易的发展，促进了新安航运及造船业的发展。淳熙《新安志》载，唐朝元和三年（808），卢坦任宣、歙观察使，适逢大旱造成粮价飞涨，有人建议他下令平抑粮价，卢坦言："宣、歙土狭谷少，所仰四方之来者，若价贱，则商船不复来，民益困矣。"不久粮价上涨到200文每斗，果然大量的粮船蜂拥而至，迅速缓解了粮食短缺的局面。南宋时两大粮食产地太湖和鄱阳湖地区，便是通过水运通道源源不断地将粮食输入进来，也将新安的茶叶、漆、纸和木等大宗物资，运销至全国。通过频繁的贸易活动，新安江沿线城市的造船业始终保持着兴盛，直到中华人民共和国成立初期，屯溪、歙县、淳安和建德等沿线主要城市，依旧保存有规模不小的造船业。

出土的两汉和魏晋时陶质建筑明器说明，至迟在汉代，新安人就已经使用木材作为原料建造房屋。南宋时期，新安所产的优质木材，更是作为重要的建筑原料，外销浙江、江西等地。淳熙《新安志》记载："山多美材，岁联为桴，下浙江，往者多取富。"又称"祁门水入鄱，民以茗、漆、纸、木行江西，仰其来自给"。同时需要注意的是，这一时期的外销商品是本地木材，而雕刻等木材精加工活动则鲜见记载。随着新安商人财力的增强，炫耀乡里的意识日益浓厚，以木构架为主的民居开始出现。位于淳安县光昌乡富山村的方氏家庙始建于南宋，坐东朝西，砖木结构，面阔三间，进深三间。重檐歇山顶，翼角起翘，饰吻兽。梁架为穿斗抬梁混合式。前有门楼，两侧为八字砖墙，门楼上有木刻浮雕和斗拱。门额书“方氏家庙”四字，庙内右侧靠墙竖“重修方仙翁祠”石碑一通，是为纪念东汉尚书令方储而立。[①] 另外，2021 年在黟县碧阳东田宋墓墓室中发现了建筑彩绘壁画。墓葬为南宋熙宁年间，以青砖砌成，顶部呈拱券形，墓主室为长方形，长 2.2 米，宽 1.8 米，高 2.4 米。墓室顶部绘有桁条、木椽，一面壁则绘有三组斗拱，下有方柱上承横坊，柱上设栌斗承托两跳斗拱组合，斗拱为一升三斗和一升四斗式。始建于宋淳祐年间婺源马延鸾宅，以及始建于南宋并经元天顺元年（1328）和明景泰七年（1456）两次复建的徽州区溪南绿绕亭等建筑，均保留了部分宋式做法。考察遗存形制可知，彼时梁架的用料已较为硕大，梁架构件也和后世相类，民间俗称为“冬瓜梁”的横梁可能已经出现。梁架一般不施彩漆而髹以桐油，显得格外古朴典雅，多用原柏、梓、椿、银杏、楠木、榧树、甲级杉树等特种木材建造。另外，建筑形制以及人们起居和坐卧方式的改变，使得高长的桌、椅、柜、床、屏风等家具的新样式随之诞生。家具制作工艺也逐渐从木器制作中独立出来，并日益成为一个重要的工艺门类。这一时期家具所用的材料是广泛的，既有新安山区常见的樟木、榆木、杂木等，也有外来输入的紫檀、黄杨木、沉香木和花梨木等名贵木材。此外，竹、藤也被用于桌椅的制作中。

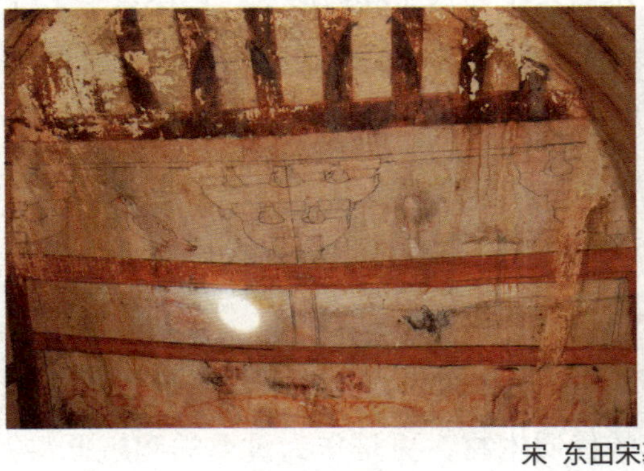

宋 东田宋墓彩绘壁画

① 马时雍：《杭州的古建筑》，杭州出版社，2004年，第259页。

四、镂模规墨

墨模，又名墨印，或墨范，是中国传统人工制墨的主要工具之一。中国人工制墨使用墨模的起始时期没有准确的定义，多数学者认为应不晚于唐代，是新安对中国制墨工艺的重要贡献之一。

新安制墨自唐代发端伊始，就使用了模制技术，但早期模具的主要功能是规范形制，装饰的作用较小。《墨经》中有关于早期墨模形制的记述："凡底版贵乎直，宁大不小，平版上俯下平，宁重不轻。……寻常底版用棠，手版用杞，盖底版面印，皆以松为良。"① 从这段记述来看，唐宋时的墨模用材为木质，形制较为简易，仅采用底版和面印两块组成，底版多为素面，少见雕琢纹饰，文字和款识沿用汉时钤压的方法，趁墨剂尚温软时，用墨印盖压而成，墨印既晁氏所述的面印。1978 年安徽祁门北宋墓出土的晚唐文府墨，以及 1988 年安徽合肥南郊北宋马绍庭夫妻合葬墓出土的歙县黄山张谷男处厚墨和九华朱觐墨，墨面遗存的痕迹即印证了这一制作方法。另据宋李孝美《墨谱》记载：李廷珪等 15 家墨式，有圆块、长方、椭圆诸种，一面图案，一面文字，造型朴拙。另据宋罗愿《新安志》记载："唐末陶雅为歙州刺史，二十年尝责李超云：'尔近所造墨，殊不及吾初至郡时，何也。'对曰：'公初临郡岁取墨不过十挺，今数百挺未已，何暇精好。'"李超即李廷珪之父，为唐末活跃的新安墨家。以上记载说明，李超和李廷珪父子制墨已采用了模制技术，但墨模制作尚未十分娴熟，所以在批量制作时易出现瑕疵，这和出土实物所体现的压制工艺特点是吻合的。《墨史》云："潘衡，金华人。苏子瞻云：'衡初来儋耳，起灶作墨，得烟丰而墨不甚精，因教其远突宽笼，得烟几减半，而墨乃尔黑。'其文曰'海南松煤东坡墨法'皆精者也。常当防墨工盗用印使得墨者疑衡。此墨出灰池中，未五日而色如此，日久胶定当不减李廷琏、张遇也。"② 由此可见，宋神宗、哲宗年间的新安制墨名家潘衡，依旧采用模制成型后压印款铭的制作方式。

综合考古发现和史料记载来看，两汉、魏晋时期，墨坯成形依靠手工塑造，魏晋可能已发明墨模用于定型，但未发现实物证据。中国墨模的成熟，或者说规模应用，应在晚唐时期，即李超率族人南渡定居新安前后。李氏父子用细腻坚致的石楠木或

① [宋]晁说之：《墨经》，转引自桑行之：《说墨》，上海科技教育出版社，1994年，第31页。
② [元]陆友：《墨史》，转引自桑行之：《说墨》，上海科技教育出版社，1994年，第80页。

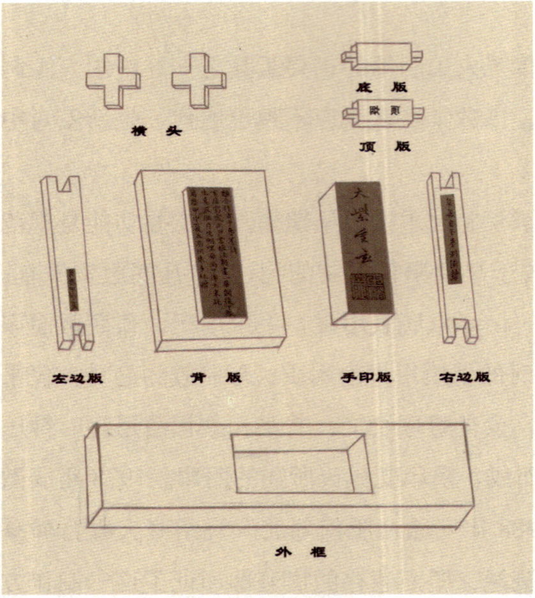

墨模手绘示意图

棠梨木制模，底版雕龙纹，印面刻字款，龙纹有“特龙”“双脊特龙”“蟠龙”等，多以“新安香墨”为铭，并题制墨人款识，如“歙州李廷珪造”“歙州供进李承宴墨”和“歙州供进墨务官李惟庆墨”等。使用墨模的目的是规范墨锭形制，印、版的雕镂更多是在款识，或是标识上。2018 年 9 月发掘的江苏常州芳茂山南宋晚期墓葬，出土了一锭“叶茂实制”款墨，墨面下部模压“叶茂实制”四字款，上钤有鼎形压花，内落“栢山”二字，押花的布局和晚唐奚庭圭“远烟香墨”相类似，[①] 但修饰面积大大增加，占据墨面七成以上，文字结构也显严谨端庄。说明模具至少使用了四片内版（即上下版、左右边版），这为款识侧题以及增加墨面、墨背的装饰提供了可能；其次墨面、背平整，墨边整齐、锐利，说明铭文和款识都已从热剂钤压，改为整体模制。这为墨造型和装饰艺术的发展，打下坚实的技术基础。也因于此，此时墨家能够更多关注作品的艺术性。据《墨史》记载，宋高宗绍兴年间，新安墨家戴彦衡设计墨样就延请著名画家米友仁，绘制“复古殿供御墨”上“双角龙”“珪壁”和“戏虎”等纹样。[②] 墨模雕刻亦就此开创了艺术化创作的先河。

元代，新安墨业呈现疲敝之态。墨品的器形、款识均较为粗犷，装饰上也未有显著变化。在内蒙古等地出土的元墨展现了模制工艺方面的进步，使墨品的规整度有所提升，明代方正大笏的制式已初现端倪。

五、雕版传文

中国雕版艺术是与印刷术同步诞生和发展起来的。早期雕版作品的实物载体多为木质，易于腐坏，对其工艺发展的研究，只能采自古籍遗存，或是文献记录。

① [宋]李孝美：《墨谱》，《墨谱墨史》，中国书店，2014年。
② [元]陆友：《墨史》，《墨谱墨史》，中国书店，2014年。

新安地区最早的编印出版活动，约始于南北朝时期。《新安志》序言曾记述，南梁新安太守箫几（约 491 ～ ?），将在任期间写作的大量游记编成《新安山水记》。又载王笃曾作《新安记》。《隋书志》《两唐书志》均记载了南朝梁武帝时期的新安太守任昉，称其独到之处在“工于笔”，并称：“昉所著诗文，共数十万言，为卷三十有四。《梁书·本传》称，又撰《杂记》二百四十七卷，《地记》二百五十二卷，《文章》三十三卷，《文章缘起》一卷，并传于世。”任昉身后，留下上万卷的孤本和异书。关于唐代的编印活动，《新安志》也有记载，曰：“唐亦有《歙州图经》。”成书于北宋初年的《太平御览》和《太平寰宇记》中，也有唐代睦州编印图经的记载。[①] 此外，宋代王谠在所著《唐语林》卷七上记述道：“僖宗入蜀，太史历本不及江东。而市有印售者，每差互朔晦，货者各争节之，因争执。里人拘而送公。执政曰：‘尔非争月之大小乎？同行经纪，一日半日，殊是小道。’遂叱去。”元稹在长庆四年(824)冬十二月十日为白居易诗集作序时也提到：“扬、越间多作书模勒乐天及余杂诗，卖于市肆之中也。”[②] 汉唐间，新安之地曾属扬、越管辖，刻书活动自然也受到影响。虽然这些刻本和文献已经散佚，无法考证出当时雕版工艺的发展情况，但这些记载至少说明，在唐代和唐之前，新安地区业已有了雕版印刷的活动。

尽管唐代已经有了印刷技术，但多是官府所为，中国书籍印刷出版的规模普及是到了宋代才实现，这时也有了明显的官刻、坊刻和私刻之分。官刻本是由国家机构主持或者出资雕印的书本；坊刻是各地私营书坊所刻印的书本；私刻本则指私人出资刻印的图书，多不以营利为目的，也称为家塾本或家刻本。官刻本自五代国子监校刻经书开启先河，两宋时已具相当规模，国子监，各部、院、局、司、殿，地方各府、州、县、军，各地仓台、计台、公使库，各府、州、县学都有刊印。宋代立国之初，朝廷就下令各省编撰“图经”。虽然并不清楚各地是否都遵循了这一规定，但至少在新安地区，这种图文并茂的地方志书被编印并部分流传下来。《新安志》记载：“宋大中祥符中，李宗谔撰次《州郡图经》，颁之天下。”南宋绍兴九年（1139），严州知府董撰修图经，名《新定志》（新定为新安郡辖县旧名）。然以上两部图经现均已亡佚，现存最早的新安图经，是宋孝宗淳熙十三年（1186）严（睦）州知

① 罗道平、尧志刚：《建德文物》，天津古籍出版社，2011年，第160页。
② [唐]元稹：《白氏长庆集·序》，转引自徐学林：《徽州刻书》，安徽人民出版社，2005年，第3页。

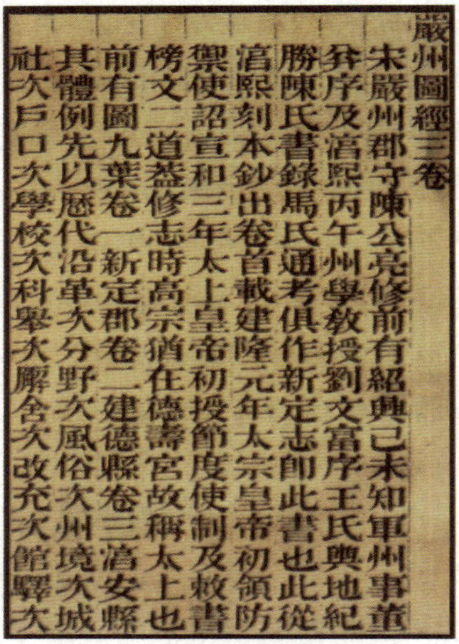
嚴州圖經三卷
宋嚴州郡守陳公亮修前有紹興已未知軍州事董
弅序及淳熙丙午州學教授劉文富序王氏輿地紀
勝陳氏書錄馬氏通考俱作新定志即此書也此從
淳熙刻本鈔出卷首載建隆元年太宗皇帝初領防
禦使詔宣和三年太上皇帝初授節度使制及敕書
榜文二道蓋修志時高宗猶在德壽宫故稱太上也
前有圖九葉卷一新定郡卷二建德縣卷三淳安縣
其體例先以歷代沿革次分野次風俗次州境次城
社次戶口次學校次科舉次廨舍次改充次館驛次

宋 严州图经

州陈公亮所修的版本，又名（淳熙）《严州图经》，这也是中国现存最早的一部刊有地图的图经，其中收入了九幅府县地图。之后，宋理宗景定三年（1262），建德知府钱可则修成（景定）《严州续志》凡十卷。①《严州图经》《严州续志》和淳熙二年（1175）罗愿纂成的《新安志》，是保存至今的29种宋代志书中的三种，当时印刷业发达的福建，全省保存至今的宋志数量也不过如此，足见宋代新安印刷和雕版活动的兴盛。

五代唐明宗长兴二年（931），在宰相冯道和李愚的倡导下，官刻儒家经典的印制活动被广泛推广，这也使中国的印刷业情况发生了根本转变，自此国家在印刷活动中起到了决定性的作用。公元十世纪后，由于科举制度的发展成熟，宋人对书籍的需求比之以往更甚，官刻经典也较之以往更加丰富，这实际推动了书籍印刷技术的传播。南宋建立后，这种印刷活动扩大到民间，具有商业用途的私刻版本大量出现，保存至今的就超过千部。与之前相比，这一时期的印刷地理分布也有了很大变化。②除了在历朝历代都处于书籍编撰、刻版和印刷中心位置的都城外，临安（今浙江杭州）的附近和周边，产生了一系列的印刷生产地，其中就有新安的徽、严二州。严州所刻版本被称为“严州本”，徽州所刻版本则称为“徽州本”。得益于本地区生产的优质墨品和纸品，“严州本”因而以“墨黑如漆，字大如钱”著称于世，并因校雠精良、刻印精细，成为宋刻本中精品。存世的宋版“严州本”不下80种，其中近30种为初刻本。如现存最早的宋绍兴版唐欧阳询撰《艺文类聚》100卷，宋绍兴九年（1139）宋董弅编并刻印的《严陵集》9卷，宋孝宗淳熙二年（1175）版宋袁枢撰《通鉴纪事本末》42卷，宋孝宗淳熙十五年（1188）宋陆游重刻印唐李延寿撰的《南史》80卷，宋陆子橘刻印其父陆游撰《新刊剑南诗稿》

---

① 罗道平、尧志刚：《建德文物》，天津古籍出版社，2011年，第160页。

② [法]戴仁著，吴旻译：《从敦煌到徽州：中国最早印刷品地理分布略论》，《徽州：书业和地域文化》，中华书局，2010年，第12～14页。

20卷，宋理宗宝庆二年（1226）陆子橘刻印其父陆游撰《老学庵笔记》10卷，以及宋理宗嘉熙四年（1240）定本的宋卫湜撰并刻印《礼记集说》160卷等。[①]这些刻本多为目前所见的宋代孤本，史料和艺术价值十分珍贵。上游的徽州地区，也是南宋一个重要的印刷中心，官府和私家组织的刻印出版活动，都非常活跃。官府通过府学、新安郡学与紫阳书院，雕版印刷了共计30种超过1300卷书籍，其中包括吕祖谦（1137～1181）的《皇朝文览》150卷，绍兴二十三年(1153)新安郡斋辑刻的洪皓撰《松漠纪闻》1卷、《续》1卷，端平元年(1234)重修绍定二年(1229)婺州郡斋刻宋吕本中撰《童蒙训》3卷和淳祐年间新安郡斋刻魏了翁撰《九经要义》9种263卷和《大易集义》64卷，等等。南宋时徽州地区本籍、寄籍以及地方官的家刻名版很多，有祝穆、洪适、魏克愚、朱熹、程大昌、汪纲、胡仔等。私家刻印的著名出版物，有歙州四宝堂刊印的宋苏易简著《文房四谱》，宋开禧二年（1206）赵彦卫刊梓其所著的《云麓漫抄》，宋嘉泰四年（1204）沈有开刻印的《四部丛刊》的底本和嘉定十六年(1223)刻叶适撰《习学记言》50卷等。[②]

唐宋时期，新安印刷是采用雕版工艺。雕版的大致过程，是先用薄而近乎透明的稿纸摹写好书样，再将书样有字的一面贴在厚而平滑的木板上，木板多用枣树或梨树制成，由于书样的正面和木板相贴，镂刻好的字就成了反体；雕刻时，工人用刻刀把版面没有字迹的部分削去，刻成凸起的阳文，字体凸出版面约1～2毫米；最后用热水冲洗雕好的板，洗去木屑等，就完成了整个刻板过程。传世的新安刻印宋版书，版式上大都是白口，单鱼尾，左右双栏或四周单栏，版心处标书名、卷次。所用字体多为欧体，纤细秀雅，字形略瘦，亦有见采用颜体。宋初刻本字大悦目，行格疏朗；南宋中晚期，形格则趋密。但无论疏密，字口均清晰工整，字体秀丽大方，体现了雕版工匠高超的布局、雕琢和审美能力。无论是从印刷史还是工艺美术史上看，都属十分精美的艺术珍品。

元代，新安已经成为中国重要的区域性刻书中心，仅上游徽州境内刻书就达28起27种，其中，官刻8起8种，家刻20起19种。著名的家刻有大德三年（1299）歙人方回刻释园至撰《筠溪牧潜集》7卷、至正三年（1343）歙人倪士毅重校刊刘叔

① 罗道平、尧志刚著：《建德文物》，天津古籍出版社，2011年，第160页。
② [清]叶德辉：《书林清话》，中华书局，1957年。

简著《四书辑释大成》36卷、至正年间歙人郑玉刻自撰《师山先生文集》11卷和休宁人朱升自辑自刻的《小四书》4种5卷等。[①] 此外，新安刻书技艺也于元初获得了突破性的发展。元大德二年（1298），农学家王桢在新安主持《旌德县志》的编刻中，首创了木活字印刷技术，并发明了“活字版韵轮”。这种活字排版技术，是将木活字依照韵部分门别类地排列在轮上，排版时转动轮盘取字。这一设计省时省力，极大地提高了印刷排版的效率，是活字印刷史上具有里程碑意义的贡献之一。王桢在其所著《农书》的书末，附载了《造活字印书法》一文，系统地叙述了活字印刷技术，并附有活字版韵轮图，这是关于木活字最早的文献记载。按照王桢的记载，当时木活字印刷的工艺大致分为“写韵刻字法”“锼字修字法”“作盛嵌字法”“造轮法”“取字法”和“作盔安字刷印”法数个流程。具体为先照监韵内可用字数，分为上下平上去五声，各分韵头校勘字样，抄写完备，择能书人去活字样制，大小写出各门字样，糊于板上，命于刊刻，稍留界路，经以凭锯截。将刻讫板木上字样，用细齿小锯，每字四方锼下，盛于筐筥内，每字令人用小裁刀修理齐整。先立准则，于准则内试大小高低一同，然后另贮别器。于元写监韵各门字数，嵌于板木所做的印盔内。用竹片行行夹住，摆满用木屑轻屑之，排于轮上，依前分作五声，用大字标记。用轻木造大轮，其轮盘径可七尺，轮轴高可三尺许，用大木砧凿窍，上作横架，中贯轮轴，下有钻臼，立转轮盘。以圆竹笆铺之，上置活字，板面各依号数，上下相次铺摆。凡置轮两面，一轮置监韵板面，一轮置杂字板面，一人中坐，左右俱可推转摘字，盖以人寻字则难，还韵内，两得便也。将元写监韵另写一册，编成字号，每面各行各字俱计号数，与轮上门类相同，一人执韵依号数喝字，一人于轮上元布轮字板内取摘字只，嵌于所书板盔内，如有字韵内别无，随手令刊匠添补，疾得完备。用平直干板一片，量书面大小，四围作栏，右边空，候摆满盔面，右边安置界栏，以木屑屑之。界行内字样须要个个修理平正，先用刀削下诸样小竹片，以别器置盛贮，如有低邪，随字形衬坫屑之，至字体平稳，然后刷印，又以棕刷顺界行竖直刷之，不可横刷，印纸亦用棕刷顺界行刷之。

六、摹写碑刻

碑刻，泛指刻在石上的文字或图案，其种类包括碑、摩崖石刻、墓志等，内容多为记事、弘文或颂德等内容。碑刻的镌刻，因样稿的不同主要有“摹”“写”和“题

① 徐学林：《试论徽州地区的古代刻书业》，《文献》1995年第4期，第189～191页。

刻”三种方式。

“摹”即摹勒，是将书写好的真迹或者摹稿，由石匠以双钩法勾摹于平整的石板或石壁，再刀刻而成，这是最常见的一种碑刻。休宁仰山的六朝至唐摩崖石刻，即目前现存较早的新安碑刻。仰山位于休宁县璜尖乡境内，意为高山仰止。明《仰山志》载：“吾郡盖有三神山焉，黄山大而嵲，白岳秀而奇，仰山幽而峻，三山鼎立”。仰山是历史上的佛教名山，南朝梁（420 ~ 589）时高僧宝公即已开山建宝公寺。中国佛教五大禅宗之一“沩仰宗”，也是在此发源。唐武宗李炎（814 ~ 846）在位期间推行灭佛政策，原以湖南沩山为道场的高僧灵佑只得遣散众弟子，仅有慧寂禅师与其共赴仰山，开辟了道场。据《仰山志》记载：“师住王莽山，僖宗（唐）乾符六年（879），有山神请曰：吾东南名仰山大福地也，师迁住焉”。此后，仰山的僧侣日渐增多，鼎盛时曾达百余人。据记载，因佛事活动兴盛，当时仰山建有众多的石塔、碑刻以及摩崖石刻，崖石上更曾经摹刻了一百余首诗文。但由于历代兵燹，现仅存“龙泓”和“返照”两处南朝至唐时期的石刻，分别位于山涧边和古道旁[①]。

唐 摩崖石刻题记

“写”是由书家直接用朱墨，将碑文写在石上，再由石工刻凿而成。中国四大道教圣地休宁齐云山，就多见此类碑文。“题刻”则指不经书写而直接用刀在石上雕凿成文。这种碑刻对题刻者的要求最高，往往都是具备篆刻功底的书法家才可，也是最罕见和最具价值的。但题刻最初的诞生，则是由于先民为记事目的，在岩、崖、窟中的刻划。在淳安的铜山矿区西北，就保存有最早的新安地区摩崖题记。题记为唐宪宗元和四年（809）所刻，位于枫树岭镇洪铜山尖头崖西麓

① 汪美月：《石刻休宁》，休宁政协编内部资料，2019年，第99～100页。

里坞坑距地表130厘米的岩壁上，为直行阴识楷书，4行34字。尚存的内容为“大唐天宝八年，开山地取／铜，至乾元元年七月／又至大历十年十右二／月再采，续至元和四”。[①]这处题刻的内容显示，自公元749年至809年的60年间，唐政府曾在此连续开采铜矿，这为厘定新安金属冶铸的发展史，提供了有力的史实依据。另1985年3月，曾在梅城镇城西米厂发现了唐代“睦州城隍庙碑”，为睦州刺史吕述撰文，唐文宗开成五年（840）所立，但可惜的是该碑于1988年12月被盗，至今下落不明[②]。从现存的这几处碑刻可以看出，唐或之前的刻碑活动，主要由官府组织或由佛教活动引起，五代尤其是宋以后，这一状况发生了显著变化，儒学经典内容逐渐取代了佛教题材，本土道教文化的碑刻内容亦有所兴起。

宋元时期的新安碑刻，至今遗存有题记、碑、摩崖石刻和墓记等类型。题记有位于祁门县西东松庵的《岳飞题壁碑》，为宋绍兴元年（1131）二月十四日，岳飞率军去江西鄱阳讨伐李成途中所题。记云：“余自江阴军提兵起发，前赴饶郡与张招讨会合。崎岖山路，殆及千里。过祁门西约一舍余，当途有庵一所，问其僧，曰东松。遂邀后军王团练并幕属随喜焉。观其基址，乃凿山开地，创立廊庑，三山环耸，势凌碧落，万木森郁，密掩烟甍，胜景潇洒，实为可爱。所恨不能款曲，进程遄速，他日殄灭盗贼，凯旋而归，复得至此，即当聊结善缘，以慰庵僧云。绍兴改元仲春十有四日，河朔岳飞题。”碑有《严州府题名记》碑、《续刻严州府题名记》碑、宋张九成《碧山访友》碑和齐云山宋碑等。《严州府题名记》碑为宋绍兴四年（1134）朱翌撰、知府题名，《续刻严州府题名记》碑为宋绍兴年间冷世光所立，两块均原立于严州府衙内，现立于梅城文化馆门前。[③]宋张九成《碧山访友》碑，为黟县青石制，行书阴识刻张九成《碧山访友》诗文，该碑存黟县碧山培筠园内。齐云山宋碑为北宋熙宁九年石门寺碑。摩崖石刻有宋开禧三年（1207）章山石刻、宋宝祐五年（1257）“江南第一关”石刻，以及道教圣地齐云山的13处宋代摩崖石刻等。其中章山石刻位于黟县碧山村枧溪，系三都汪氏12位老人所题，共录楷书166字，记述了12人的姓名、年龄，并抒发了“以志岁月”的心情。“江南第一关”石刻位于绩溪县伏岭乡东部的徽杭古道关隘门楣西侧，为大石门胡八十所立，其跋记录了胡八十捐金

① 鲍艺敏、方明华：《淳安历史文化丛书·文物叙略》，西泠印社出版社，2008年，第110页。
② 罗道平、尧志刚：《建德文物》，天津古籍出版社，2011年，第153页。
③ 罗道平、尧志刚：《建德文物》，天津古籍出版社，2011年，第146～147页。

修葺的活动。齐云山13处宋代摩崖石刻，为北宋大观（1107～1110）至南宋绍熙（1190～1194）年间所镌，分布在石桥岩附近，盖因当时佛、道教活动兴盛，由历代名人所题刻。墓记有宋歙州倅江夫人苏氏墓记、元元统二年（1334）年苏氏生茔石墓记和浮雕石、元至治二年（1322）吴暾撰融堂先生钱公墓记等。苏氏生茔石墓记和浮雕石前文已述。宋歙州倅江夫人苏氏墓记位于歙县江村东南田野中，为北宋政和（1111～1118）年间所立，是江村江氏始祖夫人墓的墓碑，碑文简叙始迁祖江公迁歙的经过及修墓支脉。融堂先生钱公墓记现存于淳安威坪镇蔗川村大会堂内，为南宋理学家钱时（1175～1244）的墓记，碑额阴识篆书两行题“融堂先生钱公墓记”，正文皆为楷书阴识，共23行920字，录元泰定二年（1325）进士吴暾所著祭文。①

虽然刻碑和石雕同属刻石活动，但艺术形式却大有不同。石雕作品多为装饰件，尤其以建筑装饰构件居多，作品主题也多以图像或图文并茂的形式传递，雕刻题材主要为人物、动物、琼楼玉阁、飞禽走兽、植物花卉等，它更多讲求造型和纹饰的流畅逼真；碑刻则是与书法艺术紧密相连的工艺美术，它更多讲求用墨、运笔、结构、气韵、章法等表现手法，在石刻上的运用和反馈，讲究和原作笔意气韵的一致或吻合。纹饰等图像雕刻，在刻碑中仅是作为烘托主题的存在，借以增强造型美感与视觉冲击。在新安的文化史上，碑刻及其拓印的作品汗牛充栋，许多作品都产生了深远的影响。

第四节　陶瓷工艺

唐、宋、元三朝都是大一统的中央集权国家，生产力也均在前代基础上有所上升，生活方式和消费需求亦有显见的变化，对陶瓷工艺也提出了不同的时代要求，因此历代在制烧技法上也皆有所创新。唐代的“南青北白”，宋代的“形色兼具”，元代的“青花始兴”，这些都在中国陶瓷发展史上留下了深刻的印记，宋代更是被誉为“瓷的时代”。

① 罗道平、尧志刚：《建德文物》，天津古籍出版社，2011年，第122～125页。

唐、宋、元时期的中国南方，最富盛誉的制瓷中心越州、龙泉县和饶州，分别与睦（严）州和歙（徽）州毗邻，也分别对新安古代陶瓷的发展产生过重要影响。越州境内的越窑，是唐和五代时最著名的青瓷窑场，所烧青瓷代表了当时的最高水平。陆龟蒙有诗句“九秋风露越窑开，夺得千峰翠色来”，说的就是越窑生产的青瓷。越窑的生产年代跨越东汉至宋的千余年，其中唐代是越窑工艺最精湛时期，居全国之冠，生产的瓷器以造型优雅、釉色青翠著称，陆羽在《茶经》中评价“越瓷类玉”。目前已发现的越窑窑址，主要分布在今天浙江省的上虞、余姚、慈溪、宁波等地，但受越窑影响的窑场却分布很广，这些窑场也被统称为“越窑系窑场”。在新安江流域，就有休宁县齐云山镇岩前唐代瓷窑、歙县竦口晚唐至宋代瓷窑、绩溪县仁里五代至北宋瓷窑、绩溪县孔灵唐至宋代瓷窑、绩溪县霞间五代至宋瓷窑，以生产青瓷著称。这些窑场的作品在釉色、造型及装烧工艺和窑炉形式等方面，均与越窑大同小异，显然是可以被归为“越窑系窑场”之列。宋代六大窑系之一的浙江龙泉窑，开创于三国两晋，生产瓷器的历史长达1600多年，是中国制瓷历史上最长寿的一个瓷窑系。北宋中晚期和南宋是龙泉窑发展的重要时期，釉色淡雅、造型规整、胎体厚重的风格已逐步形成，并接替日渐衰落的越窑，把青瓷之美推至巅峰。目前发现的建德大白山北宋窑址就属于龙泉窑系，淳安和徽州地区虽未发现类似窑址遗存，但各地也有颇丰的宋元龙泉窑作品遗存。至于饶州的景德镇窑系，其制瓷的原料就多来自婺源和祁门地区。明宋应星著《天工开物》载：“景德镇从古至今为烧器地，然不产白土，土出婺源、祁门两山。”元代设置的唯一贡瓷官方管理机构浮梁瓷局，也位于景德镇和祁门的交界处，足可见两地瓷业的密切联系。

一、苍翠青釉

从地缘上说，新安与越州依山带水、直接毗邻，越窑系的青瓷产品，可以通过水路畅通无阻地在新安地域内运销。以青翠为正色的审美观念，通过产品的销售和使用，影响了唐及以后很长一段时间的新安地区。唐武德四年（621），会稽郡改称越州，置总管府，曾短暂管辖过新安江中下游的睦州（今淳安、建德），歙州则属江南道。五代十国时期，越州和淳安、建德地区同属吴越国，歙州等地则为杨吴和之后的南唐领地。不同的行政区划甚至政权属地，必然会阻碍经济文化方面的交流。因此，新安地区对青瓷产品的持续需求，转而推动了本地瓷业的发展；而唐末五代避乱南迁的北方制瓷工匠，带来的中原制瓷工艺和经验，则为技术进步提供了助力。在诸多因素的综合影响下，歙、休、绩溪等地先后出现了以烧制青瓷为主的窑场。

（一）歙县竦口窑

位于今安徽省黄山市歙县县城东北12公里的桂林镇竦口村，东临扬之水，北襟双竦水，现存的窑址处于小丘上，相对高程约15米。窑口不见于文献记载，1985年3月因农民耕田被意外发现，次年安徽省文物局、考古所组织对该窑址进行了调查。调查结果显示窑址年代跨度为唐代后期至宋代，以五代时最盛，主要产青瓷。唐代作品的釉色呈姜黄，部分釉面有碎裂纹；施釉采用浸釉法，部分通体挂釉，部分釉不及底，露胎处呈黑褐色。出土的五代南唐青釉敛口碗、北宋青釉双系瓜棱壶等完整器以及大量瓷片显示，五代到北宋时期，竦口窑的制作和烧造水平有了很大提高。器物胎体坚实紧密，形体修整的十分周正，碗、盘多作花口，亦见有口外圈为厚唇；内底有球面和平底两种；圈足宽者似玉璧形，窄者多为高足，微外撇。器体内外及圈足内均施釉，应是改用了刷釉法，故施釉均匀，且釉层较薄，釉色青翠光亮。产品以碗、盏、盘为主，亦有执壶、盅、盏托等。出土器物的圈足上多留有泥点垫烧的痕迹。另外，还发现了匣钵、垫柱、墩子、窑砖等窑具，可见烧制方式是多样的。碗、盏、盘多用支钉正叠烧制，即用黏土在瓷坯底部粘几个支钉，再将数个或十数个瓷坯从大到小依次叠起，一叠装一匣钵，烧好后，再把支钉敲掉。大件器物或精细瓷器的烧制，也见有一器用一匣钵，支钉亦有在耳、执部。目前，已发现的竦口窑址有10余处，最长的龙窑遗址有近20米。①

根据走访得知，竦口窑为当地程姓开办，瓷窑遗址出土的刻划有"程和"二字的瓷碗，也为此提供了实物佐证。由此可见，歙县竦口窑是一处属于民窑性质的窑场，但部分产品壁薄釉匀、造型规整、青釉纯正，与越窑青瓷相近，是新安江流域极其重要的一处青瓷窑址，体现了五代和宋时新安本地窑场的高超制瓷水平。

（二）休宁县齐云山镇岩前窑址

窑址位于休宁县西北约15公里的齐云山镇岩前村，系唐代民窑，产品为青釉系。釉色呈青或青黄，施釉采用浸釉法，下腹部和底多不施釉，釉层薄厚不均，厚处泛青，薄处青中泛黄，亦见个别器物采用褐色点彩法。器形有碗、壶、罐等，胎体厚重较酥松，间有烁晶体，显示淘洗程度不足，因而杂质存余较多。另外，胎釉结合程度也不好，

① 邵国榔：《歙县文物志》，歙县文化局刊印，1989年，第6～7页。

流釉、剥釉现象较为严重。

(三)绩溪县霞间窑址

窑址因位于绩溪县城西北约2公里的高迁乡霞间村而得名，1984年发现，1993年安徽省文物考古研究所组织试掘，判明在南北长240米、东西宽140米的山坡和高地范围内，分布有姑嫂塘、十亩园、黄金坦、栗树山、对面窑等处窑址。烧制时间为五代至北宋，主要品种有青釉、酱黑釉、酱黄釉及绿釉，以及少量无釉的生烧器。青釉发色多偏灰黄，但少数翠青发色极佳，釉质细腻润泽，施釉均匀，釉面光洁并有细碎开片，胎釉结合也十分紧密，几乎未见脱釉现象。器形以碗和执壶为主，此外还有各式盘、盏、盆、罐、钵等，代表器形棱形碗与歙县竦口窑出土器相类。相较于青釉器，酱釉器的质地则粗厚，釉面光洁度较差，胎釉结合不好，存在脱釉现象。同期还出土了窑柱、匣钵等窑具，执壶、罐等多以窑柱垫烧，碗、盘则用匣钵装烧。

在绩溪县还发现了唐至宋代的孔灵瓷窑和五代至北宋的仁里瓷窑，产品均以青釉器为主，大宗器也为碗、盘等。在烧造方式上存在早晚期不同的现象，早期多用泥钉垫烧，碗、盘等器物的里心和外底处，可见支烧痕迹；后期和歙县竦口窑类似，存在一器一匣的单烧法。

以上五窑是新安江地区最为重要的唐、宋瓷窑，他们多采用泥点叠烧的装烧方法，生产类似越窑的青瓷，是属于越窑技术体系的窑场。尽管在五代和宋时，部分器类的装烧方式，采用了匣钵与垫柱等的组合，而这种组合形式不见于同时期的越窑，相信是受到中原移民所掌握的白瓷烧造工艺的影响。不过这种影响并未体现出生硬照搬的特征，而显然是有所取舍的。如瓷器主流始终是越窑系青瓷风格，南方地区传统的龙窑窑炉也一直被使用，而泥钉支烧的方式也依然在某些器形上有保留。因此可以认为，唐宋时期，新安江地区的青瓷烧制技术，更多是在继承越窑系窑场的风格上，对北方制瓷技术的吸收，是南北方瓷业交流与融合的产物。

二、诸窑纷呈

五代十国造成了新安江流域长达70余年的分裂，使宋代的瓷器生产发生了变化。在歙（徽）州地区，显然并未受到龙泉等窑系崛起的影响，依然保持越窑系青瓷的烧制传统；睦（严）州地区，则明显受邻近龙泉窑系和婺州窑系的影响，青釉和蓝色、蓝白色窑变釉瓷器的生产，逐渐步入高潮。

从目前的考古发掘成果来看，建德地区的制瓷活动主要集中在宋、元时期，与龙泉窑烧制活动的时代大致相仿。已发现的大白山、大慈岩脚、后山、窑坞和倪家5处古窑址，均为宋元时期的民窑窑址。其中大白山窑址保存较为完整，遗址堆积面较大、堆积层较厚，出土的器物制作较精，特点鲜明。器物的形制多为碗、盏、水盂、烛台等生活器，尤以碗类居多。胎体有深灰、灰、浅灰等，灰胎最为常见，浅灰胎则较少。釉色有青绿、青灰、灰青、青黄、青褐、粉青等，或透亮，或乳浊，常见的是较透亮的青绿釉，且釉面多可见细碎开片，与龙泉窑作品相类。发现的碗、盘、盂类器物，多施釉未及底，施满釉者，则足底刮釉。结合出土的垫饼以及漏斗形和M形的匣钵来看，装烧方式主要为垫饼垫烧和匣钵装烧两种。器物多用刻花装饰，辅以蓖纹或划纹，外壁多见有素面和刻折扇纹两种。[①] 大白山窑址出土的器物，总体表现出北宋至南宋早期的龙泉窑系青瓷风格。青釉大体分为石灰釉和石灰碱釉两种，石灰碱釉居多。烧成温度及玻化程度较高，部分器物的釉面，达到类青玉般的效果。胎体较厚，杂质少，烧制紧密，但部分器物的器形修整尚有不足。除大白山窑址外，其余四窑均出土了青瓷和蓝色、蓝白色瓷器遗物。青瓷釉色呈灰青，或偏黄、褐色，部分窑场出土了近龙泉窑系的粉青釉，整体制作较粗，多为叠置裸烧。出土的蓝色、蓝白色瓷，和唐代花瓷存在联系，属于窑变釉类，其烧造工艺或是受到邻近婺州窑生产窑变釉品种的影响。

始烧于五代，成熟于宋、元的江西景德镇窑，是江南两大瓷系之一，也是宋代六大瓷系之首。宋元时期的景德镇窑，以烧制青白瓷而著名，其瓷色质如玉，碧如湖水，宋代词家李清照就曾在《醉花阴·薄雾浓云愁永昼》一词中写道："佳节又重阳，玉枕纱厨，半夜凉初透。"[②] 盛赞青白瓷枕为"玉枕"。景德镇窑烧制出如玉的青白瓷，以及之后胎白、釉清、色正的枢府瓷和青花瓷，都离不开其所具备的优越自然条件，"诸如优质高岭土，山区多马尾松，便利的水上交通，特别是技术高超的制瓷工匠，这些有利条件是江南地区任何瓷窑都无法与之比拟的"。[③] 景德镇窑烧制高档瓷器所用的优质高岭土，就是由新安江上游的祁门、婺源二县所供应。明人宋应星著《天工开物·陶埏·白瓷》中记述，景德镇"从古至今为烧器地，然不产白土。土出婺源、祁门两山。一名高梁山，出粳米土，其性坚硬；一名开化山，出糯米土，其性

① 罗道平、尧志刚：《建德文物》，天津古籍出版社，2011年1月，第23～26页。
② [宋]李清照：《醉花阴·薄雾浓云愁永昼》，转引自箫枫：《唐诗宋词元曲》第3册，线装书局，2002年，第157页。
③ 冯先铭：《中国陶瓷》，上海古籍出版社，1994年，第406页。

粢软。两土和合，瓷器方成。”清代《续文献通考》也说：“陶土之种类极多，最纯粹者，西人称高岭土。高岭土虽多供输出，用者多来自祁门，祁门南乡龙凤壁，西乡伊坑，产量均高，即景德镇所用之上等原料，亦多取于此。”清代陶瓷艺术家唐英在《陶冶图》中“采石制泥”一节中记述：“石产江南徽州祁门县平里、郭口两山，距窑厂二百里，开窑取之。”现代考古成果则显示，祁门瓷土的开采历史，当较景德镇窑的烧造历史更早，可能始于西周或更早时期，屯溪奕棋西周 8 座墓出土的原始瓷可为此做印证。但宋元及之前，祁门的瓷器制作，则一直未见文献记载。田野调查发现，位于祁门县城南 40 余公里处的平里乡存在古代烧窑的可能。通过地表采集，发现了西晋陶片、宋代影青瓷片和青花瓷片，还发现了水车的导流孔、水车座、水坝、水碾等采矿设备遗迹。另外，祁门出土的明洪武元年青花墓志铭瓷板，亦表明元末明初，祁门与景德镇交界地区存在民窑烧制青花瓷器的活动。

曾经的新安郡和睦州治所在淳安，由于原生产生活区域，大多处于新安江水库淹没线以下，故在古窑址的调查方面尚存在空白。但在该县博物馆的馆藏瓷器中，宋元瓷占据了较重要的地位，其中北宋菊瓣形青白瓷粉盒和元代龙泉窑青瓷洗颇具特色。北宋菊瓣形青白瓷粉盒，1990 年 12 月出土于淳安南赋乡（今鸠坑乡），整体作拱形带盖盒，盖和盒腹部起棱作菊瓣形制，子母口，腹部略弧，底略内凹，形制极为规整。器物通体施青白釉，釉色温润如玉。器底有长方形“□家合记”款识。元代龙泉窑青瓷洗，作敞口，斜壁，浅腹，圈足式，器型规整大方，通体施粉青釉，釉层丰厚柔和，展现出类青玉般光泽。① 另外，带有鲜明特色的景德镇窑系青白瓷和龙泉窑系青瓷精品，相继在地处新安江中游的淳安被发现，虽然不能说明在当地存在这两大窑系的窑场，以及相应的烧制活动，但至少表明，新安江流域与浙江、江西的古代窑场存在密切交流。而这一时期的淳安，业已成为重要的交通要冲，上游的霞间窑、竦口窑等，以及经由昌江转运的景德镇窑系作品，是由新安江入富春江和钱塘江后，抵达杭州或宁波港出海的。而龙泉窑系作品则反向经淳安进入了新安江腹地，并进而影响了内陆区域。频繁的瓷器贸易活动，使得淳安以及徽州地区保存了大量的宋元瓷器精品，如歙县地区发现的元代枢府瓷窖藏，屯溪地区元代龙泉窑“美酒溢香”荷叶盖罐、元代龙泉窑粉青瓷瓶等。但也正是水运交通便利和瓷

① 鲍艺敏、方明华：《淳安历史文化丛书·文物叙略》，西泠印社出版社，2008年，第110页。

器贸易兴盛等原因，使得制瓷活动越发向先进优势地区集中，造成了曾经取得诸多辉煌的新安瓷业，在宋元之后逐步走向颓势。

宋 青白瓷粉盒

元 卵白釉盘

元 青釉“美酒溢香”荷叶盖罐

元 青釉瓶

第五节 金属工艺

瓷器制作的发展，使得金属制品淡出了大部分的生活器领域，但在铸币、礼佛、文房、饰品，以及随葬等方面，金属器依然起到了不可替代的作用。从中国金属工艺的发展史上看，唐宋时期的工艺制作，水平已达到一个前所未及的高度，在开采量、冶炼技术、制作工艺等方面都取得了很大进步。这一方面离不开经济文化繁盛的原因，另一方面也得益于国内外交流的频繁和贸易的需求，从而促进了其制作工艺的发展。

五代的吴越国和南吴以及之后的南唐政权，为了区域经济的发展和海外贸易的需要，以及向北方政权贡献的目的，加大了境内金属资源的开发力度，并对相关工艺持扶持态度。南宋朝廷定都临安（今杭州）后，一方面出于皇室和高级官员的使用需求，另一方面也由于“江海求利，以资国用”的海外贸易政策，积极推动了金属加工工艺的发展。这一时期，新安的区位资源和交通优势得到彰显，金属资源及其制品，通过新安江经富春江再入钱塘江，抵达杭州，并经杭州通达全国和海外。贸易产生的巨大利润，进一步刺激了工艺进步和生产。

一、金银制器

白居易有诗云：“银生楚山曲，金生鄱溪滨，南人弃农业，求之多辛苦，披砂复凿石，矻矻无冬春。”① 可知，唐代中后期，我国南方的金银开采活动已十分频繁，并成为很多农民的生活所依。考古发现也显示，至少在唐代后期，江淮以南地区的金银器生产，已经颇具规模。

唐政府允许民间私掘矿产，并根据产量征收赋税，这一灵活政策显著促进了金属采矿业发展。据《新唐书·食货志》记载，当时全国的矿产品有金、银、铜、铁、锡、铅、矾、水银、朱砂等。另据邓嗣禹《唐代矿物产地表》记述，在睦州就有一定的银矿藏。② 而据浙江建设矿产调查所的报告称“在（淳安）县西北四里之新安江岸产砂金”。③ 虽然，目前并未在此发现唐代采掘和冶炼金银的遗存，但 1970 年淳安洪铜山铜矿唐代开采和冶炼遗址的发掘成果，证明唐代的新安人，在金属矿的勘探、采掘和冶炼方面，已积累了丰富经验，并具有高超的技术。银矿成矿的一个重要特点，就是 80% 的银是与其他金属，特别是与铜、铅、锌等有色金属矿产共生或伴生在一起的。因此，新安人早在唐代，就已将铜开采和冶炼方面的技术经验，应用于银生产上。唐代长安城内邠王府出土炼银渣的化验结果，以及南宋初年赵彦卫所著《云麓漫钞》和明代陆容所著《菽园杂记》的记载说明，唐代冶银已采用了现代所称的“灰吹法”。即利用铅性畏灰的特性，以上等炉灰分离银铅，获得极为纯净的银。陆容在《菽

① [唐]白居易：《赠友五首》，转引自箫枫：《唐诗宋词元曲》第2册，线装书局，2002年，第620页。

② 邓嗣禹：《唐代矿物产地表》，《禹贡半月刊》第1卷第11期，1934年。

③ 民国《浙江经济调查》第八册淳安县，1931年，第2页。

园杂记》中就认为，这一方法虽然耗时较长，但所获之银的质量是很好的。

中国古人很早就认识到，银在水中所分解出的银离子，能吸附微生物和杀菌，所以信奉以金银为食器可得不死的观点。这种观念在唐代尤为盛行，因此使用金银质食器的做法，在皇室和高等级官员中极为盛行。《唐会要》甚至明确规定，一品以下官员，食器不得使用金玉质食器；六品以下官员，不得用银器。因此，唐代中期以前的金银器制作主要集中在长安地区，由少府监中尚署直属的“金银作坊院”负责，所制之器被称为“官作”。唐代后期，随着中央政府控制力的减弱，以及对匠户管理的逐渐松弛，捐钱代役的现象在金银手工业中已较为普遍，这在客观上提升了地方金银制作工艺的水平。地方政府或者私人经营的作坊逐渐发展起来，所制之器则被称为“行作”，其中的部分精品也被入贡皇室。《册府元龟》就记载：“兴元初，克复京师后，府藏空虚，诸道之有进奉，以资经费，复时有宣索。其后诸贼既平，朝廷无事，常赋之外，进奉不息。韦皋剑南有日进，李兼江西有月进。杜亚扬州，刘赞宣州，王纬、李锜浙西，皆竞为进奉，以固恩泽。”[①]《新唐书》也记载：德宗时期“淮南节度使杜亚、宣歙观察使刘赞、镇海节度使王纬、李锜皆徼射恩泽，以常赋入贡”。[②]这表明晚唐时期的歙州和睦州地区，金银器的制作活动是极兴盛的，工艺水平也已能满足向皇室进贡的要求。1979 年 11 月淳安夏中公社朱塔出土的窖藏唐代银器，亦印证了这一点。此次出土的窖藏银器共计 12 件，其中有 10 件食器，分别为五曲莲瓣式高圈足杯 6 件，五曲莲瓣式平底杯 2 件，笆斗形盏 1 件和壶盖 1 件，另有饰品项链 1 件。[③]整批作品十分规整，工艺上主要采用了锤打法，部分还采用了切削、抛光、铆、刻凿、锤揲、錾刻等加工技术。其中五曲莲瓣式高圈足杯、笆斗形盏和壶盖的制作尤具特色。五曲莲瓣式高圈足杯，银质，素器无纹饰。各杯大小不一，自小至大口径分别为 8.85 ～ 10 厘米，足径分别为 5.8 ～ 6.3 厘米，通高分别为 7.4 ～ 8 厘米不等，存在 6 件为一套杯具组合的可能。圈足和杯身出土时已分离，现存 6 件五曲莲瓣式杯身和 4 件喇叭形高圈足，杯身底面留有明显环形铆接的痕迹，圈足的纵向接缝也已裂开。

唐代诗人刘禹锡在《竹枝词》中记述：“两岸山花似雪开，家家春酒满银杯。”

---

① 《册府元龟》卷一百六十九《帝王部》“纳贡献”。

② 《新唐书》卷五十二《志》第四十二《食货二》。

③ 浙江博物馆：《浙江淳安县朱塔发现唐代窖藏银器》，《考古》1984年第11期，第979页。

白居易在《春池闲泛》一诗也描述："花助银杯气，松添玉轸声。"可见，作为唐代文人士大夫的常用之物，银杯的形制和装饰显然是具有时代性的。这6件银杯的形制端庄、富丽而饱满，体现了工艺制作整体的审美方向。同期出土笸斗形银盏，口径10.35厘米，底径4.5厘米，高5.3厘米。出土时口沿已残损，碗体呈半球形，小平底。口沿外錾刻两圈竹篾纹饰，腹部錾刻紧密的编织纹装饰，整体犹如新安江流域常见的竹编笸斗。"笸斗"是一种中国古代民间常见的盛置器，北方地区多以绵柳枝条去皮编成，而新安人则习惯以去青的竹篾制成。这件银盏的外腹壁纹饰模仿竹篾编成器的纹理，地域风格的制作特点是极为鲜明的。出土的银质壶盖，口径7.7厘米，高8.6厘米，为空心葫芦顶式，纽则制成本地常见的食物荸荠形状。据发掘简报描述，出土时壶身缺失，当地群众回忆壶身带长管流和环鋬。简报根据田野调查结果，以及同期出土的五瓣式高圈足杯判断，此壶的形制应与浙江临安晚唐水邱氏墓出土的长管流环鋬银执壶相类。也有研究认为，该壶盖与英国不列颠博物馆藏中国唐代银质水注的盖完全相同，并据此推定该壶壶身为直颈，鼓肩，内收斜腹，圈足，肩的一侧设较长的多面体曲流，流和腹部结合处铆接花瓣形基座，肩对侧与口之间设扁平形环鋬。[①]各方研究均表明，这件银壶的铆、刻、凿等的工艺技术已达到较高的水平，使得我们对唐代新安贵金属设计及制作水准，有了直观和深入的认识。同时，批量银器的出土，也表明当时新安银冶炼技术的进步。

入宋以后，新安的金银器制作依然保持了较高水准。1997年发现的建德大洋镇宋代黄姓合葬墓，出土金饰件10件，鎏金锡饰件2件。其中锤鍱卷草纹和锤鍱四时花卉纹金钏各2只，锤鍱花卉纹金戒指2只，锤鍱凸弦纹金戒指1只，金缠钏1只，菊花纹金耳环1对2件，鎏金锡耳环1对2件。[②]从制作工艺上看，锤鍱法取代捶打法成为金银器制作的主要技法，在部分器物上还使用了鎏金、錾刻、钻孔和焊接等新工艺，加工技法已有极大丰富。装饰花纹的雕刻，有用毛雕的，有用浅浮雕的，有的饰件还锤鍱出凹线，用以区分上下层纹饰，并采用对称结构，显得十分美观和大方，辅纹所采用的棋格纹、山茶纹和凹凸线纹，也很具有地方特色。另外值得注意的是，这批金银器出土时，存放在一摞两件的素髹黑漆盒子中，大漆盒内还

① 桑坚信：《淳安朱塔唐代窖藏银器朱塔发现唐代窖藏银器刍议》，《文物》1991年第2期，第91页。

② 北京大学中国考古学研究中心、杭州市文物考古所：《浙江建德市大洋镇下王村宋墓发掘简报》，《考古与文物》2008年第4期，第3～12页。

放置了3件尚保存内部粉状物的小漆盒。因此,简报认为应该是当时常用的一套妆具。由于部分金首饰的装饰风格相近,且均錾刻有“小西门北,吴五郎造”或“吴五月造”的款识,因此可认定为一套首饰。简报也认为,这套金首饰的组合,与南宋吴自牧著《梦粱录》中记载的“三金”组合不同,[①]应为地方流行的一种组合形式。同时根据《梦粱录》的描述来看,南宋社会对金银器的使用已无诸多限制,不但在婚丧嫁娶等重要活动中使用金银器,而且酒肆、商铺甚至脚店也都有使用的记载。在黟县地区,2020年3月间发掘的南宋墓葬中,也发现有银器随葬。该墓葬为长方形砖砌单室墓,墓室上方发现盗洞,说明早期即遭受了盗扰。墓室边角发现南宋光宗淳熙年号钱币,棺内受盗扰严重,随葬物品基本未见留存,仅发现锤鍱卷草纹桃形银佩饰一件,应为男子腰带饰件之一。这一葬俗显示,即使在偏远乡村地区,平民随葬金银器的做法依旧存在,且制作水平不低,这也侧面印证了南宋时的新安地区,金银器的使用已经普及到民间,技艺和规模应是有相应发展。

二、铜铁冶铸

据《新唐书》卷四十一《地理志》五的记载,睦州的建德是唐代重要的铜矿产地。《遂安县志》则记载:淳安的“洪铜山,县南七十里,唐天宝八年,尝置场采铜,民苦之,因废。”1970年发现的淳安洪铜山采掘和冶炼遗址,矿洞洞口山崖的石壁上,留存有“大唐天宝八年开山由此取铜,至乾元元年七月,又至大历十年十二月再采,续至元和四年”题记,印证了文献的记载。[②]

文物部门分别于1974年10月、1979年11月和1981年10月,对洪铜山遗址进行了实地调查,基本探明该遗址的分布情况。根据山崖题记和实物遗存,可以确定该遗址为唐代采掘和冶炼遗址,遗址由矿洞、摩崖题记、冶炼炉基和矿渣堆积四部分组成。其中古铜矿遗址4处,均分布在洪铜山海拔600～700米高的山腰地段。根据现场采掘痕迹可知,当时采铜使用的是探采结合方式,即先开采露天矿,待发现矿脉后再凿井坑采。坑采矿井的洞口,水平深度约七八十米,分别有竖井、斜井、平巷等开拓法。矿井随矿脉变化而变化,均沿氧化富集、品位高的铜矿脉走向而掘进,同时也十分注重山体的水文地质条件,多选择开采和排水较为简便的矿体。从

① 吴自牧:《梦粱录》卷二十“嫁娶条”:“且论聘礼,富贵之家当备三金送之,则金钏、金鋜、金帔坠者是也。若以铺席宅舍,或无金器,以银镀代之。”中国商业出版社,1982年,第173页。

② 鲍艺敏、鲍绪先:《浙江淳安铜山唐代矿冶遗址》,《南方文物》1997年第3期,第35～38页。

已发现的几处采矿老窿来看，矿井巷一般无支撑和防护，但部分采空区内发现有坑木（木撑架）、蚂蟥錾铁钉、木轮等遗物，可能为采掘支护设备。另外，还曾发现巷道地面有铺设竹片（帘）的情况，可能为运输所用。调查发掘成果可以看出，唐代的新安人在勘探和开采方面，已经积累了丰富的经验，并具有一定的科学依据。①

位于洪铜山海拔700米处的区域，当地流传为监督矿区开采冶炼的唐代官员居住地所在，俗称“官坪”，面积约为600平方米。在这一区域，发现了唐代冶炼炉基和炉渣堆积的遗址，说明唐代地方政府尤其注重铜生产区的监督，可能设置了专门的机构并派驻了官员，对铜料的冶炼及运输等生产活动，进行了严格管理。在矿区西侧为建设油库而挖掘的房基旁，以及在矿区西南侧约200米处，共发现圆形冶炼炉基3座，炉残高分别为30厘米、40厘米和60厘米，直径相应为125厘米、115厘米、195厘米，红烧土壁厚均为8厘米，炉膛由石块叠砌，炉内尚存木炭。残存的遗迹显示，炉基十分坚固和实用，并采用了红色黏土作为耐火材料；炉膛则是用火成岩碎屑、铁矿粒、木炭粉等耐火材料混筑而成。根据炉基附近尚存的石英石、白云石碎粒判断，彼时的铜冶炼已采用添加助流剂的方法，提高了生产效率和产量。在矿区的生活区、办公楼、大会堂、变电所等建筑的屋基下，以及公路边、铜山溪沿，还发现有大量古代炉渣堆积。炉渣呈黑色玻璃体状，有光泽，质地酥脆，二氧化硅含量很高；其形有块状、扁条状和不规则的圆状，表面有流动的皱褶。②炉渣是铜冶炼技术的重要指标，其越纯净，说明铜矿石在冶炼过程中被还原得越充分，也相应表明了提炼

唐代矿坑出土坑木

唐代“圆形炉渣”

① 鲍艺敏、方明华：《淳安历史文化丛书·文物叙略》，西泠印社出版社，2008年，第37～42页。
② 鲍艺敏、方明华：《淳安历史文化丛书·文物叙略》，西泠印社出版社，2008年，第43～44页。

水平的水准。从遗存的炉基、炉渣和堆积物来看，新安人已熟练掌握了冶炼炉的构筑技术，以及金属冶炼技术。在旧遂安地区，因铜得名的地方，除了洪铜山和铜山村，还有铜峰、铜坑、铜川、铜山尖等，亦能折射出当地冶铜、制铜活动的频繁和兴盛。

唐代，镜是除了铸造钱币外唯一可用铜铸造的器物，《册府元龟》卷五百一代宗大历七年（772）十二月就记载，“禁天下新铸造铜器，唯镜可铸”。唐太宗曾言：“以铜为镜，可以正衣冠；以古为镜，可以知兴替；以人为镜，可以明得失。”[①]唐代文人如白居易等也留下了大量赞颂铜镜的诗文。由于统治者的推崇，以及日常生活的需要，铜镜在唐代的生产十分引人注目。不但制作量大，且形式多样、纹饰华丽、工艺精美。出土和传世的作品说明，唐和五代时期，新安的铜镜制作技艺是十分高超的。其中较具代表性的有现藏于安徽中国徽州文化博物馆的唐代海兽葡萄镜，镜为圆形，面径 14.9 厘米。镜面素，镜背以高突棱为界，分内外两区，内区为主纹饰区，中心以高浮雕工艺塑伏状海兽纽，外环形布局置四伏状海兽纽，地仗饰串枝葡萄纹；外区为浮雕串枝葡萄纹间禽鸟纹图案。该镜铜质极细腻，呈银白色且闪亮，纹饰清晰，线条柔美，显得极为灵动，带有明显的唐代制作风格。海兽葡萄镜的名称繁多，宋代《宣和博古图》中称之为海马葡萄镜，《严窟藏镜》中又称禽兽葡萄镜，也有称瑞兽葡萄镜。这一镜式在唐高宗和武则天时期十分流行，盛唐和中晚唐制作亦非常兴盛。后，宋、明、清时虽有摹制作品，但铜色泛黄，已失古意。淳安县博物馆还藏有唐代花鸟纹镜，圆形，面径 21.5 厘米。镜面素，镜背浅浮雕纹饰环圆镜纽分为内

唐 海兽葡萄纹铜镜

唐 海兽纹铜镜

① [后晋]刘昫等：《旧唐书》卷七十一《魏徵传》，中华书局，1975年。

外两圈，中间无间隔，内圈为三组鸟纹和花卉对称布局，外圈布置六朵花卉，称为“簇六”。该镜体量较大，铜质细腻，色泽极佳，纹饰虽然作对称布局，但各纹饰间有变化，显得生动活泼；线条镂缕得极为细腻，格外使人感到盛唐的华美。淳安县博物馆还藏有五代的双鸾衔绶镜，圆形，直径 28.8 厘米。镜背浅浮雕首尾反向对称的双鸾，做舞蹈状，其中一凤嘴衔有飘动的绶带。绶与寿同音，取意长寿绵延。这方镜纹饰线条柔美、华丽，制作上显然带有盛唐遗韵。

入宋后的铜钱短缺现象，使得政府颁布了“禁铜令”，禁止私人购买原铜。除少数特殊情况外，民间也禁止使用铜器。铜镜制作业迅速衰落，数量和质量都大不如前。淳安县博物馆藏宋代青铜海兽夔龙纹镜和宋代神仙故事镜，就明显表现出铜合金配比不当、铜质粗糙的特征，纹饰镂缕也较模糊，线条显得板滞、粗放，远不如唐镜精致。在民间生活中，铜已渐被铁所替代，成为新安地区制作礼佛用器、工具及兵器的主要原料。如存放于淳安龙山岛钟楼的南宋宝祐四年（1256）铁钟。该钟高 1.62 米，下沿周长 3.91 米。提环为两首四爪龙式，纹饰精细、形象逼真。钟身四周有凸线框面 4 块，与“皇帝万岁”“重臣千秋”等铸纹相间。其中两块铸有铭文，一曰：“灵瑞院铸大法器一口，重千五百斤……宝祐四年正月”；另一块铸有房首众僧名和铸匠名。钟身还铸有云纹、波纹、火焰纹等。还有原位于贺城（淳安县县城旧址）城西的西井铁质井圈。该井由宋绍圣年间进士汪常开捐资所凿，并于宋政和七年（1117）铸成铁栏护之。铁井圈直径 1.14 米，高 0.58 米，壁厚 0.02 米，唇口残损。[①] 在古代的运输条件下，铁钟或者铁井圈这类体积较大的器具，自外购入原材料后当地铸造，或者直接购置成形器的可能是较小的。加之洪铜山铜铁矿资源较富集，因此可以推断出，宋代淳安地区存在较大规模的铁矿开采和冶铸活动。1982 年在淳安界首乡发现的宋代埋藏，共出土铁质兵器 20 件，有矛、刀、剑、

宋 铁钟

① 鲍艺敏、方明华：《淳安历史文化丛书 · 文物叙略》，西泠印社出版社，2008年，第130～131页。

爪钩、镗钯等，另有刀鞘、剑鞘残件若干，由于未经妥善包裹，出土器物锈蚀残损严重。但据残存形制判断，出土的很多武器种类，并未在《武经总要》的记载之中。《武经总要》是曾公亮和丁度合著的武器史专著，记载了北宋各类武器和护具的生产情况。书中记述北宋王朝极为重视武器生产，在国都汴京（今河南开封）设立了南、北作坊和弓弩院，专事军队武器装备的研发和生产，使得宋代步兵的冷兵器装备，业已达到了成熟和制式化的阶段。而淳安出土的如包铜饰铁矛，明显承继了汉或唐的制作传统；铁爪钩和镶铜套饰镗钯，则是从农具演变来的兵器，其中镗钯直到明中叶以后，才进入步兵制式武器的系统。由此可见，该批次出土的武器，存在民间私铸所为的可能，抑或与北宋末年发生在新安地区的方腊农民起义有关。但这批武器的出土，也从一个侧面揭示了宋代新安冶铁业的概况。

宋 铁镗钯

宋 方腊起义刻石

第六节 诸艺百态

唐宋时期的新安社会，经济和文化发展呈现出繁荣之态，各个工艺门类也是异常的丰富多彩。如漆器、盆景、编织、刺绣等，都有出色的成就。

一、浮翠流丹

新安地处皖南和浙西山区，气候温暖湿润，自古盛产优质的天然生漆。早在西周时期，先民就已掌握了取漆制器的方法。但在西周之后的很长一段历史时期里，新安的漆器工艺并没有呈现出承绪发展的局面。

《墨经》曾记载："观易水奚氏、歙州李氏，皆用大胶，所以养墨。时大胶墨纸黄，小胶墨纸微黄，其力以是为差。凡大胶必厚，厚难于和，和之柔则善，刚则裂。若以漆和之，凡煤一斤，以生漆三钱、熟漆二钱，取青汁投胶中，打之匀，和之如法。"[①] 文中所述的生漆即为"原生漆"，俗称"土漆"，是通过采割漆树获得的天然漆，也是早期漆器制作使用的原料；而熟漆则是将原生漆过滤后，通过均匀搅拌并经日晒或低温烘烤，脱去一部分水而获得的制漆。常见的熟漆有推光漆、透明漆等，其中推光漆又分为红推光漆和黑推光漆。另外，在熟漆加入天然矿石颜料，则可获得各种色漆。熟漆制作技术的掌握，提高了漆制品的耐潮、耐高温和耐腐蚀度，并使其呈现出不同颜色、光彩照人的面貌。《墨经》中关于李氏制墨用漆的记载说明，至少在晚唐时期，新安先民就已掌握了熟漆的制作方法，并充分了解了不同漆液的特性差异，所以才会在制器之外，还能熟练应用于制墨等其他工艺中。学者朱启钤在《髹饰录解说》中认为：制墨工艺中"雕样琢坯、划理识纹，以及漱金、嵌珠、填彩、开光，无一不与髹工相表里，即附丽于墨之文玩，如墨匣、墨床……或髹或雕，或刷丝，或错彩，或施金，凡世守之业，新安人无不擅之"。[②] 可见，因唐宋制墨等姊妹艺术的高速发展，"附丽于"其上的新安漆器工艺，也获得相应的提升。

宋代，徽、严二州所产的生漆，被合称为"徽严生漆"。因质量优异、产量颇丰，生漆不但成为主要的外销商品，也为当地漆业发展提供了保证。罗愿在《新安志》中记载："漆则诸邑皆有之。山民夜刺漆，插竹笕其中，凌晓涓滴取之，用匕刮筒中，磔磔有声，其勤至矣。"从中可以看出，制漆已成为新安先民主要的农副业生产。另据各地方志的记载，两宋尤其是南宋时期，漆作为主要的地方特产，被新安商人销往江浙及全国，漆器的逐渐商品化推动了民间的制作热情。这一时期新安的民间漆器，形制多样，造型简朴。1997 年发现的建德大洋镇宋代黄姓合葬墓，就出土了一组 5 件形制各异的黑漆盒，均为素髹，有 2 件大盒和 3 件小盒。两件大漆盒为叠摞放置，其中一件为 12 瓣素髹黑漆盒，径长约 17.5 厘米；另一件为六双脊形边委角素髹黑漆盒，直径 18 厘米。大漆盒内还放置了 3 件圆形带盖素髹黑漆小盒，直径分别为 6

---

① [宋]晁贯之：《墨经》，转引自桑行之：《说墨》，上海科技教育出版社，1994年，第30页。

② 朱启钤：《髹饰录解说》，刻印本，第26页。

厘米，7厘米和7.5厘米。[1]根据大漆盒中存放的成组金饰件，以及小漆盒中分别存放的白色粉末和疑似胭脂的黄棕色膏状物质判断，这组漆器为女性的妆具盒。漆盒均为木胎质，其中六双脊形边委角素髹黑漆盒和圆形带盖素髹黑漆小盒的胎体，选用很薄的多层木片或木皮，糊以织物随形制成，木胎极薄，髹漆精湛。在徽州地区，相传出生在歙县岩寺镇的漆器艺人赵千里，就是宋代薄螺钿漆器的创始人。据传说，歙县西乡郑村路口村边有一口水塘，产出的蚌壳珠光闪闪，鲜艳夺目。赵千里精心选用这种蚌壳中的优质品，将其裁切成纤细的点、线、片，然后嵌贴于漆地上，再经髹饰、推光而制成独特的螺钿漆，誉满全国，有"宋嵌"之称。南宋时，徽州漆工以生漆拌和绿松石、丹砂、珊瑚、石黄、青筋蓝、朱砂等天然色料，混合制成菠萝漆种，并作为贡品入贡宫廷。

二、勤于织纺

《隋书·地理志》载："扬州之域（今江南），一年蚕四五熟，勤于纺织。"《隋书·王谊传》和《资治通鉴·隋记》也明确记载：永嘉、新安（今淳安）、遂安（今淳安）等处，一年蚕四五熟，勤于纺织。[2]另外，《隋书·地理志》在记载豫章风俗时，也说新安和豫章相似，"一年蚕四五熟，勤于纺绩，亦有夜浣纱而旦成布者，俗呼为鸡鸣布"。文献的记载表明，隋唐时期的新安地区，织业生产较为普及，且新安织女也十分勤劳，擅长丝麻等纤维纺织技术，一夜即可完成浣纱织布。从侧面反映出新安地区的丝麻产量是较大的，需要织匠长时间的劳作才能完成织造。唐前期的丝绸产区主要是河北、河南地区，其次是益州和扬州一带。而唐后期，今江苏南部、浙江北部和安徽东南部地区迅速崛起。《唐六典》卷三记载了"睦越二州交绫"的内容。《元和郡县志》记载了睦州（新定郡）有"交梭""交笑"入贡。唐杜佑撰《通典》有记载："新定郡贡交梭二十匹、竹箪一合，今睦州……新安郡贡纻布十五端、竹箪一合，今歙州。"[3]明代顾起元《客座赘语》在所录唐代"润州贡"中也记载，在当时全国各类织物的近80个产地中，就有睦州的交梭布。大量记载表明，睦州和歙州地区的纺织业，在晚唐时即已跻身全国前列，彻底改变了以往落后的局面。

---

① 北京大学中国考古学研究中心、杭州市文物考古所：《浙江建德市大洋镇下王村宋墓发掘简报》，《考古与文物》2008年第4期，第9页。

② 倪士毅：《浙江古代史》，浙江人民出版社，1985年，第80页。

③ [唐]杜佑：《通典》中《食货典六·食货六》，中华书局，1988年。

据《严州图经》记载，宋时的严州府“观之州境，山谷居多，地狭且瘠，谷食不足，仰给它州，唯蚕桑是务”。可见，种桑养蚕、缫丝织造是当时极重要的手工劳动，尤其是宋室南渡定都临安后，京城杭州也渐次成为全国的纺织中心。为保证原料供给，朝廷屡次下了“劝课农桑”的诏令。在官府的大力推动和扶持下，加之邻近都城之便，新安的织造业发展明显增速。南宋淳熙年间（1174 ~ 1189），新安每年都要上贡绸 4598 匹、绢 83377 匹、棉 12226 两、丝 200 两。① 另外，每年还要征收数量不菲的夏税物帛，主要也是绸、绢、棉。为确保税赋的完成，新安桑蚕养殖和缫丝纺纱的规模迅速扩大。南宋咸淳年间（1265 ~ 1274）进士、淳安人邵定翁，曾作《缫车》一诗，记述了家乡养蚕缫丝的劳作场景。诗中曰：“缫作锁作急急作，东家煮茧玉满镬。西家卷丝雪满箴，汝家蚕迟犹未箔。”在他的《脱却步裤》一诗中还写道：“昨朝作劳汗如珠，脱挂田头老桑树。”南宋祁门诗人方岳在描写家乡百姓生活时，也称：“前村后村场圃登，东家西家机杼鸣。”

两宋织造规模的扩大，相应促进了织造技术的提升。绍兴二年至四年（1132 ~ 1134）间，于潜县令楼俦根据当时浙西农夫蚕妇种田、植桑和织帛的实际情况，以写实的手法绘制了 45 幅《耕植图》，其中织图有 24 幅，分别为“浴蚕”“下蚕”“喂蚕”“一眠”“二眠”“三眠”“大起”“捉绩”“分箔”“采桑”“上簇”“炙烤”“下簇”“择茧”“窖茧”“练丝”“蚕蛾”“祀谢”“纬”“织”“络丝”“经”“染色”“攀花”“剪帛”和“成衣”，全面地再现了蚕桑及纺织的过程，从而使我们了解了宋代织业技术的发展情况。从“上簇”一图可以看出，当时已使用“伞形簇”，即将 20 根茅草旋成辐射形对折成伞形薄簇，拾蚕于簇上作茧，这种簇法较平面上簇和悬挂上簇更简易，也更方便贮存。属于制丝内容的有 3 幅，分别是“择茧”“贮茧”和“缫丝”。“择茧”即为今天的选茧和剥茧工序；“贮茧”是为短时间内来不及缫丝，为防止鲜茧出蛾破坏茧层，而采取的日晒法或盐浥法贮存鲜茧；“缫丝”一图显示，当时已开始使用的素织和花织两种织机，织造效率较以往有很大的提升。另据明万历《歙县志》记载，宋孝宗时期，新安地区制作无骨灯灯囊，就已大量使用绢这种材料。②

---

① [宋]罗愿：《新安志》卷二《货贿》，光绪戊子李光熠重刻本。

② 万历《歙志》卷九“艺能”记载：“田叔禾曰：灯品苏、福为冠，新安晚出，精好绝伦。有无骨灯，用绢囊贮粟为胎，烧之及成，去粟则浑然琉璃球也。”第18页。

明万历《严州府志》则记载，绸的织造技术此时也有了显著提高，并以绸作为赋税。[①]可见，连续数百年的安定环境，为新安织业的发展提供了有利契机，织造技艺也因此有了显著提高。

元代，在徽州路设有织染局，有生帛机50张，匠户862户。主要生产生帛和熟帛丝绸，生帛丝绸有三色，熟帛丝绸有六色。[②]民间生产的丝、棉、绢等织品，也多被官府作为夏税征收，并根据土地等级进行摊派，给百姓造成了极大的负担。元代绩溪人舒頔在《缫丝叹》中记述了当时织户的困苦：

> 东家缫丝如蜡黄，西家缫丝白如霜。黄白丝出蚕口，长短缫出妇人手。大姑停车愁解官，小姑剥茧愁冬寒。向来苦留二月卖，去年宿债今未还。手足疲瘃事亦小，官府鞭笞何日了。吏胥夜打门，稚耋生烦恼。君不见，江南人家种麻胜种田。腊月忍冻衣无边，却过庐州换木棉。[③]

官府的横征暴敛，对新安丝业的发展起到了消极作用，丝织业规模及技术水平都有所萎缩。文献中，对新安丝织活动的记载，也较宋代大为减少，偶尔在方志、传记或墓志中有所提及。如淳安王阜乡管家自然村发现的元代管氏墓葬，其中管元凤二夫人方氏墓碑的碑文中，曾提及方夫人“勤纺织桑蚕”。

三、女红巧手

女红，也称为女事，多指古代女子的针线、纺织、刺绣、缝纫等手工活动以及制成品。作为传统的手工技能，新安家庭对女子女红技能的培养是十分重视的。在淳安八都地区，女孩需在六七岁时就跟着母亲或姐妹们学习绣花，她们从普通的针扎、荷包、衣领、围兜、腰带开始学习，通过数年的努力，才能熟练掌握钩、织、编、绣、裁、剪、缝等刺绣技法。故地方志书称，新安女人“口绝鱼肉，日夜绩麻挫针”。

宋室南渡后，带来了当时最先进的设备和技术，更加促进了南方织绣工艺的发展。《新安文献志》中有录《汪母夫人吕氏墓表》一篇，记载了南宋初期，歙人汪

① 《万历·严州府志》卷八《食货志》记载：“夏税旧额……紬（绸）一万三千五百八十四二丈七尺八寸。”日本藏中国罕见地方志丛刊，书目文献出版社，1990年，第175页。

② 《徽州府志》卷五《公署·郡邑公署》、卷二《食货一·土供》，上海古籍出版社，1964年，明弘治十五年影印本。

③ 舒頔：《缫丝叹》，《贞素斋集》卷五，台湾商务印书馆，1986年，文渊阁四库全书影印本。

淮之母吕贞兰“生于贵族，长于富室，而归于宦门”，并记述了她“组纫织绣之事，则率群婢，或夜分不已”的事迹。方氏为南迁的北方士族之后，于北宋末年迁入新安，带来了北方先进的“组纫织绣”技术，并开设了工场性质的织造家坊，培养了一批擅长织绣的工匠，这显然有助于织绣技术的推广和提高。另外，在淳安广泛流传的“绣衣第”传说，也反映了这一点。传说南宋宁宗皇帝曾在淳安选了四个美女入宫，其中有一个是商家源杨家人，名叫杨桂枝。她才貌双全，进宫后写了 40 首宫词，宁宗皇帝看了后十分称赞，将其由宫女升为才人、婕妤，最后封为皇后。另外三人姓应的美女则因绣艺出众，成为宫中的绣花宫女。有一年，宁宗皇帝为了庆贺太平，下令宫女每三人绣一件绣袍。这三位应姓宫女在杨皇后的帮助下，花了三个月时间，为皇帝绣成了一件五龙戏珠赭黄袍。及至中秋，宁宗命百官对绣衣进行评选，结果百官一致认为，五龙戏珠赭黄袍的绣工最佳，宁宗当即召见了这三位宫女，欲予以重赏。但三人恳请皇帝，赐其回家侍奉老父母，在杨皇后的劝说下，宁宗同意了她们的请求，并赏赐每人百两黄金安家，还派工部在淳安贺城为其建造了“绣衣第”，以表彰她们的慈孝之心，以及为皇室绣衣的功绩。三人回到贺城后，都将年老的父母接来一同居住，并仍以绣花为业。因为她们过往的皇室经历，加之手艺高超、绣艺精湛，四乡百舍都纷纷前来请她们绣花。三人故去后，后人为了纪念她们，在绣衣第的天井里种了一株白梅花，并把她们住的地方叫作“应家勘”，由子侄后辈轮流照看那株白梅花。受其影响，贺城西门庙边、西郭村、西洲上一带，家家户户也都喜种梅花，每到入冬以后，馨香四溢，连绵二十里。曾有诗颂曰：“当年走马贺城西，曾为梅花醉如泥。二十里路香不断，绣衣第到锦沙溪。”

四、松梅造景

中原氏族的规模迁入，以及随之的儒学南进，引发了新安社会习俗日渐趋文的变化。罗愿编撰的《新安志》中记述曰：“黄巢之乱，中原衣冠，避地保于此，后或去或留，俗益向文雅，宋兴则名臣辈出。”[①] 在这一社会大趋势的影响下，新安民居建筑逐步由古朴粗放向精工细琢发展，并逐渐开始考虑建筑环境的综合营造。如 2021 年发现的黟县碧阳东田宋墓彩绘壁画中，就以透视的技法描绘出远景和禽鸟；在 2022 年发现的休宁海阳墓葬群宋代地层中，则发现了以卵石围壁、泥地敷底的

---

① [宋]罗愿：《新安志》卷一《风俗》，清光绪十四年重刊本。

畔池，以及石板敷设的步道。这些借景或者造景的例证说明，当时的文人已参与居所设计或建设，使得民居被赋予更多的人文审美。在清道光《歙县志》中记载宋绍熙年间教授舒漭建风雩亭；清道光七年刻本《祁门县志》中记载宋方岳建古君子亭，以及记载方岳致仕时建归来馆的情况，等等。[①] 显然，文人们在勾勒自己理想居所的同时，在屋前舍后种松、植木、养竹、植梅，都将自己的美学观念浸润其中。当居所呈现于目前之时，他们往往也不吝赞词。《歙县志·舆地志·古迹》中记载："古梅窝，在向杲，吴龙翰居之，有古梅突兀连理而茂，龙翰故以为号，尝作《古梅赋》自况。"宋高宗绍兴年间，范成大在徽州任司户参军期间，也因赏倅厅红梅而作《次韵无夕赏倅厅红梅三首》。因此，民居建筑的文化和思想内涵被极大丰富了，正如同其他工艺类型的发展进程一般，起于先民之探索，承于匠人之努力，达则于文人之勾描。当技艺汲取、融合了中原以及周边地区的历史积淀，并被开始赋予文人的审美情趣和理念后，新安地区的民居建筑艺术就显现出成为中国建筑艺术典范的风貌。

新安地处山区，可供观赏的植物种类繁多，盆景制作的取材因而极为方便，这为盆景工艺的形成和发展，提供了得天独厚的资源条件。因此，新安盆景工艺的历史也十分悠久。据歙县卖花渔村《洪氏世谱》的记载：早在五代时期，位于新安江上游南岸沟谷腹地的卖花渔村，就盛行植梅、赏梅、咏梅之风。有洪氏四世孙洪必信，号梅窗居士，他"嗜史书，善吟咏，爱花木，尝于室之右建小楼数楹，植梅于前，作梅花百韵以自适"。《歙县志》也记载：洪氏后人世代以种植花木、制作盆景为业，并擅"咫尺千里，缩龙于寸，小中见大，虽假犹真"[②]。洪必信因此被认为是新安盆景艺术的创始人，卖花渔村也成为新安盆景的制作中心。宋时，不断迁徙他处的洪氏后人，逐步将盆景制作工艺扩展至绩溪、歙县等地，并发扬光大。宋室南迁后对首都临安（今浙江杭州）地区的建设，以及皇室显宦随之进行的大规模造园活动，使得花木种植和盆景制作成为一种产业。南宋吴自牧在《梦粱录》中有记载："临安今之茶肆，列花架，安顿奇松异桧等物于其上，装饰店面……东西马塍诸园，皆植怪松异桧，四时奇花，精巧窠儿，多为龙蟠凤舞，飞禽走兽之状，每日市于都城，好事者多买之，以备观赏也。"邻近地区旺盛的市场需求带动了新安盆景产业的发展，

① 朱永春：《宋代徽州建筑研究——兼论徽州建筑的起源》，《小城镇建设》2001年第9期，第43页。
② 《洪氏宗谱》，转引自《歙县志》第25编，中华书局，1995年，第581页。

除原制作中心卖花渔村外，很多地区的盆景制作也都发展起来。南宋祁门诗人方岳(1199 ~ 1262)以《接花》一诗，描写了家乡花农栽种和嫁接花木的场景。诗曰："楚簭并刀社雨前，掇红接紫自年年。颠风稗子僧成佛，白日烂柯人诈仙。半霎时移愚智性，一丸泥夺化工权。可怜人自生荆棘，却变初心失本然。"在其所著的另一首《卖花翁》诗中，也记述道："不论袍紫与鞓红，一朵千金费化工。人共醉花花亦醉，莫教山圃不春风。"形象地描写出花农栽植成功"袍紫"和"鞓红"两种珍贵品种后，欣喜万分的心情。

两宋时期的新安盆景制作，以梅桩盆景最具特色。前文所述的宋代诗人范成大在所作咏梅诗中，就形象地记述了梅桩如"游龙"、如云、如台的造形。可见游龙式、曲干式和三台式的盆景造型在南宋初期即已出现，并如范成大笔下所形容的，作品美观大方、富有神韵，且引人入胜，已具有高超的技艺和审美。盆景的选材除了梅之外，还有黄山松、罗汉松、翠柏、紫薇、天竹等，立意师法自然、崇尚自然、追求诗情画意，并以古朴、遒劲、凝重、浑厚、奇特的风格独树一帜，与苏派、扬派、川派、海派等，并称为中国盆景艺术的八大派系。

五、灯具纸艺

中国的制灯工艺起源于西汉武帝时期，盛行于唐代，及宋时已遍及民间。新安制灯工艺的起源尚不可考，但宋时，新安即已与杭州、苏州、福州一起，并列为中国的四大"制灯中心"。

关于新安制灯的工艺，明万历《歙县志》曾有记载，曰："田叔禾曰：灯品苏、福为冠，新安晚出，精好绝伦。有无骨灯，用绢囊贮粟为胎，烧之及成，去粟则浑然琉璃球也。此似与脱纱佛同，德寿、孝宗交亟赏之。余谓此得非亡宋之谶乎？乃今此法不传矣，岂亦恶其不祥而止欤？"① 说明虽起步稍晚于苏州、福州地区，但新安的制灯工艺业在宋孝宗时期已十分精良，代表作品"无骨灯"更是深受皇室赏识。另据《武林旧事》的描述："所谓无骨灯者，其法用绢囊贮粟为胎，因之烧缀，及成去粟，则浑然玻璃球也。"并评价其"景物奇巧，前无其比"。② 新安古代制灯，通常使用当地丰富的竹或木质材料制作骨架，外敷纸或绢，内燃蜡烛以照明。按用途

---

① 万历《歙志》卷九"艺能"。

② [宋]周密：《武林旧事》，上海古典文学出版社，1957年，第368页。

划分，新安灯的种类有龙灯、宫灯、纱灯等，形状则有圆形、方形、多角形等。主要特色是制作精巧，力求完美，细节刻画上追求形象逼真。宋时灯具制作业的兴盛，带来了新安灯市的繁荣，凡婚寿喜庆、风俗节日，甚至商业宣传等活动，灯都是极重要的装饰。而在每年的中秋、春节与元宵节，新安大地更成为彩灯的海洋。新安的制灯工艺，融合了绘画艺术和剪纸、纸扎等工艺，将新安人对美的理解一一体现出来。也因于此，新安的纸扎和剪纸工艺，也在两宋时期逐步发展起来。

新安纸扎是以竹、木、铁丝扎骨，用纸、布、丝绸造型的软雕塑。虽称之为纸扎，其实很多造型的材料用的是布和丝绸，只不过用纸更多而已。纸扎的应用范围极为广泛，喜庆用的花灯、旱船、龙狮等，丧葬冥祭用的纸马、纸人、纸屋等，皆是纸扎的宠儿。起源于南宋时期的淳安康塘旱船，就是以竹、纸扎制而成，这类制品因色彩鲜艳，故又称彩扎。彩扎的代表还有淳安的文昌彩龙，也是于南宋时期开始流行。由于彩龙共有 9 节，龙身长达 25 米，是用竹篾和木架为骨，外蒙彩布制成。夜晚舞动时，点燃内置的红烛，龙身首一体，灯火闪耀，蔚为壮观。[①] 彩龙制作的这种民间工艺，不但糅合了纸扎和灯饰的工艺特点，同时也集合了编织、裱糊、刺绣等诸工艺于一体，成为民间工艺的集大成者。

剪纸，又称刻纸，是一种以纸张作为载体的镂刻艺术。新安剪纸工艺是伴随着造纸工艺而诞生的古老民间工艺。内容多融新安山水、自然风光、民俗故事为一体，将新安风土人情用剪纸的手法表现出来。艺术风格上，具有“构图对称，疏密相对，生动写实，凝练概括，厚中见秀，玲珑剔透”的特点，线条表现也极具刀味纸感。用途除了贴于新人房门窗户外，在庙会和节庆活动中也十分常见。在淳安梓桐和歙县槐塘，剪纸之风尤盛。淳安梓桐镇几乎家家户户都会剪纸，有“剪纸之乡”的盛名；歙县槐塘的剪纸作品刀法纯熟流畅，线条秀逸，意趣浑朴天然。元代，严州梅城人林文耀以剪纸名世。他幼读诗书，工书法，后不幸中年失明。但书法一道，兴之所在，终不能忘。于是乃以剪纸尝试之，久而熟练，所剪之字遒劲飞动，与笔书不差毫厘。人骤见之，如不细辨，难知其为剪字。之后，林文耀遂以剪字为业，家人则装潢涂裱成轴，易薪换米度日，人称绝技“林剪”。[②]

---

① 刘来根、刘政：《淳安历史文化丛书·民间艺术》，西泠印社出版社，2008年，第13页。
② 《建德县志》，浙江人民出版社，1986年，第906页。

六、交白联桴

唐、宋两代是我国古代社会高速发展的重要时期，民间人员往来和贸易运输频繁，推动了航运和造船业的发展。《唐国补史》就记载："东南郡邑，无不通水。故天下货利，舟楫居多。"①

在当时的东南诸郡中，浙江和江西的造船业是较为发达的，而新安正处于两地之间，为沟通两地水路的要道。《黟县志》中记载，黟县的渔亭镇是新安江水运最西的码头，自古就是湖广与江浙货运的中转站之一。宋太平兴国年间的《太平寰宇记》中记载："鱼亭山在县南三十五里，每岁西江渔船至祁门县，舍舟登陆止此东水，次淹留待船，故曰鱼亭焉。"可见，自祁门县而来的江西船只，会在此舍舟登陆，以水陆接驳的方式转运至下游，最后由船运至浙江。

在睦（严）州地区，造船业和航运业比较发达。除了渔船、篷船等日用船型外，专门用于游玩赏乐之途的舫船，也于唐宋时开始制作和使用。民国《建德县志·轶闻》记载：

> 建德有九姓者，即陈、钱、林、袁、孙、叶、许、李、何是也。前志称世居建德江，以捕鱼为生，居民不与为婚……闻之父老，建德伎船，唐已有之，与友谅原不相涉，或云，此种渔户，皆亡国大夫遗种。宋末都杭，朝士爱严陵山水，避世于此，其不舍舟就陆者，犹是薇蕨首阳，以明不践土，不食毛之意。因专以捕鱼度活，两桨一舟，自成眷属，浅斟低唱以外，别无他长。俗称九姓渔船，亦曰交白船，言止能助人清谈而已。

这里记述的"交白船"，又名堂子船，②即一种舱位宽大的花舫。另外，淳安康塘民间有舞旱船习俗，当地流传为南宋理学家朱熹曾到淳安康塘访友，于环翠池置画舫，并在舫中和众文人、学子吟诗作对，讲授学问。后池水渐渐干涸，但为纪念此事，并鼓励读书人奋进，村民每逢元宵佳节，就会在环翠池遗址处舞动纸质的旱船。旱船的造型仿造画舫，有方或圆形的船篷，船身装饰得五颜六色，十分亮丽。除此

① 《唐国补史》卷下，上海古籍出版社，1987年，第1035页。
② 朱忠森：《建德造船业今昔》，《建德文史资料第九辑——工商经济史料》，1992年，第228页。

之外，淳熙八年（1181），南宋政府还在淳安县城西，设立了新安水驿，后改名为锦江驿。常备有驿船5艘，驿皂1名，兜夫5人，水手5人，水夫6人和纤夫60人。[①]驿船皆用红油漆刷饰，船上挂牌，写明木船船号、水夫姓名，桨、舵、篙、索、铁锚等行船的器械一应俱全。亦说明新安江水路运输的重要性，日益凸显。

七、竹石八音

我国的乐器制作历史悠久、源远流长，且品类繁多。尤其是在唐宋时期，由于歌舞艺术的流行，带动了民间乐器制作的发展。

新安制作乐器的历史十分悠久，屯溪奕棋西周土墩墓出土的青铜五柱器，就被认为是礼乐器的雏形。南北朝时期，竹、木、石是民间乐器制作的主要材料。《晋书·五行志》中记载："海西公时，庾晞四五年中……宴会辄令娼妓作新安人歌舞离别之辞，其声悲切。"新安舞乐的精妙，由此可见一斑。另据五代王定保著《唐摭言》的记述：时任歙州刺史的卢肇，与唐代名相姚崇之后姚岩杰会于江亭，"时蒯希逸在席，子发改令曰：'目前取一联象（酒令），尾乐器之名。'令主曰：'遥望渔舟，不盈尺八。'岩杰遽饮酒一器，凭栏呕哕，须臾，即席还肇令曰：'凭栏一吐，已觉空喉。'"卢肇所言"尺八"的乐器，是一种类似箫或笛的竹制管乐器。其音色苍凉辽阔，所奏曲调平静、淡定，是当时新安乐舞所用的伴奏乐器之一。

在以石材制作的乐器中，最负盛名的当数淳安的石磬，其制作工艺始于南宋，

宋 双凤拱日纹石磬

① 朱忠森、程秉荣、祝诚：《航运水域通五州》，《建德文史资料第九辑——工商经济史料》，1992年，第219页。

相传是由南宋宁宗皇后杨桂枝带到家乡。它发源于宫廷的磬乐文化，以古朴典雅，精美绝伦、音质纯正、造型各异著称。朱熹在淳安瀛山书院期间，曾对当时的“淳安石磬”赞叹不已，称其“琴声入耳，瑞气移人”，并著有《康塘百琴楼歌》以赞淳安石琴之韵美。

第七节　小　结

隋朝开始，新安江上下游分属皖浙两省的政区划分自此确立。政区的定型对文化和工艺的发展产生了深远影响，徽州和睦（严）州在统一的历史传承下，分别融汇和整合了各自区域的文化资源，发展出各具特色的工艺美术，使得新安工艺的内容更是充实和丰满。唐宋时期的新安工艺美术发展，概括而言大致有以下几个特点：

第一，唐宋时的新安，环境优越、百姓勤劳、社会稳定，因此社会经济和文化，都呈现快速发展的局面。尤其在宋室南渡后，由于宋廷对杭州及周边地区的大规模开发，促成了自唐安史之乱以来的中国经济中心南移，并同时带来了文化重心的相应南移。自南宋起，新安已成为四民乐业、百姓安居的经济发达之地，文教也极为昌盛，文人如林、名家迭出，有“东南邹鲁”之称。旺盛的经济文化需求，使得新安手工业的规模和质量，都有了极大提高，作品的构思立意、格局气势和精巧技艺，也为历朝历代所无法比拟。

第二，徽州和睦（严）州虽然因政区的不同，造成了工艺门类和发展方向的差异化，但由于自然地理环境的相似，以及历史人文传统的稳定，因此地域文化的总体特征还是极为相似的。这在工艺美术中也有充分的体现。如源于北宋时期的淳安青溪龙砚制作工艺，在选材、构图、雕刻等方面，就与歙砚制作相类。淳安、建德地区的砖、石、木雕刻作品，显然也和徽州建筑三雕的装饰风格同出一脉。淳安、歙县以及休宁地区，很多民间工艺如竹簟编织、苎布制作、织染刺绣、灯具纸扎等，也都体现出相近的地域文化特征。

第三，自东汉末年以来的北人南迁，至南宋初期达到高潮。一方面大量的域外人才、技术和资金涌入，促进了新安手工艺的进步；另一方面由移民构成的社会主体，以开放、理性和包容的心态，接纳、吸收、融合了各种类型的传统文化。这一时期，儒学文化得到了继承和整理，道教文化在这里有了发展，中国化的佛学也得到了传播。在儒释道文化的长期浸润下，新安工艺的门类和作品。都出现了从实用化向文人化转变的趋势。文房器以及与之有关的竹木雕刻工艺，呈现出蒸蒸日上的发展趋势；器物的制作上也表现构思雅致、制作精巧的特点，沾染了浓郁的文人意趣。

第四，两宋已降，新安风俗日渐趋文。罗愿的《新安志》有记载："黄巢之乱，中原衣冠，避地保于此，后或去或留，俗益向文雅，宋兴则名臣辈出。"[①] 朱熹之后的新安学风更炽，朱熹提倡读书，研究学问，从事著述，强调"穷理之要，必在读书"。府、县、乡、私学兴盛，书院林立，出现了"十家之村，不废诵读"之景。诵读之风的兴盛，培育和提高了新安人的整体文化素质，在工匠群体中也颇多识文断字者，其中有潘谷、戴彦衡、吴滋等人，成为苏东坡、欧阳修、米芾等鸿儒显宦的挚友。潘谷逝后，苏东坡曾作诗悼之，其中两句"一朝入海寻李白，空看人间画墨仙"，[②] 将潘谷誉为和"诗仙"李白为友的"墨仙"。可见，苏东坡已不把潘谷视为地位低下的制器匠人。歙县稠墅许氏宗谱《许氏家规》中所记述的"各安生理"的观点，代表了当时新安氏族对手工业者的态度转变。社会风气的变化，对新安工艺活动的繁荣，起到了极大的促进作用。

元初的战争，对新安的工艺发展造成了冲击和破坏，但统一的多民族国家建立，也为新安工艺注入了新的元素。例如在制墨方面，由于各民族和区域间的交流，元人粗犷、遒劲和豪迈之风在墨式中得到诠释，圆饼形的一捻金墨和牛舌形中书省墨，迥异于宋代的简洁淡雅。这一风格也在其后的明代工艺美术中，得到很好地继承和发展。

---

① [宋]罗愿：《新安志》卷一《风俗》，清光绪十四年重刊本。

② [元]陆友：《墨史》卷中，转引自桑行之：《说墨》，上海科技教育出版社，1994年，第77页。

第四章　明代新安工艺美术

第一节　概　述

一、右贾左儒

明代，徽州府辖歙县、黟县、休宁、祁门、绩溪和婺源六县，严州府辖建德、淳安、遂安、寿昌、桐庐、分水六县。二府在两宋之际承接了大批的北方移民，加之人口的自然繁殖，因而都面临了人多地少的矛盾。严州是“州郡山谷居多，地狭且瘠，民贫而啬，谷食不足，仰给它州，惟蚕桑是务，更烝茶割漆，以要商贾懋迁之利”。[①]徽州的情况则更为尖锐，“土少人稠，非经营四方，绝无治生之策”。[②]人多地少的矛盾，造成新安经济发展的困顿，百姓生活并不富裕，是故文献记载，当时的“两浙风俗之纯，唯严为最”，严州百姓“其俗勤俭愈于杭州”[③]。这一情况迫使新安人，不能仅仅拘于农业生产，而必须通过科举或经商等途径，来解决发展乃至生存的问题。

新安人多为北方世家大族后裔，明代以前主要有程、汪、吴、黄、胡、王、李、方、洪、余、鲍、戴、曹、江、孙15大姓，号称“新安十五姓”。他们迁入新安后，往往择地聚族而居，正如清人赵吉士在《寄园寄所寄》中引故老杂记曰：

> 新安各姓，聚族而居，绝无一杂姓掺入者，其风俗最为近古。出入齿让，姓各有宗祠统之；岁时伏腊，一姓村中千丁皆集。祭用文公《家礼》，彬彬合度。父老尝谓，新安有数种风俗，胜于他邑：千年之冢，不动一抔；千丁之族，未尝散处；千载之谱系，丝毫不紊；主仆之严，数十世不改，而宵小不敢肆焉。[④]

近古的衣冠之族极重谈吐、风仪、识鉴，并以诗书教育子弟，希望后代能通过“儒”

---

① [明]李贤等：《明一统志》卷四十一《浙江布政司·严州府》，文渊阁四库全书本。

② 许承尧，《歙事闲谭》卷二十八。

③ [明]陆容：《菽园杂记》卷十三，中华书局，1985年，第156页。

④ [清]赵吉士：《寄园寄所寄》卷十一《故老杂记》。

而“仕”，这促进了新安社会“崇儒、尚文、重教”风气的形成。《万历严州府志》载：“民生异俗，百里同风。郡称辑睦，六邑景从。农桑秩秩，弦诵雍雍。伊谁致之？教化之功。”[①]元代赵汸也在《商山书院学田记》中描述道：“新安自南迁后，人物之多，文学之盛，称于天下。当其时，自井邑、田野以至远山深谷，居民之处，莫不有学、有师、有书史之藏。……故四方谓‘东南邹鲁’。其成德达材之出为世用者，代有人焉。”[②]而在元明两朝的统治者，将发祥于新安的程朱理学厘定为官学后，自此“程朱之学大明于天下，天下之学宫莫不崇祀程朱三夫子矣”。[③]从而使新安本土的崇文重教之风更盛。在家庭督促、士族垂范和官府重视之下，新安地区形成了“十家之村，不费诵读”的情景。徽州就有“子孙不读书，如同一窝猪”“几百年人家无非积善，第一等好事只是读书”等谚语，严州的淳安县也有“孩子不读书，不如养只猪”“即使卖了茅茨，也要给孩子读书”的说法。重视教育的观念深入人心，加之生活和生存危机的逼迫，新安学子更加苦读。明嘉靖《淳安县志风俗》记载：“淳俗多种蹲鸱一名芋，其大者为芋魁，乡民课子夜读，每以煨芋魁为度，芋魁熟大约漏下二鼓矣。盖小儿意在所属，则精神振厉不倦于勤，啖之可以疗饥，犹熊丸劝读之一助。”明朝末年，遂安七都人王象乾入沙护庵读书。临行前，其父为携带方便将一只猪肋胛火腿捆进了铺盖，过了半个月，儿子写信来说，在庵堂读书什么都好，就是没菜，饭吃不下。父亲百思不得其解，赶到庵堂一看，见儿子读书篝灯达旦，倦则隐几假寐而已，连铺盖都没打开，弄得父亲哭笑不得。[④]就是在这种苦读、勤学的氛围下，新安学子对朱子之学“讲之熟，说之详，守之固，则惟推新安之士为然”，[⑤]自然科举及第者也众多。据叶显恩先生统计，仅徽州地区，明代中举者就达298人，中进士者有392人，占全国明代进士总数的1.55%。淳安，在明正统年间，仅小溪两岸的项宅和锦溪，就各有吏部左侍郎项文曜和吏部右侍郎洪屿，俗称“对岸两天官”。宣德、正统年间，更是出现了有明一代近三百年科举考试中，第一个“三元宰相”商辂[⑥]。

---

① 杨守仁：《万历严州府志》卷二《风俗》，日本藏中国罕见地方志丛刊。

② [元]赵汸：《商山书院学田记》。

③ 雍正乙巳年重刻《程朱阙里志》，安徽中国徽州文化博物馆藏。

④《淳安县文化志》，第3页。

⑤ 道光《休宁县志》。

⑥ 商辂在明宣德十年(1435)乡试、正统十年(1445)会试及殿试皆获第一名，故名“三元及第”。在明代，池州人黄观在洪武年间即已获此佳绩，但后被明成祖朱棣除名。所以说商辂是明代唯一一个“三元及第”。

新安人虽以业儒为根本，然而科考竞争激烈，真正能实现鱼跃龙门者不过寥寥，多数还是另谋他业。而且，现实环境也决定了新安人崇儒而不轻他业的观念。明代文学家、歙人汪道昆就有言："古者右儒而左贾，吾郡或右贾而左儒。"明歙人吴士寄曰"白首穷经，非人豪也""余每笑儒者龌龊，不善治生"。① 这些记述明显有违中国传统"士农工商"等级观念中士人为尊、工匠和商者位卑的理念，表明了明清时的新安人从思想观念、社会风气上就认为，四业无高低和贵贱之分，只要能"各安生理"，赡养家人即可。这种观念上的变革，在事实上造成了更多的新安人涌向商业和手工业。更有甚者，如"绩学业举，志存经世"的歙人黄镛、"治《通鉴纲目》《家言》《性理大全》诸书，莫不综究其要"的休宁人汪应浩等，也纷纷弃儒经商。这些拥有较高文化素质的新安商人，在激烈的商海竞争中，更易了解和把握市场动向，从而获得不菲的利润。明代学者唐时升（1551 ~ 1636）就评价说："新安人善贾，游行江湖，天下都会处处有新安人。"② 汪道昆更是一语道破新安人善贾的经营秘诀："东吴饶木棉则用布，淮扬在天下之中则用盐，吾郡瘠薄则用子钱。"③ 擅于借助地利和资源是新安商贾经营手法的突出之处，同时亦贾亦儒的身份，也使新安商人更易被当地士人所接纳，从而获得经营的优势地位。明正德、嘉靖时期，新安人程楷兄弟在江苏和山东两地经商，"乃吴、鲁人皆乐与少君兄弟游"。④ 因此，明中叶后，新安商贾脱颖而出，一跃成为中国商界的重要力量。一如明人谢肇淛在《五杂组》中所云："新安大贾，鱼盐为业，藏镪有至百万者，其他二三十万，则中贾耳。……富室之称雄者，江南则推新安，江北则推山右。"

二、艺文皆兴

明代，是新安工艺发展史上一个具有划时代意义的阶段，取得了举世瞩目的成就，这与当时整个社会的大背景是密不可分的。朱元璋于1368年建立明朝，采取奖励开垦、兴修水利、减免赋税等恢复经济的措施被大力地推行，社会经济文化进入一个全面发展时期。明政府在手工业管理方面也采取了较为宽松的政策，"轮班"

① 刘伯山：《中国一代儒商——徽商》，《徽州文化研究》第一辑，黄山书社，2002年，第92页。

② 唐时升：《三易集》卷十九《商山吴隐君七十寿序》，《四库禁毁书丛刊》集部第178册，北京出版社，1997年，第248页。

③ [明]汪道昆：《太函集》卷五十二《明故明威将军新安卫指挥佥事衡山程季公墓志铭》，《四库全书存目丛书》集部第117册，齐鲁出版社，1997年，第628页。

④ 唐顺之：《荆川先生文集补遗》卷五《程少君行状》，清光绪三十年刻本。

和“住坐”制度的实施，使得工匠们获得了解放，手工业者的积极性、创造性从而得到更好地发挥，带动了工艺美术的恢复和发展。

此时的新安人，几乎在所有的文化艺术领域都做出了突出成就。诗词文学方面，代表有汪道昆、吴非熊、程孟阳等，汪道昆被誉为明中期文学复古派的“后五子”之一；吴非熊、程孟阳，则被清初诗坛盟主王士祯盛赞为明代布衣诗人中的佼佼者，并言“海内莫不闻两先生皆新安产也”。[①] 戏曲方面，有休宁人汪廷讷，以及目连戏集大成者祁门人郑之珍。汪廷讷著有杂剧《广陵月》及传奇《环翠堂乐府》18 种。郑之珍所作的《新编目连救母》，则在民间广为流传，盛演数百年，经久不衰。弈林上，“新安派”和“永嘉派”“京师派”并称明代围棋棋坛的三大流派，中坚棋手歙人程汝亮，和李釜、颜伦、鲍一中并列为明代第一品。绘画方面，由渐江、程嘉燧、查士标等领衔的新安画派，以枯淡幽冷的心志和士人逸品的格调，在 17 世纪的中国画坛独放异彩。近人黄宾虹在分析新安工艺兴盛的原因时，言：新安郡邑“富商显宦，邻里相望，以故百艺工巧，为供女之娱玩，常优于他处”。[②] 可见文人和商贾的频繁文娱活动，为手工业产品提供了强烈的市场需求，带动了生产能力的提高，以及技术的革新。

明中叶以后，新安商帮强势崛起，在中国商品经济和贸易活动中，逐渐占据了优势地位。雄厚的财力支持，加之新安文化事业发展带来的旺盛市场需求，使得原本就处于国内领先地位的文房业、刻书业、雕刻业等，此时由于领先的经营观念和生产模式，于百艺兴盛、比肩发展的大背景下，进入了全面的繁盛时期。在文房工艺方面，虽然澄心堂纸和汪伯立笔的制作技艺已然失传，但墨和砚却牢牢占据中国文房四宝中的两个位置，尤其是徽墨几近成为中国墨的代名词。新安江上游的徽州，已呈现墨肆林立、名家辈出的盛景。仅《墨志》一书收录的新安墨家则达 127 人之众。而随着东西方贸易和交流的频繁，欧洲资本主义思想开始影响传统手工业生产，“家传世袭”的生产模式也逐步被雇用关系下的作坊式生产所替代。新安墨家开设了大量具备现代工场雏形的墨肆，并雇用了众多的墨工，其中的佼佼者在掌握制墨核心技术后，部分又进而蜕变为墨家和墨商。如此循环下，形成了如沈德符在《万历野

① 《新安二布衣诗清稿本》，祁门博物馆藏。
② 黄宾虹：《黄宾虹文集·杂著篇》，上海书画出版社，1999年，第88页。

获篇》中形容的“新安人例工制墨”的盛景。[①] 雕刻工艺上，除了砖、石、木三雕技艺，因在建筑中的广泛应用而越发成熟外，竹刻、漆雕、墨模雕镂等方面也都有杰出的创作。雕版上，以歙县虬村黄氏为代表的新安刻工，在中国美术史和雕版印刷史上占据了显赫地位，以至于明万历年间有“无据不图”“刻图必求歙工，歙工首推黄氏”之说。此外，还有盆景、竹木编、罗盘、纸扎等方面，新安人也有杰出的创造，取得了举世公认的成就。

工艺源于生活，也同时反映出社会发展的变化趋势。明中叶以来，玩古尚韵之风开始在新安社会广泛流行，并成为雅致生活的风向标。而且明朝政府大力培育地方的士大夫势力，在乡村中推行教化，并逐渐形成士大夫文化主导的社会秩序。因此，明代新安工艺作品的内容和功能，自然饱含了文人士大夫阶层的审美和情趣，“鸣蝉饮露”“羲之换鹅”“荷蟹（和谐）”等表达文人节操题材的作品，在这一时期大量涌现。同时，作为学术渊薮、朱子故里的新安，自宋元后，已然形成以儒学为正脉，并汲取释道思想形成三教合流的趋向。故而，表现儒家思想的“岳母刺字”“卧冰求鲤”“杨门女将”“苏武牧羊”等题材，以及体现道家思想的明、暗八仙图案，还有体现佛家思想的佛手、宝象花、须弥、净瓶等纹饰，也都被广泛应用。而新安奇峰秀水、老树虬松、丛草花卉的环境，更是工艺作品创作的传统源泉。明代新安工艺的创作思维和表现风格，已形成讲求自然平和、简约洒脱的特点，充满了人文精神和书卷气息。

第二节　墨业称冠

“墨之在万历，犹诗之在盛唐，造化奥妙，不可名状。”新安墨业历经宋元两朝的发展，及至明时，已呈现名家辈出、群星灿烂之态。从业人员的激增，使得行业竞争愈显激烈。嘉靖朝的罗小华、邵格之、邵青邱，万历年间的程君房、方于鲁、汪春元、方瑞生等，在激烈的竞争中脱颖而出，罗小华、程君房、方于鲁、邵格之

① [明]沈德符：《万历野获篇》，中华书局，1997年。

明 程君房款百爵图石绿墨

明 方于鲁款“文彩双鸳鸯墨”

被誉为“明墨四大家”。竞争也促使明墨在形制、纹饰和装帧等各方面，都有所突破和创新，各家精品迭出、异彩纷呈。在墨式上，既有传统的长方、圆、牛舌、碑等几何形，也创新出塔、钟、剑、琴等仿器物形，更有蝉、璃龙、桃等拟动植物形。万历年间成书的《方式墨谱》和《程氏墨苑》，是明代墨式的集大成之作，除去重复和相似，这两部墨谱共收录了500余种各式墨样。器型上也呈现一大一小两种趋势。传统的圆形、长方形此时多制为大笏，墨面缕纹饰，背和诗文，边落款识或干支年号，整体宛如一幅精美的工笔勾勒。类动植物形，则多整体制成象形小笏，于细微处落铭、款，犹如文人掌中雅致的把玩玉石小件。墨品纹饰的题材来源也十分广泛，有山水、人物、花鸟、故事等，甚至西方宗教题材也在其中。装饰上则施以刮磨、漆衣、漆边、漱金、填彩等技法。制墨技艺整体发展至登峰境地，已成为精彩绝伦、美轮美奂的艺术品。墨业制作在中国形成一枝独秀的局面，并保持至今。

一、源分三派

明代，是新安墨业发展最为辉煌的时期。中国传统的制墨中心河北和山西等地，已久不闻杵捣制墨之声，制墨大多都集中在新安及其辐射区域，并形成了歙县（今安徽省黄山市歙县）、休宁（今安徽省黄山市休宁县）和婺源（今江西省上饶市婺源县）三个中心。后世也因此将新安墨业，划分为歙、休和婺源三大制墨流派。

歙派的代表人物有嘉靖朝罗小华和万历年间的程君房、方瑞生等人。墨品特点是制作精良、质地精绝，制作上不惜工本，烟必细、胶必清、形必美，纹饰、墨式上更是异彩纷呈、美轮美奂。应该说，歙派墨品是明代墨业制作最为典型的地方代表，贡墨和名家订制墨也多出于歙派之手。这种情况的产生，与歙派墨家所处的社会地位息息相关。由于歙县自古即新安的文化和经济重镇，官宦巨贾、士林贤达也多出于此。如三朝元老、文渊阁大学士许国，“一代巨公、千秋文侣”的汪道昆，新安画派奠基人渐江,有着“一日五中书”之称的大盐商吴养春,等等。中国人固有的“乡谊观念”和“宗亲意识”，使得歙裔墨家在官绅阶层和士林群体中，更容易获得良好的口碑。况且大多歙派墨家，本身或为高官，或为名士。有着“明墨第一人”之称的歙派先驱罗小华，就曾任嘉靖朝中书舍人，并深得明世宗朱厚熜赏识。被后世喻为“墨妖”的程君房，也曾就读太学，并任鸿胪寺序班。文坛领袖袁中道的弟子方瑞生，则因爱墨、藏墨，而终以制墨名世。集锦墨大家潘嘉客，更是弃官去职而专事制墨。优越的社会地位、富裕的经济条件和良好的文化素养，使他们不以生存或盈利为目的，而仅是出于个人喜好而制墨。所制之墨，也多供自用或馈赠友朋，因此,他们往往不惜重赀以制墨。《歙县志》中记载,罗小华所制之墨“坚如石,纹如犀,黑如漆，一螺值万钱”。程君房制墨，每用桐液五百斤烧烟，得最轻油烟不过百两，成墨“寂光内蕴、神彩坚持”。潘嘉客经长期钻研后,得墨法三昧,所制之墨非常坚细,锋可裁纸。张子高、张絅伯、尹润生、叶遐庵四人合著的《四家藏墨录》就评价潘嘉客制墨 :“既不孜孜唯利是图，复不斤斤于沽名钓誉，有别于坊间市肆之制。”[①]这既是对潘氏制墨精神的评价，亦是说出了歙派墨家制墨之秉持。

歙派墨家中也有少数“另类”，与程君房齐名的方于鲁就是其中之一。方于鲁出身微末,曾在程君房家以制墨为生,后自立门户开设墨肆。早年因诗文得汪道昆赏识,被招入丰干诗社，并与其结为儿女亲家，从而受到文人学士的关注。加之其制墨技术高超，并擅经营之道，不久便声名远播。为进一步弘名传世，方于鲁开创性地将自己经年设计的墨式,汇总成《方氏墨谱》8 卷,并由汪道昆、汪道贯等名家题赋作铭,由丁云鹏、吴廷羽等名画家绘图，再由有“雕龙手”之称的歙县虬村黄氏刻工黄德时、黄德懋等镌刻。于明万历十六年（1588）编辑印行。在他的影响下，程君房亦仿效编辑了《程氏墨苑》12 卷，于万历三十三年（1605）刊刻出版。程君房在《墨苑》的末卷，还附了《中山狼传》一卷，隐喻方于鲁的背叛之举。方于鲁背离程家并开设墨肆牟利的行为，也为后人所诟病，并认为方于鲁制墨，较罗小华、程君房

① 张子高、张絅伯、尹润生、叶遐庵 :《四家藏墨录》,上海书店出版社,2006年,第28页。

终究稍逊一筹。明张应文在《清秘藏》中就阐述了这一观点："若我朝墨定当以罗小华鹿角胶为第一，龙柱次之，华山松又次之，宣庙尤妙。方正、邵格之、方于鲁辈可供日用，不堪传世。于鲁墨不及小华，所刻谱颇奇，绝堪供闲燕清赏。"① 明代书画家董其昌则更为推崇程君房，认为："百年之后，无君房而有君房之墨；千年之后，无君房之墨而有君房之名"。这场源于商业竞争的矛盾，不但促进了新安制墨技术的提升，也促生了《方氏墨谱》和《程氏墨苑》这两部墨文化巨著，图文并茂的编辑形式，多为后世墨家继承。另外，从张应文的观点中可以发现，当时的士林阶层已经清晰地有了珍藏墨和日用墨的区分，说明自宋代诞生的精品墨与实用墨的划分理念，在这一时期已经明确，并由于制墨商业化的程度加深。在盈利和竞争的目的驱使下，市场和用户被再次细分，进一步拓展为高、中、低三个层次。高端墨以歙派为代表，中、低端墨则主要为休派和婺源派的市场。当然，这种划分只是较总体而言的，各派代表墨家的作品，均十分精良，并无太过清晰的差距。

被张应文列为可供日用的邵格之，就是休宁派的创始人和代表。休派的重要墨家还有汪中山、邵青邱、邵青田、汪春元、汪鸿渐、汪时茂、桑梓里、桑林里、叶玄卿等人。其墨品多绚丽精致，善用髹彩、漆皮等装饰技法。由汪中山所首创的"集锦墨"，更是休派对中国墨发展的重要贡献。集锦墨，又称瑶函墨、豹囊从墨，顾名思义就是不同图案、不同形制的多锭墨品汇聚成套，表达出同一个主题，并集合于一个函套或匣盒中，形成从墨、套墨。集锦墨是墨装饰艺术臻至巅峰的标志。由于墨家众多，名品林立，想靠单锭墨品与歙派争锋，无疑是极为困难的。休派多为墨工出身，虽然社会地位、经济实力，甚至文化修养都远不及歙派，但了解市场，懂得顾客心理是他们的优势。在保持一定品质的基础上，采取增加品类、讲求装饰的做法，用以吸引顾客，是他们生存发展的不二法门。当然，在他们开设墨肆，成为墨商后，也会制作一些精品用以名世。《遵生八笺》就记载："汪中山……其精品以豆瓣楠为匣，内用朱漆，签以中款。"② 邵青邱、汪春元、汪鸿渐、汪时茂、桑梓里、桑林里、叶玄卿也有很多名品传世。如邵青邱款罗汉图墨，通体漆衣，人物形象生动，纹饰精美。又如桑林里款六棱形漱金墨，通体漱金，缕云凤纹饰，制作亦十分精彩。

① [明]张应文：《清秘藏》"论墨篇"，见《四库全书》子部十。

② [明]高濂：《遵生八笺》，中华书局，2013年。

相较于歙派的雍容和休宁派的华丽，婺源派则显得朴实无华。周绍良先生曾在《清代名墨谈丛》中介绍婺源墨崛起的原因："婺源地处山区，出产以木炭为大宗，烧烟取煤，极为便利，而制墨又属本地方的传统手工业，能者无虑数十百家，自产自销成本低，工价低，这是婺源墨可以与歙县、休宁抗衡的基本原因。"[①]乾隆三十六年《歙县志》卷六《食货志》中也有记载："墨虽独工于歙，而点烟于婺源，捣制于绩溪人之手，歙唯监造精研而已。"[②]从这两段记述可以看出，婺源本是新安墨烟料的主要供应地，从事着墨业生产链上最低端和利润最少的环节。利用产地成本优势制墨，希冀和歙派、休宁派争夺市场，追逐利益最大化，是婺源派的诞生缘由。也正因于此，歙派和休宁派所忽略或者说是不屑的低端市场，是婺源派墨品的主要销路所在。明代婺源派的代表是詹华山、詹文生，所制墨品多采用"御赐金莲""龙门""壶中日月""八仙"等具有民俗特点的墨名，器形、纹饰也较为规矩和简单。婺源派的诞生，承接和延续了宋代商品墨的发展脉络，完善了新安墨业的商品端。能够满足不同阶层的需求，并在继承中变革和创新，正是新安墨业能够独执中国墨业牛耳，冠绝天下的根本原因。

二、精工巧作

明代新安制墨，不但继续追求质量上的精益求精，在原料、形制、装帧等方面也有诸多创新和发展。主要体现在以下五个方面。

（一）原料上已经广泛使用了"桐油烟"和"漆烟"制墨

这两种烟料分别取自新安地区盛产的桐油和漆，原料来源充足，价格也较松烟更为低廉。这就为墨业制作的扩大和产量的提升，奠定了基础。另外，使用朱砂、石青、石绿、赭石等天然矿物为原料的彩墨制作方法，也开始出现。宋应星（1587～约1666）所撰《天工开物》，就在"丹青"篇中讨论了墨在中国矿物颜料中的重要性。

（二）由于明代锤锻技术的提高，使得工具更加锐利和纤巧，细致入微的雕刻从而可以实现

《天工开物》中记载明代的金属工具："凡健刀斧皆嵌钢包钢整齐，而后入水淬之，其快利则又在砺石成功也。"[③]制墨工具的进步，使得明代的新安墨家，能够一改前

① 周绍良：《清代名墨谈丛》，文物出版社，1982年，第502页。
② 《歙县志》卷六《食货志》，乾隆三十六年（1771）刻本，安徽中国徽州文化博物馆藏。
③ [明]宋应星：《天工开物》，上海古籍出版社，2008年，第171页。

朝的单调，以丰富多彩、细腻纤巧、变化万千的纹饰图案来装点墨品，在形制上也有诸多创新。而且此时的墨家又和以往不同，他们多为墨肆的主人，又多兼具文人身份，所以制墨只是出于喜好和应酬，又或者创作的需要。墨肆内的日常生产，多为雇用的工人进行，尤其是商品（市肆）墨的生产，甚至采用了类似后世流水线的做法。故而墨家可以有更多的精力，用在主持设计、钻研配方和协调进程上，所以明代墨品装饰的多样化，是历代无法比拟的。

（三）墨肆的制作流程和工序，划分繁荣愈加细致

明代沈继孙《墨法集要》中所记载的工序，已经从宋代李孝美《墨谱发式》中的8道，以及元代陆友《墨史·卷下》记载金朝刘法的10道，发展为浸油、水盆、灯盏、烟碗、灯草、烧烟、筛烟、熔胶、用药、搜烟、蒸剂、杵捣、秤剂、锤炼、丸擀、样制、印脱、入灰、出灰、水池、试研21道工序，每道皆有图例，亦有文释，十分详细。生产方法的细致化和规范化，使得墨品的质量控制越发稳定，新安墨业也真正走进了商品化生产的行列。

（四）明代新安制墨的装饰手法愈显多样

沈继孙在《墨法集要》中就记载有古松皮法、金星纹法、银星纹法、罗纹法、嵌金字法等。另外，漱金、漆金、涂金银、填彩、漆衣等技法运用也极为纯熟。

（五）在墨品的艺术创作中体现了中国传统美学的基本法则和装饰原理

虽然受模制技术的局限，在很长一段时间里，墨的形制并没有做到多样性。但长、方、圆的几何造型，既适应了实用的要求，也构成了最基本和简洁的审美观感。在明代，首次出现了根据墨形分类的概念。制墨家方于鲁在《方氏墨谱·墨表》中，将墨分为五式："墨象有五，一曰规，二曰万，三曰挺，四曰圭，五曰杂佩；圆为规，方为万，正直为挺，修者、锐者、荼者、葵者为圭，凡诸取数不齐皆为杂佩。"[①] 柱形，是为了手执研磨；佩形和象形，是文人常用之物的微缩，又或是精神诉求的反映。圆和方是墨中最有代表性的器形，在中国人工制墨的最初阶段就已经出现，螺、枚、饼、锭是它最早的形态，也是墨最早的称谓，经历一系列复杂的演变，明时的大笏巨铤，已经成为浑然天成的艺术品。从艺术创作的发展过程来看，墨已是逐渐走向艺术化，并不断提高了应用价值，体现了新安墨家实用、美观与商业价值有机结合

① 《方氏墨谱·墨表》，安徽博物院藏明万历美荫堂刻本。

的设计理念。

三、镌模髹墨

明代，新安的墨模雕刻艺术，出现了突飞猛进的发展，成为其艺术发展的黄金时期。这一时期的墨模，其主要功能已转为髹饰墨品所用，作器多为文人怡情赏玩之目的，故而不惜工本。尤其是立体、写实和多样的造型艺术，是明代墨家对墨业发展的重要贡献，将整个器体构成器物、鸟兽形，如塔、琴、如意、秦权形等，又如蝉、蝶、夔龙、鱼形等，大大丰富了墨的造型艺术。相应地，图纹镂刻也表现得多姿多彩。其中繁盛的景象，不但体现在众多传世墨品精妙的雕镂中，还存在于《方氏墨谱》《程氏墨苑》和《墨海》等诸多极富美学意义的样稿设计中。此时的新安墨家多是亦商亦儒，深怀文人情趣，更加注重墨品的艺术创作。如被誉为李廷珪后第一人的程君房，制墨设计就多请名画家丁云鹏、吴廷羽、汪伯玉等设计绘图，再由名刻匠黄遴、黄应泰镌刻模具。为供客户选择和宣传产品，也为了和同时代的制墨家方于鲁竞争，程君房设计并刻印了500余式墨样，后累计成册，合订刊刻为《程氏墨苑》。这部既可以说是制墨的样图集，也可视为中国墨家为应对商业竞争而印制的商品广告，抑或形象宣传册。这种行业竞争，直接推动了墨模雕刻艺术的进步。

明代新安制墨使用的模具，已经确立了后世外框内嵌的基本形式，并将以前的多模共用改为一模一锭。墨模外框多为长方形木块，中间部位根据墨品形状挖空，用以放置内嵌和墨剂；内嵌多由正、背、上、下、左、右六块组成，若为圆形或象形墨，墨模则为四板或二板合成，辅件为起榫头作用的若干横头。正版即为手印版，雕镂的是墨面图案；背版即为底版，雕镂的是墨背图案。上、下分别对应的是墨的顶部和底部，多为素面，或有文字也多为标识烟料等级，如“五担青烟”“贡烟”“顶烟”等字样。左、右边版对应的是墨的两个侧边，或素面，或标注墨肆名号，也有标识年款的，如程君房款“甘棠图”墨就在墨边标识了“天启元年”的年款。将年款刻在左、右边版上的目的是节约制模成本，若延续使用墨模，也方便更换。墨模上的图案和文字是以手工镂刻的负形，即若成墨纹饰、铭文为阳文，则墨模镂刻手法为阴刻，反之为阳刻。阳刻技法包括浅浮雕、浮雕，阴刻技法包括线刻、浅刻、深刻。墨模的制作雕刻水平直接反映当时制墨业发展水平，其雕刻艺术也直接受到新安书法、绘画、金石及雕刻等艺术的影响。

以新安自然和人文景色作为描写对象，并共同受地域传统文化思想熏陶的版画和墨模雕刻艺术，在明万历以后，受经济文化发展的推动，在刻工、画家、墨商、书坊主的共同努力下，经过长期乃至数代人的劳动和承袭，共同进入到全盛时期，并涌现出大量既反映墨模雕刻成就又体现版画艺术的杰出作品。其中以程君房的《程氏墨苑》、方于鲁的《方氏墨谱》、方瑞生的《墨海》和潘膺祉《潘氏墨谱》为最，它们共同被誉为明代四大墨谱。这四部墨谱底版的雕刻，大多出自歙县虬村黄氏一族。明朝末年，歙县虬村是我国刻书、制作版画的中心之一，尤其是黄氏一族。自明正统元年至清道光十二年（1436 ~ 1832），传承 12 代，历两朝 4 个世纪，涌现出 400 余名刻工，其中有黄文显、黄文汉、黄德时、黄德懋、黄应泰、黄应道等雕刻大师，他们既是墨模雕刻能手，也是版画雕刻的代表人物。明代，以黄氏刻工为中坚力量的新安刻工，影响和推动了中国版画艺术的发展，被郑振铎先生称为版画史上“光芒万丈”的时代。

明代的墨模雕刻，早期主要以写实的手法，来表现人民日常生活的情景。明中叶以后，铁线白描的勾勒技法，在墨模的设计和制作中被广泛应用，因此在雕刻中，多采用线雕的技法，并结合圆雕、高浮雕、浅浮雕等技法的综合运用，使画面呈现出饱满而生动的风韵。如程君房的甘棠图墨，就以圆雕刻画人物，并以线雕勾勒衣物和植物的曲线，从而避免了拘谨之态，显得十分灵动。还有如程君房的月精墨，就罕见地采用了高浮雕技法，雕镂出瑞兽月精的形体，再以线雕勾勒海水，因而画

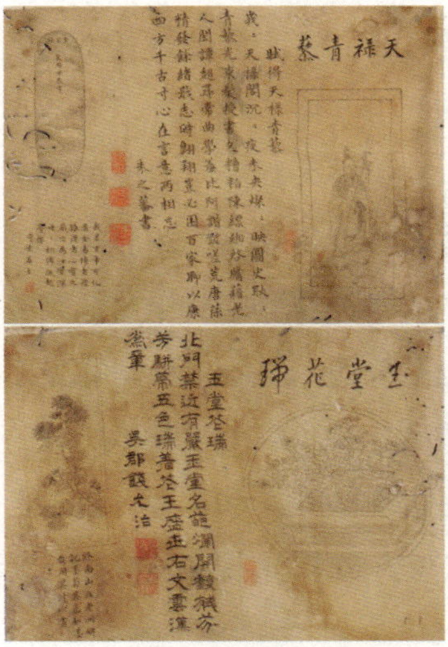
明 丁云鹏绘《程氏墨苑》手稿

明《程氏墨苑》收录的部分象形墨

明 程君房款百子榴墨

面表现得既有威猛之势，又具柔美之态。在程君房所制的五岳图集锦墨中，又运用了线雕和浅浮雕的结合技法，细腻地再现了山川景致。在这些传世的精品上，我们看到了精微工致的细节勾勒，灵逸动感的景物刻画，琢绘相宜的生动气韵，加之以诗意入画，使得图纹的曼妙和精美在美学意义上妙到极致。明代的新安墨模雕刻，为万历之后的中国墨艺术，增添了浓墨重彩的一笔。

四、著书传艺

墨诞生于人们的生活实践，最初只是满足书写和记录的基本需求，随着技术的不断进步，加之文人士大夫是主要使用者，墨的设计、制作、使用和流通，便逐步艺术化和文人化，并最终演绎成表达文人精神追求的艺术作品。也正由于历代文人不断通过交流使用经验、参与制作实践和撰述制用心得等途径，不懈地推动了制墨技术的进步。

明以前，墨作为实用器，色泽精纯和经久耐用是制作者的主要诉求。但是，作为中国工艺美术中最为灵动的门类，墨的制作是极富个性的。从原料、配方到辅材的添加，任何环节一个细微的变化都会直接影响成墨的品质，甚至导致制墨的成败。因而，虽然流程步骤大致相似，但历代墨家的配制和工艺还是各具特色的。《春渚纪闻》记载："至李（李超）氏渡江，始用对胶，而秘不传，为可恨。"又记载："一日（沈珪）与张处厚于居彦实家造墨，而出灰失早，墨皆断裂。彦实以所用墨料精佳，惜不忍弃，遂蒸浸以出故胶，再以新胶和之，墨成。其坚如玉石，因悟对胶法。"① 由此可见，当时墨家制墨的实践经验是不传之秘，至于付诸文字广为传播，更是极为鲜见。

明代，整个社会形成了藏墨、赏墨、鉴墨的氛围，文人的大量参与，使得大量研究和记载墨的专著不断涌现。尤其是隆庆之后，各种著作百花齐放，并形成了以制作技术、墨史逸闻、图谱释形和鉴藏考辨为研究主体的四种类型。制作技术类多为参与过制墨实践的文人所著，记述历代墨法，内容包括取烟、制胶、和制等工序流程，部分著作亦会对墨法优劣之处作出评价，代表作品有洪武年间沈继孙所著的《墨法集要》，宋应星撰《天工开物》"丹青"篇等；墨史逸闻类多为酷爱翰墨之士所著，记述墨的发展和历代典故。代表作有项元汴撰《蕉窗九录·墨录》，沈德符著

---

① [宋]何薳：《春渚纪闻》，中华书局，1997年，第24～25页。

《万历野获篇》，麻三衡著《墨志》等；鉴藏考辨类多为藏墨家所著，录所藏墨品和考证结果，以及总结的鉴定方法或心得。有高濂所撰《遵生八笺》卷十五《燕闲清赏笺·论墨》篇，邢侗所著的《墨谭》和《墨记》，以及谢肇淛所著的《五杂俎》等；图谱释形类多为墨家所辑，以图案、拓片，或文字的方式，记录代表作品，并多附名家题赞，目的正如《四库总目提要》所述的“其意主于炫耀以求名”，同时亦可吸引客户，应对日益激烈的行业竞争。首开该类著作先河者为方于鲁，他于明万历十七年（1589）著成的《方氏墨谱》，其后有程君房于万历三十三年（1605）成书的《程氏墨苑》，以及方瑞生所著《墨海》。

源于好儒的传统思想，也脱胎于多为文人的根本，明代新安墨家对著书立传的执着，远超中国制墨史上的其他阶段，从而直接催生了如《程氏墨苑》《方氏墨谱》《方瑞生墨海》等皇皇巨著的诞生。这推动了制墨技艺的传播和弘扬，吸引了更多的人从事制墨活动，新安的制墨业也在此基础上大踏步前行。

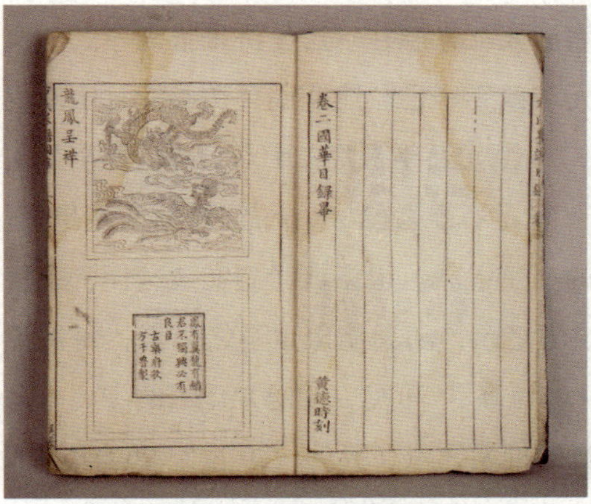

明 万历十七年（1589）美荫堂刻《方氏墨谱》

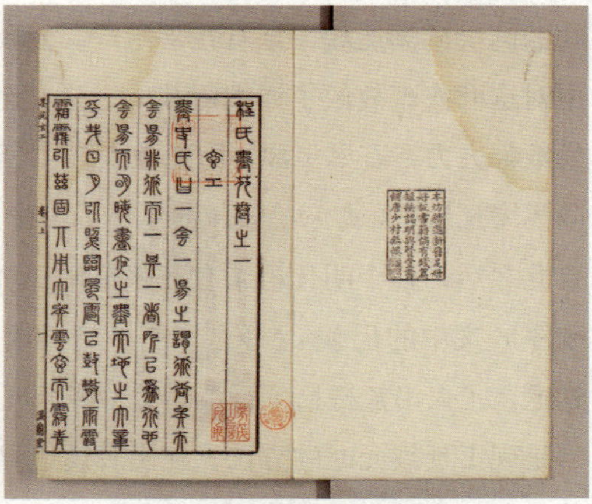

明《程氏墨苑》书影

第三节 砚雕风韵

明朝繁荣的经济和富强的国力，促进了文化艺术的发展，也促生了砚的社会需求。尤其是明代中叶以后，由于商品经济的发展和资本主义萌芽的出现，与之相适应的新文化、新科学也随之产生，使得制砚业跨入一个新阶段。这一时期也正是新安社会经济文化等方面的高速发展阶段，以盐商为核心的新安商帮，足迹遍布全国，达到其历史上空前绝后的鼎盛。在获得巨额财富后，新安商人大量投入家乡的文教事业，推动了文化的进步，这也成为明代新安制砚工艺发展最为重要的推手。

唐宋时期的过度开采，造成婺源龙尾山矿难不断，终在宋元之交时酿成石尽山颓的局面。明代，由于优质砚材的短缺，新安砚业的发展略显颓势，但凭借着精工细作的雕琢艺术，砚制作一直都保持着较高的水准，从而维护了“端歙并世”的地位。

一、多样砚材

在新安制砚工艺千余年的发展历程中，经历了显衰交替的命运。唐宋时，歙州的能工巧匠，采用婺源龙尾山所产的精品石材，制作出享誉中国的歙（州）砚，使之奠定了中国四大名砚的历史地位。自显名以来，婺源龙尾山就一直是歙砚最主要和最优质的砚材供给来源，因而歙砚也被称为“龙尾石砚”。但由于南宋末年和元初的两次矿洞崩塌，歙石几乎绝产。元代婺源人江光启在《送侄济舟售砚序》一文中对这两次事故做了详细记载：一是“至元十四年辛巳，达官属婺源县汪月山求砚，发数都夫力，石尽山颓，压死数人”。二是“今至元五年十月二十八日夜，堙声如雷，隔溪屋瓦皆震，禽惊兽骇。数年前工人告予，紧足石雕凿已尽，予之不信，至是果然”。自此之后，整个明代再未有开采龙尾砚坑的文字记载。根据江光启在《送侄济舟售砚序》文中的记载：“今之所得，皆异时椎凿之余，随湍流出数里之外者，每每潦初退，工人沿流掇拾，残圭断璧，能满五寸者盖寡。”可见，明时龙尾石的主要来源，当是砚工延续元时的方法，在山脚溪边寻觅的椎凿之余。另外，20 世纪 90 年代初，曾在龙尾山发现一处古砚坑，根据砚坑旁遗存的铁钎等采石工具，以及砚坑岩壁上镌刻的“大明万历”年款诗句来判断，当为明代采石遗迹。这说明当时存在民间私采的情况，但可能因规模和产量都不大，所以未见文字记载。

从传世和出土的作品来看，明时新安的歙砚制作，大抵采用三个方面的石材来源：

一是婺源龙尾石。也有琢制者称该类砚材为“籽石”，多为旧时坑口开采出的“椎余之料”，但由于长期受溪水冲刷和浸润的原因，往往质地绝佳，色泽多黝黑，颗粒较紧密，呈现出如玉石籽料般光泽。这类材料多因滚落时或溪水间的石材相互撞击，而造成砚材受创，所以雕琢者多随形而作。

二是新安地区所产的其他砚石。多为与婺源毗邻的休宁流口地区，以及歙县岔口和大谷运等地所产。石质和石色均较杂，有青碧色、暗绿色或灰黑色，发墨较佳，品种有银丝、金星、金晕等。其中休宁流口所产砚石硬度较大，不易加工制作，故成砚纹饰多较简单。岔口和大谷运所产石材质地细腻，与龙尾石相近。

三是外省砚材。明代优质龙尾砚石的来源极为不稳定，产量也难以满足社会需求，于是便有砚商从外地贩入石料弥补。根据现存实物和文献资料记载，这种贩运是出于两种目的，一方面是以相近石色的砚石充做歙石借以牟利，如江西九江石、襚村石等，江光启的《送侄济舟售砚序》一文中就对这种行为发出了“今将怀旧坑真材以取不售之辱乎？将怀伪石以为欺乎”的责问，并以伪石冠之；另一方面是由于明代新安文教的昌盛，对端、澄泥、洮河等优质砚石产生了巨大的需求，因此在外经商的商贾，或致仕游学的文人，皆有携砚而回的习俗。在新安地区，至今遗存的明砚中就有很多是这些砚石所制的，甚至还有数量不菲的砚坯遗存。这些石材的流入，在一定程度上锤炼了新安砚工的雕刻技艺，满足了歙砚发展的需要。

特别应当指出的是，得益于文化和商业发展的需要，除上游徽州地区外，中游淳安地区的砚制作也在明中晚期发展起来。因淳安古称“青溪”，加之砚材来自龙眼山，故名青溪龙砚。明初学者徐尊生著《龙眼山记》曰：“淳安之西梓桐之源有山曰龙眼，支脉自黄山来，蜒天矫数百里，至此则却顾蟠伏若龙之俯首，下饮于溪者。”作为黄山山脉支脉的龙眼山，出产的砚材质地坚韧且匀滑，石色青碧，石纹绚丽，部分优质石品有金星的云龙和银星的雨夹雪状石纹。青溪龙砚是由明代著名清官海瑞发掘而来的。海瑞曾在嘉靖四十一年至四十五年（1562 ~ 1566）任淳安知县，在任期间，他主持了龙眼山的正式开采，并派出当地砚雕匠向邻近的歙县学艺，在吸收了歙砚雕刻的工艺特点，以及民间砖、木、石三雕琢制艺术精髓的基础上，形成了自身的风格特色。

二、钟灵之工

从传世的作品来看，明代的新安制砚，就艺术思想和技术水平而言，仍是处于一个整体上升的趋势，形成了时代特有的艺术特色，并在砚雕艺术的发展上，起到了衔接和拓展的作用。同时，基于龙尾砚材难得的缘由，上游徽州的砚工在承袭宋代制砚“方正为贵，浑朴为佳”的传统基础上另辟蹊径，于随形和仿生形方面有了很大的创新。因此，中正的大砚、灵动的随形砚和雅致的仿生砚，是明代新安制砚的典型代表。

因为自开采伊始，就有入贡为宫廷御用之砚的传统，所以方正砚式一直是唐宋新安制砚的主流。南唐时期，李后主在歙州封设砚务官，为宫廷雕刻官砚，这些砚式就多为长方形。虽然宋以后，砚式呈现出多样化发展的态势，但方正大砚仍历久不衰。明代的新安砚工，秉承这一传统，只要石材允许，总是尽可能地就式而作。如安徽中国徽州文化博物馆藏明代长方抄手“英雄独立”纹砚，性虽干，但质、色表现俱佳。式作长方门字抄手，宽砚边，阔砚堂，堂上部琢出墨池，砚岗部高浮雕“雄鹰独立”纹装饰，取“英雄独立”意。龙尾石是一种黏板岩，平均硬度达 3.5 ~ 4°，其主要矿物为绢云母，呈细小鳞片状定向排列结构。正是这种高硬度的片状结构，决定了龙尾石制砚极少采用高浮雕、镂空雕的技法。日本学者宇野雪村在《文房古玩鉴赏指南》中指出：“由于歙砚是黏板岩的缘故，很少制成像兰亭砚、蓬莱砚的砚式。”[①] 而该砚在池、堂结合的砚岗部位，采用高浮雕技法雕琢纹饰，更是极为罕见，体现了新安工匠对拓展砚雕技法的新尝试。虽然就高浮雕使用而言，这种尝试并未体现出工艺和艺术上的成功，但对于砚式以及相应雕琢工艺上的丰富，显然是很有裨益的，明显推动了其多样化的发展。又如明长方形一指池抄手歙石砚，长 25 厘米，宽 14 厘米，高 9.8 厘米。作长方抄手式，门字形。砚堂开阔略内凹，有使用痕迹，砚堂上部琢一指砚池，宽砚边，以侧壁为墙足。石色黑略泛青，砚堂有鱼子纹。这方砚的特点是质地极为细腻，且坚润厚重，正如前文所述有类“籽石”般的表现，显然是长期受溪水浸润之功，这也从实物方面印证了明代龙尾砚石中，很大一部分来自历代“锥余之料”的文献记载。明代的方正砚式，较之宋时有着明显的区别，在砚边、额堂、四壁等部位褶勒处，不见挺直、锐利之态，线条处理上表现得圆润而柔美，砚面地子和砚边，多采用古器物之璃纹、夔纹、云雷纹和几何纹饰，整体造型素雅简洁，明快大方。

明以前，新安制砚随形而作的情况是比较少见的，这是因为龙尾石大料居多，成材较易，加之传统使然，使得砚工无须随形而制。而明代优质石材的来源困窘，锥凿之余难得大料，因而砚工在裁取砚材显得极为不舍，虽片石亦不忍舍弃。故而

---

① [日]宇野雪村著，刘晓方译，《文房古玩鉴赏指南》，北京燕山出版社，1999年，第36页。

在设计上力求保持石材的原貌，雕琢上极尽巧思随石而琢，极力配合石材本体而表现，因此很多明砚虽形小而艺精。如明随形眉纹歙砚，最长10厘米，最宽11.6厘米，高2.4厘米，石色黝黑，质极细腻，通体细眉纹，砚作随形。砚堂平阔，墨池于砚堂上部琢出，深凹，砚额、砚岗和砚边布卵石纹，整体图案布局如山中溪涧，宛若浑然天成的一幅山水画卷。石质极细腻莹润，石色黝黑，砚堂自上至下依次有四条阔眉纹。

明代社会的赏砚和藏砚之风甚盛，许多文人甚至直接参与到砚式的设计和制作中，故而砚式也能够更加直接地反映出文人精神的追求。因此，这一时期的新安制砚风格，整体表现出一种对精雅、宁静、婉约的精神诉求。魏晋时期，以龟、兽等表现吉祥寓意的仿生砚式在此时已经极为罕见，而多见蝉、鹅等高洁之意的式样，尤其蝉形是最为常见的。如明蝉形三足眉纹歙石砚，长35.7厘米，宽20.5厘米，高7厘米，石色黝黑，光洁莹润，纹理缜密细腻，抚之如柔肤。砚作蝉形，以蝉首为墨池，蝉身为砚堂，墨池深凹，砚堂平阔，有眉纹。自砚额部压塘起砚边，雕刻出蝉的形态，线条过渡流畅自然。砚背刻有叶梗，叶梗弯曲由砚中至下横贯两端，形成底部两足，首部落地形成另一足。又如明鹅形歙石砚，长16.4厘米，宽8.3厘米，高3.2厘米，石质细腻，色青黑。作鹅形，鹅背作砚堂，上琢出墨池，于墨池中琢出鹅首并延伸至砚额部，砚边刻划鹅毛纹；背以鹅足为两足，头部落地自然形成第三足。这两方砚，分别借蝉饮露之生习和羲之换鹅之意，表达出清雅脱俗之文人节操。琢制者对这种立意把握得十分准确，布局合理、线条工整流畅，手法表现得驾轻就熟。可以看出，明代新安制砚在探索写实

明 英雄独立池歙砚

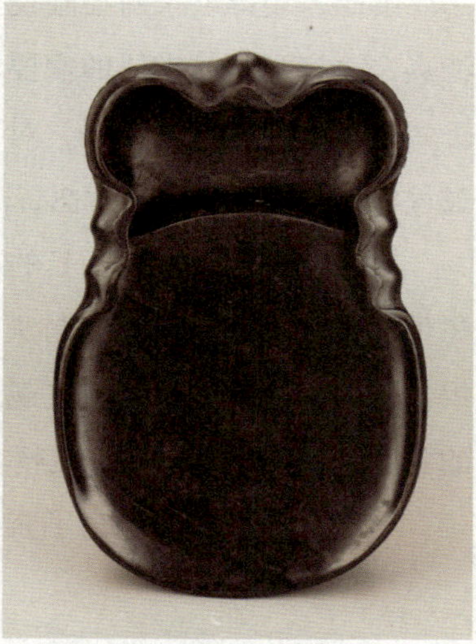

明 蝉形三足歙砚

手法和自然风韵的结合方面，取得了很突出的进展。

三、清寒风骨

清初诗人施愚山在《砚林拾遗》中云："昔李后主用澄心堂纸、李廷珪墨、龙尾砚，三者为天下冠，当时贵之，端石尚未大显。……龙尾如清寒道人，时见机颖；端石如风流学士，竟体朗润。"[①] 施氏评价龙尾砚如机颖的清寒道人，一方面道出了石材的质地、色泽及纹理的特色，另一方面也道出了新安砚雕工艺清雅冷峻的风格。

砚的艺术价值主要在于雕琢，而每个时代的雕刻风格，则和当时社会政治、经济、文化密切相连，直接反映出当时思想意识和审美情趣的变革。总体来看，明代的新安制砚艺术特点，归纳起来主要有以下六个方面：

第一，总体艺术风格达到了十分精练的程度，具有端庄、雅致的特点，可以用"洁""约""健"几个字来形容。所谓洁，是立意上高洁而不落俗；所谓约，是造型上简洁而不繁复；所谓健，是手法上利落而不赘疣。

第二，布局上比例尺度合理，充分考虑了实用功能和艺术性的统一，在表现艺术美感的同时，不失其作为文房用具的基本功能，说明已开始从单纯实用器逐渐步入装饰工艺品行列的转变。

第三，雕刻上以简洁的浅浮雕线刻为主，所琢之图案纹饰惟妙惟肖，手法细腻纤巧；不见繁琐的立体镂空雕，偶在局部出现的深刀雕刻，也是出于和池、堂相呼应的目的，因而显得十分协调。

第四，装饰上采用绘画技法的现象已经较普遍，而且极为注重结合器物的形体特点，适应了整体布局的需要，因而不显突兀。同时，明时新安文风昌盛，很多砚工多具有一定的文化水平，对设计美学方面也有了更深的理解和诠释，能够在琢制过程中更好地体现这一意图，这使得很多砚台宛若一幅浑然天成的山水画卷。

第五，得益于加工工具的提高，各种线条的处理和加工成为可能。如在随形砚、仿生砚中就常使用卷边的制法，即砚边向砚膛内弧线内卷，这起到了很好的实用作用，既阻拦墨汁外泄，也使砚的造型更显美观；又如在边、角的处理上多呈现圆润的弧度，曲线的表现更加流畅，打磨程度也比较高。

第六，注重石美，为了充分突出体现石材的色泽纹理，避免喧宾夺主，尽力不

---

① [清]施闰章：《施愚山集》卷四，黄山书社，1992年，第91页。

加多余的装饰，呈现出素雅朴质之美。

明代新安制砚艺术的特点，与文化思想上的变革是密不可分的。明中后期，王守仁的“知行合一”的新理学得到流行，讲求实用和注重实践的观点，深切地影响了制砚思想。砚的雕琢更加趋向自然、朴实和贴近生活，开阔的砚堂、深邃的墨池，是适合当时频繁文化活动对蓄墨的要求的。与此同时，可以惊喜地发现，创作思路上的生活化，并没有出现通俗和程式化装饰手法，反而显得更具文人气韵。这主要得益于创作立意上的拔高，以及新安砚人文人化的审美视角，他们巧妙地利用砚边、砚额、覆手乃至整体形制，做出欣赏性和实用性相结合的装饰，细节处理上并没有采取生硬、死板的手法，大胆地留白或者虚化，使得作品呈现出质朴和清雅的寒士风骨。相较于宋砚的简洁和清砚的繁复，明代的新安制砚风格，也更加符合和反映中国文人的传统美学观点，因而也受到后世的追捧。

第四节　良工剞劂

新安商人致富以后，或为光耀门楣，或为福及子孙，他们将大量的资金用于个人或宗族建筑的构筑中，这一行为在明代已经成为商贾群体的普遍共识。地方志书就多有记载，称商人致富后的要务，即回家修祠堂、建园第，并力求重楼宏丽。在雄厚资金的投入下，新安的建筑业及其与之相关的砖、石、木雕刻工艺也呈现出迅猛发展的景象。

在我国漫长的封建社会中，以礼为中心的等级制度，规范了人们的行为、服饰以及建筑等各个方面，在礼制方面的管控也尤为严厉。在建筑规制上，明初“洪武二十六年（1393）定制：庶民庐舍不过三间五架，不许用斗拱，饰彩色；三十五年（1402），重申禁饬：不许造九五间数，房屋虽一二十所，随其物力，但不许过三间；正统十二年（1447），令稍变通之，庶民房屋架多而间少者，不在禁限。”[①] 新安虽处偏僻山区，但在政府控制力较强的明代早中期，建筑中的逾制现象几乎未见。因此，

①《明史》卷六十八“志第四十四”“舆服四”“臣庶室屋制度”。

追求内部装饰的恢宏华美，成为建筑艺术追求的主要目标，砖、石、木三雕工艺作为建筑装饰最主要的表现方式，猛然间发展起来。以砖石木制作的门罩、罩壁、花窗、楹柱、梁袱、雀替等构件，和建筑融为一体，为建筑物营造出精致富丽的氛围。明隆庆、万历以后，由于资本主义经济萌芽，以及社会文化的发展，社会整体呈现出较为自由的氛围，学术上也是百家争鸣、百花齐放。此时的新安建筑，形式上突破三间五架规制的仍属罕见，但使用斗拱和装饰彩画的情况，业已十分普遍。

一、素雅砖雕

明代新安的砖雕工艺，由墓室砖雕制作向建筑装饰砖雕制作转变。砖雕成为重要的建筑构件，被广泛应用在民居门罩、门楼、罩壁，以及宗祠、官邸等建筑的八字墙面上。这时的砖雕多选用新安江北岸的优质黏土烧制成青砖，经打磨、打样、打坯、出细等工序，雕镂出山水、花卉、人物等图案，并以细腻精致、风韵生动和富有书卷气等特点享誉全国，其作品也是极富地方特色的。具体表现在以下几个方面：

（一）用料与制作极为考究

必须采用掷地有声、色泽纯青的水磨青砖为材料，砖质地务必细腻、疏紧适宜，不能太脆或太嫩，太脆刀刻易进，太嫩入刀易碎，质地总体以适宜雕琢为好。制作时，先在每块砖面上勾勒出局部的纹饰图案，后根据远近层次关系凿出深浅图纹，再对局部进行细腻琢磨，最后将数块砖组合成整幅图案。新安砖雕还有一种窑前雕的技法，即待砖坯晾干后，直接雕刻好再行烧制成砖，但由于烧制难度大，砖坯容易变形、爆裂，成品颜色也不易控制，故极为罕见。

（二）雕刻的题材内容广泛，人物、动物、山水、花卉及几何纹饰，乃至书法、篆刻等方面，可谓无所不包

人物题材多与历史典故、文人轶事、戏曲传说、民俗等题材有关，有“关羽夜读”“长坂坡”“将相和”“郭子仪拜寿”“八仙”“魁星点斗”“百子图”“渔樵耕读”等，多雕刻在月梁、窗栏板、隔扇门处。动物题材多为龙、凤、狮、虎、麒麟、仙鹤、鹿、鳌鱼等，纹饰多作“二龙戏珠”“龙凤呈祥”“五蝠（福）拱寿”“麒麟送子”“福禄寿”“丹凤朝阳”“马上封（蜂）侯（猴）”等，多雕门罩、雀替、梁袱等部位。八宝、博古、缠枝花卉、几何纹、回字纹、万字纹等纹饰，则多被作为辅助纹饰，或者地子装饰。以山水、花卉或人物为主体，结合书法、篆刻等艺术的组合纹饰，是新安砖雕内容中最具特色的，也是最具文人气的。如安徽中国徽州文化博物馆藏的明代“玉棠花蕊”砖

雕罩壁，由 24 块水磨青砖组合而成，以玉兰花和海棠花作为主纹饰，左上镂题“神仙对里风流意，富贵场中本色男”诗文。罩壁多安置在民居大门外对面或者室内天井对面的门楼内，壁上的砖雕装饰，一般为圆形或长方形的独幅砖雕画面，四周沿墙边勾外框装饰，罩壁砖雕的内容大多是花鸟、灵兽、戏曲人物等吉祥题材的纹饰。像“玉棠花蕊”这般立意高、尺幅大、构图精的作品，实属罕见。砖雕作者采用了中国画的传统构图手法，布局合理，疏密有致；花卉雕琢饱满，茎叶镂刻刚劲，诗文笔意贯通，一气呵成，手法有节奏变化，画画呈现得优雅大方，体现了极高的雕刻和创作功底。

明“玉棠花蕊”砖雕罩壁

（三）砖雕的使用范围极广泛的

“大户普遍建砖雕门楼，小户普遍建砖雕门罩。纵有一些户主拘于资金，但宁可简化室内装饰，而不省建门楼和门罩，他们认为门楼、门罩是房宅之首面，历来风化所尚是可简而不可省。”[①] 诚如文中所述，新安砖雕装饰的重点是门楼、门罩，这

① 宋子龙、马世云：《徽州砖雕艺术·序言》，安徽美术出版社，1990年。

被认为是家庭或家族的门面，故而丝毫马虎不得。门楼、门罩的外形多样，有垂花门楼、字匾门楼、四柱牌坊式等数种。上方通常为挑出的飞檐，顶上附以重瓦和鳌鱼戗角，目的是遮住上方流下的雨水。自檐口向内用青砖嵌墙成框，砖上多雕饰花边，以下延续递加，有三层、五层不等。每层均有砖雕图案，并分别装置额枋、方框、元宝、横枋、匾额等，直至门坊上尺许。另外，在民居的八字墙面、镂窗、屋檐、屋翎等处，甚至墙面的通气孔，或直接使用砖雕，或以砖雕装嵌其中。它们和粉墙黛瓦的新安建筑相互呼应，共同构成典雅、庄重而富有立体视觉的效果，可谓“门罩迷藻悦，照壁变雕墙”。

除民居外，明代的祠堂、寺庙、佛塔、牌坊、神龛等建筑，也大量地使用了砖雕作品。坐落在淳安汾口镇西北琅琯岭的琅琯塔，就是一座明万历年间的六面七层砖制塔。除塔基为条石砌成外，须弥座、拱券、塔身均以砖砌，塔内一至四层各面壁上，供奉有66尊砖雕的造像。[①] 另外，淳安汾口龙门村建于明隆庆至万历年间的龙门塔，淳安中洲镇叶村建于明晚期的雁塔，也都采用了砖制而成。

（四）明代新安砖雕工艺使用的技法多样，也十分成熟

采用的技法大致有平雕、浮雕和立体雕刻。平雕以线刻技法为主，多在文字或篆刻纹饰上使用；浮雕有浅浮雕、高浮雕两类，高浮雕较少见。建于明代中期的屯溪程氏三宅6号楼，内门楼上的“凤戏牡丹”砖雕就采用高浮雕手法，一凤一凰，一雌一雄，形态各异，画面清晰生动，精美异常。立体雕刻则有透雕、半圆雕和镂空雕之分，这类雕刻由于主图案纹饰高高突起，极具层次感和雕塑之美。但明代新安砖雕的总体风格，讲求拙、雅而朴素，所以除了雀替、喻脊兽、戗角等因实际需要外，立体雕刻是很少使用。同时，新安兴旺的戏曲、民俗、版画等艺术，也为砖雕装饰的构思、构图，以至表现手法上，提供了必要的借鉴。

另外，砖雕在建筑上也有十分重要的实用功能。如砖雕门罩，不但可以增加建筑物的华丽，还可以分流顺墙而下的雨水，不至于在门前形成“水帘”，保护大门不被风雨侵蚀。关于门罩的来历，新安地区普遍流传的传说是，朱元璋进占徽州后，外出访贤时突遇大雨，便在路边人家的门框下躲避，但风急雨斜，终被雨淋湿。朱元璋登基后，便规定徽州人建房时要加盖门罩，以起到遮风挡雨、方便路人的作用。

① 鲍艺敏、方明华：《淳安历史文化丛书·文物叙略》，西泠印社出版社，2008年，第73～74页。

传说不置可否，但砖雕门罩对保护这一地区的木质大门，确实有着很大的实用作用。

明清时期的新安砖雕，相传是由明代中期的窑匠鲍四首创。鲍四是徽州府人，自幼承袭了父辈的烧窑活计，虽擅长经营，但极为辛苦，利润也并不丰厚。故而变卖了砖窑，赴江苏淮安做生意，苦心经营数年后，成为淮安首富。他为了彰显自己的财力，便在淮安修建了鲍四庙，还塑了自己的全身像置于庙中。之后，他又揭榜要造一条鲍四街。这种炫耀的行为，引来了观音大士。为点化鲍四，观音化身为中年妇女，来到鲍四面前，行礼而言："世上只有技艺无尽头，哪有什么钱财无限。"鲍四听了涨红了脸，说："你会什么技艺！"中年妇女说："我会做莲花。"鲍四不信，凭借自己钱多，提出要打赌，自己一步放一个元宝，对方得跟着放一朵莲花，一决输赢。妇人满口答应，向前走一步，用手往地上一指，地上便现出一朵莲花，鲍四便跟在后面放上一只元宝。这样一步一放，半里路下来，那妇人的莲花还有，但鲍四的元宝没有，鲍四只好认输。淮安人使用地上的元宝，在放莲花的路面上盖了街房，起街名叫"莲花街"。而鲍四已身无分文，只得砸了庙中的自身像，凑了盘缠返回家乡，并重操烧窑的旧业。鲍四也领悟了"钱财有限，技艺无穷"的神仙教诲，从此一心烧砖，并设计和制作了莲花砖，之后又在砖上刻花木、虫鱼、人物、楼阁等。数年后，鲍四的技艺越发娴熟，还收了几个门人研究砖雕，在他们共同的推动和推广下，砖雕技艺取得了显著的进步。

二、石雕古拙

明代早期，新安石雕工艺的风格体系已初步显现。虽然受材质所限，石雕的题材和内容远不及木雕或砖雕繁复，主要以动物肖像、花卉为主，间以八宝、博古和几何纹饰为辅或为地，除石生像和少量线刻作品外，几乎不见采用人物故事或者山水的题材。在雕刻手法上，多以浅层透雕结合平面雕为主，整合圆雕的趋势明显，镂空雕和线雕的技法，在石雕尤其是在建筑石雕中是极少采用的。

明中叶以后，随着经济实力的增强和技术水平的提高，对雕刻也越发精益求精。在设计立意和布局上，对图案和纹饰的观赏性提出了更高要求，原先的单层面雕刻向多层面发展。刀法融质朴与精致为一体，局部琢制上则讲求处理的细腻，以及实用和美观的结合，在斗拱、倒爬狮等构件上，透雕的使用也逐渐增多。工艺技艺的成熟，使得新安的石雕作品，愈发受到追捧，并随着新安商人的足迹走向全国，在江苏的南京、扬州、苏州，浙江的杭州、衢州、金华，江西的景德镇等地，甚至在山东曲阜孔庙的大成殿中，都能见到它的身影。在曲阜孔庙大成殿的四周廊下，环立 28 根雕龙石柱，就是明代弘治十三年（1500）由新安石匠雕刻而成。[①] 这些石柱高 5.98 米，直径 0.81 米，柱础为覆盆莲花式。其中中殿两侧山廊及后檐的 18 根石柱为八棱形，棱柱上浅雕九条团龙，寓意“九龙盘柱”；在前檐的 10 根石柱，采用深浮雕技法刻就，刻深达 20 厘米，上镂“双龙戏珠”图案，四周环饰云焰纹，柱脚则以“海水江牙”纹饰之。这些恢宏的石雕作品，造型优美生动，雕刻玲珑剔透，刀法遒劲有力，纹饰栩栩如生，体现了新安石匠极高的美学修养和艺术审美。

除了石柱外，牌坊、桥梁、石塔等石质结构的建筑物，民居的门当、柱础、花窗，庭院祠堂的栏板、云柱，以及墓葬建筑，也都能看到雕刻精美的石雕艺术作品。这些石雕所使用的原料主要来源自两个方面，分别是青黑色的黟县青石和褐色的茶园石。黟县青石属大理石质，产自黟县地区的高山上，石质硬软适度，历来多用于建材和石雕，而且以这种石材制作的石雕，石色黝亮且历久弥新。祁门现存的明代建筑“贞一堂”，大门两侧的抱鼓石就为黟县青所制。整个抱鼓石由三部分构成，上部为素面抱鼓，中部承托件满雕云纹，下部为基座，基座两面分别雕琢有龙凤呈祥、麒麟送子等图案，并以竹节纹饰边。这件石雕作品，纹饰雕镂精绝，画面雅致和青黝石色搭配得非常协调，加之日久造成的包浆，使得整件作品成为建筑的点睛之笔。茶园石，又名青碧石，产自淳安茶园镇后山和赋溪乡下於村一带。茶园石色泽灰白带青，纹细而有序，质地坚纯，十分适宜于造型。因此，新安石雕中高浮雕和立体雕的作品多为茶园石质，尤其是在淳安当地，古建筑大多由茶园石雕砌而成。临岐菖蒲的白佛桥、姜家镇银峰的大方桥、汾口镇宋京的鸿福桥、大碑亭和城西寺中的十八罗汉，以及遍布街巷的石板路，处处皆可看到茶园石的身影。明代，茶园石依靠便捷的新安江水路运输，远销至苏杭和徽州地区。在安徽中国徽州文化博物馆，保存有一对明代守门石狮，就为茶园石制作而成。这对守门狮均安置在素面底座之上，雕镂雌雄狮各一，做蹲立式，雄狮脚踩绣球，俗称“狮子滚绣球”，寓意好事降临；雌狮亲抚幼狮，俗称“太狮少狮”，寓意子孙昌盛。整对石狮，镂刻简洁生动，雄狮形态威武雄壮，雌狮形态亲昵慈祥，特别是双狮前额与头部的鬃毛，以及背部的卷毛纹，勾勒出双狮威武而又温驯的外貌，惟妙惟肖。

---

① 香港《龙语》杂志1991年第5期，第77页。

另外，汉白玉、大理石虽不甚普遍，但也是新安石雕艺术较常使用的材料。如在祁门历溪明代御医王琠所建的“合一堂”门前，就保存有一对汉白玉雕琢而成的抱鼓石。这对石鼓高1.2米，宽0.8米，厚0.2米，石鼓及基座均为汉白玉雕琢而成。正反两面均为吉祥物，高浮雕图案，其中有“龙狮戏球”“麒麟送子”，还有传说中的“独角龙兽”“天马驰骋”“学鹿银铃”等图案。值得注意的是，由于材料质地的不同，即使是相近题材和相邻时期的作品，也体现出差异化的风格特点。譬如前文提及的安徽中国徽州文化博物馆所藏的茶园石守门狮，就和该馆所藏同时期黟县青石雕琢的石狮，呈现出迥异的形制特征。一般来说，黟县青石石质较为细腻润泽，故而狮形体态表现得较为活泼、灵动；而茶园石较为粗粝的质地，则更易展现狮形的粗犷和威猛。这一点在柱础等构件上也有体现。

在新安的明代石雕建筑中，最具特色的当数牌坊。牌坊滥觞于汉阙，成熟于唐、宋，至明已达登峰造极。自汉唐迄宋，牌坊多以木制。元末明初，基于防火和永久纪念，逐步由木质向石质过渡。至明中叶，牌坊已基本为石质建筑。目前，新安地区现存的明代石牌坊，按形式可分为三类：一是门楼式，二是冲天柱式，三是立体式。按建筑时间的不同，大致可划分早、中、晚三个阶段，各时期的造型特征也有所不同。明早期，主要为二柱一间三楼门楼坊式；明中期，多为四柱三间五楼门楼坊式；明代末期，转变为四柱三间三楼冲天式。按照建筑功能来分，亦可分为三类：一是建筑群空间序列中第一道象征意义上的大门，如明弘治十二年（1499）建设的歙县郑村贞白里坊，明万历十二年（1584）建设的徽州区潜口金紫祠石坊，以及明徽州区岩寺进士第牌楼门坊等；二是纪念性建筑的牌坊。如淳安的“三元宰相坊”“父子公卿坊”“三元坊”和“状元坊”等明代石牌坊；三是作为桥梁和通衢的标记。如明嘉靖三十三年至三十四年（1554 ~ 1555）建设的歙县丰口进士坊等。作为中国古代为表彰功勋、科第、德政，以及忠孝节义所立纪念性建筑，“不论是哪一座牌坊，都有其固定的建筑对象和独特的建筑意义，无不寄托着人们的丰富情感和内心意念，或颂扬，或敬慕，或表彰，或纪念，或夸耀”。① 如伫立在歙县中心十字街口的明万历十二年许国石坊，就彰显了新安人往日的荣光。四面八柱三楼的特殊形制，以及

---

① 金其桢：《中国牌坊》，重庆出版社，2002年，第46页。

精美异常的雕镂，也是对许国的煊赫政治地位的最好诠释。[①]而梁枋、栏板、斗拱、雀替上雕镂图案，内容也各有深意。如南面雕的“巨龙腾飞”，象征皇帝南面而王，表示许国对朝廷的忠诚；内侧雕“英（鹰）姿（雉）焕（獾）发”，颂扬皇上年轻有为。东面雕“鱼跃龙门”表示许国是科班出身；内侧雕“三报（豹）喜（喜鹊）”，喻许国在万历年间的三次升迁。两面雕“威凤祥麟”，“凤”和“麟”乃文风鼎盛、德政昌隆的太平盛世才会有的，喻义和称颂了当时的社会统治；内侧雕“龙庭舞鹰”，“舞鹰”谐音“武英”，暗示许国身居武英殿大学士的地位。北面为“瑞鹤翔云”，寓意天下太平，又象征许国的品格高尚脱俗；内侧为“鹿鸣图”，借《诗经·鹿鸣》篇意，表示许国身为礼部尚书，常会嘉宾学子，鼓瑟吹笙，生活儒雅。明代新安工匠在这些建筑局部上细腻而巧妙的构思和手法，反映出繁荣的经济和雄厚的财力，促进了工艺艺术和技艺水平的提高与普及。

另外，一些名宦达贵的墓葬石刻也颇为精美。在淳安，威坪镇鳌岭角明代徐汝圭墓、枫树岭镇姜后山明代詹理墓和汾口龙门塔西明代余四山墓前的石生像、石马，虽历经数百年风雨剥蚀，仍栩栩如生。其中明代詹理墓，据当地村民描述，该墓应为明嘉靖年间所建，原墓前有石虎、石马、石羊、石翁仲各一对，有仿木楼阁式石构建筑、三通墓碑，以及“侍御行祠”。目前仅存石虎、石马、石羊各一尊，另有石马首部残件。石虎为蹲坐式，下部为底座，整体保存较好。通高121厘米，长92.5厘米。头部垂低，眼睑似睁似闭，显得温顺可亲。虎尾采用夸张的手法雕琢，自尾部直绕至前脚脚趾处。石马为站立式，头戴璎珞、身披马鞍，鞍中部刻饰踏镫，鞍披四周镂饰海浪纹饰，踏镫两侧刻饰“天马”图案。通高157厘米，长191厘米。颈部有裂痕。石羊为跪式，头上有双角，角长50厘米，颌部刻饰胡须。通高98厘米，长95.5厘米。石羊颈部已被敲断，头身一分为二。另外，明代余四山墓的墓门，为六柱五间三楼式石坊，形制实为罕见。造型为重檐、歇山顶，檐口雕成筒板瓦状，柱头上有象鼻昂斗拱。高度由明间向次间、稍间依次递减，明、次间各有一块墓碑。墓前有石马、石虎、石羊各一对，依次对称排列。[②]

---

① 许国(1527～1596)，字维桢，歙县人。嘉靖四十四年(1565)进士，历仕嘉靖、隆庆、万历三朝，万历十二年以云南“平夷”有功，晋太子太保、武英殿大学士。

② 鲍艺敏、方明华：《淳安历史文化丛书·文物叙略》，西泠印社出版社，2008年，第59～68页。

明 詹理墓石虎

明 詹理墓石马

三、木雕玲珑

木雕是目前存世量最多的三雕作品，在新安各地的应用均十分广泛。建筑物上的梁架、隔扇、窗栏板、挂落等，日常使用的桌椅、案几、床榻等，文房用具的笔架、笔筒、砚屏、墨床等，均有木雕精品的传世，

明代初期，新安木雕的工艺呈现出雅拙和简洁风格，技法多以平面浅浮雕手法为主，用线简练挺拔，粗放刚劲；人物形象夸张适度，造型浑圆结实，开脸富有变化。安徽中国徽州文化博物馆收藏的“渔樵耕读”和“文王访贤”图木雕板，就是这一时期的鲜明代表。作品分别以展现日常生活风貌的“渔”“樵”“耕”“读”和突出“忠”“孝”“节”“义”思想的历史故事为主题，构图饱满、人物生动，画面表现简练，线条动感强烈，且具艺术张力，呈现出沉稳、古拙的风格气质。明中叶以后，随着技术水平的提高和社会财力的富足，为了规避建筑制式的限制，发家致富后的商人另辟蹊径，以奢华的雕梁画栋对自己的宅第进行装修。尤其是在易于雕琢的木质构件制作中，以大量雕刻进行装饰的风尚十分普遍。这显著推动了建筑装饰艺术的进步，新安建筑的装饰风格，亦因此由粗放转向精细。与砖、石雕刻相类，明中期以后的木雕，平面浅雕的技法已甚少使用，圆雕、多层雕、镂空雕、立体雕渐次成为主流，有的镂空层次多达十余层，且布局合理、层次分明、错落有致，使得整个作品异常秀丽精美。题材内容上，多为民间喜好的吉祥图案、戏曲故事、山水景致、花鸟虫鱼等。安徽中国徽州文化博物馆收藏的一对倒爬狮纹斜撑，就体现了鲜明的明中晚期风格。这对斜撑体形硕大，可以推测与之相对应的梁柱体量，亦是十分恢宏，

应是用于祠堂或其他大体量建筑之上的。镂刻纹饰为倒爬狮，狮身向下，公狮前爪踏镂空绣球，寓意国泰民安；母狮前爪下为小狮子，寓意千秋万代。工匠采用了透、剔、掏、挖等手法，雕镂出狮子刚劲生动的体态和栩栩如生的神态。始建于明成化年间的屯溪程氏三宅中，可以看到类似技法雕琢的作品。如天井檐柱的灵芝如意纹斜撑，就用镂空雕技法，镂出六朵层次叠落的灵芝卷瓣，使整个装饰物形成六面观看的花罩；同时，又将卷瓣的起突面，分层次雕刻，使卷瓣脉络清晰，完全立体化。这种雕饰，既继承宋代《营造法式》采地雕的技巧，又糅合明代透雕风格，是新安民居木雕装饰的典型代表。程氏三宅为五开间二层穿斗式民居，木雕作品主要分布在斜撑、梁架、檐柱、额坊等构件上。7号宅第内天井的灵芝卷草纹井檐，以及荷叶纹裙板、荷瓣墩式平盘斗，还有雕饰灵芝、卷草、霜菊、荷叶、朵云纹的叉手和花板，也都十分精美。从这些传世精品中可以发现，至明代晚期，中国文人画风的影响已经渗透到雕刻艺术中，新安木雕作品开始显示出较鲜明的文人画意蕴。

明 红木墨床

明 红木笔筒

新安的建筑木雕，取材多以新安地区常见柏、梓、椿、榧、银杏或杉木为主，而家具、文玩等其他赏玩目的的木雕作品，则常以紫檀、花梨、红木等名贵木种为材，更有甚者使用沉香、檀香木作为原材料。《梦阑琐笔 · 新安盐贾》就记载："新安盐贾汪氏，为其子娶妇，所制床以沉檀诸香木为之，雕琢人物细刻如画。"[①] 笔者亦曾见过以沉香木所制作的明代架子床，手工亦十分精良。新安的家具大致可分为五个种类，分别为：1. 椅凳类。有官帽椅、圈椅、方凳、条凳、绣墩等；2. 案几类。有

① 鲍义来：《徽州工艺》，安徽人民出版社，2005年，第142页。

书案、平头案、翘头案、供桌、方桌、圆桌、八仙桌等；3. 橱柜类。有书橱、圆角柜、方角柜、四件柜、百宝箱、多宝格等；4. 床架类。有架子床、罗汉床、书架、镜台等；5. 屏座类。有插屏、围屏、瓶座等。制作风格和江南很多地方相似，讲求简练、利落的结构美，注重保留原木的色泽和纹理，不饰或极少髹饰。而从家具制作演绎而出的文玩器制作，则更重装饰。木雕的文玩作品，多和新安发达的文房四宝业有关，有笔筒、笔架、墨床、砚匣、臂搁、镇纸及手串等赏玩或把玩器，它们造型多样、雕琢精细、雅致细腻，可用可赏，是书房、书案陈设的工艺美术品。如明如意纹红木墨床，作几案形，案面镂空雕如意纹饰，造型优美、线条柔和，明代的玲珑和精巧，被体现得淋漓尽致。还有明荷蟹图笔筒，紫檀质，色重黝黑，圆口筒身，器作厚壁，纹饰取“和（荷）谐（蟹）”之意，在器外壁高浮雕荷花、荷叶和螃蟹，装饰感很强。

明 三松款荷蟹图笔筒

木雕是新安雕刻艺术中最为重要的元素，是工艺技艺最为高超和集中的体现。由于材质较砖、石更易加工，故而采用的雕刻技艺也就更加多样，体现出古代新安匠人的娴熟技巧、超凡智慧和文化素养，作品布局之工、结构之巧、装饰之美，令人叹为观止。

四、名工艺精

新安具有悠久的雕刻传统，很多门类在中国雕刻工艺史上，都占据了显赫的地位，其中尤以墨模、雕版、砚雕和建筑上的砖、石、木雕艺术最为著名。虽然新安雕刻的兴盛，离不开有些文人或欣赏家的贡献，并且也参加了部分劳动。但无论哪一种类型的雕刻，总是离不开工匠的劳动和创造。

在明代，新安的刻工多集中在歙县、休宁两地，其中尤以歙县虬村的黄氏刻工最为著名。虬村之人世代以剞劂为业，在明天顺、弘治年间，村中的仇姓和黄姓相继而起，以刻书和雕镂为生。据清道光年间刊《重修虬川黄氏宗谱》记载，自明正统至清道光年间，黄氏族人中就有400余名雕刻能手。他们世代相传，兄弟相接，涌现出一批享誉当时、流芳后世的名工圣手。当时很多优秀作品的创作者，就是出自虬村黄氏一脉。如《雪峰胡先生文集》的刻工黄文敬、黄文汉，《新编目连救母》

明《方氏墨谱》，黄德时刻

的刻工黄铤、黄榜，《程氏墨苑》的刻工黄应济、黄鏻，《方氏墨谱》的刻工黄德时、黄德懋，等等。同时也应看到的是，在创造新安雕刻工艺辉煌时代的匠人群体中，除了以雕版闻世的黄氏以及为数不多的名工外，绝大多数的民间良工名款并未能载入史册，只能被统称为匠人、工匠，或是木匠、石匠、砖匠等。即便是在文人大量参与的墨业中，设计者抑或墨家多名耀千古，而墨工和墨模雕刻者则几乎未见留有名款。宋高宗（1127 ~ 1162）时期，墨工蒲大韶得墨法于黄鲁直，所制精湛，有显贵将其所制之墨进献给高宗，高宗因看到其在墨上题留“锦屏蒲舜美”的款识而大怒，掷墨于地曰：“一墨工而敢妄作名字，可罪也！”[①] 在轻视底层匠人的社会风气笼罩下，有明一代近三百年的历史中，因镌刻墨模留名于世的不过蟹钳一人。《四巧工传》中记载：“有蟹钳者，初不详其姓氏，尝往来于黄山白岳之间。性善制铜，右手仅存食将两指，以指钳物，伸屈自如，若蟹螯然，以故得名。……而墨范精绝，近之良工，必推蟹钳，以方古人，无多让也。”[②] 即使是明代墨模雕刻第一人的蟹钳，其真实姓氏也是不可考的。

雕刻工艺的劳动，是构思设计和实践操作的统一。新安的雕刻匠人，首先会按照需求对其雕刻的布局做出一个整体构思，再依据雕刻图案的主题，事先规划好比例和主次的位置、虚实明暗的变化，以及雕刻笔触的韵律，并画好立体式样的粉本，经建筑的主人确认后再行制作。这就要求雕刻者，不但要精于雕琢，也必须兼习书法和绘画，才能在创作和制作过程中，发挥艺术再造性，呈现出作品的完美效果。部分建筑的主人甚至会对每幅图提出题材、构图的主导意见，再由名家设计和制稿后，交匠人制作。如黟县卢村木雕楼，主人就先后请了许多文人画家来讨论方案和设计草图，再

① 徐子超、章汉林：《徽墨志》，黄山书社，2016年，第308页。
② 黄宾虹：《四巧工传》，《黄宾虹金石篆印从编》，人民美术出版社，1999年，第17页。

由工匠捉刀绘刻，如绩溪龙川胡氏宗祠的荷花群版草图出自明代大画家徐渭之手。这样的设计要求，就需要工匠本身必须具有一定的艺术修养，才能对画家的设计做出全面的领会，也才能使雕刻作品忠实反映原作的神采。正是这种长期寻求雕刻艺术表现力的实践，锻炼了新安雕刻匠人的技艺。他们借鉴绘画、书法、篆刻等艺术的用笔之法，通过刚柔、轻重、急速转换的刀刻技巧，以及线条的粗细、曲直、动静和繁简等变化，准确再现或创造出优秀的雕刻作品，并由此形成了新安雕刻独特的技艺手法。

明代篆刻家、新都人徐上达曾著《印法参同》一书，书中开篇即言：

> 篆刻之道，譬如其犹大匠造屋者也。先会主人意，随酌地势之宜，画图像，立间架，胸中业已有全屋，然后量材料，审措置，校尺寸，定准绳，慎雕斫，稳结构，屋如斯完矣。且复从而润色之，由是观厥成者，无不称赏，此创造则然，既有成屋结构可观，亦可因此更改整顿。

可见，篆刻和建筑的雕刻手法是极为相似的，其"中锋偏锋""阴刀阳刀""顺刻逆刻""工写"等具体刀法的总结，对于木雕雕刻也具有很好的借鉴意义。后人根据现存的雕刻作品，总结了新安雕刻的运刀特点，即"正入刀、单入刀、双入刀、复刀、拙刀、飞刀、切刀、冲刀、涩刀、轻刀、迟刀等，不同的用刀，会产生不同的刀力，如冲、切、削、铲，刮、挑、凿、划，疾、徐、迟、顿等"。[①]

古人有云"无刻不成屋，有刻斯为贵"。在粉墙黛瓦的新安建筑上，起到点睛作用的雕刻艺术作品，凝聚了古代新安匠人的智慧和心血，他们是新安雕刻艺术臻至巅峰的推动者和缔造者。

第五节　织绣工艺

入明以后，由于皇室和官绅士大夫阶层奢华生活的需求，以及对外贸易和商品

① 陈庆军：《承志堂的图像——徽州民居建筑装饰研究》，南京师范大学，2012年，第167页

经济发展的促进，桑蚕和丝织业得到了长足的发展。根据《明史》记载，早在太祖朱元璋即位之初，就蓄意发展桑蚕，推行了改稻为桑的政策。按照当时的规定，凡农户有田四五亩至十亩者，须种植桑树半亩，十亩以上倍之，田多者按此比例增加，栽桑以四年起科，不种桑出绢一匹。洪武二十七年（1394）又令："天下百姓务要多栽桑树，每一户初年二百株，次年四百株，三年六百株，栽种数目造册回奏，违者发云南、金齿充军。"在明政府的大力推行下，到了明中期，丝、棉纺织业已十分发达，且质量上乘、做工精美、价格便宜，是当时海外贸易的主要商品，远销日本、东南亚和欧洲等地区，这进一步促进了国内的桑棉种植和丝织业发展。明代新安地区，桑蚕和棉麻种植业已成为农业商品生产的主力，与之相关的织染、刺绣和编织等手工艺，也随之发展起来，在工艺技术和纹样图案方面，也都较宋元有了很大发展和提高。明中叶以后，织绣工艺不仅直接关系到新安百姓的经济生活，也成为新安商人经营的重要行业。

一、丝业兴盛

为了加强对染织生产的管理，明朝政府分别在北京和南京，设置了两套相似的管理机构，专司皇家所用棉麻、丝绸等衣料的生产。具体有隶属于工部的文思院、织染所，以及隶属于内府监局的织染局、巾帽局、尚衣监等，这些机构不但拥有规模庞大的工场，还设有分工细致的生产部门。染织工分为挽花匠、染匠、织匠、针匠、腰机匠、挑花匠、捻金匠、洗白匠、织罗匠、裁缝匠、双线匠、棉线匠、网巾匠、边儿匠、打线匠、攒丝匠、络丝匠、褶配匠、揭俎匠、纺棉花匠、缉麻匠、捻棉匠、络纬匠、包头匠、结棕匠、三梭布匠等工种。①

除了"两京织染"外，在最重要的丝织产地，明政府还设立了地方官府织染局。据《明会典》记载，分别有浙江的杭州、绍兴、严州、金华、衢州、台州、温州、宁波、湖州、嘉兴，南直隶的镇江、苏州、松江、徽州、宁国、广德，福建的福州、泉州，山东的济南，山西的太原，以及江西、四川、河南三个布政司，全国共计23处。其中新安江流域的严州府和徽州府都设立了织染局，是全国设局最密集的地区，足见新安织染业在明代所处的重要地位。

明嘉靖、万历年间发生的徽州六县"丝绢纷争"案，据帅嘉谟提交给应天府的

---

① 田自秉：《中国工艺美术史》，知识出版社，1985年，第288页。

呈文中统计“缘本府递年奉户部勘合，坐取人丁丝折生绢八千七百八十匹”。呈文中还记述，南京承运库每年收取浙江、湖广、应天十三府的人丁丝折生绢数，合计有 20190 匹，其中应天十三府仅缴纳 2905 匹，远低于徽州府所缴纳的数量。而浙江和湖广两省，作为当时全国最重要的产丝地区，全省每年解往南京承运库的这项常赋，也略低于徽州。另据明万历《严州府志》的记载，成化十八年（1482）严州织染局向京库解运的夏税为“丝九十三万五千七百九十九两五钱八分一厘，棉两万一千七百二十五两八钱四分五厘二毫，丝绵共折绢四万六千二百九匹一丈四尺二寸六分四厘五毫五。”[①] 并注明另有荏丝两万九千七百九十一两六钱七分存在织染局。从万历年间的税收记录来看，浙江的丝绢税总额约为十三万匹，严州织染局已占全省总额的三成以上，足见当地蚕桑、缫丝和织造业的发达。严州府下辖六县均有丝绢的夏税，其中又以淳安县的夏税最重，为 16761 匹，占严州全域总额的三成以上。这也从一个侧面反映出，当时淳安县“无地不桑”的盛景。元末明初文学家、淳安人邵亨贞在描写家乡的《贞溪初夏》一诗中曰 :“雨后深林竹笋肥，渡头风急柳花飞。柴门不掩绿阴静，人在闲窗试苎衣。巡檐燕子掠晴丝，隔坞茶烟出院迟。草色入帘人不到，午风吹暖梦回时。楝花风起漾微波，野渡舟横客自过。沙上儿童临水立，戏将萍叶饲新鹅。小巷缫车霜茧熟，前村社鼓野人来。鹁鸠声在树阴里，竹下柴扉昼不开。”[②] 诗人以清隽雅致、朴实无华的文风，用试“苎衣”“缫车”和“霜茧熟”的场景描写，记录了淳安百姓种麻缫丝的日常生活。由此也可看出，在明代淳安百姓的手工业劳动中，丝帛生产占据了很重要的地位。

明代的丝绸贸易基本由官府垄断，但民间的生产和销售也从未中断，新安商人就是积极的参与者。在当时盛产丝绸的湖州、杭州、嘉兴、苏州等地，都有新安商人从事相关经营活动的记载。在仁和县的塘栖，务程县的南浔镇，归安县的双林镇、菱湖镇，秀水县的濮院镇，桐乡县的石门镇，吴江县的黎里镇、同里镇，元和县的唯亭镇，长洲县的黄埭镇等盛产丝绸的江南市镇，[③] 都有新安商人的足迹。由于客居的商人众多，为了扶危济困、襄助邻里，增强商帮的凝聚力，他们还兴建了义所、义园、会馆、殡舍等公益设施。还有如嘉靖、万历年间的歙人许谷，更将丝绸贩运至海外，

① 《万历 · 严州府志》卷八《食货志》，日本藏中国罕见地方志丛刊，书目文献出版社，1990年，第176页。
② 李春才等 :《淳安县茧丝绸志》，《淳安县茧丝绸志》编撰委员会，2005年，第280页。
③ 王廷元、王世华 :《徽商》，安徽人民出版社，2005年，第160页。

从而获得百倍的利润。

二、棉布印染

明代的织造业，除了以蚕丝作为原料外，麻棉也是人们纺织的主要种类。在新安地区，纺纱织布是民间女子所必须掌握的技能，男主人外出就学、经商，妇人在操持家务的同时，还要通过纺织获得收入，以供养孩子、赡养老人。休宁商人汪岩福在外经商，“安人（汪岩福之妻）励躬操作缝纫，洴澼絖（在水上漂洗丝绵），自鸡鸣达夜，不少懈”。[①] 甚至有些新安商人外出经营的初期资本，也要依靠妻子的纺织收入。《休宁西门汪氏宗谱》就记载了族人汪应亨经商无本，其妻“装资故饶，悉佐翁贾，而身椎布操作”。[②] 充分说明，纺织业在明代新安手工劳动中是处于不可或缺的地位。

丝织生产主要由官府机构垄断，民间生产经营则主要以棉、麻布帛为主。明代中叶以后，由于生产的发展和赋税制度的改革[③]，迫使农民不得不出售自己的生产所得，换取银钱缴纳赋税。在布帛的原产地，由于商品多而市场需求少，故销售困难，且价格低廉。但经过长途贩运到外地甚至是海外的布帛，利润却极高。有着丰富贩运经验的新安商贾，就敏锐地发现了这一点，于是在棉布经营中投入了大量人力、财力和物力，也获得了不菲的回报。汪道昆就言：“吾乡贾者首鱼盐，次布帛，贩缯则中贾耳”。[④] 嘉靖年间，丰南人吴良梓“往来吴、越、齐、鲁、燕、赵之都，出入布帛盐策之场，十有五年”。同时期，歙县的程氏、潘汀州、吴逸、潘仕等，皆兼营布业。特别是在松江府（包括今上海、华亭、青浦等县），新安商人就开设了数十家青蓝布号，占据了当地棉布经营的半壁江山。以至于《云间杂识》曾记载：“成化末，有显宦满载而归，一老人踵门拜不已。官骇问其故。对曰：‘松（江）民之财，多被徽商搬去，今赖君返之，敢不称谢。’”[⑤] 但无可置疑的是，新安布商频繁的商业贸易活动，促进了松江的棉业生产和销售，也带动了技术的进步和革新。当时松江

---

① 《休宁西门汪氏宗谱》卷六。

② 王廷元、王世华：《徽商》，安徽人民出版社，2005年，第312页。

③ 赋税制度的改革：明中叶以后，由于一条鞭法和地丁制度的推行，使赋税中的折银部分日益增加，并逐渐占到赋税征收总额中的绝大部分。

④ [明]汪道昆：《太函集》卷五十四《明故处士溪阳吴长公墓志铭》，《四库全书存目丛书》集部第117册，齐鲁出版社，1997年，第650页。

⑤ 张海鹏、王廷元：《明清徽商资料选编》，黄山书社，1985年，第223页。

布的产量很大，制作精美，且种类繁多。据清初上海人叶梦珠描述，府城有飞花、尤墩、眉织等，上海县则主要有三等，即上阔尖细者，名标布；较标布稍狭而长者，名中机；最狭而短者，名小布，阔不过尺余，长不过16尺。[①]另外，还有疏而阔的稀布，纹色如衲的衲布，丝绵共织的丝布，紫棉所制的紫花布，以及“色样不一，若古锦然”的锦布等。至明代中叶后，松江府已经成为中国的棉织业中心。

棉布贩运虽有一定利润，但其中很大一部分归于织造和印染行业。因此，新安商人不但出庄收布，而且通过委托加工，甚至雇工直接生产的方式，来攫取更大利益。明代，印染业随纺织业的兴盛而取得了很大发展。在洪武时期，“置蓝靛所于仪真、六合，种青蓝以供染事”。[②]这种官营性质染坊的设立，在一定程度上规范和促进了印染技术的进步。在民间，染业最发达的当数芜湖。明代宋应星在《天工开物》卷上中有言：“织造尚松江，浆染尚芜湖。”嘉靖年间，就有新安岩镇人阮弼先在南京从事棉布贩运，后在芜湖开设染局，“招染人曹治之，毋庸灌溉，费省而利兹倍”。由于漂染俱精，“五方购者益集，其所转毂遍于吴越荆梁燕豫齐鲁之间，则又分局而贾要津”。[③]当时染色所用的染料有苏木、黄丹、明矾、栀子、靛青、槐花、乌梅等，已能染出20余种颜色，而且染坊各有专职。例如，蓝坊专染天青、淡清、月白，红坊专染大红露、桃红，杂色坊染黄、绿、黑、紫、古铜、水黑、血牙、驼绒、虾青、佛西金等色。染坊内的分工也已十分细致，有漂布、染布、看布、行布等工种。同时，为了适应西北地区布质紧密、不易附着沙土的消费需求，还采用了“踹”布的工艺。即把染好之后的布匹卷在木轴上，置放在凹形的光滑的承石上，再把状若元宝的踹石压在布轴上。踹匠站立于踹石的两个尖端上，双手扶住两边或上边的过梁杆子，双脚不断踩动踹石，反复碾压布轴，使布面平整光亮。当时有许多经营棉布染踹的布商字号，都是新安人开设的。[④]

三、麻织绣艺

新安出产的白苎布品质极佳，历来就被作为贡品入贡。在勤俭持家的传统社会

---

① 范金明：《明清时期的徽商与江南棉布业》，《安徽史学》2016年第2期，第121页。

②《明史·食货志》，上海古籍出版社，1987年，第298～294页。

③ [明]汪道昆：《太函集》卷三十五《明赐级阮长公传》，《四库全书存目丛书》集部第117册，齐鲁出版社，1997年，第451～452页。

④ 王廷元、王世华：《徽商》，安徽人民出版社，2005年，第153页。

理念熏陶下，百姓织造的丝绵产品往往拿来出售以获得银钱，而牢固、价廉的麻织物，仍是山区人们日常生活的主要纺织用品。因而，苎麻的种植在明代也有了发展，在淳安地区还出现了佃农租地进行麻种植的情况。[①] 这时的麻织生产，作为民间极重要的手工劳动而继续发展。《丰南志》就记载：歙县商人吴佩之妻汪氏，倾其所有并借贷，完成了亡夫兴建吴氏祠堂的心愿，后“辟纾（练麻）织纴”[②] 偿还了所有欠款。可见此时的麻织品，在民间依然有着广阔的市场，在不同的生产和生活领域都有着广泛的应用，如麻衣裤、麻鞋袜，腰间扎的麻腰布，背小孩的长背布，洗漱用的麻布手巾，采茶用的麻布茶袋，收获农作物的长短布袋，放置食物的麻饭袋，做豆腐的滤布，蒸煮米面的粿布，等等。也正因有着如此的普遍性和实用性，以及种植苎麻的地域习惯，在棉布逐渐兴起的明代，新安麻纺织和麻绣工艺并未呈现实质性的颓势，相反在织造技术等领域仍取得了一定进展。

王阜绣花帽

明代，在淳安的王阜（古称八都）地区，自秦汉流传而来的麻绣技艺，此时在绣底麻布的织造上，使用的是单综单蹑的踏板腰机。这种织机的机制，与明末宋应星《天工开物》记载的腰机十分相似。《天工开物·乃服第二·腰机》就记载：“织匠以熟皮一方置坐下，其力全在腰尻之上，故名腰机。普天织葛、苎、棉布者，用此机法，布帛更整齐坚泽，惜今传之犹未广也。”[③] 不同的是，明代腰机以竹竿通过绳子吊其筘，打纬后，可借助竹竿的弹力回送筘。八都的腰机对这一方式加以改进，用上方搁置的两个支杆取代了竹竿，两支杆的后端固定在织机上，前端以麻绳悬挂竹筘。竹筘还连接了叠助木，可以借助推筘的摆杆及其上所加重木的惯性，以更均匀地打紧纬线。八都腰机使用明代常见的半综开口装置，提

① 郑巨欣：《浙江工艺美术史》，杭州出版社，2015年，第230页。
② 《丰南志》第八册《溪南吴氏祠堂记》。
③ [明]宋应星：《天工开物》，岳麓书院，2015年，第117页。

综传动的方式简单合理。从经轴开始就把经线分成上下两层，下层经线沿经轴向下拉伸至综平位置，被一根光滑的横挡固定，使其与上层经线分离，然后引下层经线穿入半综。在上层经线还设置了一根可起伏的压经棍，以控制其经位置线。然后直接从相邻的线综旁引过，与下层经线 1∶1 穿入竹筘筘齿。线综上方两边各有一根固定的提综摆竿，摆竿前端以麻绳连接线综，后端与压经棍相连。压经棍又与织机下方的脚踏竹竿相连。当向下踩踏竹竿时，就会带动压经棍向下，原来的上层经丝由于受力于压经棍，被压至下层梭口位置。同时，压经棍又牵拉提综摆竿的后端向下，使得前端翘起向上提拉起线综，使穿在线综的下层经线一致提升到上层梭口的位置，从而形成第一个梭口，梭子引入纬线用竹筘打纬。之后放松脚踏竹竿，压经棍上抬，并收紧腰腹向后挺，拉系在腰带上的卷轴，使经线产生一定的张力，拉动上层经线回到原来的经位置线，即第二个梭口的上层位置，线综回落，带动下层经线也重回综平线，即第二个梭口的下层位置，便形成了第二个开口，这个开口一般称为自然梭口，织工再织入一纬用竹筘打紧，如此变换开口，纬线也不断被织入。① 八都人基于实用的目的，主动改进了麻纺织设备，使其结构更趋合理，更易于操作，也有利于织造精细、平整、均匀的绣底。这为八都麻绣工艺的发展，夯实了基础。

由于手工业的发展，以及在家庭收入中所占比重的不断增加，故自明代以降，新安社会对女性的评价以及在夫家择妻的标准中，纺纱织布、裁衣缝纫、描花刺绣等技艺的熟练程度，也是很重要的一条。刺绣因此开始广泛流行于社会各阶层，技巧也越发娴熟洗练。万历《休宁县志》就言："女人能攻苦茹辛，中人产者，常口中绝鱼肉。日夜渍麻挫针，凡冠带履袜之属，咸手出，勤者日可给二三人。"② 辛劳的新安女人，用巧手制作出类型多样、美观大方的日用绣品，其中有枕套、童帽、裹肚、门帘、鞋垫、桌围、针线包、荷包、玩具等。在许多地方，母亲至今仍保留着在传统节日为孩子绣制香囊、蛋袋的习惯。而在淳安王阜地区，也还流传着一种新婚"传袋"习俗。当新娘花轿进门时，由利市人手拿装有山玉米、高粱、赤豆和务麦的麻绣布袋，边传、边接、边唱，引新人入洞房。"传袋"寓意"传代"，表示祈盼新婚人家子孙繁衍、兴旺发达。③ 所以明代早期的新安刺绣作品，图案就多为民间喜闻

① 金琳、楼婷：《八都麻绣的织绣技艺和艺术特征》，《丝绸》2014年第10期，第40～41页。
② 万历《休宁县志·舆地志·风俗》。
③ 施桂英：《从淳安"八都麻绣"看民间艺术的特征》，《北方文学》2015年下旬刊，第112页。

乐见的内容，如喜鹊登梅、松鹤延年、鸳鸯戏水等，整体风格呈现出生动而富有生活气息。

明代中叶以后，由于经济发展和商业兴盛，刺绣作品的品质普遍提高，而且不同于早期的制作风格，秀美、精致成为新的制作风尚。而且此时的刺绣品，已经开始成为商品在市场上流通，并成为家庭收入的主要来源。新安的很多家庭，就依靠家人的刺绣为生。汪洪度在《新安女史征》中言："吾乡昔有妇甫三月即远贾，妇刺绣为生。"休宁程悦之妻吴氏，为了偿还丈夫生前所欠借债，她"勤治女红"、节俭开支，终于渡过难关。[①] 在这种社会风气之下，新安的刺绣工艺继续蓬勃发展，而且更上层楼。

第六节 匠作工精

明代，经济发展带来的财富积累，以及趋于崇尚奢靡的社会风气，格外刺激了金属工艺的发展。但由于陶瓷制作的兴盛，金属日用品的制作和使用已然鲜见，这一时期的金属制品以首饰和器皿两类最为发达，具有较高的艺术价值。

一、纤奢之饰

明代淳安地区的银矿开采活动，见于清光绪《淳安县志》的记载。银矿山处于遂安与淳安的交界处。成化年间（1465 ~ 1487），"有一掾吏与外郡人氏熟识，谋取其利"。之后，"岁有掘取异石盗矿之徒，聚流贼数百人"，趋利者甚众。官府认为此"深为斯民之患"。为防止人们开采矿山，于是"设关以防之""严兵以守之"，甚至认为"熟若固塞是矿，牢不可破，则患自息矣"。嘉靖三年（1524），淳安知县姚鸣鸾甫任，旋即颁布告示，要求民众遵循明初所颁《教民榜》中关于"各安生理，毋作非为"的内容。对民间私自开采的行为"预为之防，严为之禁"，甚至做出"设祭本县城隍，移牒前去，祈赖神力变异石为常石"的荒唐之举。[②] 但即使如此，也

① 《休宁率东程氏家谱》卷一一《程母吴孺人传》。

② 姚鸣鸾重修：《嘉靖淳安县志》卷二《山镇》，天一阁藏明代方志选刊。

明嘉靖 安阳“镇压矿工斗争告示碑”

未能彻底解决盗采的问题，而且由于压迫过紧，引发了矿民叛乱。明嘉靖四十五年（1566）三月，都司陈大成率兵镇压遂安的矿民起义，此一役，被屠杀的矿工人数就达2700余人，可见当时采掘的规模和参与的人数。同年五月一日，钦差总督分别在今淳安安阳乡和枫树岭镇新丰村境内，设立告示牌，将各山矿场严加封禁。[①] 此后，淳安的银矿开采逐渐走向衰落。

元人陶宗仪在《辍耕录》中曾记载，浙西有很多银工，且制作手艺精湛。明中叶以后，受“尚奢”风气的直接影响，新安民间在婚丧嫁娶中使用金银器的风气十分兴盛。《嘉靖淳安县志》记述：“婚姻重媒。婿家求婚，比托女家属尊分厚者为媒，礼之甚隆，惟欲媒得其人，不甚计聘财多寡。”并记述：“然嫁女赀奁亦病于厚。”[②] 这种“礼之甚隆”的社会需求，显然是金银器制作工艺发展的推手，加工技术也因此有了很大提高。据明万历《歙志》记载：

妇人首饰之巧，至于吾乡而极矣。始有实凿，未为轻脱，乃今尽革不用，惟剪雀缕丝二种，大都烹上金为质幕，而装以珍珠、玉石、翡翠、珊瑚、花草、禽虫，无所不有，难以枚举。姑举步摇一件，绕以曲阑，竖以绮疏，二扇中立半身美人，长二分许，身仰则疏阖，身俯则疏开，取半推窗半掩窗之状，吾

① 两处碑文内容相同，均为楷书阴识题：“钦差总督军门示：访得流劫婺源等处强贼，具系各矿场啸聚奸徒，贻害三省非一日矣。已经题奉，钦依调兵剿灭，将各山矿场严加封禁外，今后敢有违禁潜入挖掘者，许经过地方及保甲人等拿解。如人众，即报官发兵追剿。若容隐接济者，地方保甲人等照军法一体重究不恕。故示。嘉靖四十五年五月初一日立。”转引自鲍艺敏、方明华：《淳安历史文化丛书·文物叙略》，西泠印社出版社，2008年，第110～112页。

② 姚鸣鸾重修：《嘉靖淳安县志》卷二《风俗》，天一阁藏明代方志选刊。

恐宋人叶玉无过于此。乃有怀抱中物而戴以金翼善冠，斯不亦太僭矣乎？器皿上金中金俱有，则摹古尊彝、觥觯缩而小之，回纹顶撞、飞级压花，种种具足，然有古状而无古色，终不脱阿堵气，此皆方氏、吕氏世习擅场。①

万历《休宁县志》也记载："百工之巧，虽少逊于歙，比之他郡邑实过之。如镂金叠彩自屏帷及扇滥极纤微，无胫而走于四方，其直亦不赀。"② 从文献的记载中可以看出，当时金银首饰的加工，已经采用了编织、盘绕、镂拱、镶嵌、微雕等多种方法，制作极为纤巧精细，装饰可谓奢华滥极。而传世和出土的文物，也印证了这些记载。安徽中国徽州文化博物馆藏明代金冠，冠内以金丝编就而成，冠外嵌饰金片，片上为锤叠而成太阳、凤、云等纹饰；冠上有二翅、后有五坠，分别以金丝和链与冠相连系。金丝编织的孔眼匀称，外表没有丝毫接头的痕迹，工艺极为精巧。1993年歙县文管所在清理黄山仪表厂旧址内的明永乐七年贵妇墓时，出土了一批金银首饰，主要有金霞帔坠、金钗、金簪、佛像金箔、金步摇和数十枚金钱。其中的

明 金凤钗

明 金霞帔坠

① 明万历《歙志》卷九《艺能》。
②《明清徽商资料选编》，黄山书社，1985年，第52页。

一对金凤钗，采用了金丝盘绕的制作方法，钗头之凤以极细金丝缠绕而成，昂首翘尾，翼上展，爪处飞云上，发钗从云中伸出。凤形精巧、栩栩如生，体现了精湛的盘绕工艺水平。同期出土的金步摇，则使用了镂拱和镶嵌的制法，镶嵌的材料包括有金珠、小镂空金花、钟形小金片，以及水晶珠、墨玉珠、红玛瑙珠和茶色琉璃葫芦形珠等，一如《歙志》所记载的“无所不有，难以枚举”。值得注意的是，墓葬中还出土了一匣金像箔和金柜、金包袱，金像箔上的观世音菩萨全身坐像，采用了模印技术压制成。[①] 保存这种批量模印的金箔，显然是以修饰或修复为目的，体现了金髹饰技术在新安民间的普及。在临近歙县的淳安地区，明代“三元宰相”商辂夫人卢氏墓出土的葫芦坠金耳饰，[②] 也表现出相似的制作特点。

淳安地区的银器制作，也十分有特色。淳安县博物馆馆藏的明代“九华珍饰”铭银簪，器形比例匀称，簪边纹饰雕镂细腻，两端点珐琅彩，整体显得精巧玲珑，体现了高超的银加工工艺。2016 年，在淳安王阜明代王珏夫妇合葬墓中发现的银边木篦、银手镯、银耳环、银簪、银戒指等 20 余件银饰品，整体制作精细，工艺精湛，分别采用了锤叠、嵌托、编织等加工工艺。这些银饰品分别出自王珏的三个妻室刘氏、周氏和方氏的墓室中，而王珏自己的墓室中，只陪葬了木制发髻、毛笔和一把木梳。据《太原王氏宗谱》记载，王珏先后有三个老婆，宗谱上写的都是“娶”，可见三人为王珏的前后三任妻室。这似乎也从侧面印证了方志中所记载的，民间在婚嫁中有女方陪嫁大量金银首饰的习俗。

明 金箔圆片

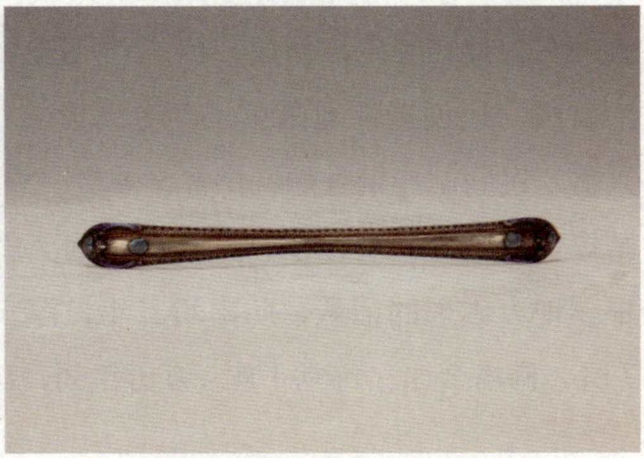

明 点珐琅彩银簪

① 方辉：《歙县博物馆藏明代金器赏析》，《东方收藏》2012年第12期，第34～36页。

② 鲍艺敏、方明华：《淳安历史文化丛书·文物叙略》，西泠印社出版社，2008年，第155页。

审视上举的金银制品，并结合文献记载，可以看出，明代新安金银首饰品的制作上，整体呈现了“纤巧细腻、奢华精致”的风格特点，而且显然受到文人文化的影响，形制清新秀丽、雅致大方。装饰图案以花草、禽虫为主，构图繁简相宜，线条流畅规整，纹饰清晰且有层次感，把纹饰之美与金银首饰的光泽和质感巧妙结合，以达到浑然一体的境地。

二、金属之器

明代新安民间的铜器、铁器生产相当普及。一方面是由于建筑和家具制作，产生了大量需求，金属质地的饰件、构件和连接件，被广泛制作和使用。如建筑上的门环、门钉、包角等，就有很多采用了铁制构件。始建于明万历年间的黟县程氏宅，就被当地人称为“铁皮大屋”。家具上则多使用铜质，如合页、拉手、面页、扭头、吊牌、拍子、包角、套腿、提环、插销、锁头等，其中尤以锁头、合页、拉手的应用，最为普遍。在淳安博物馆和千岛湖锁岛，就保存了大量铜制锁具，构思巧妙、形制多样，制作也十分讲究，并体现文人化的风格特点。如明代蝉形白铜状元锁，就以科举考试中的“一鸣惊人”题材为创作元素，将锁头镂作蝉形，匙镂如意云纹，配合以白铜质地，显得十分素雅、精巧。铜制饰件以素面居多，也有的通过锻打或雕镂，制出花草、禽虫纹饰，然后再以平卧法或者明钉法[①]安装在家具或者建筑之上，家具和铜件浑然一体，互为映衬，极具精致的美感。明万历《歙志》就记载：“惟洪氏独擅铜器，胡氏独擅四箱铜锁，始作不过取则履鞋，其后至有能为八宝六书者，真不可晓。苦诘始知将黄铜面刮去薄赫蹄许，如钱之漫，而乃以白铜细末湮之，用火一炙，液在其中，便成二色。”[②]可见，这一时期的铜制品不但采用了黄铜和白铜为材料，还创造性地采用了两者合成的“二色铜”。另一方面由于道释两教的逐渐兴盛，民间制作铜香炉、佛像、烛台、香薰等礼佛祭祀器的情况，也十分普遍。《嘉靖淳安县志》曰：“王德即衰，四民增而为六，于是天下多寺观，以奉二氏，而居其徙。”[③]根据地方志书的记载，明嘉靖三年，淳安境内有道观 2 所，寺 20 所，院 23 所，庵 7 所，佛塔 2 座，佛堂 1 座；万历年间，淳安境内就有宫观 4 所，寺 22 所，院 17 所，

---

① 平卧法：按照铜饰件的大小、形制、厚度预先在地仗上镂出凹槽，再行嵌入；浮钉法：为平面不起槽，直接使用泡钉安装铜饰件。

② 万历《歙志》卷九《艺能》。

③ 姚鸣鸾重修：《嘉靖淳安县志》卷八《寺观》，天一阁藏明代方志选刊。

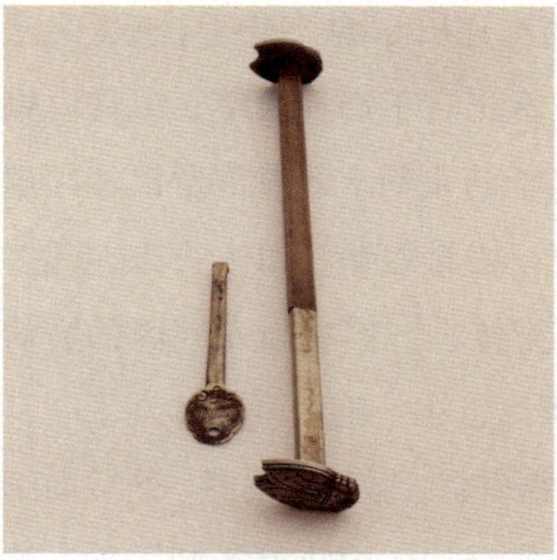

明 蝉形状元锁

明 蝴蝶白铜锁

庵 18 所，塔 2 座。可以说寺观遍及邑内各地，佛道的兴盛由此可见一斑。① 正因为百姓信浮屠者甚众，以至在佛道器物的制作上不惜工本。据休宁《仰山志》记载：明隆庆三年（1569），由休宁汊口程、毕、吴三姓发起，重建了因元末兵焚所毁的仰山寺，得到了隆庆帝的“敕赐”，同时皇太后另赐鎏金佛一尊、经书五大部。众人更是踊跃筹资捐物，建成仰山寺。“寺中大雄、宝公诸殿，丹彩之饰，耀日夺目”。彼时寺内有鎏金佛像四尊，五尺铜像一尊，大小塑像百余尊。加之，寺内藏有大量经书，以及南朝张僧繇为宝公所画佛像和梁武帝的御笔亲题，还有舍利塔、宝公塔、鸦生台、狮崖、龙井、小灵谷等 10 余处塔台亭阁，以及百余处摩崖石刻，故而仰山寺被称为“新安第一寺”。

明代新安铜器制作的兴盛，还表现在类型的多样化方面，诸如礼器、杂器之类也都有生产。据光绪《淳安县志》记载，弘治元年（1488），县令刘公篪重修大成殿宇门楼，并铸释奠铜爵百八十及铜炉烛台。② 万历四十一年（1613），冶工刘允元铸造了一座高丈余铜鼎，立于遂安县治南康王庙的门首处。③ 虽然从工艺美术的角度看，这些作品并没有什么特别之处，但足以反映出当时冶铜工艺的规模。许承尧编著的《歙县志》和黄质所著的《四巧工传》，都记载了别号蟹钳的明代匠人，“性善制铜”。《歙县志》曰：“蟹钳……善制铜溶液镂采，各擅精妙，逾于他工。尝仿汉制雁足镫

① 方宁：《明代中后期浙西地区民风的嬗变和官府的应对——以严州府淳安县为例》，《哈尔滨学院学报》第33卷第7期，2012年，第85页。

② 光绪《淳安县志》记载卷二《方舆志二》。

③《淳安文化志·大事记》，浙江工商大学出版社，2015年，第005页。

作烛座鹤形，跂足高数尺许，独立不仆。”[①]《四巧工传》还曰：“歙多墨工，造墨之法，取范为印。其最著者，如程君房之墨谱，图画精细，多出自丁南羽手笔。或镌以铜，山水花鸟，细入豪芒。昔赵恒夫称工绝技者，谓有能于筋头刻十八渡海罗汉，须眉毕现，鬼斧神工，诧未曾有！而墨范精绝，近之良工，必推蟹钳，以方古人，无多让也。”遗憾的是，目前并未发现蟹钳制作的铜器实物传世。但在新安地区的文博机构，保存了较多的明代铜香炉、镇纸、笔架等文房器，也在一定程度上体现了“良工”的水准。如安徽中国徽州文化博物馆藏明代三足铜香炉，敞口，圆唇，颈矮而细，扁鼓腹，三钝锥形分裆空足，口沿上置了形耳，炉外底镂“大明宣德年制”款。该炉铜质极佳，色紫带青黑，似茄皮色泽。比例匀称，线条舒展，曲线圆润，体现了较高的铸造水平。

至于明代新安锡器的制作，其工艺主要有熔化、铸片、造型、剪料、刮光、焊接、打磨、装饰和雕刻等流程，器型以壶、罐居多。明万历《歙志》记载：“锡壶则如燕釜、燕鼎、燕盎、湘妃壶、宓妃壶、巫女壶之类，还作精工，制名都雅。”[②]目前，传世的明代锡制品中也以壶居多。如安徽中国徽州文化博物馆藏明代六棱玉壶春式锡执壶，壶体作六棱玉壶春式，撇口，细颈，圆腹，圈足，盖作僧伽帽式，上塑狮形纽。壶流弯曲而细长，执自口部呈“了”字形与下腹相连。腹部捶桃形凸起纹饰，内镂

明 铜香炉

明 六棱玉壶春式锡执壶

① 许承尧：《歙县志》卷十《方技》。
② 万历《歙志》卷九《艺能》。

陶渊明爱莲图，口沿部錾刻蕉叶纹和蝴蝶纹饰，壶体余部以连珠点纹作地，錾刻缠枝花卉。该壶纹饰镂刻紧致，壶体、流、执的线条，均十分流畅优雅，是难得的明代锡壶精品。其他的锡制品，还有灯盏、手炉、暖砚、酒具等。

第七节　艺技奥妙

明代新安工艺的兴盛，不局限在某一个方面或者门类之上，而是全面和综合的。张潮《洪憬庵玉图歙问序》记载：明万历年间的文学家王世贞，与歙人汪道昆为兵部同事，曾应汪道昆的邀请来新安游玩，随行的三吴两浙文人，达百余人众，而且这些人大都有自己擅长的技艺。王世贞一众至歙县后，汪道昆将其分置在数处园林馆驿中居住，并在每一处中都安排了身怀相应技艺的歙人陪伴。之后数日间，双方就书法、绘画、琴艺、篆刻、弈棋、堪舆、投壶、蹴鞠、剑槊等方面，开展了讨论或竞技，双方互有胜负。王世贞则对新安有如此众多的人才大为赞叹。这种百艺兴盛的局面，固然离不开悠久的历史传承，以及钟灵毓秀的新安人才资源，但这并不足以全面说明，当时新安工艺全面呈现高速发展的原因。当我们把工艺成就和明代新安社会的大背景联系起来，就会发现，还有新安商业贸易发展这一无形的推手，促进了百艺的兴盛。

首先，明代新安区域繁盛的商业贸易，引发了人们思想观念上的巨大变化，言商牟利成为共识，商品经济的观念深入人心。观念的变革必然加速生产方式的变化，文具业、丝织业、漆器业等手工业生产领域，普遍出现了手工工场形式的生产组织，资本主义萌芽率先在这些领域成长起来，并反向促进了生产力发展，带动了农业领域的商品化进程。木材、茶叶、漆、丝等经济作物被广泛种植，则又进一步推动了农产品的商品化趋势。其次，新安商人的足迹已经扩大到整个中国，甚至还有像汪直那样到海外拓展商路的，这为原本就享有盛誉的新安工艺产品，开拓了更为广阔的市场，手工业制作的规模和水平，均超越了以前各个时代。再次，商品经济的发展和社会财富的聚集，已影响人们的审美理念，社会奢靡之风日盛，人们也有了更为雄厚的财力来支撑这一生活方式。物必求精、工务求美，已经成为工艺制作孜孜以求的目标，甚至于不惜工本、不求利益，但也正是这种“既不孜孜唯利是图，复不斤斤于沽名钓誉，有别坊间市肆之制”的追求，才使得新安工艺独树于世。

一、髹漆大成

明代商品贸易的需求,带动了新安的漆树种植发展。《松窗梦语》卷四《商贾纪》言:“严、衢、金华郛郭徽饶，生理亦繁。而竹木漆柏之饶，则萃于浙之西矣。”[①]《焚书·阿寄传》中也记述，淳安徐氏仆人阿寄以银十二两“画策营生”“入山贩漆，期年而三其息”，历经“二十年而致产数万金”。[②]漆产量的增加，为新安漆器制作的实践提供了物质支撑,产量也随之提高。明弘治《休宁志》卷一《物产》就记载:“杉、漆、桐油，徽人树此为业，凡江、浙、南畿之境油漆、器皿、屋料、木植，皆资于徽。”

《歙事闲谈》记载:“明初……又有漂霞、沙金、甸嵌、堆漆等制，新安方信川尤有名。”[③]明万历《歙志》则记载:“髹器则余氏、汪氏俱精,有退光门罩、胎锡雕红、泥金螺钿诸种，上者欲追果园厂。”[④]果园厂是明永乐年间设立的专为宫廷服务的制漆机构，以雕漆和填漆工艺最为精湛，代表了当时最高的漆器制作水平，作品世称为“厂制”。而明代早期的新安漆器制作业,就已呈现了出工艺精湛、名手辈出的局面。余氏和汪氏制作的漆器，被认为几与“厂制”比肩，这一方面是极高的评价，另一方面也体现民间漆器制作业与官作机构的竞争关系，这促进和推动了新安漆艺的发展进步。这些名手不但精于堆漆、雕漆、泥金、螺钿等各类小件器皿的制作，还掌握了以退光工艺[⑤]制作门罩等大件器具的方法。传世的大件漆器是极为罕见，多为一些更易保存的小型器皿。如安徽中国徽州文化博物馆就藏有一件明代泥金画花鸟纹漆圆盒，盒以薄木为胎，髹黑漆作地，盒盖、腹嵌细竹丝编，盒底落“崇祯戊寅”朱漆年款。在盒盖圆形顶面、口沿和外撇圈足上，分别以泥金绘花鸟图和回纹、弦纹。这种泥金画漆技术自宣德朝后逐步流行，在明晚期的漆器作品上有大量使用。与描金技艺不同的是，泥金画漆并非用笔蘸金粉描画纹饰，而是在一件已经完成的作品上用笔蘸漆描画，漆内和以金胶，待几近阴干时，以丝绵团蘸取广胶水调和的金箔粉，

---

① [明]张翰:《松窗梦语》卷四《商贾纪》,中华书局,1985年。
② [明]李贽:《焚书》卷五《读史》,中华书局,1975年。
③ 许承尧:《歙事闲谈》,黄山书社,2001年,第675页。
④ 万历《歙志》卷九《艺能》。
⑤ 退光:是漆后搓磨使漆光内蕴的技术,多为黑漆和朱漆。

罩在漆画上，从而显露出纹饰。圆盒制作细腻精湛，纹饰绘制舒展生动，反映了明晚期的新安漆器工艺水平。

明人高濂在《燕闲清赏笺》中曾云："穆宗时，新安黄平沙造剔红，可比园厂，花果人物之妙，刀法圆活清朗。"许承尧在《歙事闲谈》中，也记载了这位明代的著名漆器制作者，称其制作的剔红漆盒，一件可售三千文。[①] 黄平沙，明隆庆年间（1567 ~ 1572）新安平沙人，姓黄，名成，号大成。是明代著名的漆器圣手，并著有《髹饰录》一书，专述明及明以前的漆器工艺发展和成就，是现存我国古代唯一一部漆器专著。全书分乾、坤两集，共 18 章 186 条。《乾集》记述了制造方法、原料、工具及漆工的禁忌；《坤集》则记述了漆器分类，并详细描述了每类中各个品种的制法和形态。《髹饰录》几乎囊括了前人和有明一代所有漆器的制作方法以及源流，因此被奉为后世漆器研究的首要典籍。王世襄先生就通过对存世古代漆器的研究和对现代漆工匠师的访问，以及对历史文献的考证，对《髹饰录》记述的十四类制法，进行了注释和分析，曰：

> 质色第三：单纯一色不加任何文饰的各种漆器；纹匏第四：表面有不同细纹的各种漆器；罩明第五：打色地上面罩透明漆的各种漆器；描饰第六：用漆或油描花纹的各种漆器；填嵌第七：填漆、嵌螺钿、嵌金、嵌银的各种漆器；阳识第八：用漆堆出花纹的各种漆器；堆起第九：用漆灰堆出花纹，上面再加雕刻描绘的各种漆器；雕漆第十：雕漆、雕螺钿的各种漆器；戗划第十一：刻划细花纹再填金、填银或填色的各种漆器；斒斓第十二：两种或两种以上的文饰相结合的各种漆器；复饰第十三：某种漆地与一种或者一种以上文饰相结合的各种漆器；纹间第十四：填漆类中某种做法与戗划类中的某种做法相结合的漆器；裹衣第十五：胎骨上面不上灰漆而用皮或者织品蒙裹的各种漆器；单素第十六：简易速成，只上一道漆的各种漆器。[②]

通过王世襄先生的解读，我们得以步入异彩纷呈而又鲜为人知的大明漆器世界。

---

① 许承尧：《歙事闲谈》载："明隆庆时，新安黄平沙造剔红，一合三千文。"黄平沙即黄大成，新安平沙人。黄山书社，2001年，第675页。

② 王世襄：《髹饰录解说》，文物出版社，1983年，第23页。

《髹饰录》约作于明隆庆年间，这也是新安漆器工艺日趋繁盛的时期，书中的很多内容就来自新安漆家，以及黄成自己的制器心得。如他认为漆艺创作的原则是“巧法造化，质则人身，文象阴阳”，也就是创作要师法自然，质地构造要如人身体般紧密，纹饰和形制要相互配合、相互呼应。这种精练的实践体会充分说明，以黄成为代表的新安漆器制作者，已将漆器制艺与审美充分融合，使中国漆器制作提升到艺术的范畴，而他们也成为中国千年漆器制作艺术的集大成者。

明代，新安漆器工艺取得的成就，还与文房业的兴盛不无关系。当时很多的歙砚砚匣、砚屏和墨品的匣盒，就为漆制成。朱启钤先生认为：制墨中的“雕样琢坯、划理识纹，以及漱金、嵌珠、填彩、揩光，无一不与髹工相表里，既附丽于墨之文玩，如墨匣、墨床……或髹或雕，或刷丝，或错金，或施金，凡世守之业，新安人无不擅长”。[①] 明末休宁派制墨名家吴去尘，同为制漆名手。而休宁派所擅长制作的集锦墨，也有很多使用了漆盒包装，有的盒上嵌螺钿，有的以泥金绘龙纹、花鸟纹，等等。这些精美的漆器装具，与墨、砚等作品相互映衬，完美阐述了新安工艺的综合能力。

明 千里款嵌螺钿漆盘

明 泥金画花鸟纹嵌竹编圆漆盒

二、书刻皆精

新安的雕版印刷，肇始于中唐，历宋元时期的发展，至明已具相当规模。所刻印出版之书，以版制美、校勘精、纸墨良，且插图丰富，而享有盛名，在中国印刷史上占据了相当重要的地位。明万历时人谢肇淛在点评当时全国各地的刻本质量时，称：“宋时刻本，以杭州为上，蜀本次之，福建最下。今杭刻不足称矣。金陵、吴兴、

① 朱启钤：《髹饰录解说》，转引自鲍义来：《徽州工艺》，安徽人民出版社，2005年，第190页。

新安三地，剞劂之精者，不下宋版。楚、蜀之刻，皆寻常耳。闽建阳有书坊，出书最多，且版、纸最滥恶，盖徒为射利计，非以传世也。大凡书刻，急于利者，必不能精，盖不能捐重价故耳。近吴兴、金陵蹈此病矣。近时刻书，如《冯氏诗纪》、《焦氏类林》，及新安所刻庄、骚等本，皆极精工，不下宋人。”[①]同时期的很多文人，如学者胡应麟，也持与谢肇淛相似的观点。明代新安刻书业之所以能够盛极一时，也是与时代和社会的大背景密不可分的。

首先，良好的社会教育氛围，使得刻书业拥有大批的高素质刻工。刻书是一个文人雅士高度介入的手工业，明中叶更是已经发展为由名家直接设计作稿，这就需要雕梓者掌握较深的文化知识，才能深谙其中书绘的意境，并以刀代笔表达出来。新安的刻工，如黄氏、鲍氏、汪氏、汤氏、陈氏等，就深谙此道，其中尤以歙县虬村黄氏为著，时人称之为“雕龙手”。郑振铎先生在《中国版画史图录》一书前言中说：“时人有刻，必求歙工。而黄氏父子昆仲，尤为其中之俊。”歙县虬村黄氏，从黄积善、黄佛生、黄多保于元正统年间起开始了刻书的生涯。明代是黄氏刻工最活跃的时期，黄氏28世以前的280位刻工都生活在明代。[②]另据不完全统计，明代和清前期，有名可考的新安刻工就达600余人，无名者更是不计其数。他们多在本土及杭州、苏州、嘉兴、南京等地，从事剞劂之业，创作了许多传世杰作。如黄德时、黄守言、黄德懋刻《方氏墨谱》，黄应泰、黄应道刻的《程氏墨苑》，黄君倩、黄肇初刻陈洪绶所绘的《水浒叶子》，以及汤氏刻的《楚辞》、刘氏和汤氏刻的《太平山水图画》，陈氏刻的《西厢记》，黄应祖刻的《环翠堂园景图》等。

其次，刻版和印刷技术的提升，使新安书籍的刻印质量居全国之前列。明代中叶以后，中国出版业出现了相当繁荣的局面，经、史、子、集，以及小说、戏曲等各类书籍被广泛刊印。较之以往不同的是，这一时期的书籍大多附有精美插图，或是装帧精美的书籍封面。而新安刻书业通过与新安绘画和版画等艺术间的相互借鉴、学习，以插图制作工艺为重点，把雕版工艺的发展推向更高层次。新安的刻书家们，一方面延请如丁云鹏、吴廷羽、郑重、雪庄等画家，为版刻设计图稿，再由新安刻工按照版画的形式镂刻图版，创作了如方于鲁美荫堂版《方氏墨谱》、程君房滋兰

① [明]谢肇淛：《五杂俎》，转引自徐学林：《徽州刻书》，安徽人民出版社，2005年，第223页。
② 曹之：《明代新安黄氏刻书考略》，《出版科学》2002年第4期，第63～64页。

明 天师图套色版画

堂版《程氏墨苑》等众多艺术杰作。由于文人画家参与创作，这些作品多体现了线条遒劲、简洁明快、典雅静穆的文人书卷气，形成了典型的地域风格。另一方面是创新地采用了饾版和拱花赋彩印刷技术，在中国印刷及版画史上都产生了重大影响。从万历中期开始，新安刻书就在不断地尝试彩印。万历三十年（1602)，由黄尚文撰文、程起龙绘图、黄应瑞刻板的《闺范》，用朱墨两色套印。万历三十三年（1605）出版的《程氏墨苑》，配置55幅四色或五色彩印的插图。郑振铎在《劫中得书记》中认为："此书各彩图，皆以颜色涂渍于刻版上，然后印出，虽一版而具数色。"王重民在《套版印刷起源于徽州说》一文中认为："《墨苑》的四色、五色图不一定使用了四版或五版，但有些地方，显然使用了两版的，这正反映了起源时期的质朴情况。"[①] 这种质朴的情况，在明天启七年出版的《十竹斋画谱》和崇祯十七年出版的《十竹斋笺谱》中，则显然消失了。这两部书谱皆由十竹斋坊主胡正言主持刊刻，分别采用了饾版套色和饾版加拱花的印刷新技术。饾版，即把将彩色画稿分别用各种颜色勾摹下来，分成数块小版雕刻，叠彩套印。采用"饾版"套色印制的图纹，能够表现出色彩浓淡和干湿的层次变化，使图纹呈现得更为逼真和形象。拱花，即为特制的凹凸版，印时不使用任何色彩，只把纸在版上压印，这样就会使线条凸显出来，制成凸起的无色图像，形成浮雕的效果，增加了画面的立体感。"饾版"和"拱花"技术的创作运用，是中国印刷技法上的彻底革新，开创了后世"木版水印"和套色印刷的先河，也把新安雕版技艺提高到

① 王重民：《套版印刷法起源于徽州说》，《安徽史学报》第一卷，1957年，第12～19页。

前所未有的水平。另外，明代万历以后，刻书字体出现的横细竖粗（长方体）的嬗变，也被认为是出自新安刻书家的创新。

再次，一大批财力丰厚且素养高的书坊主推动了新安刻书业走向鼎盛。刻书是一项需要大量财力和智力投入的行业，正如谢肇淛所言，如果仅为“射利”，书“必不能精”。由于新安地区浓郁的儒学氛围，商人整体文化素养较高，经商之余大多喜好诵读，还有部分商人有藏书之好。休宁安乐人汪志德“虽寄迹于商，尤潜心学问无虚日。琴棋书画不离左右，尤熟于史鉴，凡言古今治乱得失，能历历如指掌”。[①] 歙商吴伯举则“雅负博古，重购商周彝鼎及晋唐以下图书，即有奇，千金勿恤”。[②] 休宁商山人吴邦珍，先儒后贾，老年归乡后，“筑室旁舍，聚书万卷”。[③] 类似的现象比比皆是，业已形成了一种强烈的社会风尚，故此吸引了众多商贾投身于刻书业，并为此不惜财力，新安巨富吴勉学就是其中佼佼者。据道光《徽州府志》记载：“歙吴勉学……广刻医书，因而获利。乃搜古今典籍，并为梓之，刻资费及十万。”[④] 而且他“博学藏书，尝校刻经史子集数百种，雠勘精审”。[⑤] 他所开设的书坊师古斋，刻印书籍达60余部、数百种，内容也多由他亲自校勘，因而在每卷的卷首或卷尾，往往落“新安吴勉学校”的款识。作为一位产量高和质量佳的书坊主，吴勉学在16～17世纪的中国出版界拥有极高的影响力。吴氏所刻《二十子》中《庄子》《楚辞集注》，其审编之精，常使书贾剜改冒充宋本。而很多同时期的刻书家，也多在吴氏刻本的基础上，重新刊印书籍，甚至在日本也有重刻本被发现。和吴勉学同时期的新安书坊主，还有环翠堂的汪廷讷、十竹斋的胡正言、西爽堂的吴琯等，他们与吴勉学的成就相较，在数量和质量上均不相上下，共同塑造出盛极一时的新安刻本。

最后，新安商人的雄厚经济实力、广泛人脉资源和很高文化修养，助推新安成为当时全国最重要的刻书中心。如前文所述，汪志德、吴伯举、吴邦珍等都是具有很高文化修养的新安商人，讲究搜罗书籍，这为刻书业寻求历代珍善本作为借鉴，

① 《汪氏统宗谱》卷四二《行状》。
② [明]汪道昆：《太函集》卷十五《赠吴伯举》。
③ [明]汪道昆：《太函集》卷六十一《处士吴邦珍墓表》。
④ 道光《徽州府志》卷一一《吴国廷传引》，安徽中国徽州文化博物馆藏。
⑤ 道光《徽州府志》卷一一《人物志·事苑》，安徽中国徽州文化博物馆藏。

提供了条件。足迹遍布天下的新安商人，更是刻书业最好的推广者和宣传者。他们因生意所需，与各地的文人学士、名流显宦都交往甚密，常通过借阅或赠予书籍等文人化的活动，增进彼此联系，从而使新安刻本更易获得口碑和美誉。也因于此，新安的书坊主和刻工也更易进入这些地区发展。如吴勉学的师古斋、郑思鸣的奎壁斋、汪云鹏的玩虎轩等书坊，就设在南京；而黄凤池的集雅斋、胡文焕的文会堂等书坊，则设在杭州。刻工亦因此在各地流寓。万历间在杭州的黄一彬，天启时则在吴兴刻图；同时期的黄德宠，则分别在杭州、苏州和姑苏的书坊中。正是这些不同地区的刻书经历，开阔了他们的眼界，锤炼了刻工技艺，雕刻技法也因此更加精湛和成熟。

本土以及离开家乡进入各大刻书中心的书坊主和刻工，共同推动了新安刻书业的发展，使之成为明代雕版印刷发展兴盛的代表，而不再仅仅是一个区域的符号。

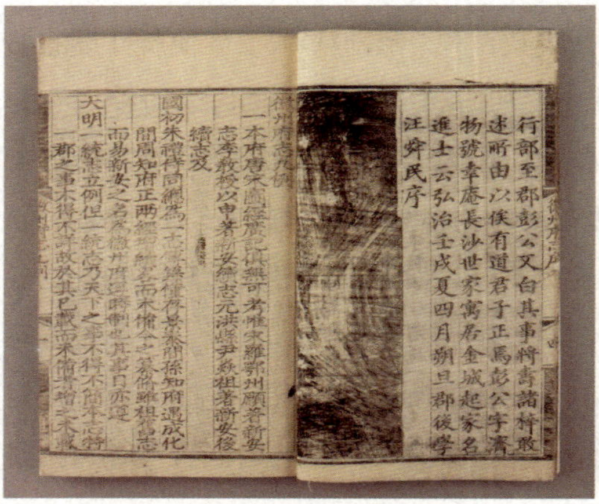
行部至郡彭公又白其事將壽諸梓敢
述所由以俟有道君子正焉彭公字濟
物號章庵長沙世家寓居金城起家名
進士云弘治壬戌夏四月朔旦郡後學
汪舜民序

明弘治《徽州府志》

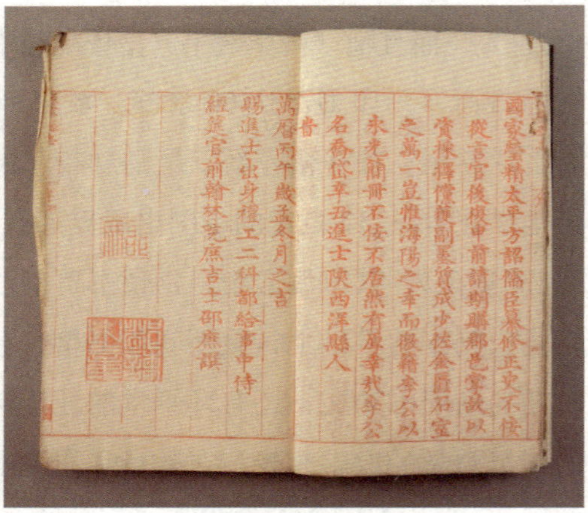
國家登精太平方韶儒臣纂修正史不佞
名喬岱辛丑進士陜西洋縣人
旨
萬曆丙午歲孟冬月之吉
賜進士出身禮工二科都給事中侍
經筵官前翰林院庶吉士邵庶譔

明万历重修《休宁县志》

三、刻竹艺高

早在纸张尚未发明和大规模应用之前，先民就使用竹简作为记录的材料，刻竹工艺也因此应运而生。但南宋以前，北方是中国的政治、经济、文化重心所在，长江以北地区干燥的气候，并不适合使用竹制品，因此刻竹工艺很难在以北方士族占主体的文人社会中流行。当时，即使似苏东坡这般爱竹之士，竹刻也并未能成为单独的工艺作品在他的文房案头存在。宋室南渡后，中国的经济、文化重心南移，南方的士人文化逐渐兴盛，这就为竹刻工艺的发展提供了契机。元代陶宗仪在《辍耕录》中就记载了南宋的竹刻艺人詹成，所雕竹鸟笼“四面皆花版，于竹片上刻成宫室、人物、山水、花木、禽鸟，纤毫俱备，其细若缕，且玲珑活动”。陶宗仪称赞其为“求之二百余年，无复此一人”。可见，竹刻这一民间工艺，此时已开始得到发展和重视。

明代，随着士人尚雅之风的盛行，以及文房赏玩鉴藏之风的兴起，竹刻工艺的发展进入了一个黄金时期，并分别形成了以金陵和嘉定为中心的两大竹刻流派。“金陵派”以濮仲谦为代表，“嘉定派”则是以新安人朱鹤为代表。朱鹤，号松邻，是明代的书画家、竹刻家。世本新安歙县人，早年寓居华亭，后又徙往嘉定定居。他为人品性高洁，博雅多艺。早年得缪篆不传之秘，雕镂图绘均极佳，还兼工韵语，善书画，精摹印，尤其精于刻竹。他将书画笔意融入刻竹技法，以深浅、阴阳表现画面的层次和光影，雕刻题材多选用文人喜闻乐见的荷花、海棠、仙鹤等，布局也类文人画作，诗书画印相互呼应。审美格调和境界则充分体现了传统文人画的精华，将竹刻件由生活器升华为文人清赏和雅玩之物，并开创了深刻高浮雕的嘉定刻竹流派。故时有诗句云：“玉人云鬓堆鸦处，斜插朱松邻一枝。”黄宾虹也称赞：“刻竹名手，世称嘉定。有明以来，朱松邻自新安居此，乔梓相承，已擅绝艺，然皆品谊高尚，姿禀颖异，不肯同流逐污，以随世俗。故虽一技之微，往往具有郑虔三绝，迥非庸俗子所能梦见。”[①] 朱鹤之子朱小松，名缨。师承家法刻竹，有出蓝之誉。所刻竹木多为仙佛像，由于借鉴了铁线白描的人物绘画技法，故仙佛像线条遒劲、灵逸，后人常将其与吴道子所绘人物相媲美。朱小松还兼刻犀角、象牙、香料、紫檀图盒、香盒、扇坠、簪纽之类，种种皆为奇巧。朱鹤之孙朱三松，名稚征，更是全面继承了家族的雕刻技艺。《竹人录》记载：他“性简远，善画远山、澹石，从竹、枯木，尤长画驴。其雕刻刀不苟下，兴至始为之。所刻笔筒及人物臂搁、香筒，或螃蟹、蟾蜍之类，问世即不啻拱璧，传世则价值连城”。[②] 安徽中国徽州文化博物馆就藏有朱三松“荷蟹图竹雕笔筒”，笔筒呈暗红色，口沿及底足外撇，筒身为浮雕荷蟹图，画面一侧为一螃蟹匍匐在盛开的荷花下，另一侧镂一仙鹤做低头觅食状，上方阳刻的“三松”款和阴刻的“三松”篆书方形印。高浮雕的雕刻技法，使得整个画面饱满而生动，且布局合理、线条流畅。遒劲有力的枝干、舒张有度的荷叶，形象逼真

---

① 黄宾虹：《黄宾虹文集·杂著编》，上海书画出版社，1999年，第69页。

② [清]金元钰：《竹人录》卷上，浙江人民美术出版社，2011年，第1～3页

的鹤蟹，共同构成了一幅生机盎然的夏趣之图。与朱氏父子祖孙同时期的新安竹刻代表，还有明末歙县人吴元满。其天生残一目，故曰："吾以一目外观，而以一目内照，觉内之所得者较多。"他精通书法，擅长篆刻，尤喜"六书"研习。因此，他所刻的文字极具金石之气，形成了浑如三代鼎彝的独特艺术风格。

竹刻的作品大抵可分为两类：一类为竹面雕，一类为立体雕。竹面雕最常见的为笔筒，另外还有臂搁、香筒、扇骨等。其雕刻技法分为阴刻、阳刻两种，二者又各有深浅之分。浅刻技法中，阴刻有毛雕、线刻之分；阳文则有留青、薄地阳文和浅浮雕。深刻技法中，阴刻主要指的是陷地深刻，阳刻则以高浮雕和透雕为主。虽然新安地区的竹资源丰富，但可用于竹面雕的材料并不寻常可见。需选用入冬后山阴溪流边采伐的竹材，竹干要挺直匀称，竹皮需光洁，纹理务细致，过老、过嫩都不宜使用。砍伐、修裁后的竹材，还需经水煮、脱脂、晾干、曝晒，并经数年的阴置脱水后，才能用于雕刻。刻竹的步骤和其他雕刻相类，也分为起稿、打坯、修坯、开线、粗刻、细刻、开相等工序。但即使是这样制作出的竹刻作品，携带至北方地区后，仍易发生崩裂现象，破坏作品的艺术性。为此新安的竹刻家遂采用紫檀等优质硬木镶口，以起到加固作用。安徽中国徽州文化博物馆所藏的一件明"松下宴乐图竹雕笔筒"，就采用了这一方法。该笔筒呈圆柱形，口沿和底分别嵌一圈紫檀，器身以镂雕、圆雕和浮雕等技法，镂刻松下宴乐图，画面中的松石、蕉叶、勾栏及人物，无不形象生动，栩栩如生。立体雕多为竹根雕琢中所采用，题材多为人物、鸟兽等立体形象之物。歙县博物馆所藏明"竹雕松枝杯"，就是截取近根处竹肉肥厚的老干制成。整体为杯状，以松皮纹理间刻朵云纹修饰器身，一侧雕松枝穿插虬结，松针茂盛，重重叠叠，如云如盖；另一侧树皮开裂剥落，露出瘿瘤罅隙。小枝均倾倒欹侧，如经风雨，表现出竹雕工匠的精巧构思和高超技艺。

新安的竹刻艺术，是在民间竹加工工艺的传统基础上，随着文人社会的成熟而发展起来的雕刻艺术，是文人审美与民间工艺相交融的艺术结晶。但明晚期以降的社会，明显呈现出重艺术性轻实用性、重文人作品而轻匠人作品的倾向，因此整体艺术风格趋向文人气和书卷气，成为文人学士抒发情怀的"清玩雅刻"。

四、精巧编织

作为民间重要的手工劳动，明代新安地区的编织工艺，在宋元的基础上得到进一步发展。编织的材料多为寻常的竹、草、藤等，但同样是基于农副产品商品化的需要，这些质朴和简单材料制作的手工艺品，也逐渐呈现出精致化和文人化的转变。

据地方志书的记载，早在唐代，新安各地就有“竹簟”入贡。《新安志》就记载：“《唐六典》州贡……竹簟一合。”[①]“竹簟”即是由竹篾编织的竹席，是夏季睡眠最好卧具。明代，新安从事竹编的艺人不断增加，竹编器的品类也进一步扩大，工艺技术越来越精巧，作品也有了粗丝和细丝编之分。粗丝编织的主要是生活器具，如斗笠、竹簸、竹筛、竹篮等，使用粗加工的竹片、青篾或者二层篾制成。细丝编作品的应用则更为广泛，既有竹簟、花簸、花筛和细篾篮等生活器，也有箧盒、书箱、礼盘、果盘等文房或陈设器。使用的竹篾也是细如发丝，技艺高超的篾工，甚至可以把不到一寸宽的竹片，劈分成10～140根如头发丝粗细的篾条，竹丝因而似丝绵般柔软。同时，为了丰富竹编作品的装饰美感，还使用了染篾工艺，即以植物或矿物染色材料熬制成水，煮泡篾条，从而形成了除本色外的黑、红、黄、绿、蓝、紫等多种颜色，再运用编花、透空、夹筋等技法，编织成色泽多样的器物。此外，有的成品还采用了烫金、烫花或贴压等工艺，竹编工艺的髹饰技法有了极大的丰富。

竹编的工艺流程，可分为备料、编织和后期处理三大工序，大致可分为选料、打枝、去节、破竹、分坯、去刺、撕篾、刮篾、分丝、过刀门、下槽刀刮圆、热处理、染色（根据需要）、绘稿、制模、编织，以及后期的漂白或者防霉防蛀等流程。编织的方法以经纬编织法为主，一般称被挑压的篾丝为经，称编织的篾丝为纬。在经纬编织的基础上，还可以穿插如疏编、插、穿、削、锁、钉、扎、套等各种技法，使编出的图案呈多样变化。另外，还可根据设计，夹用混合本色和染色的竹丝，交互编织以形成纹饰色彩的变化和对比。根据编织工艺的不同，竹编作品还可分为平面编、立体编和混合编三种。平面编和立体编，即分别对应的是平面图纹和立体造型的编织；混合编除了指既有平面图案又具立体造型的编织作品外，还可将竹编工艺与漆器、金银器、锡器、木器等其他工艺结合制成的作品归于其中。尤其是多工艺集合的混合编作品，是明代新安竹编工艺的杰出代表。如安徽博物院收藏的明万历“描金五彩漆果盒”就以竹制骨架为胎骨，外用细篾编织成花纹，盒面以彩漆描金绘纹装饰。还有前文所述的，安徽中国徽州文化博物馆收藏的明崇祯款泥金画花鸟

① [宋]罗愿：《新安志》卷二《物产》，光绪戊子李光煝重刻本。

纹漆圆盒，则是采用薄木为胎，外敷了竹丝编。另外，以陶、瓷、银、锡或紫砂为胎，外敷竹丝编的作品，也不在少数。在传世的明代新安竹编器实物中，考篮也是极富代表性的文人化作品。考篮是古代科举考试时，考生用以盛文具和食物的提篮。在极其重视科考的新安地区，它制作量和使用量都很大，而且事关考生的前程，所以考篮的制作大多十分讲究。形制多为长方形多层有盖提梁篮式，一般为三层，也有二层或四层的。编织务求细密牢固，为此还多在四角处包铜，富贵之家也有用银包角。图纹则基本为吉祥和预祝寓意，髹饰多在提梁及腹、盖部，手法有雕镂、镶嵌和彩绘等，整体显得美观大方。

新安广大山区和农村有着丰富的草资源，这也是民间编织活动的重要原料。一直以来，这里的人们会使用不同草种，编织出各种实用美观的草编制品。诞生于明代万历年间的“蒲草织席”，是建德寿昌地区重要的手工艺品，并因作品编织缜密、图案美观，而被列为常赋中的一项。而起源于明嘉靖年间的汾口草龙，则更多体现了原始的草编织工艺，它是以干的稻草为原料，模仿龙形，通过反复地叠、绑而制成的，并没有过多的装饰。相较于这种民俗性质的草龙编织，淳安富文地区的草编扇制作，就显然被赋予更多的艺术化元素。在这种草编扇的制作上，结合了编、绘、绣等多种工艺技巧，很有地域特色。富文制扇采用大麦秆或野生麦秆为原料，整个编织过程可分为选料、漂白和编织缝钉三个过程，经煮、浸、熏、洗、漂、晾、破、盘、缝等 10 余道工序制成扇面坯，部分扇坯还用染色的麦秆，编出“福”“寿”“囍”字等图案。扇坯编成后，还需钉上扇心制成扇面。扇心的制作，是富文制扇中最为精细和讲究的。一般先用几层布裱糊成一块硬木板，然后剪成直径约 2 寸的圆形，再于圆形布面上浆糊一块质地较好的白布，上绘以花鸟等图纹，绣女则依图纹刺绣成扇心。扇心外边缘，往往还贴上二三寸的圆边，边用蓝色丝线作纬，以其他颜色的丝线作经，上下编绣出象征吉祥意义的图案，如年年有余、五福吉祥、万事大吉等。制扇的最后一道工序是安装扇柄和扇坠，出于美观和耐用的考虑，有的扇柄还运用了漆器工艺，髹饰成红或黑色。而扇坠的选择，也以色彩艳丽的珠子或丝线结为主，使得整柄扇色彩对比强烈，成为既有实用价值又具观赏装饰性的工艺作品。[①] 此外，新安民间还盛行有藤、棕叶等编织活动。

---

① 刘来根、刘政：《淳安历史文化丛书·民间艺术》，西泠印社出版社，2008年，第166～168页。

五、灯具精好

明万历《歙志》借用田汝成的记载，介绍了新安制灯的历史，以及当时灯品的形制和制作。田汝成和宋代周密在《武林旧事》一文中所持的观点相同，亦认为新安的制灯技艺，早在南宋时期就已“精好绝伦”，所制“无骨灯”深受高宗、孝宗赞赏，其后所制的细竹丝编织加彩饰的花灯，也深受皇室喜爱。并曰：“近日则以扇竹丝改制为灯，远胜云南料丝，此乃暗合前法，吾乡亦优为之。近又以羊皮灯仅埒黄雪村，双绡灯仅埒赵雪林，而别为新制，以猪胞饰彩为一画船，如轻烟薄雾，亦似有似无，则又出羊皮、双绡之上，但恨其窘边幅耳。其余剪彩为花卉、翎毛、禽鱼、

商辂花灯

人物，又种种皆精，他乡之所未及。更有一灯，用生丝缭绕，而错以文绮，望之者空水蓊云，鱼鸟翔泳其间，自觉飞动，惟闽玄纱近之。而此无机杼剪裁，更为奇丽，名曰华缦灯，亦独鲍氏能之。”① 可见，明代新安的制灯工艺，除了承绪了南宋的技法外，还创作了羊皮灯、双绡灯、华缦灯等新品种，并诞生了如鲍氏这样的名家。

明代新安制灯的兴盛，还表现在民间众多的灯艺活动中，尤其是在春节、元宵节或中秋节期间，宗族祠堂都要举办各色灯会来营造气氛。如岩寺广惠祠元宵节的灯会，就规定由各分支轮流主办。灯会的场景也十分壮观，素有“十里灯市”的美誉，明武宗正德九年（1514）的状元、岩寺人唐皋，就以“六街灯火无双镇，十里笙歌第一桥”的联语盛赞之。还有流行于各地的舞板凳龙活动，就是一种以长条板凳组合而成的龙灯。在淳安里商一带，板凳龙也被称为“里商仁灯”，始创于明成化十九年（1483），因此地为商辂故里，故又名“商辂花灯”。相传明宪宗因敬重宰相商辂的仁德，在其七十寿辰之际，赐下百盏宫灯以示庆贺。商氏后裔为此特造花厅一座，并按宫灯式仿制花灯，于每年春节、元宵举行巡游，以示纪念。商辂花灯的灯骨以竹条编制而成，形制是仿宫灯的瘦长四面八边形。图案采用先绘后刻的方法制出。具体为先绘制花样，即按灯的大小绘出不同门、角、头、尾部分的图案。再用红绿两色纸，分别裁出四叠分门、两叠角灯，以及各四叠灯头和灯尾，四个角打洞用绵纸固定、压平后用于雕刻。雕刻的底版槽长约 8 寸、宽 6 寸、深 1 寸，内置调和羊油和老松木外壳粉的混合物，雕刻时先垫一层纸，放上待雕的花样，刻好后经压平、拓印、晾干，再重新叠好压平，四角固定好后开始以针刺之。为了让套刻的棉纸有更好的透光性，除了图案外的其余部分，都需密密地刺出小洞，这样在夜晚灯亮起时，既有醒目的图画，也有华丽的暗纹。最后，再用糯米粉和灯骨黏合。② 仅淳安一地，除了里商仁灯外，还有佛岭后板凳龙、河村板龙和狮城迎百子灯等，与灯艺有关的竹马、文昌彩龙等活动，在当时也都十分盛行，灯具制作呈现出向简洁化和日用化发展的趋势。

六、造纸制笔

明代戏曲家屠隆（1542 ~ 1605），曾作《考槃余事》4 卷，其中次卷品评了当

---

① 明万历版《歙志》卷九《艺能》。

② 刘来根、刘政：《淳安历史文化丛书·民间艺术》，西泠印社出版社，2008年，第3～6页。

时的笔、墨、纸、砚等文房器物。他在该卷中说道：“新安仿造宋藏经笺纸亦佳，有旧裱画卷棉纸，作画甚佳，有则宜收藏之。”新安人创新性地在这种仿造的藏经笺纸中，加入云母粉，因而纸面露出光亮耀眼的颗粒，而且纸质绝细坚韧，是当时书画家梦寐以求的对象。今人蒋玄佁在《中国绘画材料史》中亦言：“新安以造楮皮纸闻名，是不单造藏经纸。盖新安即唐宋间之黟歙纸区，质料均树皮，在元明时当仍继续制造，不能以造藏经纸而抹杀其他的纸张。”[①] 日本学者大村西崖也在《中国美术史》中认为，新安所制的其他纸品，如“花格之白鹿笺、蜡砑五色笺、松花笺、月白笺、罗纹笺等”，也“为世所喜”。

明弘治《徽州府志》对新安江上游地区的造纸方式，记载颇为详细。曰：

荒黑楮皮率十分，割粗得六分净，溪沤灰腌，暴之沃之，以白为度。瀹灰大镬中，煮至糜烂；复入浅水沤一日，拣去乌丁黄眼，又从而腌之，捣极细熟，盛以布囊；又于深溪用辘轳推汤洁净入槽，乃取羊桃藤捣细，别用水桶浸挼，名曰滑水，倾槽间与白皮相和搅打匀细，用帘抄成张，榨经宿干，于焙壁张张摊刷，然后截沓解官。其为之不易，盖如此。

可见，当时造纸业的分工极细，已有取料、沤腌、镬煮、复沤、拣杂、捣细、入槽、滑水、搅和、抄纸、榨干、摊焙、截沓等10多道工序，所以制出的纸品韧而光润，洁白细密，且纹理纯净。明代诗人傅若金就曾作诗称赞曰：“新安江水清见底，水边作纸明于水。兔白霜残晓月空，蛟宫练出秋风起。”

自唐代被定为进贡之物后，历朝历代的地方官府，也都把新安出产纸品作为特产入贡。南宋淳熙年间，仅徽州府就每年进贡一百多万张七色纸。南宋定都杭州后，制造纸币的用料，也多为徽州府所产，仅绍兴年间就一次性采购了50万张。元代，新安进贡的纸品更多，每年提供给官府用的纸张，就有赴北纸、行台纸、本道廉司纸，其中仅赴北纸就要300万张。明代科举用于发榜的大开纸张，也多由新安供给，每月朝廷摊派给歙县榜纸解纳量就达4800张；休宁和绩溪，也需每月分别解纳3800张和1000张。从历代朝廷对新安纸的征收情况看，纸张的制作生产是一直持续的，

---

① 蒋玄佁：《中国绘画材料史》，上海书画出版社，1986年，第65页。

而且部分品种的产量或是质量，在全国范围也是名列前茅。

南宋末年，宋元两军在安徽中南部进行了40多年的拉锯争夺战，新安的制笔业受此影响，也渐呈凋零之态。明代，由于经营墨砚的新安商号，大多也同时经营纸笔,所售既有当时制笔中心湖州（今浙江湖州）所产的“湖笔”,也有商家自制的产品，这在一定程度上维系了新安制笔的余绪，为后世的再度崛起，打下了基础。

第八节　小　结

得天独厚的自然资源，悠久厚重的历史传承，经年发展的工艺技巧，以及优秀素养的工艺制作人才，这些都为唐宋以来即已崭露峥嵘的新安工艺美术，在明代形成诸艺皆兴、光芒万丈的历史局面，提供了得天独厚的条件。尤其是隆庆万历之后，大批文化素养较高、财力雄厚，并富有经营管理才能的新安儒商介入工艺制作后，使当时的新安工艺在很多方面都在全国名列前茅。由于经济和文化因素的共同作用，一向发达的文房四宝、砖石木雕、漆器制作，在此时有了进一步的发展。随着文人化和商品化改造的逐步完成，明代中后期的新安工艺，很快跃居于全国的领先地位，其势头并保持至清代中前期。

明代新安工艺有别于中国其他地区的最大特点，是其文人化和商品化的发展趋势。由于社会的取向，资源多投入文人喜好的文房器、漆木器、竹木雕刻等方面的制作之中，因此这些工艺门类也是最为兴盛和发达的。加之文人大量投入这些门类的工艺制作中，因此作品不但制作精巧，而且设计立意很高。由于文教的兴盛，新安工艺的基本制作群体多具有较高的文化素质，部分甚至直接由科考失利，或是喜好此道的文人转化而来，因此社会地位较高。他们已经不是单纯意义上的工匠，可以称之为中国最早的一批工艺美术大师，他们可以平等地和文人士大夫交友为朋。如墨工方于鲁，就因诗文得汪道昆赏识，被招入丰干诗社，后来又结为儿女亲家，成为文人学士中的一员。《陶庵梦忆》记载：“嘉兴之腊竹，王二之漆竹，苏州姜华雨之莓篆竹，嘉兴洪漆之漆，张铜之铜，徽州吴明官之窑，皆以竹与漆与铜与窑名家起家，而其人且与缙绅先生列坐抗礼焉。则天下何物不足以贵人，特人自贱耳。”①可见，这些工艺名家已经不再视自己为低人一等的匠人，而能够和富商显宦共处一室，并“列坐抗礼”，这也体现了社会风气的巨大转变。也因于此，他们更容易把握了文人的思想动态，并创作出相应的作品。

明代的中后期，长江以南地区的商品经济已经十分发达，尤其是海外贸易的发展，对工艺制作提出了更多和更高的要求。在当时的海外贸易中，新安所生产的丝织品、漆器、文房四宝等工艺品，以及茶叶等农产品，是日本、东南亚和欧美各国的“抢手货”，有着巨大的需求和丰厚的利润。在高额回报的诱惑下，大批的新安商人投身于此，成为专事海洋贸易的经营者，其中最著名的是有着“徽王”之称的汪直。但“海禁”一直是明朝政府的既定国策，无论“严”或“弛”，对私人海洋贸易而言，都是严厉禁止的和打击的。尤其嘉靖二年（1523）在宁波发生日本使团“争贡”事件后，嘉靖帝下令废除市舶司，禁绝海洋贸易，并颁布了极为严厉的打击私人海洋贸易的法令，使得正常贸易和小规模的走私活动都无法进行。自15世纪末期开始，以新安歙县人汪直、徐海为首的实力雄厚的海上贸易走私集团，开始使用极端的武力对抗海禁。《明史》卷三二二《日本传》和《明史》卷十八《世宗纪》均记载：“三十二年三月，汪直勾诸倭大举入寇，连舰数百，蔽海而至。浙东、西，江南、北，滨海数千里，同时告警。破昌国卫。四月犯太仓，破上海县，掠江阴，攻乍浦。八月劫金山卫，犯崇明及常熟、嘉定。”应该看到，这种武力对抗的目的，是兴起的海商集团为争得农产品和手工业品的正常贸易经营权而做出的努力。随着嘉靖帝的病逝，他的继任者隆庆皇帝朱载垕顺应民意要求开放了海禁，随之而来的市场需求和商业利润，强烈地刺激了新安农业和手工业生产的高速发展，有力地带动了晚明新安工艺的进步。

值得注意的是，宋以降，尤其是明隆庆之后，新安工艺的各种著述不断涌现。这当然离不开工艺发展的现实依据，但也说明工艺制作者与文人阶层的联系较以往愈加紧密的深层次缘由。源于好儒的传统思想，也源于经年教化的根本，他们对著书立传的执着远超中国工艺史上的其他阶段，从而直接催生了如《程氏墨苑》《方氏墨谱》、《髹饰录》等皇皇巨著的诞生，推动了中国和新安工艺美术研究的大踏步前行。

---

① [明]张岱：《陶庵梦忆·西湖梦寻》，作家出版社，1995年，第98页。

第五章　清代中前期的新安工艺美术

第一节　概　述

16世纪初，明朝统治阶级日益腐朽，官员党争和阉党专权，以及长期和后金政权的边境战争，导致明王朝的统治岌岌可危。全国性饥荒引发的农民起义，最终推翻了明朝的统治，但乘虚而入的后金，击败了以李自成为领袖的起义军。于1644年建立了中国历史上最后一个封建王朝清朝。

由于新安地处内陆山区，加之以地方乡绅为主体的武装力量，在保境安民方面措施得力，所以受明末农民起义战争的影响较小。在其后的抗清活动中，虽然金声、江天一和黄道周分别组织了有规模的武装斗争，但由于进占新安的是洪承畴所辖汉军武装，军纪较为严明，未进行大规模的屠戮，因而新安社会整体处在一个相对稳定的状态。但即使如此，明末清初长达40余年的战乱，对新安社会经济造成的破坏，也是极为严重。在苏浙、湖广等新安商帮的主要经营地，清军和南明军队展开了艰苦的厮杀，连绵的兵祸，破坏了生产，阻绝了商路，沉重打击了商人的经营。市场需求和社会购买力的急剧下降，使明末已经发展起来的新安农业和手工业商品生产，遭受重创。

清政府建立和稳定后，统治者一如历朝开国的做法，推行了一些积极的经济政策，如兴修水利，减免赋税，奖励垦荒等，这促进了农业生产的恢复和发展，农业商品的产量也相应有了提高。而废除匠户匠籍等政策的实施，进一步解放了手工业者，促进了生产技术的提高和规模的扩大。随着农业和手工业生产的恢复发展，商业也重新活跃起来，贸易活动日趋频繁。自康熙中叶开始，直至嘉庆、道光时期的100余年间，新安商帮的实力不但得到恢复，而且在营业人数、活动范围、经营行业与资本等许多方面，都超越了明代。他们的活动范围遍及城乡，东抵淮南，西达滇、黔、关、陇，北至幽燕、辽东、南到闽、粤，并操纵、垄断了中国的盐业、金融业、茶叶贸易等商业领域，在全国各商人集团中居于首位。这一切，都在客观上促进了与农业、手工业和商业关系密切的新安工艺美术的发展。同时，由于前期受创较小，新安工艺制作的复苏也是较为迅速的。张伯驹先生对清初新安墨业发展曾有一段论述，曰："康熙三十年以前，清宫成立几将五十年，人心还未归附，徽州墨业已显蓬勃气象。"[①] 这种"蓬勃气象"也侧面反映了清初新安工艺的发展态势，因而在之后的雍、乾两朝，呈现出整体繁盛的局面。

清中期以前，尤其是康熙、雍正、乾隆三个时期，新安本土经济发展迅速，社会财富甚至较前代更加富足，由此所引发的建筑热潮，使与之相关的砖、石、木、竹等雕刻工艺都展现了空前的盛况。工艺技术有了显著提高，雕刻题材更加丰富多样，制作繁复华美，线体精细纤巧，多层雕、镂空雕、高浮雕等技巧运用娴熟，材质美也得到了充分兼顾和发挥。单纯就制作水平和规模来看，已经远远超过前代。在文房工艺方面，新安墨业先后涌现出曹素功、汪近圣、汪节庵和胡开文等众多名家，制作出如紫玉光、耕植图、棉花图、西湖十景等一批名品。墨的髹饰技法较明代更加多样化，品种和产量也远远超过之前历史纪录，继续保持着全国制墨中心的地位。因婺源龙尾砚石开采中断而陷入困顿的歙砚业，此时由于乾隆帝个人的喜好而开始陆续恢复制作，虽然砚石的开采量并未达到唐宋时的规模，但直到道光年间都被定为朝廷的贡品，而且清宫造办处也开始参与歙砚的制作，设计和制作了仿汉石渠阁瓦、仿汉未央砖海天出月、仿唐八棱、仿宋玉兔朝元、仿宋天成风字、仿宋德寿殿犀纹等一批皇家御用砚式，极大地丰富了歙砚的造型艺术，并形成了清代歙砚制作形正、摹古和装帧华丽的风格特点。清初砚墨制作的发展和入贡装帧的需要，同时也因康雍乾三朝皇帝的爱好，新安文房清供器的制作被带动起来，漆、木、竹、(象)牙、(犀)角、玉等各种材质的精品不断涌现，镶嵌、剔雕、留青等髹饰技法也臻至完善。

清代新安工艺审美开始向规整华美转变，这和彼时思想文化的发展息息相关。清代统治者为了巩固政权，在思想领域大力提倡儒家学说，以及程朱理学，借以宣扬自身统治的合理性，并由此磨灭知识分子和人民的反抗意识。自康熙初年开始，就明确以"崇儒重道"为统治思想，推崇朱熹是"儒家集大成而绪千百年绝传之学，开愚蒙而立亿万世一定之归"的人物。而新安是朱熹的父母之邦，其理学思想在新安流传之广、影响之深，远非他地可比。在官府倡导和地方传统的双重作用下，朱熹理学成为新安思想文化的指导。休宁茗洲《吴氏家典》就言："我新安为朱子桑梓之邦，则宜读朱子之书，取朱子之教，秉朱子之礼，以邹鲁之风自持，而以邹鲁之

① 鲍义来：《徽州工艺》，安徽人民出版社，2005年，第112页。

风传之子若孙也。”由于这一理念的导引，君为臣纲、父为子纲、夫为妻纲，以及仁、义、礼、智、信这些三纲五常和“三从四德”的儒家伦理道德观，也渗透至工艺美术的各个方面。在其影响下，工艺制作从布局到形制再到构图，都遵循着一定的模式。造型上的崇古摹古，布局上的中轴对称，以及“忠孝节义”等题材成为工艺制作的主要内容，这都可以反映出礼制思想所赋予的审美。尤其是建筑工艺，很多就将理学思想贯穿于布局、装饰、色彩、陈设等全方面，如位于淳安县屏门乡上中村的章氏宗祠，就是以“忠孝”为整座建筑的主题。章氏宗祠原为南宋末年进士章元礼宅，其义不食元粟，隐遁深山奉养祖母的事迹，感动了万历年间的进士方应时，遂禀告了当时遂安县令，县令遂把章元礼的忠孝节义记录在地方志中，并上书朝廷，为其家题名“忠孝堂”。现存建筑为清嘉庆八年（1803）重修，整体建筑坐北朝南，沿中轴线对称分布。中轴由门坊、门厅、忠孝堂、神寝组成，左右对称厢廊各三间。门坊极具特色，是一座砖结构的牌楼，三开间五楼歇山顶屋面，设计雄浑大气，结构层次变化丰富。三跳飞檐用仿木斗拱撑起，上由鸡胸檐鼓承挑出檐，各檐脊端均装饰鱼形吻兽，造型各异、生动活泼、雕琢精细，为整座门坊增添了灵动美感，同时也起到了固定楼脊的作用。“字板”内嵌“忠孝堂”名，四周以回字纹砖雕装饰。额坊缺失，两侧花板为呼应主题浮雕儒教纹饰，明间和次间也都有砖雕装饰，刀法娴熟，技艺精湛。背面与门厅相搭接，门厅为三开间的砖木结构建筑，马头山墙两坡顶，子孙瓦脊压顶。顶部作船篷轩装修，前檐柱间明间设门枕安大门，次间各安四扇屏风门，雕镂也亦为知书达理、修身立命等题材内容。

清代新安商帮的兴盛，是工艺发展的经济基础；朱子理学的官学地位，则为工艺风格奠定了指导思想。这二者相互促进，相互作用，从而推动了新安工艺的高度发展，以及华美规整的风格形成。各门类的形制纹饰或繁华绚丽，或雄浑古朴，或优雅柔媚，工艺髹饰已达超凡境地。

第二节 精致墨砚

清初新安墨砚制作的兴盛，除了商品经济发展的需要外，很大程度上是由于皇室显宦和文人雅士的精心追求，因而对质地、形制、纹饰等方面提出的文人化审美要求，也就越来越高，装帧也越来越考究。

就工艺技巧而言，清代尤其是康、雍、乾时期，新安的墨砚制作达到了鼎盛。墨砚的雕刻技法吸收了砖雕、石雕、木雕、牙雕和版画的技法，并根据图纹和材质的需要，交错地运用了圆雕、深雕、浮雕、浅浮雕等多种手法。砚的制作上，除了使用婺源龙尾石和歙县岔口、休宁流口、淳安青溪等地的传统石材外，还有玉、紫砂、陶、漆砂、锡、瓷等材质。砚的造型趋于奇巧新颖，常见有竹节形、卵石形、荷叶形、钟形、琴形、佩形等。同时期墨的装饰也十分多样，尤其是集锦墨的变化较多，题材内容也非常广泛，有花鸟鱼虫、飞禽走兽、云龙日月、山川景物、历史典故、人物故事、神话传说等，而且模仿书画的布局，讲求诗书画印结合的意境，形成了整体雅致的装饰效果。

长期以来，新安文人都十分关注墨砚的研究，借以培育整个社会形成鉴、藏、赏、玩的氛围，并实际促进了制作业的发展和美誉度的拓展，也因此产生了一批有影响的论述。有清一代，整理砚史、砚石和砚雕艺术的著作，就有徐毅的《歙砚辑考》、汪徵远的《龙尾石辨》，以及程瑶田的《通艺录 · 纪砚》等。墨的著作主要有曹素功编辑的《曹氏墨林》、程怡甫等编辑的《尺木堂墨品》和汪进圣及其后人编撰的《鉴古斋墨薮》等。而兼具文人和墨家双重身份的程正路，在制墨研究和墨业宣传上更是颇有建树，他著有《墨谱》一书，其中有《悟雪斋墨目》《墨述》各一篇，《纪略》四则。当时的许多名流如梅清、李光座、罗牧等，都争相为其著文题咏。这些著作有力地扩大了新安墨、砚的影响，也成为中国砚墨研究中非常有价值的史料。

一、名世清玩

清代新安制墨，主要集中在徽州府的歙县、休宁和婺源地区。自康熙朝开始，日益稳定的社会环境，渐趋繁荣的文化事业，加之商贸发展的促进，墨业迈入了又一轮的发展。在清代工艺整体讲精巧、重装饰的影响下，徽墨的制作技艺在髹饰和装帧等诸多方面，都有所创新和发展。正如汪节庵在《函璞斋墨品》中所形容的："法制之良，椎炼之尽，今不及古；而金碧之华，烟麝之备，则古不如今。"①

存世的清代墨品，也完美地诠释了汪氏所述之纹饰之美，装帧之精。如清康熙

① 齐徽:《中国的文房四宝》，商务印书馆，1998，第32页。

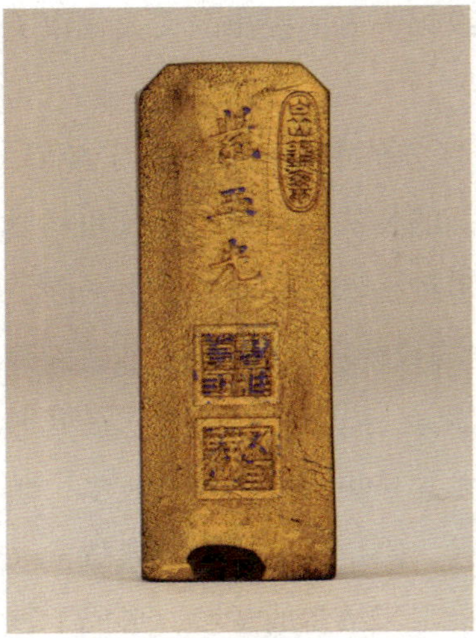

清 康熙曹素功款紫玉光墨

曹素功御制耕植图集锦墨，此组墨共47笏，一函二匣，上匣24笏。首枚一面镌绘双龙对峙，中间涂金楷书“御制耕织图序”六字；另一面镌书康熙帝亲笔行草十行的序，为康熙三十五年（1696）二月题。余下的23笏，均一面镌绘耕作图景，另一面篆书“御辞”二字，下为行书诗文四行。下匣贮墨23笏，内容为养蚕织布。最后一枚墨一侧有小字楷书阳识“曹素功谨制”。这套墨质地细腻、坚莹，纹饰、题记、款识、装帧俱佳，体现了清初模制技术的高超水准，是清代早期集锦墨的代表。该墨的制作者曹素功（1615 ~ 1689），是清代歙派墨家的代表和先驱，师法明末著名墨工吴叔大，并接收其墨肆，为避康熙帝玄烨讳，将店名“玄粟斋”更名为“艺粟斋”。康熙帝南巡时，因进献“紫玉光”墨品，一时声名远播，并著有《曹氏墨林》一书传世，是书前部归集了大学士陈廷敬、衍圣公孔毓圻、学者高士奇、诗词家曹贞吉等名士对曹氏所制18种名品（紫玉光、天琛、苍龙珠、天瑞、豹囊从赏、青嶙髓、千秋光、笔花、岱云、寥天一、薇露浣、非烟、香玉五珏、文露、紫英、漱金、大国香、兰烟）的赞誉，后亦有数十位名家的题序、引、歌、记、铭，是研究清代早期墨业发展的重要资料。

曹素功和汪近圣（1692 ~ 1761）、汪节庵（1736 ~ 1820），以及后起之秀胡开文（1742 ~ 1808），并称清墨四大家。汪近圣，绩溪县尚田人，因制墨地为歙县，

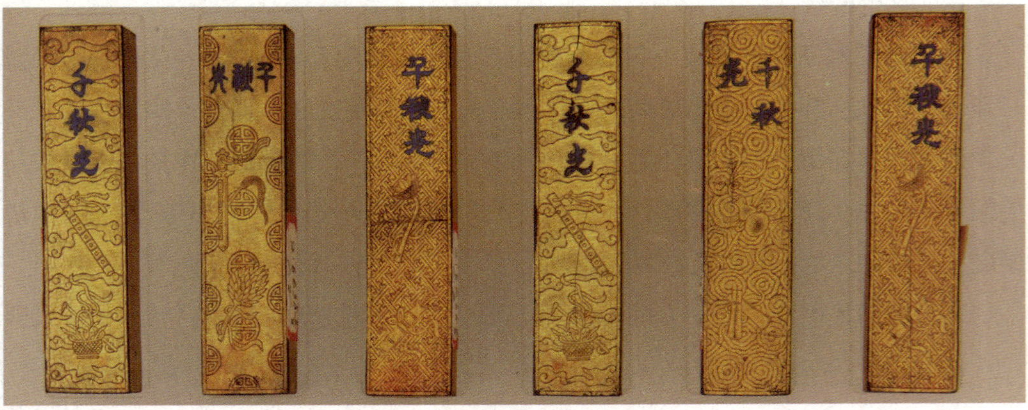
清 曹素功款千秋光集锦墨

清 汪节庵制名花十友集锦墨

清 胡开文款人形漱金墨

故亦归为歙派。他原是曹素功店肆墨工，后独立经营，开设鉴古斋墨店。时人给予汪墨很高的评价，曾任江右分巡使明晟称赞曰："今日近圣，即昔日之延珪也。"清乾隆六年（1741）汪近圣次子汪维高应召入宫教习制墨，并主持内府制墨，故宫博物院所藏"黄山图""云海钟灵"等墨品，均为他主持制作。汪进圣孙炳宇、君蔚、穗岐和曾孙天凤编撰的《鉴古斋墨薮》，就分别刊载了汪进圣及其子尔臧、惟高在乾隆和嘉庆朝所制的御墨及贡墨，故宫博物院现存实物也有印证。汪节庵，歙县信行人，亦为歙派制墨代表。开设函璞斋墨肆，在乾隆晚期到嘉庆年间，成为新安墨业的翘楚。有记载云："江南大吏，多献方物。入选之墨，必用汪氏。"就是指汪节庵制作的墨品。故宫博物院就藏有清乾隆汪节庵制名花十友集锦墨，质地和制作均十分精良。以上制墨三家皆为歙派中坚，而清乾隆之后，属于休宁派的胡开文逐渐崛起。胡开文，原名胡正，字天柱，绩溪县上庄人。早年在徽州休宁县汪启茂墨店当学徒，后娶汪启茂的独生女为妻。1760年，出师的胡天柱，租赁了位于屯镇（今黄山市屯溪）的采章墨店，因善于经营而声名鹊起。1765年收购了濒临倒闭的汪启茂老店，并易名为胡开文墨庄。总店设在休城海阳（今休宁县海阳镇），屯镇另设分店。根据《天注公分析阄书》记载，胡天注生前订立规定，由总店负责点烟制墨，并向分店提供墨品，分店则只负责销售[①]。这项家族规定，在一定程度上保证了胡开文墨的品质和声誉。

① 胡毓骅：《探析徽墨"胡开文"百年之谜》，《徽州社会科学》2009年第11期，第36页。

除了上述四家之外，歙派中还有程正路、吴守默、方密庵、叶公侣、程瑶田、巴慰祖、程振声等；休宁派中有汪启茂、吴天章、胡星聚、叶靖公、程怡甫等。而且，婺源派也在清代达到了其制作历史上的高峰。根据民国《婺源县志》记载，墨商主要集中于北乡的村落，包括花桥（环溪）吴氏、环川（岭脚）詹氏、虹关（鸿溪、虹瑞关、宋村、方村）詹氏、沱川余氏和凤山（山坑）查氏。代表人物有詹鸣岐、詹成圭、詹方寰、查仁堃、查二妙堂等。婺源派向以生产面向平民的大众墨为主，墨品造型多为长方、柱、碑等简单的几何形，主题多为民俗内容，纹饰简单、装帧朴素，力求最大限度地节约成本，以满足低端市场的需求。因此，婺源派的墨铺虽规模较小，但数量多。根据文字记载和现存实物统计，婺源墨铺在百家以上，仅詹氏一姓就有 80 多家，而詹大有一家就有乾行氏、真瑞氏、小竹氏、少竹氏、允成氏、成记、文星氏、悦庭氏这些分支，可见其小而分散，但在数目上远远超过歙县或者休宁造墨家。①

清代墨家皆以制作“御墨”或“贡墨”为荣，即使不能为之，也希望能够为权贵或名流制墨，借以达到名世的目的。这使得他们制墨务求材料名贵、形制奇巧。因此，形、质并重的集锦墨和贡墨、御墨，成为清代新安制墨的突出代表。集锦墨在明代中晚期诞生，盛行于清代。这类墨品多围绕一个主题，将一式多样或多式多样的墨品集合，形成一套。一式多样是指一套墨中，每锭墨的形状相同，但绘图题识不同。这一类中以曹素功的“紫玉光”、汪近圣的“耕织图”和胡开文的“黄山图”为代表。其中“耕织图”的题材最为常用，各家后期都有制作，形制也多相似。墨品为长方条状，全套共 47 锭，内容分别为序墨、耕部的浸种到祭神 24 道工序、织部的浴蚕到成衣 23 道工序，每锭墨面左上题名，余部刻相应纹饰，背录诗文和落款识，质地、工艺均十分精良。多式多样则是指一套墨统一在一个主题下，但每锭墨的形制、图案各异，这一类中以汪节庵的“西湖图”、胡开文的“御园图”为代表。西湖图墨一套 10 锭（后亦有 4 锭、8 锭为组），形状、大小均不相同，墨面分别镂三潭印月、断桥残雪、苏堤春晓、雷峰夕照等景色，背题诗文相和。这些图、文、质俱佳的墨品，已逐渐不再以研磨为主要目的，而成为文人日常的清玩之器。

贡墨，即为地方进贡朝廷的墨。墨作为新安特产，早在唐宋年间就列入贡品。

① 周绍良：《蓄墨小言》，北京燕山出版社，2007年，第3～4页。

宋罗愿的《新安志》就记载“(宋)熙宁中，贡白滑纸千张、大龙凤墨十斤”。[①] 清代新安墨家纷纷以制墨入贡为荣，曹素功、詹成圭、胡开文等墨家都曾接受承造。入贡的墨品，多在墨名上方嵌一颗珍珠，借以区别和显示珍贵。故宫博物院收藏有苏州织造、江南织造和安徽巡抚等历任地方官员进贡的新安墨。另外，宫廷内务府造办处墨作承制的皇帝或皇室专用御墨，也有征召新安墨家入京指导，或亲手制作。汪近圣之子汪惟高就曾于乾隆六年（1741）入京教习，监制了“御制石鼓文”“御制咏墨诗”“御制文源阁诗”等墨品，并将清宫历代藏墨的破碎品，重施胶法，制出名动一时的“再和墨”。“再和墨”的出现应晚于唐末宋初。据记载，宋代徽墨制作家沈圭出于偶然领悟了李廷珪对胶制墨法，他于“居彦实家造墨……墨皆断裂……遂蒸浸以出故胶，再以新胶和之，墨成，其坚如玉石，因悟对胶法”。根据这段记载，李廷珪就有可能采用了再和之法制墨。再和墨以清乾隆朝最为著名，根据清嘉庆《赐墨楼纪诗序》的记载，乾隆皇帝命内府选用自金元至明代的古墨残件，征召歙县墨工，按照新安制墨之法重新和制，并命名为“大内颜”墨[②]。多次和制的制墨法，见诸宋何薳《春渚纪闻》中的记载：“顷于相州韩家，见廷圭一墨，曰臣廷圭四和墨，则知对胶法寓于此。”[③] 可见，亦是由李廷珪所创。

区别于以往历代模糊的概念，在清墨制作领域，逐渐形成了宫廷和民间两大制式体系，艺术风格迥然不同。宫廷体系主要为贡墨和御用墨。贡墨一为地方官府循例征贡；二为朝中重臣和地方大员(如江宁织造)，委托墨家精制，墨品上往往落有“奴才□□恭进”的款。御用墨则为清宫造办处制作，墨式严谨、用料讲究、注重装帧，并多题写御制诗、御制铭。民间体系，按乾隆三十六年(1771）歙县志的分类方法，根据制作目的和使用对象，分为市斋名世、好事精鉴和文人自怡三类。[④] 市斋名世，顾名思义就是墨商制作的纯商品化墨；好事精鉴，指的是出于爱好的目的参与制墨，成墨部分自用和收藏，部分对外销售；文人自怡，则是指文人以自用、收藏和馈送为目的的制墨。好事精鉴和文人自怡多为怡情之举，故而是不虑成本的尝试和创新，

---

① [宋]罗愿：《新安志》卷二《进贡》，光绪戊子李光焗重刻本。

② 嘉庆《赐墨楼纪诗序》：“内府考定古墨，自金元造墨诸家，下逮明季方于鲁、程君房辈所制，无虑数千百函，择留完好者若干笏。其破碎不堪用者，高庙智周万物，不欲天下有弃材，乃敕选歙工来京，重施胶法。凡乾隆年墨印‘大内颜’额名者，皆旧材改作，萃诸家之美，为廷珪以后所未有。”转引自歙县第二轻工业局：《徽墨志》，第63页。

③ [宋]何薳：《春渚纪闻》，中华书局，1997年。

④ 刘大櫆等：《歙县志》卷六《食货志》，乾隆三十六年(1771)，国家图书馆藏。

这赋予了墨业不断进步的动力。自三国韦诞肇始，唐有韩熙载，宋有苏轼，明有罗小华、丁云鹏、汪道昆等，及至清代，已成普及之势，文人或指导，或监督，或设计，或独立制作，成就了怡情名世墨品的巅峰。

清墨的图纹较明代繁复，但富有生活气息，整体看器形和纹饰的布局，比例尺度合理，充分考虑了实用功能和艺术性的统一，在表现艺术美感的同时，不失其作为文房用具的基本功能。装饰上，注意面、背的紧密结合，相互呼应格式的应用，使得纹饰图案，可以更好地表达特定主题的要求。图案刻绘上，承袭明代师法绘画的技巧，而且更为注重结合器物的形体特征，能适应整体布局的需要。同时，对设计美学方面也有了更深的理解和诠释，能够在制作过程中更好地体现原作意图，这使得很多墨品宛若一幅浑然天成的山水画卷。墨模雕刻上仍以简洁的浅浮雕和白描线刻为主，所琢之图案纹饰更加讲求惟妙惟肖，手法更趋细腻纤巧，虽然雕刻层次多、画面满，但也是出于和整体相呼应的目的，因而显得十分协调。各种细腻的线条处理十分流畅，极具美感。尤其康、乾、雍三朝，纹饰、图案，以及边、角的处理上，弧度、曲线表现得堪称完美。

总的说来，为了适应社会的整体要求，新安墨品的图案和纹饰一向反映出典雅、端庄，并有富有浓郁生活气息的诉求，并满足了不同社会阶层人士的需求。皇室要求的穷尽奢华，书画家要求的浓淡相宜，商贾要求的华丽富贵，儒士要求的古意盎然；蒙童则要求的质优价廉，等等，新安墨商总是会灵活地设计和制作，满足这些需求。不拘泥、不呆板、不守旧，才是新安制墨一贯的指导思想，也是其衣钵永续的根基。

二、方贡而兴

清代新安制砚也主要集中于歙县地区，优质砚材亦主要为婺源龙尾山一带所产。龙尾石开采的再次复兴，很大程度上是源于乾隆皇帝对文房珍品的热爱。据徐毅撰《歙砚辑考》序所记："幸值我皇上（乾隆帝）御极之初，以文明经理天下，诸臣工仰体上意，掏求精砚，以备文房。先是，大中丞孙委其事于前太守扬，以余协理；继则大中丞陈，暨臬宪刘，皆檄余专办，前后数役，凡绅士家藏古式，与砚山居民所存老坑旧石，悉用重价征取，搜罗几遍，而石之粹然者温润静洁，文理缜密，抚之若肤，磨之如利锋，方以端溪，其质其色，无不远胜，所进果称上意。"[①] 正是由

① 徐毅：《歙砚辑考》，转引自穆孝天、李明回：《中国安徽文房四宝》，安徽科学技术出版社，1983年，第159页。

于“果称上意”，朝廷重臣和地方官吏为了进一步满足乾隆帝的欲求，对婺源龙尾山砚坑进行了复采。关于这段历史，清代学者歙人程瑶田曾在《纪砚》一文中做了记载，他记述道：“乾隆四十二年丁酉（1777）五月，余从京师归于歙，时方采龙尾石琢砚，以供方物之贡。”① 虽然这是清代关于龙尾石唯一一次有记载的正规开采，但清代地方政府以龙尾石砚作为“方物”入贡之举，却一直持续到道光年间。据歙县志载：道光时“充贡之物惟砚与墨为最，每年三贡（春贡、万寿贡、年贡），每贡砚二份（六方者四匣、两方者两匣，共二十八方），歙县墨海二方。”② 由此可见，这种为进贡而采石的行为，当持续了数十年时间，规模不算小，次数和产出也应不少。

由于有官府主导的正式开采，与明代仅以“异时椎凿之余”为料不同，清代龙尾砚用材的质地存在两种倾向，一种较润嫩，另一种则较为弥坚。润嫩者应为早期使用历代锥余所制，因而与明砚相似，具有籽石般的润泽，以及细腻的纹理，但也因此体量大小不一。较大者如清早期的蛙蜥栖穴砚，龙尾石质。砚长 21.2 厘米，宽 14.2 厘米，厚 4.4 厘米，整体作腰圆状随形。制砚者巧借天然石理作坑洼不平的溪涧洼地，并在墨池中减地刻成半浮雕一蛙，砚边左上部和右下部则各浮雕一蜥蜴，形象生动，构思精巧。砚堂有阔眉贯穿，石色青亮，质地极为细腻温润。还有如清长方形云纹歙石砚，即为规矩的方正之式，造型规整严谨，雕刻精致细腻。该砚长

清 长方形云纹歙石砚

清 星月生辉铭眉纹歙砚

① [清]程瑶田：《纪砚》；转引自桑行之：《说砚》，上海科技教育出版社，1994年，第531页。
② 胡中泰：《歙砚概述》，政协婺源县文史委员会：《书乡遗韵》，内部资料，2007年，第76页。

32.5 厘米，宽 20 厘米，高 6.5 厘米，作长方形式。砚面以卷云纹为地，琢日堂月池相连，堂池间起日月凸边作栏水，四周有窄砚边，背平、素。砚石色泽黝黑，石质极细腻，体量在清代歙石砚中实属罕见。体小者有如清长方形星月生辉铭眉纹砚，龙尾石质。砚面左上琢一月牙形墨池，砚背阴刻“星月生辉”篆书铭文。质地如卵石般细腻，通体眉纹，分别有对眉纹、长眉纹、簇眉纹、阔眉纹等。弥坚者则为彼时开采所得，由于未经溪涧水流浸润，故而石性较为干涩，但色俱苍黑，纹理极为缜密。该类砚材多为清宫造办处所造。

清代新安制砚的砚式是十分丰富的，较明时有了进一步拓展，大致可分为规矩、随形、象形和巧制四大类，具体如下。

1. 规矩类

主要为传统的长、方、圆，以及相应的变形，根据使用者和题材还可分为官制和文人两类。官制规矩类多沿袭宋明方正大砚，造型上追求正统、威严、厚重，稳定感明显加强；构图和雕刻上精细繁缛，十分注意细节的处理，对雕刻技艺和制作工艺的要求很高。如清云纹日月砚，龙尾石质。长 32.5 厘米，宽 20 厘米，高 6.5 厘米，硕大尺幅，石质、石色俱佳，使其成为清初官制方正砚的代表。砚作长方形，日月砚式。砚面以卷云纹为地，琢日堂月池，有窄砚边，背平、素，造型规整严谨，雕刻极细腻。规矩类的文人砚式，大多融入了明代的形制，但又有别于明代的风格。如取笔耕砚田之典故，以及“墨耨笔耕，长登大有”“儒老终身耕此田”之意的“井田”式，虽明、清两代都有制作，但清式显然繁复得多。安徽中国徽州文化博物馆藏清洛河麒麟纹井田砚，龙尾石质。砚作正方形，井田回渠式。砚堂、墨池相连，堂受墨处略淡有眉纹。砚面起阳线做拦墨用，四周有储水深槽，水槽有沿作砚边，砚面及回渠取井式，阳线及砚边琢星纹饰，砚背浅浮雕洛河麒麟图，镂刻极精致，配合细腻黝黑的石质，呈现出饱满的工艺美。

2. 随形砚式

此砚式在明代的基础上继续保持发展，其中以卵石形最具特色，除了上文提及的蛙蜥栖穴砚，还有如清随形卵石纹歙砚，砚长 15 厘米，宽 12.5 厘米，高 4.5 厘米。作随形。以天然卵石为题材稍事雕刀，砚堂作浅平，细眉纹遍布其内，上部深挖墨池。墨池、砚额、砚边琢出水波和卵石纹饰。砚背保留原石的自然形态和石纹。石色和质地，呈现出“籽石”般细腻、润泽和黝黑。

3. 象形砚式

此砚式的出现和丰富，是清代文房雅玩之风盛行的结果。在这一风气的影响下，砚被制作成琴、钟、竹、如意等可供观赏的形制，有的甚至还制作成日常把玩的佩形。怡情赏玩的工艺风格表现尤其明显。如清象纹日月砚，最长、最宽和最厚仅分别为12.2厘米、8.8厘米和1.5厘米，作佩形，日月式。砚面琢圆形砚堂，墨池与砚堂相连，琢为玄月状，砚额围绕墨池刻如意纹，砚堂边为突起阳线。砚背下部浅浮雕一象纹，上部阳刻一卦。

4. 巧制砚式，在优质砚材来源日益枯竭，以及砚工对片材皆不忍弃的制作背景下，一些形制极不规则，以至于或小或薄到无法成器的砚材，由于质地绝佳，因而巧雕成砚。但实际上，这些作品已失去研磨的功能，只能作为笔掭等使用。程瑶田在《纪砚》中就记载："乾隆丁酉夏五月，余从京师归于歙，时方采龙尾石琢砚，以供方物之贡，其石之不中绳矩者，砚工自琢之，以售于人。"① 可见，这种不符合砚制尺寸的材料，在乾隆朝还维持着规模开采时，就普遍被不忍弃之而被砚工巧制后出售。如清佛手形砚，龙尾石质，质润色苍。巧作佛手形，佛手掌部为砚堂，中心内凹使用痕迹明显，上部雕琢佛手手指形，亦兼作池之用。

龙尾砚材的石色以黑、青色为主，较为符合清廷对深暗、沉穆颜色的偏好，深受以乾隆帝为代表的皇室的喜好，也因此在清中期形成了因入贡而复兴的局面。在贡砚制作的带动下，清代新安砚雕的技艺达到了封建时期的高峰，形制多样繁杂，纹饰丰富多彩，线条精美纤巧，形成了绘画式的装饰风格，在艺术表现上做到了多样化、精致化和美学化。虽然后世研究者多批评雕琢存在繁琐堆砌，流于俗手和匠气，以及器形在与用途的结合方面，远不及宋、明时期协调等弊端。但如果置于清代社会大背景下考察，这种批评是失之偏颇的。手法细腻、层次分明、精雕细琢，注重突出材质美，是当时雕琢技艺的整体风格。再加上材质所限，难以做到方圆规整，只能采取审石度势、顺石而制的方法，通过雕琢避开材质的缺憾，体现了新安砚工的工艺审美和智慧。另一方面，明墨多大笏巨铤，要求砚堂阔池深；而清代墨品多为二三两的零锭小笏，且采用圜研的方式进行研磨，对砚堂、池的深阔并没有太多的要求，因此砚额、边、背都有进行装饰的余地，这就为欣赏性和艺术性的工艺加

① [清]程瑶田：《纪砚》；转引自桑行之：《说砚》，上海科技教育出版社，1994年，第531页。

工提供了可能。

乾隆以后，龙尾石的开采迅速减少，徽州《道光府志》云："久闻山产石，此日始经行。地匪当时主，坑存旧日名。异材难鉴别，乱石但纵横。空谷寒烟锁，凄然百感生。"这也造成了新安制砚的"盛极而衰"，大量制作欠火候，显得粗糙的学生砚充斥市场。

第三节　绚美雕艺

由于审美趣味的变化和加工工艺的进步，清代新安诸雕的工艺风格都日渐向精工、细腻和纤巧转向。尤其是在与人朝夕相伴的建筑装饰上，砖、木、石、竹等雕琢技艺的变化体现得十分明显，宋式的简洁、明式的重意，被清代繁复的工笔绘画式雕刻所替代，图案布局严谨，题材多样广阔、镂刻细致入微，髹饰手法也更加多样，作品整体呈现出华丽雍容之态。

清代新安雕刻艺术风格的转变，直接带动了雕刻手法的多样化发展，一件器物上往往呈现出毛雕、浅刻、深刻、陷地浅刻、薄地阳文、镂空雕、多层雕，或者高浮雕、浅浮雕、圆雕等多手法的组合运用，这使得前代众多未见使用的复杂题材得以实现，中国雕刻所能表达的一切内容，几乎都在这一时期的新安雕刻作品上再生了。其中，常见的有科举教育题材的"五子登科""三元及第""十八学士""三进士""文武状元""寒窗苦读""状元及第"等，展现忠孝节义思想的"戏彩娱亲""二十四孝""多子多福"等，反映儒家礼教思想的"百忍图""和为贵""将相和""群僚同乐"等题材，以及文学戏曲中的"三顾茅庐""水淹七军""辕门射戟""火烧赤壁""空城计""封神榜"等；还有民俗内容的"洪福齐天""百鹿图""八仙庆寿""百子图""百子闹元宵"等。清代新安雕刻尤其擅长多人物写实场景的制作，如，以刘、关、张忠勇为主题的"桃园结义""三英战吕布""长坂坡"，以后周窦燕山教子有方为主题的"燕山五子"或"五子登科"，以唐郭子仪富贵长享为主题的"汾阳府""上寿""万寿亭""长乐宫"等，都通过细腻表现手法，将亭台楼阁、装饰服饰，以及人物表情，雕镂得十分入微生动。另外，在辅助纹饰的雕镂上，也注意与主题画面的呼应。如在反映科举教育题材的木雕隔扇门作品中，为了呼应绦环板和裙板的主题纹案，格心上就多是雕成“冰裂纹”“梅花图”，或者两者合一的“冰梅图”，其寓意就是“吃得十年寒窗苦，方能成为人上人”和“梅花香自苦寒来”；再如以商业经营为主题的纹饰，就常采用“八仙”作为辅助纹饰，寓意“八仙过海，各显神通”，而且不仅雕刻人物，还有单刻八仙的八件法宝：葫芦、扇子、鱼鼓、花篮、阴阳板、横笛、笊篱、宝剑，称“暗八仙”代指八仙；还有以石榴、麒麟、蝙蝠、如意寓意多子多福的纹饰，多见于象征子孙满堂的“累世同居图”等作品的雕镂中。这些辅助纹饰布局活泼，寓意深长，立意巧妙，手工精致，使整幅作品显得更加协调美观，恢宏和华丽。

雕刻艺术作品的成功制作，除了需要高超的技艺外，还要求工匠必须对作品的表现对象、表现意图、主题反映和思想内涵，有透彻的解析，做到不仅形似而且神似。如何解读那些场面宏大且又刻画精细，布局繁华且又井井有条的主题内容，把握创作者的意图，然后再通过自己的认识进行布局构思，最后运用不同的刀法技艺，将其二次还原出来，这才是新安雕刻工艺独步于世的精髓。而这一思想和传统的形成，恰恰得益于新安浓郁的教育氛围，才能涌现出一批又一批工、艺、意皆高的雕刻匠人，创作出构思精妙、刻画精细而又富有思想和生命力的作品，并潜移默化地宣传和弘扬了新安传统文化。

一、浮镂砖艺

清代的新安砖雕工艺，继承了明代的传统，并把砖雕工艺发展兴盛。其总体工艺水平已十分高超，技法也十分完备，特别在艺术创造方面大有发展。虽然工艺装饰精细化带来了审美上的琐碎感，但亦代表了清代工艺风格的总体态势。尤其是咸丰、同治之前，涌现出大量精致、华丽并富有想象力的艺术作品。

这时的砖雕作品，多用在建筑的门罩、门楼和飞檐等处，以水磨青砖琢制，青灰淡雅的色调，与粉墙黛瓦的建筑整体十分协调，共同构建出和谐的美感。作为民居出入口标记的门罩，在清代初期就已经十分注重装饰。屯溪博物馆收藏的藏品中，有一幅清早期“人物门罩砖雕”，砖雕主画面内容为三国故事，从左至右有三组，分别为“长坂坡”“刘备招亲”和“借东风”。雕镂有楼台、亭阁、屋宇、人物，其布局严谨，疏密得当，远近适宜，层次分明，人物神态生动。四边以花卉、蝙蝠、寿字纹砖雕围绕，左右挂落分别镂刻太狮少狮图，雄狮子遒劲有力，彰显勇猛之态；雌狮拱躯、翘尾，以示慈祥，少狮则雕刻得活泼可爱。雕镂技法采用高浮雕，纹饰极富立体感，线条灵动流畅，手工精细，技法娴熟，体现了新安砖雕匠人的卓越才能。还有安徽中国徽州文化博物馆藏清中期“郭子仪拜寿砖雕门罩”，额枋处雕镂纹饰“郭子仪拜寿”图，内容为郭子仪的七子八婿为双老庆寿的场景。场面宏大、人物众多，在砖雕作品中极为罕见。其中，山林台观、庭院房舍、人物鞍马、山石花草，雕镂得繁复精湛，特别是人物的线条流畅，神态各异且生动逼真，堪称新安砖雕艺术的经典作品。在新安地区众多的古村落中，至今也仍有众多的砖雕作品保留。在淳安浪川乡的芹川，现存的260余幢传统建筑，几乎皆以砖雕粉饰门罩、门楼、花窗，或者八字墙，可谓是砖雕艺术的实景展示馆。“在芹川民居建筑中（砖雕）广泛用于门楼、门套（罩）、屋檐（脊）等处，使民居建筑显得精致、厚重。门楼是芹川最典型的装饰语言，也是最能体现砖雕艺术的部分。这里的传统住宅大门几乎都是墙门，小户人家则在石库门门框上方用水磨青砖砌一涩檐线角装饰，顶上盖瓦，像眉毛一样简简单单的眉檐式大门”。① 正如文中所言，砖雕艺术是芹川建筑群装饰语言的精华，飞檐高挑的形制，为建筑的正立面增加了动感；浮雕镂空的工艺手法，烘托了建筑的整体美感；造型生动的纹饰图案，则体现了建筑主人的审美情趣。镂刻的倒爬狮、八仙、云蝠、四季花卉和戏曲人物等，古朴典雅，十分具有观赏价值。与新安众多的古村落相似，除了普通民宅的门罩外，芹川村内的牌坊、祠堂、庙宇等公共建筑或者富室之居，也都有精细素雅的砖雕门楼装饰。门楼和门罩的功能相似，除了装点建筑外，也都有防止门上墙体受雨水侵蚀，造成石灰剥落等损害的实用功用。相较于门罩，门楼的体量更大，装饰更复杂，外观也更宏伟。如歙县城关的四柱三间五楼牌坊式门楼和歙县大阜潘氏宗祠的五凤楼式门厅，额枋、方框、屋脊和屋翎等处，均饰有大面积的精巧砖雕，整体构成如同一幅幅水墨画，清爽浓艳、别有神韵。在对已沉没于千岛湖底的原遂安县城旧址进行的水下考古中，也发现了一座精美的砖雕牌坊式门楼。为三间四柱五楼式节孝牌坊，砖制，八九米高。上镌刻着“妫水故儒姚文浚妻王氏”，额坊、方框、元宝、榫饰，也分别以浮雕或高浮雕手法，雕镂麒麟、夔龙、云纹、太狮少狮和亭台楼阁等图案。在字板内悬刻有“圣旨”竖题匾额，周以高浮雕的云龙纹装饰，精美异常。根据民国19年出版的《遂安县志》记载，该坊是扬州府为旌

① 王骝：《淳安县芹川古村落聚落与民居形态研究》，浙江工业大学硕士学位论文，2013年，第66页。

表姚文浚之妻王氏守节 50 多年，于乾隆四十二年（1777）在狮城（当时的遂安县治所）北门附近为其所立。另据《淳安县志》记载，水库蓄水时，淳安、遂安两县共有 265 座牌坊淹沉于水下，其中大多为砖质。

清代新安砖雕的艺术风格较明代已有了较大的转变，具体来看有以下几点区别：一是雕刻技法的多样化采用，做工精巧、严谨准确。在见方尺余、厚不及寸的砖坯上，使用浅雕、高浮雕、透雕、半圆雕和镂空雕等技法，雕出情节复杂、多层镂空的画面。往往一块砖的平面上，会呈现六七个雕刻条理，以主次图纹的高低落差形成从近景到远景的距离感和虚实感。而在额枋尤其是额枋通景图的制作上，采用 5 ～ 7 块这种雕镂的水磨青砖，拼成一幅如手卷式的人物或山川画，而之间的结合过渡没有任何瑕疵，从而产生精妙无比的美感。二是采用满雕手法使得作品的装饰性更强。方框、元宝、榫饰和两侧挂落，在明代是很少装饰的，多以素工出现，但清代这些配件，均是一整块砖雕琢一幅独立画面，以人物为主，亦有动植物和花鸟题材的，用于呼应主题雕刻；即使是花边图案，也多雕回字、寿字等连续纹饰，配置在檐口下方或额枋通景图周围。三是立体化的发展趋势，使砖雕作品不但具有装饰美且具实用性。除了雕琢上突破了平面的限制，向高浮雕的立体形制发展，门罩、门楼也出现了高挑檐的变化，这不但增强了装饰的动感，也更加适应新安多雨的自然情况。

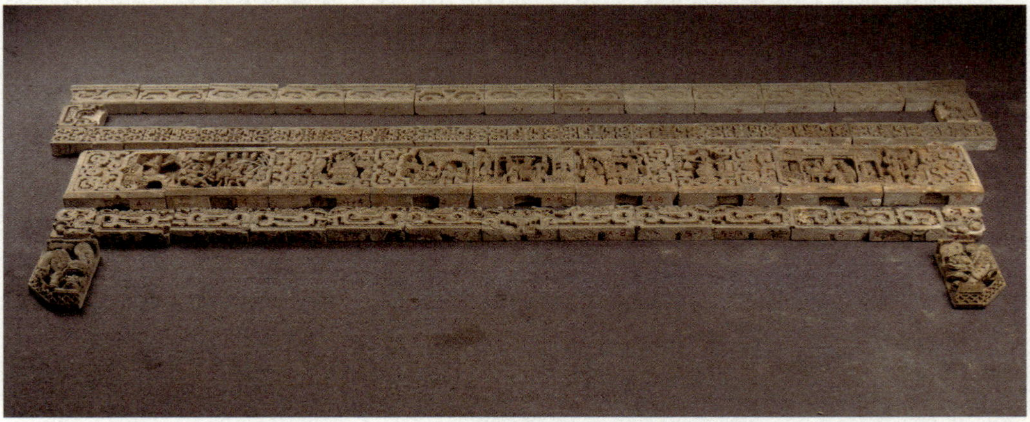

清 砖雕门罩

二、朴拙石艺

清代的新安石雕，不仅有大型的立体石雕，如牌坊、桥梁、亭台、栏槛等，也有小型化的建筑构件，以及文玩用品、案几摆件等。

立体石雕的制作，在明清时期的新安地区十分普及，如前文所述的石质牌坊，在清代也有很大的发展。据史料记载，仅在歙县地区，历代共建有牌坊250多座，其中很大一部分为石质。在歙县的棠樾村，保存明清时期的牌坊7座，其中4座清代牌坊就均为青石质地，作四柱冲天柱式，雕刻有花卉虫鱼、狮子、仙鹤，以及牡丹瑞云等吉祥喜庆图案，镂刻的较明坊更为精致。还有位于休宁县城西南约30公里的溪口镇木干村北的汪由敦墓，原有一座四柱三楼冲天式石牌坊，上雕有龙虎狮象及各种花卉图案，雕工极为精湛。牌坊前有禁碑一块，内容为“文官来此下轿，武官到此下马”。牌坊后还建一石亭，内有石刻的霸下鼋负石碑，碑上以满汉两种文字镌刻祭文。亭后是拜台和墓道，墓道中也立有石碑。拜台分3层，距拜台3米的入口处，耸立着一对6米多高的石华表，华表下端为圆柱，上端为雕有双龙的方柱，柱上蹲有石狮。拜台两边对称排列着4对石人、石马、石虎、石羊。石人均为文官打扮，手执牙笏，肃穆而立；石马配有马鞍，跃跃欲驰；石虎双爪扑地，二目露威；石羊温顺，静卧似眠。石雕所用石料为茶园石和黟县青石。

柱础和花窗的制作，也是这一时期建筑石雕的代表。柱础，又称磉墩，是为了避免建筑的落地屋柱受潮腐烂，而在柱脚与地坪之间增添的一块石墩；同时它也是承受屋柱压力的奠基石，加强了柱基的承压力。先秦时，用卵石为基的做法，被认为是柱础的雏形。经秦汉发展，唐宋柱础的形制已经十分规整和精致，以雕有莲瓣的覆盆式最为流行。宋李诫所著《营造法式》中，就记录了柱础形制的具体规定，曰：

> 造柱础之制，其方倍柱之径，谓柱径二尺即础方四尺之类。方一尺四寸以下者，每方一尺厚八寸，方三尺以上者，厚减方之半；方四尺以上者，以厚三尺为率。

柱础的雕饰，《营造法式》中亦有言：

> 其所造花纹制度有十一品：一曰海石榴花；二曰宝相花；三曰牡丹花；四曰蕙草；五曰方文；六曰水浪；七曰宝山；八曰宝阶；九曰铺地莲花；十曰仰覆莲花；十一曰宝装莲花。或于花纹之间，间以龙、凤、狮兽以及化生之类者，随其所宜分布用之。

八宝纹八棱青石磉墩（淳安唐村）

元代的柱础则喜用简洁的素覆盆式，不加或极少雕饰。明清时期，由于建筑发展的需要，新安的柱础工艺进入了鼎盛时期，形制和雕饰更加丰富，制作工艺已达到极高水平，也诞生了如淳安唐村等制作中心。唐村的柱础制作始于南宋，盛于明清，其方法和流程大致分为取石制坯、取形凿样、磨地绘纹、镂刻抛光等工序，使用的工具有支凿、扁凿、阔边凿、字凿和圆凿等。明代和清早期的柱础形制多为圆柱形、圆鼓形，以及上宽下窄、肩部突出的鼓形。道光朝以后，圆鼓形已渐消失，代之而起的是下部内缩的六面锤形。咸、同之后，形制则更为繁复。六面锤形是清代柱础的代表，束腰的做法使得整个造型显得秀美高挺，顶、肚、腰、足各部分的区分也较为明显。顶多作平面，肩部略溜并多雕镂一圈如意纹、回纹或花鸟纹等辅助纹饰，上段础肚常以类瓷器开光的做法，以委角框做六面分割，内镂主题图纹，纹饰内容也多为相互呼应的一组题材，有花鸟、法宝、吉祥图案及反映风土民情的内容等，雕饰得极为华丽精巧。腰部和足部则多以仰莲、缠枝、海水或者弦纹修饰，足多略外撇。①

花窗是建筑中的一种装饰和美化的形式，现代建筑大师贝聿铭曾说过："在西方，窗户就是窗户，它放进光线和新鲜的空气。但对中国人来说，它是一个画框，花园永远在它外头。"明清时新安民居的私家园林，多占地面积很小，需靠墙体分隔以拓展景深，而在墙上开门或窗，便成了扩大空间感的有效方法。在黟县西递、宏村，就有很多用黑色大理石或黟县青石制作的门框和镂窗，镂窗内雕镂有人字、六角、八方、万字、条环、波纹、梅花、海棠等纹饰，还有的雕镂奇花异卉、飞禽走兽。花窗形成的园林洞景，丰厚了景观的空间条理，达到了隔而不实、闭而不塞的视觉效果，与园林内外构成了一个有机的、空间互为映照的艺术整体的效果。

加工技术的进步，能实现较以往更加精细的雕琢，因而石质的文玩用品和案几

① 刘来根、刘政：《淳安历史文化丛书·民间艺术》，西泠印社出版社，2008年，第163页。

摆件也在明清时出现并兴盛。不同于明代形制较小，题材单一，且多为文人把玩之物的制作风格，清代的石质文玩器，在品类、形制和装饰上都有了较大的突破。尤其是在清代的康熙、雍正、乾隆时期，由于这三朝帝王皆具学养，且喜好艺术，在他们的推动下，文房工艺制作在宫廷和民间都极具规模。在新安地区，更是由于文人的精心追求，以及砚墨发展的带动，使其成为文房用具精品的荟萃之地，所用材质囊括了木、瓷、铜、玉、石、珊瑚、玛瑙、水晶等，几乎后世所有的文房品类，此时也都已一应俱全了。其中以石为材的，就有笔筒、笔架、水丞、水盂、砚屏、墨床、镇纸、压尺、贝光、钟磬和摆件等，造型纹饰除了明代常用的动物、瓜果或科举题材外，流传故事如八仙过海、十八学士登瀛洲、婴戏图等，也成为髹饰加工的常见之选。制作上采用阴线、阳线、平凸、隐起、镂空等多种技法，同时又吸收了绘画、雕刻、工艺美术的成就，形成了工艺性、装饰性极强的风格，有着鲜明的时代特点和较高的艺术造诣。安徽中国徽州文化博物馆就收藏了一件黟县青石山子摆件，整体作重峦叠嶂状，上琢亭台楼阁和人物，雕琢手法雄浑古朴。虽因材质所限，工艺并不如砖、木、竹雕般细腻，但作品的创作构思极为巧妙，既可作为观赏用，也可兼作笔架之用。另外，该馆还藏有两件砚屏，雕琢构思和手法也独出心裁，布局借用绘画技巧，以石色巧作山川、城寨、亭台、江水，构筑了一个琳琅丰富的画面。

三、奢华木器

清代的新安木雕工艺进入了新阶段。在明和明以前的朝代，木雕的雕刻风格是简约、稚拙而朴素的，以平雕和浅地浮雕的作品为主体，主要借助线条的变化来体现装饰趣味。入清后，木雕艺术也随社会风尚而转变，求多、求满、求精和求富贵和华美，是这一时期题材和制作所注重的方面，情节和内容、构图和布局多以绘画式的表现手法，通过镂空和透雕的层次加深效果，追求透视变化的深度和广度，极大地增强了整幅画面的逼真感。雕刻技法上多用深浮雕和圆雕，线条自然流畅、细腻纤巧，人物比例适中，造型准确、表情生动、刻画传神。就雕刻技法而言，已是开辟了新的天地。这一时期的木雕用途，主要有三个方面：一是用于建筑装饰，二是用于家具装饰，三是专供欣赏、摆设、收藏之类的陈设品。

清代的木雕工艺创作，在表现手法上，讲究艺术美，提倡镂空效果，讲求错落有致，层次分明，着力显示雕刻工匠的高超技法。如安徽中国徽州文化博物馆收藏的一件清早期文王访贤图窗栏板，就通过多达十二层的雕刻布局，使得整个构图生动饱满，画面极富张力。人物的造型刻画也极为生动，服饰、开脸、形态均栩栩如生，表现手法细腻、流畅，动感强烈，具有极强烈的艺术美感。这一时期的木雕作品，也十分注重题材内容的多样化，既有体现士夫文化清雅趣味的山水、花鸟，也有迎合富商审美偏好的历史、故事、戏文的场景片段，更有百姓喜闻乐见的八仙、婴戏、和合二仙等。而且戏曲故事和民俗题材日益普遍，情节和内容更为丰富，并通过象征、寓意、谐音、比拟等手法，创造出许多富有生活气息的纹饰图案，如“喜上眉梢”“瓜瓞绵延”“五福拱寿”“松鹤延年”“麒麟送子”等。在新安民居厅堂家具的纹饰雕琢上，这种吉祥寓意的纹饰就时常被使用。厅堂家具一般包括沿正壁设置的长条案桌，其前正中置一方桌，方桌左右和侧壁左右共置 8 椅，另有椅间 4 个茶几。长条案桌，也称供案，上多置屏风、镜子、钟和帽筒，寓意“东屏（平）西镜（静），钟（终）身平安”；方桌约一米见方，设席可纳 8 人，故称八仙桌；所配椅 8 把，则对应称为八仙椅。案桌、方桌和茶几的裙板，以及椅背和座下的椅围，是雕刻工艺的集中之处，所刻纹饰各异，简单的有云蝠（福）、并蒂莲、博古、缠枝花等，复杂的有婴戏、和合二仙、八仙以及戏曲人物等。而在这些家具的扶手、腿足、牙条或牙头等部位，则喜用二方或四方连续的回纹、云纹、万字纹和草龙纹装饰，寓意延绵不绝。

此时木雕的作品，选材多十分讲究，建筑木雕多采用本地所产质密纹细的优质木材，家具和文玩件则推崇珍贵的硬木。清初至康熙早期，髹饰上仍是明式风格的延续，不似中后期那么繁缛富丽，注重体现原木的纹理和色泽，大多只上桐油做保护用。桐油使用新安特产的优质桐籽压榨而出，在一定温度下炼成熟桐油。利用其干燥迅速、耐水性强、油膜坚韧光亮，且耐潮耐腐的特性，施于木器之上，起到美观和保护的作用。康熙至嘉庆朝是历史上公认的盛世时期，木器装饰也趋于奢华，对装饰美感的追求更强，鎏金涂彩，透空雕镂，穷极华丽，极为精工。在一件作品中，常采用多种装饰手段和装饰材料，雕、嵌、描金兼取，螺钿、竹藤、宝石并用。如安徽中国徽州文化博物馆藏清早期的红木绣墩，座面的式样为圆形，墩圈除了有精致的雕花，还采用五彩嵌的工艺在纹饰中间嵌了硬螺钿，使得整件作品的色感有了层次变化，显得璀璨华美。另外，使用金饰和彩绘的手段也是十分常见的。彩绘是指在雕镂面的阴刻位置填彩，主要是填蓝、绿，蓝就是石青，绿则是石绿。其他的还有红色用朱砂，黄色用石黄，白色用蛤粉等。和朱砂的制作方法一样，传统矿物颜料都要通过漂洗和沉淀获得，因漂洗和沉淀的次数不同，所得原料的细腻度也差异甚大，故而成色有所不同，这也造成填色有细微的区别。从现存实物来看，明代的填彩，尤其是蓝、绿色，色泽醇厚、内敛，至清时风格渐变为淡雅、亮丽，晚清以后，洋彩甚至化工原料都有使用，色彩呈现艳和呆的特点。填描金和填彩相类，只是原料改用金银，具体方法可细分为填金、涂（贴）金和漆金。填金的做法和彩绘相似；涂（贴）金多为镂空雕镂的人物、动植物和亭台楼阁等，多用在纹饰部分，或是局部开光的整体部分；漆金技法较少见，即以漆作为黏合剂，施漆在未干时即涂（贴）金箔。总体来看，明代和清早期的金色黄而浑厚，清晚期则黄中泛白而薄。

清代木雕作品在新安各地至今仍随处可见，几乎是无村不有，在黟县的宏村、西递，歙县的雄村，淳安的芹川，建德的新叶等地尤为集中。这些设计奇巧、雕工精细、造型完美的工艺精品，集中展示了清代新安木雕工艺富丽、辉煌的审美情调。

四、竹刻妙艺

赵汝珍在《古玩指南·竹刻》中这样概括："竹刻者，刻竹雕竹也。"是故竹刻与竹雕也被归于同一个工艺范畴。入清以后，装饰书房已成为文人墨客们的一大嗜好。因此，各种式样、各种材质的精美文房器具，随之应运而生。竹材天生具有平淡、清雅、无华的特征，其坚韧、不屈、谦谨的气节，历来受到文人的喜爱，人们更是将竹直接比拟为君子。故而，以竹制器应用于文房之中，成为当时的潮流。同时，由于中国手工业整体的大发展，竹加工工艺此时有了很大的突破。如拼接工艺的创造和使用，就使竹刻突破了尺幅的限制，大面积竹刻作品的制作因而成为可能。在工艺进步和文人喜好的共同推动下，竹刻工艺在内容、形式、技术等各方面，都日趋丰富和完善。

这一时期的新安竹刻，已成名家辈出之势。清初，即有歙县人李希乔以刻竹名于世。李希乔，字迁于，号石鹿山人。他多艺能，善画竹石与摹勒人物，又工篆刻，竹刻尤精妙。其竹雕作品既有书法之风采，又有创新，简笔刻画如竹石、人物、山水的臂搁和笔筒，线条简洁、流畅，画面清丽而富有意蕴。道光、咸丰年间，有歙县虬村人张立夫虽以雕版、刻漆为业，但竹刻作品也别具一格。故黄宾虹于《四巧工传》中赞曰："立夫家于歙之虬村，村之人以剞劂为业者甚多。立夫角逐其间，无与俦匹！上而籀篆钟鼎之古，下逮花、鸟、鱼、虫之细，书画摹刻，不爽豪发……上而籀、篆、钟鼎之古，下逮花鸟、虫鱼之细，书、画摹刻，不爽毫发。又兼通书法，所刻字画波磔，神采飞动，无不如意。间刻竹杖、笔格诸铭，人尤珍之。”[①]还有歙县人厉明火，通书法、擅木雕，亦精于竹杖和臂搁的题铭，所摹刻的篆籀钟鼎文字神采飞动，花鸟鱼虫不失毫发，为世人所珍视。另外，寓居浙江黄岩的歙县人方潔，则是继濮仲谦之后的“金陵派”[②]的代表人物。方潔，字治庵，号矩平，又号石梦生，是活跃嘉庆、道光年间的竹刻名家。他工诗善书画，精于铁笔，尤擅刻竹，时人称“方竹”。民国《歙县志》记载其曰：“善刻人小像于竹臂阁或笔筒，以其技遨游吴越间，尝为释六舟达受作庐山行脚图像，须眉毕现。又为阮文达作八十岁像，更佳。”《墨林今话》则称他：“凡山水人物小照，皆自为粉本于扇骨、笔阁及笔筒上，阴阳坳突，勾勒皴擦，心手相得，运刀如用笔也。”[③]以上这些竹刻名家，不为学士即为儒生，又长于书画和印章篆刻，深厚的文化素养，使他们的雕刻带有极为强烈的人文气和书卷气。赵汝珍在《古玩指南·竹刻》中这样概括：“竹刻者……其作品与书画同，不过以刀代笔，以竹为纸耳。”但竹材有其自然的形态和纹理，作品创作较纸张更为不易。因材施艺，做到文化寓意和竹质特征的相互吻合，并毫无匠气和做作感，是竹雕作品创意的重点和难点。清代新安刻竹巧妙借鉴了中国传统书画中的结构章法，再现于竹器表面，完美地体现了当时文人的气息和情趣。如上海博物馆所藏的方潔款“苏武像臂搁”，就以苏武持旌节端坐凝视远方的场景，结合竹坚韧不屈的特性，诠释了苏武坚贞的精神。还有祁门博物馆藏竹制茶壶，壶体为八面柱体形，四面镂花草图案，一面留白，另三面分别以“客到相待时”“茶来渴者多”和“竹壶世间少”的行书阴识铭文；盖纽则为小水竹制成，保留了原始的竹节之态，巧妙地融汇了茶和竹两种文人喜好的主题。

清代新安竹刻的作品，多为文房陈设或者把玩，主要器型有笔筒、臂搁、笔架、香筒，以及竹根人物、动物和山石等。另外，以竹制作包柱的楹联，也是较为常见的。刻竹的内容题材多为名人法帖、名胜古迹、历史典故、神话故事等，技法大体可分为薄地阳文、陷地深刻、阴刻、透雕、浮雕、圆雕等数种。“薄地阳文”，是在

---

① 黄宾虹：《四巧工传》，《黄宾虹金石篆印从编》，人民美术出版社，1999年，第17页。

② 金陵派：明代中期诞生的中国传统竹雕艺术流派。清代金元钰在《竹人力·凡例》中云：当时竹艺“雕琢有二派，一始于金陵（南京）濮仲谦，一始于嘉定（吾邑）朱松邻”。嘉定派以深刻见长，金陵派则以浅刻和略刻取胜。代表人物有濮仲谦、李耀等。

③ [清]蒋宝龄：《墨林今话》续编一，上海古籍出版社，2015年，第427页。

刮去竹筠的坯料上进行雕刻，使纹饰微微突起于底面，深浅不超过竹肌部分，所以称之为“薄地”，其纹饰突起程度较浅浮雕要浅。“陷地深刻”，又称阴翻阳。即以光滑竹面作地，纹饰图案深凹入面，既有阴刻的刀味，又有浮雕的层次感。“阴刻”又可称为深刻，以方圆刀结合，直起直落刻画点线来表现物象。透雕，又叫作镂空雕，是将图纹的留白处镂空，以突出主题、虚化背景。镂空时，以切刀与挖刀为主，其他用刀与浮雕相同。这类作品透视效果更加明显，多用于香筒或其他观赏陈设类的雕刻艺术作品。如歙县博物馆藏清代竹镂雕人物香筒，就采用通景方式，在外壁透雕山石人物，人物刻画到位，景致生动逼真，雕琢充实而精细。浮雕则分为高浮雕和浅浮雕两种。高浮雕为做到画面层次的分明，雕刻极深，刀法既有凿坯的大开大合，亦有局部的细凿精镂。因而所用工具，除了一般所用之小刀外，还有圆口卷凿、宽刃扁铲等，与其他竹刻形式相比，刀具最为繁多，制作也最费时。浅浮雕则界于高浮雕与薄地阳文之间，通过铲去竹地，镂出凸起的花纹。圆雕则多用于立体雕刻，例如竹根、竹杖等，制作过程大体分三步：首先依形镂出轮廓；其次用割刀法割出线条，以及线条与阳面的过渡，再用圆刀修饰；最后打磨抛光。

清 竹雕臂搁

清 竹刻筷筒

另外，清代中后期，留青和翻簧技法也见使用。留青，是指雕刻时只将竹子青筠部分留下的一种雕刻技法。具体为选用竹筠薄的深山冬竹，然后在竹面上打好画稿，雕刻时剥去除纹饰之外的竹青，使纹饰类浅浮雕呈现。经干燥处理后的竹色，整体由青趋白，纹饰部分呈现出淡黄浅白的类象牙色，而地子的竹肌理部分则呈类琥珀色。两者之间的色泽的差异，形成鲜明的对比，将图案凸显出来。采用留青技法雕刻的臂搁、匣盒、扇骨等器物，精巧而润泽，而且历年越久，竹肌理的颜色越深沉，图案部分也就越突出。翻簧，是将竹去掉竹节和青皮，再分层开剥，翻出里层竹簧部分，经过沸水蒸煮、摊置压平、黏合拼接、刨光打磨等工序处理，并将其粘贴到木质或竹质的胎型上，然后进行雕刻或绘画装饰，最后是上蜡喷漆。翻簧，也称“贴簧”“竹簧”，或者“反簧”。其作品外观淡雅素洁，色泽光润如牙，而且多以阴纹浅刻或者薄雕纹饰为主，纹饰隐隐于簧胎之上，宛若天成，毫无突兀感。

刻竹的行刀如同运笔之法，施艺前先要对全局有一个完整的构思，雕刻时讲究刀法气韵贯通，纹饰线条的变化则全赖用力轻重、刀口变化和运刀技巧之不同。执握刀有三指执刀法和五指握拳法两种，这两种方法因人而异，但创作时都应做到切刀断丝、冲刀顺势和冲切兼顾。基本刀法大致有冲刀、切刀、刮刀、凿刀、割刀、铲刀和挖刀等,使用的刀具也对应可分为圆刀（圆口平刀,圆口槽刀)、平口刀（方刀)、三角槽刀和斜口刀等种类。如斜口刀用于切边线，平口刀用于铲去空白处，槽刀用于刻画细腻部分，等等。总之，在具体创作中，应结合纹饰布局和竹纹肌理，使用不同的刀法和刀具，服务于内容和主题。打磨装饰，虽不是具体的雕刻工艺，但也是竹刻艺术不可或缺的部分。清代的新安竹刻工艺，在装饰上极为注意保持竹质本色，故常用浅色漆或桐油饰之，这样可使竹制品既有光泽，又能透出纤维的脉理，达到保护和审美的双重需求。部分用作建筑物装饰部件的作品，也有填石绿、石青或朱砂等色料，用以突出主题或淡化背景。

五、墨模诗画

从现存的墨稿、模底稿、印拓、墨谱和古墨可以看出，新安墨模雕刻艺术并不是纯粹的、简单的制墨附属技术，它渗透和浸润了古新安人的艺术情怀，表现了古新安文化的价值取向，并以其独特和多样化的艺术表现形式，成为独立的工艺美术门类。自明代形成整体风格以后，其发展脉络清晰，基于不同的时代背景，细分之下，明、清两代又各有特点。

入清后，墨模的艺术风格显然更受文人画的影响，极为讲究“书卷气”，追求诗情画意，画面有的直接取法于新安壮丽的山川风光，辅之以诗文，如同一幅山水画。在与书画、三雕、篆刻等姐妹艺术的交集中，形成了它细腻、工整、精确的布局手法，

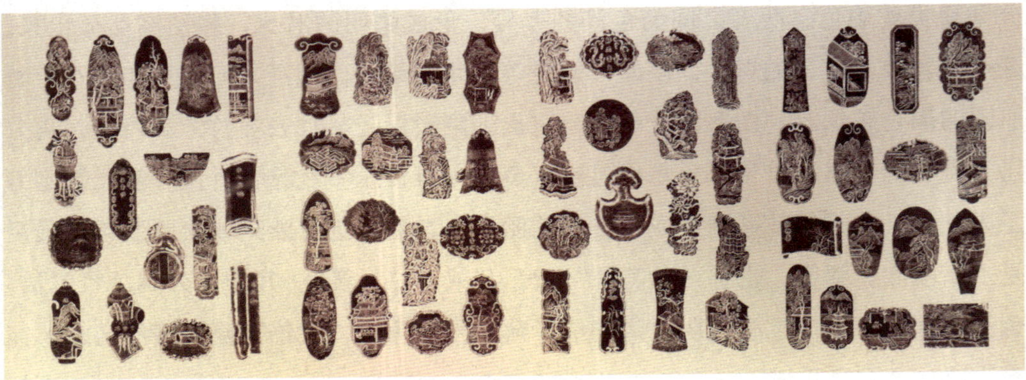

清 御园图集锦墨墨拓

清 御园图墨模

刚柔、强弱、深浅的雕刻技艺，和重视画面内在精神气韵的审美思路。这时的墨模创作者，擅于巧妙地化短为长，在方寸之地上，根据器形的不同变化，适当地运用图案和纹饰，从而达到十分洗练的艺术风格的效果。和明代常以人物作为主画面，山石则作为辅助画面，刻绘人物多为仙、佛、道、隐和先贤，人物雕镂也较为饱满的特点不同。清代多围绕人物活动来描绘，以活动场景为主画面，人物点缀其间，较具代表性的是棉花图、耕植图等题材。而亭台楼阁，也是清代墨模最为常见的题材，往往设计得极为繁密，雕镂也极尽纤细。就如胡开文所制御园图墨，不但以亭台楼阁为图案，甚至取洞壑假山为墨形。晚清民国时期，引入近代海派画风，创作了很多花鸟题材的作品，纹饰对比强烈、鲜明，铭款金石味重。如胡国宾、胡松涛父子就在继承前人基础上，形成了自身的风格，是近代徽派墨模雕刻艺术的代表。墨模琢制完成后，刻工会拓成印拓，借以观察雕琢效果。胡国宾、胡松涛父子的墨模印拓集合散片，至今仍有存世，并被收录在绩溪地方志编撰的《徽墨志》中。

清代图纹较明代繁复，但极富美感，整体特点有五个方面：

一是形和纹饰的布局上合理，在表现艺术美感的同时，不失其作为文房用具的基本功能；二是注意面、背、侧各面的呼应配合，使得纹饰图案可以更好地表达特定主题的要求；三是图案刻绘上更注重师法绘画的技巧和布局，而且更为注重结合器物的形体特征，能适应整体布局的需要。同时，对设计美学方面也有了更深的理解和诠释，能够在制作过程中更好地体现原作意图。四是图案纹饰雕刻手法更趋细腻纤巧，讲求惟妙惟肖，雕刻得满而多，但无过分之感，和整体相呼应得十分协调。五是线条处理十分细腻、流畅，极具美感。尤其康、乾、雍三朝，纹饰、图案，以及边、角的处理上，弧度、曲线表现堪称完美。

墨模，厘定了墨的形制，又通过底版和手（印）版雕镂的图纹，表达了制作者对美的理解和诠释。所以，创作者的文化艺术素养对墨的造型和图纹艺术起到了决定性作用，是其诞生美学概念的基础。这一时期的墨模制作者，多为具有一定的文化水平且能书善画的人，还具有自行布稿能力。因此，他们能够在雕刻过程中，更好地体现创作意图，并以刀代笔在模上进行二次创作。这使得墨模图案的布局显得合理和协调，装饰和形体的结合也十分紧密，不会有丝毫的突兀和违和之感；在画面处理上也十分巧妙，往往能做到繁而不乱、洁而不赘，既显得繁华工丽，又达到了典雅静穆的效果。雕琢技法上，多用类竹木雕刻的薄地阳纹技法，后期浅浮雕则较为常见。运刀上，精妙流畅，线条劲秀有致，以粗细、曲直和繁简来刻画人物，形成生动活泼、俊逸缜密的独特风格。

新安墨模雕刻艺术的出现和发展，使中国墨摆脱了文房用具的单一性，并成为极富文人气息的艺术品。因此，为了适应文人社会的整体要求，墨的图案和纹饰也一贯反映出典雅、端庄的风格，并富有浓郁生活气息，体现了中国古代文人精神世界对高洁的追求。而在这一进程的确立中，新安墨模创作者的贡献良多，在他们不倦的努力下，小小墨锭综合了刻绘、临摹、微雕、金石等多种艺术门类，呈现出美轮美奂的图纹艺术，在我国墨模雕刻艺术史上独树一帜，极大地丰富了中国墨模雕刻艺术宝库。

六、版印绝伦

入清以后，新安盐商的财富更雄，在“贾而好儒”的传统思想影响下，他们大多风雅好客，喜招名士以自重。于是，在他们周围聚集了一批文人墨客，并经常组织雅集交游和诗酒酬唱，用以交流感情、增进友谊。文人们在雅集时的著作，“诗成即发刻，三日内尚可改易重刻，出日遍送城中矣”。[①] 如此繁荣的市场需求，客观

① 李斗：《扬州画舫录》卷8，中华书局，1960年，第180～181页。

上对印刷业起了促进作用。而且清朝入定以后，随着社会经济的繁荣，文化也进入了一个兴盛的时期。当时的文人以焕然一新的面貌和前所未有的活跃状态投入文学创作中，各种著作纷纷问世，数量众多。新安的雕版和刊刻工艺发展，也随之迎来了新的历史机遇。

清朝的很多文人都热衷于写作、赋诗、编书和刻书，并将其视为生命的第一要义，这种爱好在新安文士身上的体现，尤为突出。如康熙年间寓居扬州的歙人张令孔、张潮父子。张令孔是顺治六年（1649）的进士，入仕刑部，曾任刑部郎中、山东督学等职。后隐退返回故乡歙县，埋头研究正统理学，曾撰并刊印《云谷卧余》《大易辩志说约》《资治通鉴评释》《曾子固文集辩》《朱子大全集发明》等著作。[①]张潮为张令孔次子，生于顺治七年（1650）。康熙四年（1665），15岁的张潮即已考中秀才，后入学国子监，获州同虚衔。其后为维持生计，张潮弃儒业贾，赴扬州经营盐业并获利颇丰。由于他自幼就怀抱科举之志，所以发家后极好与文人鸿儒交往，并满怀热忱地投入著作、刻书等文化事业中。他的诗文被时人誉为佳作，曾撰并刊印格言集《幽梦影》、文集《心斋聊复集》和诗集《心斋诗集》等。同时，他还热心为友人编书、刻书，所编、刊的有文人传记选集《虞初新志》和小品丛书《檀几丛书》《昭代丛书》等。张氏父子刻书不为营利，完全出于追求个人爱好和功德传世的考虑，加之都有很高的学术素养，因此所刻之书皆校勘细致、刊刻精良。他们将自己的宅院题名“诒清堂”，还把“诒清堂”三字刻印在其作品的版口下脚，以此展现自己的刻书目的与情怀。

许多新安儒商，也秉持着与张氏父子共同的认知，积极投身刻印业，祁门盐商马曰琯、马曰璐兄弟即为其中典范。马曰琯（1688～1755），字秋玉，号嶰谷；其弟马曰璐（1697～1761），字佩兮，号半槎。兄弟二人从小侨居扬州，经营盐业，是当地的巨富之一。而且二人志向相同、一心经学，他们互相师友，具以诗名，故时人称之为“扬州二马”。马氏兄弟雅文好古，考校文艺，评史传，旁逮金石文字。曰琯著有《沙河逸老小稿》《嶰谷词》《焦山纪游集》和《林屋唱酬录》等诗文集；曰璐则著有《南斋集》。二人还酷嗜典籍，叶德辉在《书林清话》中评价曰：“马

① 戴廷杰著，许明龙译：《雅俗共融，瑕瑜互见——康熙年间徽州商籍扬州文人和选家张潮其人其事》，《法国汉学》第13辑，中华书局，2010年，第545～546页。

征君曰璐丛书楼、玲珑山馆，考订、校雠、收藏、鉴赏皆兼之。”[①]他们一遇见秘本、珍本或孤本，皆不惜重金购买，累计藏书达十余万卷，建藏书楼数十间，命名为“衔南书屋”“丛书楼”和“小玲珑山馆”等，当时的名流如厉鹗、全祖望、陈章、陈撰、金农等，先后馆于其家，借书抄读。《清稗类钞·鉴赏类》还记载：二马“世人所愿见者，如《经义考》之类，不惜千金付梓”。并在其设立的刻印工场中，聘请了数名善手专写书脑，前后60余年，日日不辍，共刊印完成五六百卷作品，其中有《说文》《玉篇》《广韵》《字鉴》和诗文集若干种，还为朱彝尊续刻《经义考》后120卷。马氏所刻之书，皆校勘准确，字体娟秀、首尾如一，版框整饬，墨色均匀，雕刻精美、装订考究，世称其为“马版”。以儒商身份专于刻书的还有鲍廷博、汪启淑、鲍漱芳和李宗媚等，他们的人生轨迹也大多相似，先儒后贾，也都因业盐而致富，故有颇丰的财力投入刻书之中，而且刻书均不以赢利为目的。鲍廷博(1728 ~ 1814)，歙县长塘人，字以文，号绿饮，是乾嘉时期著名的藏书家与刻书家。寓浙江桐乡邬镇，家世业盐。科举失意后，遂致力于藏书刻书，取《大戴礼记》“学然后知不足”之意以名其斋，曰“知不足斋”。乾隆三十四年(1769)开始，廷博及其子士恭相继以所藏207种珍本、善本为底稿，刻印《知不足斋丛书》30集，共240册、781卷。歙人汪启淑(1728 ~ 1800)，字慎仪。侨寓钱塘，业盐于浙。藏书斋名“飞鸿堂”，专以搜罗秦汉图章。编撰并刊刻《集古印存》32卷、《飞鸿堂印谱》40卷、《汉铜印原》16卷、《汉铜印丛》612卷、《静乐居印娱》4卷等。歙县棠樾人鲍漱芳(? ~ 1807)，字惜芬。侨居扬州经营盐业，斋名“安素轩”，收藏以唐宋元明的书籍、法帖为主，后择其精者集成12卷《安素轩法帖》，系清代最具代表性的法帖之一。黟县南屏人李宗媚(1827 ~ 1891)，一名金榜。幼年家贫，后至大通业盐致富。光绪间先后刻有宋罗愿《新安志》《尔雅翼》《罗鄂州小集》和《罗郢遗文》，清汪宗沂《孟子释疑》，王有光《批檀弓》，俞正燮《癸巳存稿》，曹文埴《香山诗选》，吴定《紫石泉山房文集》和《诗钞》，李元英辑校的《徐骑省集》30集、《补遗》一卷、《校勘记》一卷等。

在众多文人、刻书家和刻工的共同努力下，清代的新安刻书业，承绪和保持了前代版制美、纸墨良且插图丰富的特点，并在此基础上进一步形成细腻、精致、工整的艺术风格，保持了中国刻书中心的地位。这种风格首先体现在布局和线条表现

① 叶德辉：《书林清话》，北京燕山出版社，1999年，第235页。

上的国画风格。大量文人画家参与创作，以及刻工的极高文化素养，使得雕版在线条的处理上，能充分表现画家的笔法和意境，钩、勒、皴、擦、点，无不行云流水，灵动而富有生气，准确无误而不失画家本意。其次，在高度发达的墨业支撑下，刻书用墨一直是新安刻印业的传统优势。《清稗类钞 · 鉴赏类》在转引前人对“马版”评价中就说："小玲珑馆马氏重刻五经文字、九经字样，气动墨中，精光四射，视西安原本，几青出于蓝。"[①] 再次，新安书画、篆刻、雕刻等工艺的协同发展，则为插图的刊刻提供了帮助。新安刻本精丽动人的图版，精致工整的雕镂，极大地增加了读者阅读兴趣和提升了购买欲望。如清乾隆二十二年（1757）歙县潜口汪氏水秀园刊，吴逸绘，黄松如、黄正如刻的《古歙山川图》，就采用了国画的技法和布局来表现古歙县山川实景，对比强烈，线条劲涩，刀法流畅，配合题铭、印章俱全，就如同一幅幅精美的版画作品。

第四节　织绣诸法

清朝前期，随着社会经济的好转，统治阶级和富豪之家开始竞尚华侈，这无疑刺激了丝织业的发展。同时，自康熙二十三年（1684）清政府平定台湾后，逐渐放松了清初制定的海禁政策。康熙二十四年（1685），就颁令："今海内一统，寰宇宁谧，满汉人民，俱同一体，应令出洋贸易，以彰庶富之治。"对外贸易的正常化，推动了相关商品的生产，而作为主要输出品类的丝棉织品，其发展显然因此受益。当时的杭嘉湖地区，由于出产优质的丝绵原料，又集中了优秀的工人，加之水路交通运输方便，迅速地成为中国最重要的纺织业中心，规模和产量都超过以往纪录。据《大清会典》记载，乾隆元年（1736），仅杭州织造局就有织绸机600台，工人1800人。而一些私人工场，大的拥有织机几百台，工人数百人，小作坊也很多。厉鹗在《东城杂记》中记载，杭州城东郊外“机杼之声，比户相闻”。杭州全国丝织中心的地位，不仅带动了地区桑蚕业生产，也推动了周边区域的经济结构转型。自明中叶至清前

① 秦宗财：《清代扬州二马的刻书理念》，《出版与科学》2007年第5期，第80页。

期，浙西区域已成为杭州丝织业最重要的原材料供应地。康熙二十八年（1689），康熙帝在巡视浙西后，写下《桑赋》一文，在《序言》中言："朕巡省浙西，桑林被野，天下丝缕之供，皆在东南。而桑蚕之盛，惟此一区。"可见，彼时淳安、建德等地桑蚕养殖的盛景。丝织业的发展促进和带动了刺绣工艺的进步，在清代已形成了鲜明的地方特色，并以其精巧的工艺风格著称于世。新安刺绣的特点是巧而精，绣品的构思、布局、形制、用色和针法搭配和谐，行针细腻紧密，色调典雅大方，有很高的欣赏性和装饰性。对于清代新安的纺织和刺绣工艺，黄宾虹曾评价说："纺织刺绣诸法昭然，大备而工巧者，尤以新安开其端。"[①]

一、桑蚕纺织

清代中前期，新安的桑蚕丝绸生产处于快速发展之中。一方面是由于多山少田的地理条件，并不适宜粮食作物的生产，而清初每亩桑地的收入，即可"四倍以田"，产出更大，耗力也更少，提高了农民的种桑积极性，部分地区甚至出现了将良田改为桑地的现象。另一方面，清政府也大力提倡和鼓励桑蚕养殖。顺治十五年（1658）覆准，桑拓榆柳，令民随地种植，以资财用。[②]康熙十年(1671)覆准，"民间农桑，令督抚严饬有司加意督课，毋误农时，毋废桑麻"。雍正二年(1724)，清世宗谕令："舍旁田畔，以及荒山旷野，量度土宜，种植树木。桑柘可以饲蚕。"[③]地方政府还在各地广泛竖立护林碑，保护桑林。因此，在淳安、建德等地区，已经形成了"桑林万顷"的盛景。

清代以丝原料即生丝来缴纳赋税，新安农户因而更加关注桑蚕和制丝生产，相对减少了纺织活动，织机数量也较前代显著减少。清康熙年间，淳安民间还擅于丝织，并以绸缎、绢帛奉献朝廷，之后逐渐衰落，[④]丝织户也向杭州等纺织中心城市转移。此时，杭州、苏州和江宁（今南京）的织户大增，总数量远超明代，其周边区域如临安、建德、淳安等地，也已发展成原材料供应基地，手工业和商品农业生产出现了结构性的调整。以淳安为例，养蚕之家多兼做缫丝，生产出的土丝由官府或商家收购后，再交由杭州的炼染坊和织坊制作出成品。此时新安的制丝工艺，大体沿用明代遗制，

① 黄宾虹：《黄宾虹文集·杂著篇》，上海书画出版社，1999年，第97页。

② 《大清会典事例》卷一六八；见《续修四库全书》第800册，上海古籍出版社，1997年。

③ 《清世宗实录》卷十六，中华书局，1985年。

④ 李春才等：《淳安县茧丝绸志》，《淳安县茧丝绸志》编撰委员会，2005年，第231页。

直到19世纪末仍无重大变革。据记载，淳安等地养蚕仍然是着重养一期春蚕，蔟具早期使用伞形蔟和湖州把，也有用油菜梗、竹丝把上蔟的，后期逐步形成以蜈蚣蔟和伞形蔟为主。蜈蚣蔟是由约30厘米的稻草制作而成，由打蔟器绞成蔟绳，再把蔟枝插入二股绳的中间，形成蜈蚣形的蚕蔟。上蔟前用竹竿芦帘搭架，铺蜈蚣蔟，捉熟蚕上蔟。由于蔟枝疏密适度、排列均匀，大大提高了上茧率和出丝率。缫丝仍沿用脚踏缫车，煮茧使用竹泥灶、砖灶或缸灶，上置普通铁锅，再配以脚踏式木制丝车。前期大多是足踏缫丝车、鲜茧高温缫丝，故有“打绪宜速，脚踏宜紧，眼转专觑窝，手频剥茧添绪，紧踏紧转，即时绎尽而不煮熟，丝成白增铢两”的操作经验。后期对原料茧的使用已十分讲究，一般仅使用紧厚茧净的鲜茧缫丝，次下茧则用于做棉或制线。天气晴好时采用晾晒法，阴雨则用烘干法，以延长缫用的时间。在缫丝过程中对水的温度和洁净度也十分重视，并总结出不同时令使用相应水温的经验。

清代丝织业，出现由农村、乡镇向大城市集中的产业结构调整，为敏锐的新安商人提供了商机，他们通过收购活动，把大批丝绵从分散的农户手中集中起来，运往江浙地区加工和销售，从中获利颇丰。在当时盛产丝绸的湖州、杭州、嘉兴、苏州等府，都是新安商人辏集之地。在这里，不但府城、县城中多建有新安会馆，而在丝绸业发达的市镇中，会馆、义所等设施也随处可见。如杭州府仁和县的塘栖镇，就建有新安义所、怀仁堂等，用于交流信息和扶困济危。位于苏、杭、嘉、湖四府之中心南浔镇，明、清两代以蚕丝生产得以盛名，新安商人纷纷来此经营生丝，推动了当地的产业发展。嘉庆、道光年间，歙人张颂贤经营湖丝致富，被列入“南浔四象”，以象之大喻其富。

清代前期，新安部分地区有向棉织业发展的趋势，如康熙《徽州府志》在提及黟县和祁门两地纺织活动时，就称“黟祁之俗织木棉，同巷夜从相纺织，女工一月得四十五日”。[①] 在棉布主产区的松江府，就有数十家新安商人开设的青蓝布号，其中以乾隆年间吴舆璠开设的“富有美”布号最为著名，长期从事批发贸易。在苏州府棉织业经营中，新安商人尤其是徽籍商人极为活跃。康熙九年（1670）《苏州府为核定踹匠工价严禁恃强生事碑》，就专为饬谕“徽商布店、踹布工匠人等”而颁，此碑还附刻程益高、金胜记等21家新安布商的字号。康熙三十二年（1693），《苏州府

① 康熙《徽州府志》卷二《风俗》，安徽中国徽州文化博物馆藏。

为永禁踹匠齐行增价碑》则记载，苏州城的81家布号中，新安商人开设的就有30余家。其中新安汪氏所开“益美字号”规模最大，年销布达百万匹。新安商人在苏州府嘉定县南翔、罗店两镇的布业经营中，居于垄断地位，不少人侨居于此，成为当地的居民。在无锡，新安商人还开设以棉花换取棉布的牙行，并称无锡为“布码头”。

二、绣艺工巧

清代刺绣工艺在明代基础上有所发展，并逐渐形成宫廷御用和民间日用两个体系。宫廷御用的绣品，多由宫中造办处如意馆专人绘制纹样，经批核后，再发送江南织造管辖的三个织绣作坊，照样绣制，绣品制作得极为工整、华丽、精美。民间日用则是刺绣中的主流，应用范围极其广泛，包括衣裙鞋帽、被褥帐枕、家具饰件和配饰小品等，涉及百姓生活的各个方面。

新安教育事业发达，女子受教育的普及率很高。很多自小就诵读经文、操习女红和琴棋书画，具有良好的综合素质，使她们在构思画稿和刺绣纹样时，也自然更加精巧文气和得心应手。所绣花卉、禽鸟、草木和云石等物象，小而精致，图样设计别致，制作细腻，敷色也十分雅致。这一时期的新安民间刺绣作品，品类极其繁多，按用途可大致分为文玩欣赏品和民俗日用品两大类。文玩欣赏品多为文人陈设和佩饰，包括镜片、壁饰、香囊、笔插、扇套、茶壶套和镜套等。这类绣品承袭明代“绣画”的风格，除绣有纹饰图案外，还多题有寄兴的诗文和印章，表现得极富文采。如安徽中国徽州文化博物馆收藏的山水人物丝绣，就属陈设之用的小幅绣品。纹样布局类似新安画派的写意作品，内容为渔人入桃花源之图，绣有渔夫、桃花、草亭和小桥流水，右上题相应的诗文和印章。作品立意高远，布局雅致，针法细密，堪称清代新安丝绣的佳品。小件的佩饰绣品，由于尺幅所限，多以工笔的手法绣出图纹。如婺源民俗博物馆收藏的松鹤延年图扇套，就以灰紫色作底，鹤用暗蓝色，松针叶用深紫，树干、山石以灰线绣。[①] 以平针为主针法，通过细腻的针脚展现出中国工笔画的神韵。在大件的壁饰陈设品的绣制中，也常见用工笔写实的手法。如安徽中国徽州文化博物馆所藏的一套两件的刺绣作品，每件绣品上分别绣有飞燕、雄鸡、蝴蝶、锦鸡等动物，动物形态传神，毛色深浅层次过渡自然，具有很强的质感；作为画面衬托的各色花木也都绣得惟妙惟肖，犹如精美的工笔国画。绣工浑然天成，

① 盘婷：《徽州刺绣工艺主题及价值意义研究》，《上海工艺美术》2019年第1期，第112～115页。

几乎不见针脚。在文玩欣赏和佩饰的刺绣作品中，表达科考及第和文人志向的题材居多，如独占鳌头、鱼跃龙门、二甲传胪、魁星点斗、一路莲（连）科、一品青莲（廉）等。配色多用浅紫、浅蓝、浅褐，或者米色，呈现出清新淡雅的风格，偶尔也会运用小面积的橘红或胭脂红，作为渲染和突出主题之用。

清 花鸟纹绣品

民俗日用品中，有被面、枕头、喜帐、寿幛、桌围、椅垫，以及云肩、帽子、鞋袜、荷包等。图案绣制多以写实手法，寓意也多为吉祥祝福，如以佛手柑、石榴和桃三者组合而成“福寿三多”，就表达对多子、多福、多寿的美好寄望；图案“瓜瓞绵绵”，以沿藤蔓缠绕的大小瓜，寓意子孙昌盛，事业兴旺。在淳安王阜、严家一带盛行的涎褡[1]制作中，就普遍使用了这类喜庆吉祥的图案，如桃喻寿，灵芝喻长寿，石榴喻多子，蝙蝠喻多福，桃、荷、梅、菊喻一年四季兴旺，古钱、元宝祈招财进宝，刀、剑、斧求镇魔辟邪等。另外，绣品纹饰的图案组合也多含此意，如月季和花瓶，意为四季平安；柿子和如意图，为万事如意；莲花和鱼，即年年有鱼；暗八仙象征神灵的托福和灵意，祈子孙健康长寿；梅兰竹菊，象征文人雅士的气质，盼子孙后代金榜题名等。涎褡的纹饰除底层、夹层外，从里到外还有四圈，多绣在荷叶、竹叶、菊叶、灵芝等形制的叶片上，形如竹叶的就叫竹叶涎褡，形如灵芝的就叫灵芝涎褡，还有一种用五幅蝙蝠图案围着一个“寿”字的，就叫“五福盘寿”涎褡。绣花帽也是这一地区的特色，花帽由帽顶和帽圈两部分组成。帽顶分前后两片，均绣有图案。其中前片的形状代表帽名，如荷叶状的就称荷叶帽，桃子状的就叫桃顶帽，菊叶形的就名菊顶帽。图案一般为花草果叶，如桃花、菊花、桂花、梅花、牡丹花、芙蓉花、石榴等，还有鱼鸟虫兽，如喜鹊、凤凰、龙、蝙蝠、蝴蝶等，也有福禄寿喜等汉字，以

① 涎褡：围戴在婴幼儿脖子上遮挡涎水用的衣饰品，多为大小不等圆形。

及古钱、元宝、八卦、刀、剑、斧、灯等。绣花图案在帽子正前，常见的图案有“双龙戏珠”“双龙盘寿”“凤窥牡丹”“富贵双全”“福寿双喜”等，或者整幅的芙蓉花、牡丹花等。除帽顶和帽圈，帽耳部也有两块圆形的绣花图案，内容也为花草果叶。

这些民俗日用的刺绣作品，大都出自普通农家妇女之手，但绣艺绝不普通，采用的针法有平针、十字针、错针、乱针、打籽、盘金、锁绣、珠绣、网绣、满地绣、纳丝、纳锦、平金、影金、铺绒、刮绒、戳纱、洒线、挑花等20余种，而且很多作品采用了组合针法绣成。作品的用色也极富美感，绝少使用大红大绿的亮色，而多以黑色、米色或蓝色作为底色，配以小面积的红、蓝、绿，使色彩呈现出宁静、协调之感。即使在处理对比强烈的色彩时，也通常采用留水路的手法，或在两色连接处加饰金、银丝线，抑或用“退晕”“色晕”的技法调和色彩。在如寿幛、喜帐、桌围等必须采用正红为底色的绣品制作上，绣线也多以孔雀蓝、孔雀绿和深紫等沉稳的色系，使得作品显得闹中有静、稳重典雅。

清 贺寿图绣品桌围

清代是新安刺绣风气盛行的时期，刺绣品类万千，百姓生活的点滴之中，几乎都有刺绣工艺的存在。《休宁县志》所记的“端午货”之类，就是将平时封存后的雄黄拌和蒜泥，置于红包肚、香荷包、雄黄袋、独蒜囊等绣织工艺品，系在小孩身上，以预防蚊噬虫叮和无名肿毒。[①] 丰富的实践锤炼了刺绣技巧，于平凡生活中形成的技艺和审美，也促生了构图简洁、色彩平和、针法多样、绣工精巧的艺术风格。

① 《休宁县志》，安徽教育出版社，1990年，第592页。

第五节 金属工艺

清代，新安民间的金属器生产相当普及，铜、锡、铁制品和金银细工皆有所发展，但除部分文房器具外，整体制作工艺虽繁复、华丽，却不免流于匠气。

一、古意铜作

康雍乾三朝，由于皇帝博雅好古的情怀，引发社会仿古之风的兴盛。彼时的宫廷造办处，以商周青铜器和历代铜器为样，摹制了大量仿古铜器，以为内廷陈设、佛堂供奉、太庙郊坛等使用。新安民间亦为之效仿，尤其是对宣德炉的仿制，工艺精美，制作量较大，目前存世也较丰富。安徽中国徽州文化博物馆藏有十数件此类藏品。如雍正时期仿制的桥形耳宣德炉，敞口、圆唇，矮细颈，口沿上置桥形耳，三钝锥形实足，底隶书阳文“宣德年制”款。该炉炉体线条柔和，制作精美，尤其铜色极佳，呈现类佛经纸色。还有清初仿制的桥形耳宣德炉，炉腹和足就明显较雍正时更为浑厚，铜炉表面呈“雪花金”斑点，底落楷书阳文“大明宣德年制”款。炉是清代制作最为普遍的铜日用品，除宣德式外，其他的作品也很有特色。如清乾隆年间所制夔龙耳三足炉，厚圆唇、长腹略鼓，三钝锥形实足，腹部置双夔龙形耳，造型十分灵巧、优雅。该炉铜质精良，铜色呈栗壳色，皮壳表现极佳。还有如清中期所制的兽耳鸟纹尊形炉，形体规范，线条优美，端庄精致，体现出盎然的古意韵味。形制上仿商周青铜尊，于颈腹部置双兽耳，圈足镂勾连如意纹装饰，颈部以回纹地鸟纹为主纹饰。值得一提的是，史前和先秦时期，新安人对鸟的原始信仰崇拜，至清时仍以这一形式被体现，说明新安工艺的承袭是络绎不绝的。

清代香炉的铸造沿用失蜡法。所谓失蜡法，即以蜂蜡做成铸件模型，再以耐火黏土填充泥芯和敷成外范，用加热烘烤的方法熔去蜂蜡，并使范成型，最后往内腔浇注铜溶液，以铸成器物。铸造采用分铸法，即按设计将器物分片铸出，然后焊接成器，焊接前会将各部分的铸痕磨平。故清代铜器上没有铸痕，却有焊接修补之痕。此时的铸造技艺已达炉火纯青，能够制作出各种复杂的造型，而且装饰方法多种多样，有錾刻、镂空、鎏金银、嵌金银丝等。所用铜料为黄铜，质色泛黄，与金色相近，分量较重。器物的皮色方面也是变化多端，旧时有五色之说，分别为“佛经纸，栗壳，茄皮，棠梨，褐色”，其中以佛经纸色为第一品。清代后期和民国时期，铜炉的铜质变差，分量也较轻。

新安所制铜炉中，还有一个特殊的品种——印香炉。印香炉，又称印香薰、篆香炉，大约在唐宋之交诞生，它的出现与印香活动密不可分。印香，也称作香印，或香篆，初为寺院诵经燃香以计时所用，后逐渐演变成文人雅士焚香遣闷之举。宋代洪驹父著《香谱》，其中“香之事”部有“百刻香”一条，曰：“近世尚奇者作香篆，其文准十二辰，分一百刻，凡燃一昼夜已。”在“香篆”一条中又云：“镂木以为之，以范香尘为篆文，然于饮席或佛像前，往往有至二三尺经者。”依此看来，宋代就有以木制印香炉的做法，但其外形较为笨拙，类似现代的平底锅，上加镂空盖，炉底有支脚。到了明代，印香炉已改为金属制作，且改刻篆为镂空，香篆之名也逐渐被“香印”所取代。清代是印香炉制作的高峰，多为黄铜和白铜质地，以方形、长方形和圆形居多。顶盖多镂有不同图案，炉身有三层或四层之分，从下往上分别为贮放香料、摆放印香模子（香印、香篆）和香铲等工具，以及燃香之用，顶层镂空以释放香气。有的香炉四周，还会分别刻镂相应的图文装饰。如安徽中国徽州文化博物馆藏清代梅纹长方印香炉，炉分三层，第一层内置铜铲和香篆各一；第二层有一饰镂空回纹的铜蓖梁；第三层炉盖中为镂空梅花纹饰，四周以冰裂纹环饰。三层外壁自上而下分别刻蝴蝶、蝴蝶和缠枝花卉、山水图，足为镂空花足。该馆还藏有一件清如意形寿字纹印香炉，炉连盖加底共四层，整体作如意形。盖面首部有镂空“寿”字纹，中部和尾部有镂空钱币纹，环以隶书双钩吉祥文字饰之；第二层底部，有团“寿”字和“寿”字勾连的镂空纹饰；第三层内置如意形压板；第三层第四层均为平底；足部则为镂空的回纹圈足。该炉制作精致，接口打磨平顺，各部件过渡严谨，严丝合缝，形制精巧美观，堪称铜手工艺和文房工艺的精品。

在墨砚工艺发展的带动和鼓励下，清代新安文房器具的制作异常发达，材质使用涉及金、银、铜、锡、玉、木、竹、漆、料器等各个品类。其中，铜质的除上述各色铜炉外，还有镇纸、笔架、水盂、水注、墨盒、香盒、印泥盒等，形制各异，精彩纷呈。与墨业直接相关的铜墨盒制作，更是异常繁盛。存世最早的铜墨盒约为元末明初，根据《南京明代吴祯墓发掘简报》记述：该墓葬出土铜质墨盒一件，“铜盒长 10.2 厘米、宽 9.8 厘米、高 5 厘米，盒中有吸过墨汁的千丝绵”。[①] 但墨盒制

① 南京市博物馆：《南京明代吴祯墓发掘简报》，《文物》1986年第9期，第37页。

清 佛手形铜水盂

清 饕餮纹兽铜水注

作在明代和清初一直声名不显，直至清嘉庆、道光后，因墨汁的普遍使用才逐渐兴盛，传世作品也多为这一时期的。如安徽中国徽州文化博物馆藏清中晚期铜诗文墨盒，正方形，盒面阴刻楷书诗文。诗文计 117 字，均字体俊美，刀法娴熟，气韵贯通，且丝毫不见刀痕，体现出刻铜技艺的神工之境。同期的小件文房器物制作，工艺也十分精妙。如清佛手形铜水盂，黄铜质，皮色呈棠梨色，浑铸法制成。整体作佛手形，掌部作水盂主体，盂口圆而内敛，腹鼓，一侧巧以佛手参差五指作执，另一侧则以叶梗为耳，腹外壁铸叶蔓和松鼠装饰。器物构思巧妙，布局协调，体态优美、浑厚，体现出极高的工艺美感。还有如清铜蟾蜍形水注，整体铸蟾蜍待跃形制，造型形象逼真。蟾背部开有一注水孔，以口部巧做出水口，内腹中空贮水。制作者并未以定式制作四足，而是以两前足与合并的后足做器物三足，使得器形毫无呆滞之感，体现出设计的灵活性。清代铸造仿古铜器的风尚，也影响了部分文房器物的制作，有些外形和纹饰即有商周铜器的部分特征，但较多见的是对局部的改造。如安徽中国徽州文化博物馆藏清代饕餮纹兽铜水注，腹部纹饰采用连续的饕餮纹，执上亦镂饕

清 蟹形水注

清 中晚期铜诗文墨盒

饕纹，流作兽面，足作三兽足，形制和纹饰皆有商周遗韵。还有如该馆所藏的清灵芝纹圆形铜印泥盒，主纹饰为缠枝花卉，但地纹采用商周青铜器常用的网格纹。不同时代的装饰技巧，被制作者巧妙地融合。铸造工艺的进步，使更为精细和纤巧的制作得以完成，图纹和形态的刻画也更为从容。如清代蟹形水注的制作者，采用1∶1的比例创作出这件文房精品，形制栩栩如生，神态惟妙惟肖，几乎可以达到乱真的地步。且巧以蟹眼做入水口，以蟹嘴做出水口，蟹腹中空做储水之用，立意、构思和工艺皆为上乘，达到了实用性和艺术性的完美结合。

另外，由于新安地处山区，冬季潮湿阴冷，百姓多以火桶、火篮和手炉取暖，尤其是火篮和手炉，作为移动的取暖器具，其制作十分普遍。如清中晚期白铜手炉，口径6厘米，高9厘米，底径6.5厘米。作圆形鼓腹，平底，腹部对置双耳带提梁。盖镂空，作缠枝花卉纹饰。这类器物，在入冬的新安乡间，几乎人手一个。北方人至此，常戏称之“移动的火炕”。因其实用性，民间至今仍有较丰富的数量存世。

二、打镴制锡

我国是使用锡制器较早的国家之一，早在青铜器时代即已广泛运用。作为一种低熔点的金属，锡耐酸碱，无毒无味，不上锈，对人体无害，且质地软韧，延展性好，易加工。加之先秦时，“锡”字与“赐”通用，古代皇帝赐给诸侯、大臣有殊勋者九种最高的礼器，就以“九锡”冠名，“锡”字故而也被赋予礼遇、好运的含义。所以明清时期的平民家庭，多以其替代银器，用于日常生活，故锡器制作逐渐兴盛。

清代，新安锡器制作的品类有壶、灯盏、手炉和文具等，其中以壶为最多。明末清初时，周亮工在《闽小记》中记载：“闽人以粗瓷胆瓶贮茶，近鼓山支提新茗出，一时学新安，制为方圆锡具，遂觉神采奕奕。”[①] 锡壶有盛水水清甜，盛酒酒香醇，储茶味不变，插花花长久之说。因此，锡制的水壶、茶壶和酒壶颇受人们的青睐，制作也具特色，屡有佳品出现。如歙县制作的清代木皮锡胆茶壶，就创造性地以木为外壁，内置锡质胆，极为罕见。形制为侈口、鼓腹，腹部主纹饰为席纹地阳刻暗八仙及团寿纹，留白处行书阴刻“别有风味曹筱山敬赠”款，上下分别镂弦纹、回纹和蕉叶纹装饰，腹部对置流和执。该壶装饰集诗书图画于一体，并巧用雕刻和镶嵌工艺，显得“别有风味”。

① 周亮工：《闽小记》，上海古籍出版社，1985年，第27页。

新安是中国重要的茶叶产地，中国十大历史名茶中就有黄山毛峰、太平猴魁和祁门红茶三席。淳安所产的鸠坑茶，也在唐代就被确认为贡品。淳安鸠坑、黄山毛峰和太平猴魁，都属绿茶系，茶叶十分娇嫩，若保存不善，营养和味道都会快速流失，因此对保鲜的要求很高。清代茶叶出口贸易十分兴盛，作为当时外销茶叶的主要生产地，新安一年所产茶叶，“十之八九”都通过上海和广州两地外销。为保鲜所需而生产的茶叶贮存器具，种类多，数量巨大。而锡制品由于自身材质的特性，密封性、保温性和保鲜功能都较其他容器更好，是贮存绿茶的首选，所以锡质的茶叶罐制作就很常见。在清代茶业贸易兴盛之时，仅屯溪一地，就有9家锡罐作坊，每年可制锡罐25万只以上，其中不乏工艺精良之作。如清瓜果形锡茶叶对罐，一式两件，分别作为棱面瓜形和素面瓜形。顶部以藤及叶作纽，底部以叶蔓作三足，内置锡胆，增强密封性。另外，锡制的文房器具虽不多见，但制作亦十分精巧。如安徽中国徽州文化博物馆藏花池锡暖砚，就利用锡导热快、保温好、易加工的特性，制作出中空双层砚，冬日在腔内注入热水，以防止墨液凝滞。

镴是铅和锡的合金，因其光亮柔软、不易生锈的特性，自宋代以来，民间就常以其制作陈设器具。制作镴器的工艺，也被称为打镴，工序大致可分为浇模、剪裁、敲制、焊接和磨打抛光数道，装饰技法有加贴、雕花、刻字等。所制器物品种大致分为三类：祭祀用品，如盂、爵、烛台、香炉等；陈设用品，如花、鸟、兽、神像等；生活用品则多为实用型的烛台等。其中，尤以佛寺、道院、庙庵、宗祠等处的祭祀用器制作最为常见。明清时期的新安社会是一个典型的宗族社会，聚居在城乡的各族都把祠堂祭祖作为宗族的头等大事，借以增强凝聚力，各族也都强调“祠祭、墓祭皆属展亲大礼，必加敬谨”。故祭祀所用器物，皆十分齐备和精致。其中以镴制作的器物就有鼎、香炉、烛台和花觚等，用于盛放香、花、灯、水、果等供品，摆放于宗祠。安徽中国徽州文化博物馆就藏有一套五件镴器，分别为一鼎、二觚和二烛台，形制大方、工手古拙，色浆呈水银色，光可鉴人。这套器物也称“五供”，是最常见的祭祀器组合。

三、匠作铁器

清代，新安的铁器制作工艺已经很成熟。沿袭传统的手工生产方式，冶铁以木炭为燃料，工具有自制的化铁炉、砂锅炉、风箱、大锤、钢钻、夹钳等。制作的种类有犁、耙、锄、镰等小农具，刀、斧、钎、锤、刨等工具，以及菜刀、剪刀、火钳、铁铲、门吊、门闩、链子、铁钉、铁锅、铁瓢等生活器具。被广泛应用于百姓生产和生活，是每个家庭不可或缺的必需品。

据民国《遂安县志》记载：

> 清代遂安经商以徽人居多，杭绍亦有之，本邑人较少，近则乡村多本地人，经商者，商以盐业为上，南货业次之，其他又次之，茶业由各商兼营，纸柴木炭各商皆本地人，运销杭沪等处。工业，邑人所业手工，若成衣、竹木、泥水、雕刻、铜铁诸业皆甚发达，惟冶工多永康人，锡工多义乌人，大墅人能制箬帽，桃源凌家人能编草席，几为专业。①

另外，自东汉建县以来，在淳安各乡村经久不衰的钢叉表演活动，明清时期尤为盛行。② 作为这一表演的主要刀具——钢叉，制作亦是相当普遍。在建德，铁店遍布大街小巷，能生产各类刀具、手工业工具、农具（镰、锄、刀等）。以黄浦街李聚兴、蒋汉金最知名，锄头不裂、刀口不崩不软，产品畅销各地。另外，正大街胡文治、应生制作白铁技艺高超，焊缝密实，式样精巧，主要产品有烛台、花瓶等。烛台可镂空福、禄、寿、喜等字，香炉上能打起会摇动的狮子，花瓶上可雕镂各种花鸟等纹饰。③

在新安出产的众多钢铁制品中，最著名的品牌当属张小泉剪刀。张小泉是明末清初黟县会昌人，自幼跟随其父张思佳学习锻打剪刀的工艺。明崇祯年间，张小泉率子张近高赴杭州经营制剪业，在城隍山（今吴山）北麓大井巷落脚，开起了剪刀作坊，招牌仍沿用其父"张大隆"的字号。张小泉悉心研究铸造技艺，汲取了浙江"龙泉宝剑"的工艺精华，首创了"镶钢锻打"制剪工艺。即以优质钢材镶嵌在剪刀的刀刃之上，并进行淬火处理，使剪刀的刃口更加锋利、持久。剪刀刀背和把手部分，采用易加工、不易断裂的铁材制作，使钢和铁的各自特性得以发挥，达到刚柔相济的效果。由于制作认真、质量上乘，他所制的剪刀一经推出，立刻受到人们的欢迎。清康熙二年（1663），为避免同行摹制，坏其声誉，张小泉将招牌改为"张小泉剪刀店"，

① 民国十九年《遂安县志》卷一《方舆》。
② 刘来根、刘政：《淳安历史文化丛书·民间艺术》，西泠印社出版社，2008年，第206页。
③ 徐本发、朱睦卿：《建德的手工业》，《建德文史资料》第九辑《工商经济史料》，第236页。

并将自己的名字“张小泉”烙在剪刀上，“张小泉剪刀”自此正式诞生。张小泉去世后，其子张近高继承父业，即在其所制剪刀的“张小泉”款识下，另加“近记”字样，以示正宗并便于顾客辨识。近高之子树庭（1736～1796）受业时，恰逢乾隆皇帝南巡至杭州，据传乾隆帝因听闻张小泉剪刀制造精巧、锋利无双，曾微服私访到店中购买，试用后确系名不虚传，遂责成浙江专办贡品的织造衙门，进贡张小泉剪刀为宫廷之用。自此，“张小泉”剪刀的声名更为远播，同行仿制现象也从此罕见，生意故愈加红火。清道光二十三年（1843），海禁开放，国外钢材进入中国市场，张小泉剪刀也开始选择国外的优质钢材制剪，同时为了应对国外产品的冲击，积极改进生产工艺，开发新的品种。如以花线包脚代替白藤扎脚，不仅起到美观的效果，对防锈防腐也起到很好的作用。

传统民用剪刀是张小泉的起家产品，被誉为“剪刀之冠”。它的款式主要有五种，分别为信花、山郎、五虎、圆头和长头。靠着“镶钢均匀，钢铁分明，磨工精细，刃口锋利，销钉牢固，开合和顺，式样精巧，刻花新颖，经久耐用，物美价廉”的十大特点，张小泉称雄南方制剪业300余年，与北京的王麻子刀剪，并称为中国近代制剪业中的两“状元”。张小泉制剪，选用优质中碳钢镶嵌锻制刃口，经过50余道工序制成，主要有落料、开槽、滚光、嵌钢、锻打、轧剪把、理头、拉宽、初磨里口、压剪、压缝、粗磨外口、淬火（热处理）、光亮、弯剪把、磨削刃口、烤油和装饰等。其中嵌钢、光亮、磨削、烤油工序，是张小泉剪业历久不衰的独门技巧。“嵌钢”，即是在开出凹形槽的铁料里嵌入钢条，通过锻打使两者融合。嵌钢的关键在于制成剪刀后的刃口，必须有均匀的钢口，加热温度或是锻打力度稍有误差，就会造成剪刀的残损。故而直到近代，这道工序造成的致残次率仍居高不下，达30%左右。“光亮”，就是把剪刀表面做得光滑，手感舒适。制作时师傅用夹子固定住剪刀，再用刮刀把剪刀背、脊、里口和尾部下面、下脚部分，一点一点地刮平整，然后用瓷碗片把每一处再刮磨一次，最后用钢条蘸油刮一遍，使剪刀整体没有棱角，通体光洁。“磨削”，就是把剪刀磨出一条笔直的刃口线，并使两片磨好的剪刀刃口两点相交，出现一条仅能通过毫毛的空隙。故磨削时要做到“七不放”，即塌头起节不放，凹凸口不放，里口尾部不磨透不放，侧口不放，起节、圆口不放，磨得不透不放，刃口不直不放。张小泉制剪采用镇江特制泥砖作为磨削工具，磨砺出来的剪刀刃口十分锋利，硬度和韧性都极为优良。整理剪刀的过程，专业用语叫“拷油”，张小泉制剪对此也有专门操作手法，如刹根榔头、板起榔头、补一榔头等，全凭师傅数十年的经验和手眼感觉，才能在“烤油”的过程中，做到缝道不起不放。

关于张小泉剪刀的精良，当年曾有传说，张小泉淬火用水，取自大井巷内的一口井，但钱塘江里有一对乌蛇，每隔千年就会钻到这口井里交配。这一年，两条乌蛇又来了，张小泉听闻消息后，饮了雄黄酒，拎起大铁锤就下到井里，用铁锤将这两条正缠搅在一起的乌蛇脖子砸扁后，拖回家中。在蛇颈相交处按上销钉，再把蛇尾分开弯成把手，最后把蛇颈敲扁、磨利，打造出第一把轴剪。虽然这是一则神话故事，但也由此可见张小泉剪刀给人以鬼斧神工的印象。

四、金银细作

清代，新安的金银制品小到首饰、大到祭祀供器，品种十分繁多。制作上讲求精工细作，技术手法娴熟、多样，作品线条流畅、规整，没有生硬的加工痕迹。器形追求富丽华贵，纹饰则以繁密瑰丽为特征，加上各色精致宝石的点缀搭配，使整个器物显得色彩缤纷、金碧辉煌。在造型、纹饰、色彩搭配上，已至炉火纯青的程度。

首饰品制作，是这一时期金银器加工的主要方面，品种有发扣、钗、簪、普通戒指、天元戒、方戒、各式宝石戒、私章戒，以及项链、鸡心、耳环、手镯等。采用的工艺有范铸、焊接、锤揲、錾刻、镌镂、点翠、鎏金银、镶嵌珠玉和填烧珐琅等，有的作品还综合运用了多种工艺技巧。如安徽中国徽州文化博物馆藏清代花卉纹点翠发饰，就采用了锤揲、点翠、镶嵌等工艺制作而成，做工相当精致，该发饰为两式两件，一为发簪、一为发扣。簪头和扣，皆以锤揲工艺制出花卉图案的金底座，再把翠鸟背部亮丽的蓝色羽毛，镶嵌在花卉图案内。圆发扣的中心主花卉，镶嵌红宝石作花心，四周花卉镶珍珠作花心，构造出一个清晰分明的四层次团花图案。腰圆形发簪花卉纹饰为三层，亦以珍珠作花心，簪背焊接有银质叉。这两件发饰整体造型灵动，线条优雅舒缓，纹饰图案色彩明艳、对比强烈，十分亮丽夺目。尤其是点翠工艺十分精彩，是将翠羽梳理整齐后，用毛笔蘸取天然胶质涂抹于翠羽背面，阴干后刮平裁剪，再仔细地粘贴在金底座上，制成的翠面光泽一流，与金属部分交相辉映，显得金碧耀目，精致秀气。另外，该馆所藏的玳瑁包银手镯、竹节包银手镯和编织银手镯的制作也很有特色，体现了当时银器加工的高超水准。

新安民间制作的金银饰品中，很大一部分有避祸祛邪、祝愿长命的寓意。如为刚出生或满周岁的小孩制作长命锁或元宝锁，以及帽饰、项圈等金银饰品的习俗就十分普遍。平民之家的长辈，会送银质长命锁给晚辈以表达祝福；而富商显宦之家，就会作金质元宝锁，或者银质长命锁和帽饰的组件，用以彰显富贵。安徽中国徽州文化博物馆就藏有这样一套组件，一组共 14 件，分别为 8 件八仙图案帽饰，1 件寿星坐像帽饰，1 件“吉祥”铭双凤纹帽饰，2 件狮形佩饰，1 件如意形长命锁和 1 件圆形长命锁。帽饰和佩饰为银鎏金，长命锁为银质，如意形锁刻福禄寿图；圆形锁刻暗八仙图，并有银质项链穿入锁档中。长命锁的文字多为“长命百岁”“长命富贵”“长发其祥”“后生可畏”等字样，图案多錾在反面，一般是麒麟、龙、虎等吉祥图案。这些纹饰和图案，都是为了表达人们对于幼儿生命长久、幸福吉祥的美好祝愿。

清 长命锁和帽饰的组件

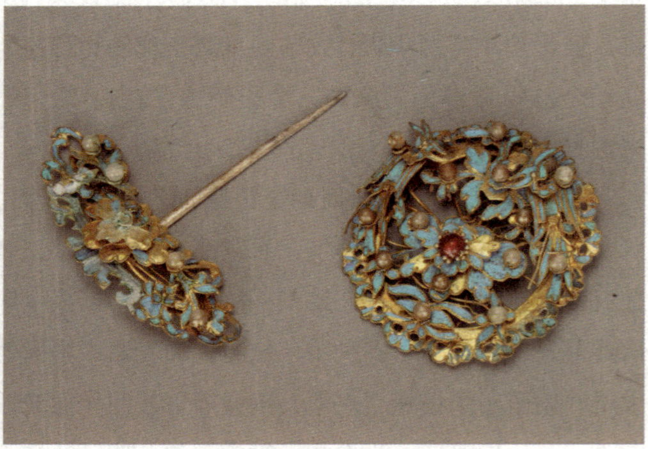

清 代花卉纹点翠发饰

清代，新安的金银器制作，除了少数走街串巷的金银匠外，多由分布在城镇的银楼承担。如休宁的西街，就有数家银楼当铺；建德梅城，也有由方士珍经营的“老天宝”银楼。这些银楼，多为父子相袭、世代相传，因此十分注重口碑。他们对工艺制作力求精、细，对质量的把控也极为严格。安徽中国徽州文化博物馆所藏的一件银壶，底部除落“德茂昌造”款识外，还镌有“包换”两字。体现出清代新安的金银制作者，不但继承了传统金属工艺的精纯技法，更秉持了新安商人诚信经营的从业理念。

第六节 多彩漆艺

新安的漆器制作，受墨业发展的影响最大、最直接。漆器具有轻薄而富于韧性，且不易变形的特性，其亮丽的色泽，能很好烘托出墨锭的精致。是故明清两朝墨家，均以漆木盒作为中、高档墨品的包装。自顺治二年（1645）第一任徽州知府张学圣开始，直至宣统朝，新安江上游的徽州地区，承担了清代贡墨的主要任务。清中期以前，常贡每年三次，分别为春贡、万寿贡和年贡，每次贡墨五份，共计千余锭，分别装作十提箱（盒）；道光元年（1821）九月，改五份为三份；道光二年七月，再次核减，易春贡为端阳贡，万寿贡免，年贡照办，三分改一份。另外，还有地方督抚、“织造”“钞官”和亲信大臣的进贡，每年也不在少数。按照例贡的要求，这些入贡的墨品，需墨家自备漆木盒包装，这直接带动了漆木器的制作。自然而然，新安的漆木器也就成为贡品。

据光绪三十年（1904）歙县县令给胡开文墨业的上谕中言：光绪三十一年的端阳贡“应进贡品徽墨朱锭，自应先期备办，以免临时迟误，合行查案谕知。谕到，该墨铺即便遵照向章，速办黄山图墨六斤，每斤十八锭，计大小一百另捌锭，分装六屉，合成一楠木箱；又民生在勤耕织图墨四斤，每斤十六锭，计六十四锭，分装四屉，共作一楠木箱；又新刻棉花图四斤，每斤八锭，计三十二锭，装四漆匣，外用锦套，敬谨描画，作一楠木箱。以上之墨，共计三提，统计二百零肆锭。并添办朱锭五十锭，均须装潢齐全，所有墨边上，刊刻衔名恭进字样，仍俟奉到宪行，再行谕知”。[①] 可知，贡墨的外包装主要使用的是漆匣和楠木箱。当时，墨的漆匣主要有描金加彩、螺钿和玄色推光漆等，多以杉木为胎，敷以漆布以防开裂，通体涂漆数十次乃成。楠木箱除了本色外，多也以揩漆显纹。

另外，清代新安文房工艺的发展，以及社会尚奢尚华丽的审美取向，使得剔红、犀皮漆、百宝嵌等漆器制作工艺，逐渐兴盛，精美作品也层出不穷。新安的漆器制作工艺，呈现出艺术化、多样化的发展模式。

一、描金绘彩

描金，又称泥金画漆，原指单纯用金给漆器作纹饰，后泛指描金罩漆、识文描

---

① 谭格非、程云：《徽墨志》，安徽轻工业史志丛书，1986年，第62～63页

金、描金加彩等技法。其大致分为“贴”和“描”两种做法。“贴”是在退光漆地子上，用朱漆或黑漆画出花纹，待干后，将桐油和土漆按照3:7的比例调配成胶泥，在花纹上打上胶泥，并趁胶泥尚未完全干透时，将金箔或者是金粉粘贴上去。“描”就是在退光漆地子上，直接用泥金绘制出花纹。描金一般与彩绘结合使用，称“描金加彩”，或“描金彩绘”。明人杨明在对《髹饰录》注解时，称：“描金，一名泥金画漆，即纯金花纹也，朱地、黑质共焉。”即指此种工艺。并曰：“泥薄金色，有黄、青、赤，错施以为象，谓之彩金象。”其具体做法是运用很细的描金笔，蘸色漆或金粉勾勒线条，再用漆笔蘸彩漆给纹饰施色，彩绘后无须再行罩漆和研磨，也不需推光。清歙县岩镇（今属徽州区）人徐履安，在传统描金工艺的基础上，还吸收嘉兴斜塘（今嘉兴西塘）杨汇的髹戗金技法特点，以黑漆为地，针刺字画，再敷以金箔，使得作品更加光彩艳异。

清乾隆 汪节庵制名花十友集锦墨漆器墨匣

故宫博物院所藏清代贡墨的漆器装具中，最常见的即描金加彩和识文描金。其中描金加彩的有左宗棠进“八宝奇珍图”集锦墨匣、光绪年间江南织造所进“棉花图墨”墨匣、胡开文进“大富贵亦寿考”五色墨墨匣和“黄山图”集锦墨墨匣等。识文描金有清乾隆汪节庵进“名花十友”集锦墨墨匣、胡开文进“西湖十景”集锦墨墨匣、胡开文进“新安大好山水”集锦墨墨匣等。另外，描金加彩结合嵌螺钿、填金等工艺的运用，也有一些。如清康熙年间曹素功所贡“御制耕植图集锦墨”的墨盒，就使用了描金加彩和嵌螺钿工艺。该盒一式两件，一件盒面描金加彩绘云龙图，祥云纹饰内嵌螺钿；一件盒面描金彩绘双龙戏珠图，珠和祥云分嵌螺钿装饰。两件均为黑地描金。

清代新安民间制作的漆器，也多采用描金彩绘的技法。纳兰常安就在《宦游笔记》中评价说：“今江南产漆之土，十有七八，所作漆器，亦巧冠天下，而在休、歙者尤盛。凡大至屏几，小至盘盂，皆以金彩描画，备极工细。”这类作品除了墨匣、砚匣等文房用器外，还有杯盘、盒箱、屏风等日用器，以及民间婚嫁所用的嫁妆箱等。如安徽中国徽州文化博物馆藏清黑地描金人物花鸟纹漆盘。作圆形，盘口，矮圈足式。碟口一圈以金漆勾勒出线条细腻的菱形，留黑处为祥云和花瓣纹饰，弧壁上饰“米”字金漆纹和黑地花瓣，花瓣内用金漆绘出四幅喜鹊登梅图，盘心绘山水人物图。底部以金漆落阳文楷书“吴桂圆具”款识。还有如安徽博物院藏清竹丝编彩绘人物纹腰圆形漆盒。胎体由竹编制而成，通体髹黑漆，口部髹饰云雷纹，足部装饰梅兰竹菊图样。盒顶绘文人游春题材图，山野郊外，桃花初开，流水绕堤，万物缤纷，三位手摇折扇，身着红色、黄色、赭色圆领官袍的文士在相对交谈；两位童子怀抱包裹，互相嬉闹；还有两位年龄较长的侍从，一人持古琴，另一人似手持二胡。美景、音乐、文士、梅兰竹菊，淡雅的漆色、细密的竹编，令这件器物散发着含蓄雅致的文人气息。[①] 嫁妆盒由于为喜庆所需，则多作朱地描金式。如清“龙凤纹”朱地描金嫁妆箱，就以红漆作底，用金漆描出龙凤、云霞等纹饰，线条洗练，工艺也十分精湛。

二、填嵌螺钿

宋以降，新安民间螺钿漆器的制作，一直以来就很是普遍和兴盛。清代，螺钿技法得到了进一步完善和发展，品种不仅有传统的厚螺钿镶嵌和薄螺钿镶嵌，还出现了镌钿镶嵌和百宝嵌等工艺品种。

新安螺钿漆器多采用淡水螺钿为原材料，或搭配玉石、牛骨等材料进行装饰，所用镶嵌技法属于填嵌一门。明代，新安黄平沙所著《髹饰录》一书在“填嵌”一门中云：“螺钿，一名甸嵌，一名陷蚌，一名坎螺，即螺填也。……又分截壳色，随彩而施缀者，光华可赏。又有片嵌者……又近有加沙者，沙有粗细。”可见。虽各地名称各异，但螺钿漆器所用的物料大致相似，并根据各自加工工艺的需求，将所嵌原料按色块截取，或加工成片状，或研磨成粗细不同的粉状。新安制螺钿器，务先制螺，即将所取螺壳的凹凸处磨平，再按设计图稿切片，镌刻成形后依事先勾勒好的图纹，将螺片分别固定在漆胎上，再行上漆。待漆干后，将藏在漆胎内的螺钿图案通过推、磨、擦凸显出来，并通过推光工序，呈现出洁白润泽的高雅色调。螺钿的材料，可分为硬厚、薄软几种。清代应用较多的是薄螺钿，薄螺钿镶嵌，又称“软嵌螺钿”，或者“点螺”，是将螺钿加热分层，用白醋泡软后，分色刻成图案花纹，

① 吴艳：《安徽博物院藏徽州漆器精品赏析》，《艺术品》2015年第12期，第89～90页

粘在垫光漆上，髹推光漆后磨而显之，再针划纹理，并进行泽漆揩光。其钿片质地薄软，色彩斑斓，将器物装饰得珠光宝气、华丽异常。螺钿漆器多以木为胎，亦见以藤编、竹编，甚至以银为胎。清歙县人程以藩就擅长以银胎制嵌细螺钿、红黑退光等漆器。据记载，他制的银胎漆器，镂刻井然、色彩鲜妍，不仅纹理精美，而且质地坚韧，人立其上亦不摧裂。安徽博物院就藏有一件清银胎黑漆嵌螺钿人物纹酒斗。在斗外壁的黑漆地上，嵌以薄螺钿作山水人物通景图，人物的衣纹、五官，以及湖石、树木等，选择不同色彩的螺钿来表现，在黑漆地的衬托下，更显流光溢彩，美不胜收。

清 嵌螺钿童子图漆器插屏

清代的螺钿漆器，极为重视装饰美。如安徽中国徽州文化博物馆收藏的一件清代山水人物纹嵌螺钿漆器插屏，屏的主面用薄细螺钿嵌出山石、亭子、树木、人物等，环一圈三角纹，边框用细螺钿饰云蝠纹、菱形纹、扇形纹及竹叶纹等，纹饰、做工均极为精巧，体现出清代文房漆器细腻、雅致的艺术风格。另外，安徽博物院所藏清代“思诚堂辉记”款黑漆地花卉夔龙纹八棱形果盒，也极富特色。该盒采用了清代常用的锦地开光装饰手法，在开光内以描金彩绘 8 幅花鸟和 8 幅山水画，间隔分布。花鸟画描绘芙蓉、雏菊、桃花、梅花、杏花、荷花、芦苇、锦鸡、蝴蝶等，形态生动自然。山水画表现的是群山叠嶂、江波浩渺、松柳苍翠、玉宇琼楼、闲云野渡之景，构图布局各有其趣。足部亦作锦地开光，内绘 8 朵莲花，造型相同，却赋色各异。彩绘的细部，嵌有三角形、叶形等螺钿，类型多样，手法细腻。器物一盒一盖，合扣处装饰有不同颜色的夔龙纹，器盖口部的夔龙纹相对健壮有力，下侧则显修长灵动，风格稍有差别。盖顶部为彩绘山水及人物，采用两山夹一水的经典构图方式，右侧山峦林立，屋阁隐于山后，一条长洲延伸到江中，洲上苍松翠柳，花木峥嵘。左侧山峰高耸，长亭清幽，通过一座独木桥与长洲相连接。一位老人正行于木桥之上。近处的江面上有两只乌篷船正划向岸边，立意深远。朱漆勾画敷染出高山洲地、林木楼台、江水粼粼、人物归舟等物象，用金色漆点染树叶、屋顶等细节部位，配色和谐且有点睛之效。足底部落“思诚堂辉记”款识。[①] 整件器物以黑、金、红为主色调，配色则变化多样，形制优美、布局协调、装饰华丽，体现出清代新安螺钿漆器制作的高超水准。

三、雕漆剔红

雕漆，是指在胎体上涂堆出适当厚度的漆，再以其为地，进行加工雕刻的漆器装饰艺术门类。《髹饰录》记载：“剔红，即雕红漆也。髹层之厚薄，朱色之明暗，雕镂之精粗，亦甚有巧拙。唐制多印板刻平锦朱色，雕法古拙可赏，复有陷地黄锦者。”后，明人杨明注曰：“唐制如上说，而刀法快利，非后人所能及。陷地黄锦者，其锦多似细钩云，与宋元以来之剔法大异也。”可见，雕漆技法自唐代就已出现，经宋、元、明三朝发展，至清时已呈大成之境。

雕漆的工艺复杂，种类繁多，仅《髹饰录》中所记载的雕漆门类就有剔犀、款彩、剔红、金银胎剔红、剔黄、剔绿、剔黑、剔彩、复色雕漆、堆红、堆彩、镌佃等。但根据所雕漆地的不同，则可大致分为雕多色漆和雕单色漆两大类。雕多色漆，又可分为重色雕漆和堆色雕漆两种。重色雕漆，是在器物胎骨上分层髹涂不同颜色的漆层，当漆层达到一定的厚度时，再根据图案设计的色调要求，剔出相应颜色，并在其上剔刻花纹。剔犀，是重色雕漆极具特色的一种，其工艺为先在器胎表面按一定规律逐层髹朱、黑两色漆或朱、黑、黄三色漆，待髹涂到一定厚度后，再用刀在漆面雕刻出图案，刀口断面便会露出不同的色层，与犀牛角层层环绕的肌理相似，因此得名。安徽博物院藏元代张成造云纹剔犀盒就是个中代表。堆色雕漆，则是在制好的漆胎上复制好图文，再根据图案的要求，将需堆色部位的漆层剔掉，填上相应色漆并剔刻花纹。雕单色漆，根据漆色的不同，可分为剔红、剔黄、剔绿、剔黑等。其技法是以麻布、木灰、金属等为胎，在胎骨上层层髹涂相应的色漆，少则二三十道，多则一二百道，至相当的厚度，待半干时描上画稿，再依稿雕刻花纹。在清代的康、雍、乾三朝，剔红漆器的制作极为发达。安徽中国徽州文化博物馆就收藏有一件清早期的剔红山水人物插屏，制作尤为精美。作品以麻为胎骨，朱漆地剔红。一面镂山水楼阁人物，剔出众山、亭台、人物、弯月、渔船，露胎处为水面及天空；另一面镂渡船前送友人的画面，剔出云、山、渡船、友人等。画面布局采用文人画的立意，

---

① 吴艳：《安徽博物院藏徽州漆器精品赏析》，《艺术品》2015年第12期，第88～89页

舒朗有致、层次分明，体现出极高的艺术美感。屏风的四周剔镂回纹、缠枝纹、大小花卉纹等众多纹饰。屏托作花瓶式，四只倒立布满纹饰的瑞兽加固了对屏身的支撑。这件作品的制作工艺极其烦琐，耗时长，工艺精，漆身最厚处达 1.5 厘米。该作品线条流畅、纹饰生动、色泽雅致，是清代漆器工艺中不可多得的精品。

清早期 剔红屏风

四、西皮髹器

明清两代，新安各种漆器品种争奇斗艳，其中最负盛名的还是犀皮漆器。犀皮漆，又称“虎皮漆”，或“菠萝漆”。其制作工艺的起源主要有两种观点：一种认为是起源于唐，根据元末明初陶宗仪在《辍耕录》中引用唐人赵林《因话录》的记载，曰：“西皮髹器谓之西皮者，世人误以为犀角之犀，非也。乃西方马鞍，自黑而丹，自丹而黄，时复改易，五色相叠。马镫摩擦有凹处，粲然成文，遂以髹器仿为之。”另一种认为是汉代就已经出现，根据是明人都穆在《听雨纪谈》中的记载，言：“犀皮当作犀毗，毗者，脐也。犀牛皮坚而有文，其脐四旁，文如饕餮相对。中一圆孔，坐卧磨砺，色极光润，西域人割取以为腰带之饰。……后之髹器，效而为之，遂袭其名。”1984 年，安徽省文物考古所在对马鞍山市南郊东吴朱然墓的清理中，发现了一对耳杯，红褐两色相间，纹理疏略，呈现了犀皮漆的特征，被认为是现存最早的犀皮漆实物。另外，南朝刘宋墓中也有犀皮漆器的出土。可见，这一工艺的出现当在更早。

明代，黄平沙在《髹饰录》中总结了犀皮漆的诸多特点，云：“犀皮或作西皮，或犀毗。文有片云，圆花松鳞青者般。近有缸面者，以光滑为美。”杨明注释说：“摩窳诸斑，黑面红中黄底为原法。红面者黑为中，黄为底。黄面赤、黑互为中、为底。”上佳的犀皮漆器，漆纹由不同片状的颜色漆层构成，如流水、行云、圆点，或者松干之鳞甲，层层叠叠，匀称而又富于变化，漆面光滑亮泽。这种纹理结构的表现，源于其特殊的制作工艺。犀皮漆前期的制漆、制模、调漆、批灰、裱布、脱模和打磨，大致和其他漆器制作相类，但漆皮纹饰的形成则独具特色。它首先在石黄或其他色料中加入生漆，调成黏稠的漆，然后均匀地刷在已经打磨好的胎骨上，制作出“底”。再将掺入如绿松石、丹砂、珊瑚、石黄、青筋蓝、朱砂等各种矿物颜料粉末的土漆，点涂到漆器胎上，堆推出突起的小尖。稠漆在阴凉处干透后，上面再依次分层点涂不同颜色的漆，上一次阴一次，大约四五次后，用磨石或以手打磨抛光漆面。光滑的漆面于是形成细密和多层次的色漆斑纹，层层相套、色彩斑斓、典雅卓绝。

犀皮漆的创作，并无一定规律，全凭漆工点涂漆时的手感和经验，推测出成品的漆面纹饰。因此，对漆工的创作和审美能力要求颇高。清代，新安犀皮漆的制作风靡一时，小至匣盒、大到家具，种类繁多，常见的器型有砚盒、笔筒、镇纸、扇骨、果盒、笔杆等。安徽中国徽州文化博物馆藏有一件清早期的犀皮漆砚盒，盒内为朱底，盖面和四侧外壁，用赤、黄、黑三色制成金斑犀皮漆，盖面嵌草龙形玉佩饰。犀皮漆肌理的层次感很强，颜色堆积丰富，产生类似瓷器绞胎釉的装饰效果。

五、漆砂制砚

中国以漆砂工艺制砚，大约始于汉时。1985 年 2 月，江苏邗江县甘泉乡姚庄就发现了一件汉代漆砂砚。宋以后，漆砂工艺失传。清初，扬州人卢映之，根据宋宣和内府所制仿造而成，遂广为流传，新安地区亦有制作。安徽中国徽州文化博物馆就藏有一件门字式长方砚，为木胎漆砂质地，造型虽简，但线条流畅，工艺精良。砚面的刷涂采用优质的新安生漆为原料，掺入金刚砂，调制出质地类似澄泥的角质砂屑漆灰，使砚体轻而便于发墨。轻巧精美，几可与石砚媲美。

第七节　其他工艺

一、经纬罗盘

罗盘，又称罗经，还有罗经盘、罗针、罗盘针和指南针盘等别名，取包罗万象、经纬天地之意。罗盘的制作技术，脱胎于中国古代四大发明之一的指南针，其制作和使用已经有数千年的历史。传说早在黄帝时期，军队就装备了指南战车，并用于实战。战国时期，罗盘的雏形司南，已经有了明确的文字和图片记载。[①]宋代，罗盘的制作和使用已经较为普遍。北宋科学家沈括在《梦溪笔谈》中，收录归纳了罗盘用指南针装置的体系和方法，并详细记载了旱针装置的碗唇旋定法、指甲旋定法和缕悬法，以及水针装置的水浮法，中国的罗盘制作，也就此出现了水罗盘和旱罗盘两种不同的发展模式。1985 年 5 月，江西临川县温泉乡莫源李村南发现的南宋庆元四年（1198）邵武知军朱济南墓，墓中出土了张仙人捧罗盘俑，俑作古代风水先生像，双手交于前胸捧一件大号罗盘。这说明，至迟在南宋时期，江南民间就已经用旱罗盘勘定风水，并将其演变成带有玄学命理的风水罗盘。

南宋时，稳定的社会、繁荣的经济和快速增长的人口，带动了新安建筑的发展。当时的民间盛行风水堪舆之说，百姓们笃信，住宅、祠堂、墓地，乃至整个村落的选址或坐向，都会影响一家、一族、一村的祸福荣兴。宋人罗愿在《新安志》中记载：“歙为负郭县，其民之弊，好委人事泥葬陇，卜窆至择吉岁。市井列屋，犹稍哆其门，以傃吉向。”[②]可见，无论是墓葬之址、卜窆之时，抑或建筑之向，新安人都十分讲究，必会请堪舆先生以罗盘严勘定位，并不得有丝毫误差及变更。这种社会风尚，显然推动了罗盘这一风水查勘工具的制作发展。明清之际，新安的罗盘制作产业十分兴盛，已成为中国风水罗盘的主要产地，休宁的万安镇也成为区域的制作中心，所产罗盘也因此被称为“万安罗经”。

17 世纪以降，万安的罗盘业，先后涌现了方秀水、吴鲁衡、胡茹易、胡平秩、汪仰溪（屯溪人）等制作名家，其中享誉最早的是方秀水。方秀水约于明末清初在今万安上街的水碓房附近创立了罗经店，因产品形制多样、刻书精良、定位准确，不久即蜚声业界。据传，为使其盘用磁针的定位更加准确，方秀水以采自长江三峡水底长 6 寸、宽 2 寸、高 2 寸的天然磁石给磁针受磁，足见其对工艺的苛求。也因于此，至清代早期，方秀水罗经店已占据垄断地位，但随后逐渐衰落，及至晚清时，得益于方氏之婿黄月樵的经营，才一度复于兴旺。方氏所制罗盘，早期底多落“新安休邑方秀水”款识，亦有见朱文“興”字款。黄氏接手经营后，牌号也租给余氏、朱氏经营。为示区别，老店所制产品加“元记”印章；其他分店所制，则加“焕记”

① 据《古矿录》的记载，司南最早出现于战国时期的磁山一带。形制为天然磁石制成的杓状，置于光滑的方位盘上，利用磁铁指南的特性辨别方向。

② [宋]罗愿：《新安志》卷一《风俗》，光绪戊子李光煝重刻本。

印章。在方秀水之后，万安罗经业的继起之秀吴鲁衡，于清雍正年间在万安上街创立了自己的店号——“吴鲁衡罗经店。”①初创时期，吴鲁衡店所制所销罗盘，均采用“方秀水罗经店监制”的标识，因此很快在市场上立足，并逐步确立了“吴鲁衡罗盘”的市场地位。其后的吴氏祖孙，世代传承经营着“吴鲁衡”品牌，罗盘产品也以质量上乘、精密度高而畅销海内外，1915 年，吴鲁衡罗盘和方秀水、胡茹易的产品一同获得了巴拿马万国博览会金牌奖。

万安罗盘，按盘体材质分，还可以分为木罗盘、漆罗盘和纸罗盘；按盘式又可分为三合盘、三元盘、综合盘和朱子盘四种。三元盘，又称蒋盘，或易盘。据说是由清代风水大师蒋大鸿所创，主要特征是有易卦六十四卦圈层，一般只有一层二十四方位，即地盘正针，其可用元运推其方位之吉凶。三合盘，又名杨公盘，据信为唐人杨筠松所撰。其主要特征是由三层二十四方位组成，即有地盘正针、人盘中针和天盘缝针三圈，结合其他层圈的内容使用，以定向、消砂、纳水等。综合盘，又称罗盘王，它综合保留了三合盘和三元盘的一些主要圈层，如保持了三合的地盘正针、人盘中针、天盘缝针，三元盘的易卦层，以及这两种罗盘的其他主要圈层，所以综合盘的盘层最细密，内容最庞杂。朱子盘是新安独有的罗盘盘式，相传由南宋理学家朱熹与其门徒所创，并与朱熹提倡的理气论相互关联，盘中圈层的注记，与三合和三元盘也不相同。

万安罗盘的规格，按直径分有十余种。一般 2 ～ 4.5 英寸为小型盘，因便于携带故也被称为行山盘；5 ～ 7 英寸为中型常用盘；8 ～ 12 英寸为大型规格盘；12 英寸以上为特大型罗盘。普通罗盘以银杏木(白果木)为材料，精品罗盘则使用虎骨木(学名“重阳木”)为材，经选材、车盘、分格、清盘、写盘、油货和安针七道工序手工制作而成。选材，即选用质地坚韧、细密的木材，根据制作需求锯成不同规格罗盘毛坯，并将坯料表面刨平；车盘，即将坯料车成圆形，并挖好装磁针的圆孔；分格，即依照传统的盘谱，从同一圆心以长短不同的半径划圆周为横格，再按阴阳八卦、天干地支等刻直格；清盘，是将已刻画的盘面填描墨色，并在清理干净后用细砂纸和木贼草磨光；写盘，是按照祖传图谱的各种盘式，用毛笔以蝇头小楷书写分格中的内容；油货，即是

① 吴鲁衡(1702～1760)，原名国柱，幼年即进入方秀水罗经店当学徒，后成长为能独立生产罗盘的制盘技师，遂创立吴鲁衡罗经店品牌。

以预先熬炼好的桐油，给罗盘多次上油，以达到光洁清晰、百年不腐的目的。最后一道安针工序，实际上含有两部分，一是给磁针受磁，二是安装磁针并在圆孔上封盖玻璃片。安针是整个罗盘制作过程中最关键的工序，也是各家的独门之技，一般由店主亲自在密室内完成。磁针受磁，是将钢针置于天然磁石上使其磁化，再精密地测定针的重心，然后安在盘孔内，且不能使支点产生阻力，以便指针自由转动。国家博物馆就收藏了一件清代二十六层木质水罗经，该罗经由万安吴鲁衡罗经店制作，盘面平整光滑，分格准确，字迹清晰，至今磁针仍十分灵敏。

新安的罗盘产品，融汇书法、美术、徽雕等艺术为一体，蕴含着中国古代天文、地理、历史、哲学、文化和气候等诸多学科的知识内容，并承载了新安人长久以来与自然和谐相处的精神追求。

二、筏绝舟兴

明清时期，新安江上的贸易运输和人员往来十分频繁，推动了水运和造船业的发展。在明末新安人憺漪子所著的《天下路程图引》中，收录有一首《水程捷要歌》，曰："一自渔梁坝，百里至街口。八十淳安县，茶园六十有。九十严州府，钓台桐庐守。潼梓关富阳，三浙垅江口。徽郡至杭州，水程六百走。"可见，当时的商人认为，新安江的水路运输，是人员和货物往来苏杭的"捷要"。因此，在新安江及其支流上，如休宁的万安、屯溪，歙县的渔梁、深渡、街口，淳安的排岭、茶园，建德的梅城、寿昌等地，此时已成为繁忙而重要的码头，以及地区的造船中心。

明弘治末年，在歙县的渔梁等地已出现了小型的造船和修船作坊，原来的水运交通工具竹筏逐渐被木帆船所取代。据《姚洪魁公传》中记载：明弘治十二年（1499）前后。"渔梁为地瘠民贫之域，田园绝少，生计维艰，且居大河之滨，故都业船者。有姚公洪魁，里中之杰才也，小名九，号梅占。……时梁上各河，交通不便，转运客货，咸以竹筏载之，一竹筏能载几何？致获利纤细，公因丁口日增，诸形窘迫，乃翻变计，改筏为舟，日夜辛勤，不惮劳瘁，入款较前稍旺。于是，率同业之人，互相研究，一倡百和，竹筏自此绝迹，历年以来，船业之所以渐兴发达，实公之创始之力也。"到明嘉靖年间，木帆船的制作和使用已具有相当的规模。当时的屯溪，是中国著名茶市之一，向有"无船三百只"之说。在明崇祯五年（1632）成书的《休宁戴氏图谱》中，刊有一幅"隆阜村居之图"，图中所绘屯溪桥下的新安江上，已是千樯云集，舟舸往来不绝。刊刻于清嘉庆年间的《休宁县志》中，载有"海阳八景"图，其中一幅为“屯浦归帆”，即描绘了新安江、率水、横江汇聚的屯溪，十里江面上帆樯林立，桅火与街灯相映的繁华景象。因唐代水利工程渔梁坝而得名的歙县渔梁镇。此时已成为上下游转运的枢纽，商人及其货物皆由此登岸和启航。船只也分为坝上船和坝下船两种。坝上船多为 2 吨以下的小船，运输线路东至绩溪临溪，西至岩寺，北至丰口；坝下为大驳船，有四舱、六舱、八舱三种型号，载重分为 2 吨、8 吨和 11 吨。由于是唯一的转运地，渔梁镇因此逐渐繁华，直到民国时仍有店铺 106 家，其中有斩行、过载转运行、船行、船用纤绳店等。临江有渡船头埠、姚江巷埠、上埠头埠、百步阶级埠、盐埠、马家坞口埠（专装卸木头，马家坞有堆木场）等船埠。居民也多以撑船、搬运和打鱼为业，有“世世代代草鞋兵”之谚。淳安的茶园镇，溯水而上可达徽州，顺流而下直达杭州，自宋代开始就是知名的商埠。该地特产的茶园石，也依靠新安江水运，远销徽州、婺源、杭州、绍兴、宁波、上海、苏州和南京等地，名噪东南，号称“上穷黟歙、下穷吴会”。①在建德，江岸边船埠码头林立，有小南门码头、交通码头、南门渡口、南门大码头、朝江码头等 26 个，仅寿昌罗桐埠码头一地，就常年停靠有运输船四五十艘。针对如此发达的船运业，康熙《休宁县志》就形容曰：“而商之通于徽者取道有二：一从饶州鄱、浮，一从浙省杭、严，皆壤地相邻，溪流一线，小舟如叶，鱼贯尾衔，昼夜不息。”②

新安造船业发展至清代，已能生产各种规格、各种类型的木质帆船。小则半吨，大则 50 吨，舱位最多达 14 舱。类型有专门适合浅水航行的型号，如柴船、炭船、罗拍船、磨船、茭白船、渔船、渡船，以及客货兼用的长船等；有在次深水和深水航行的大型长船、开艄船、驳子船、码头趸船等；还有速度快、吃水浅、上滩易的大麦船、衢形船和永康船等。因生活所需，大小渔船、塘船和渡船的制作，在新安各地也都十分普遍，名目有捕鱼船、两头扛、塘里鳅、鸬鹚船、大渡船、小渡船等等，十分繁杂，制作量也很大。船体廋长、首尾尖削的木帆长船，因其阻力小、航速快、操控灵活的特点，最适宜在滩浅流急的新安江航行，“隆阜村居之图”和“屯浦归帆图”中所绘之船，皆为此船型。其制造工艺大致可分为备料、竖龙骨、安装隔舱板、装架肋骨、钉制船壳板、上涂装、上甲板、舱缝、安船舵、装缆绳、立桅

① 方鸿志：《茶园石》，《淳安文史资料》第七辑，1990年，第85页。
② 康熙《休宁县志》卷七《汪伟奏疏》。

杆和挂船帆等十数道工序。备料，是指在造船之前，船厂根据船的大小和载重来锯板取料，其中最为重要的是选择适合的木料。就新安地区造船用料的选择来看，主要是本地所产的松木、樟木、杉木和坚韧的杂木这几种。其中松木多用于制作船的龙骨，而舷板、甲板等使用杉木造就，这是因为浸泡在水中的松木和干燥环境下的杉木，都有很长的使用寿命，民间有“水浸千年松，搁起万年杉”的谚语。樟木和杂木则主要使用在桅、舵等部位的制作上。正式造船前，船户会请算命先生选择好黄道吉日，确定竖龙骨的开工日期，写在“万年红”的红纸上交给厂方，这称为“挂马”。船厂必须根据日子时辰动工，第二天，船户会给厂方一个“红纸包”，也叫作“挂马包”。纸包越大钱越多，厂方就会选用好的材料，工艺也考究些，以后样样顺利。[①] 龙骨竖好后，接下来就是安装隔舱板，工匠会根据船型的大小和船板的弯曲度，确定隔舱板的安装距离，再依次装架肋骨和钉制船壳板，制作出船体的初步结构。然后，还要将船体各部位的夹缝处填塞严实，并以桐油灰刮缝，再用桐油将整条船刷涂一遍，使之耐腐蚀和不易渗漏。最后，还需将船舵、缆绳、桅杆和船帆等配件依次安装，完成整条船的制造过程。造船常见的工具有锯、斧、铇、凿、尺、锉、刷和送钉等，多为铁或钢制成，因此也带动了当地金属铸造业的发展，如建德梅城的一些铁匠铺，就以打制船用平头钉和枣核钉为业。

总体来看，清代新安的造船工艺十分讲求实用性。首先在木料的选择上，以选用不同质地、韧性的材料，按船体各部位的曲直和需求制作；其次在船首和船尾的制作上，注意高低、壮瘦和软硬的搭配，除了达到美观的效果外，流畅、匀称的线型对于船的航行也有很大的帮助；再次在木榫的搭对连接上，以及钉、螺的大小配套，都做到适宜合理；最后，油灰捻缝的处理，也十分细致到位，确保了船只的安全和耐久。

三、玲珑编扎

清代，新安竹编、草编、灯彩等工艺，都在继承明代特点的基础之上，得到了长足发展。

清代新安竹编工艺，最为突出的特点是表现在“精致”上。“精”是指编织手法的精细、精巧。用极细篾丝以经纬编织法制成的器皿，紧密处每寸排篾可达百余根，达到细如发、薄如绢的程度。“致”则是指装饰内容和表现形式都十分雅致。小的如杯、

① 朱忠森：《建德造船业的今昔》，《建德文史资料》第九辑，1992年，第227～229页

盘、碟、碗，大者如书画盒、果盒、大食盒等，均以柔润的线条、淡雅的色泽和清丽的纹饰等，表现出“雅致”的韵味。如安徽省博物院收藏的清代竹丝编黑漆描金花鸟纹圆盒，直径35.5厘米，高11.1厘米。胎体由细密的竹丝编制而成，盒顶饰描金花鸟图纹，在芙蓉花和苇草中，一鸟立于石上，另一只于半空回旋，构图疏密有致，绘法细腻淡雅。即使于考篮、竹席、竹篮、竹箱等生活器的编织上，也十分注重装饰的韵味，往往线条转折处理得圆润柔滑，色泽温和素雅。安徽中国徽州文化博物馆收藏有一件清代钱币纹竹衣，虽为避暑隔汗之用的衣物，但其制作却十分讲究。这件竹衣作圆领对襟长袖马褂样式，衣长61厘米、袖长39厘米、宽度为52厘米、厚约2厘米，重量却仅有487克。竹色呈淡姜黄，整件衣服使用直径约1毫米的竹枝穿制而成，衣着外缘用浅色苎麻缝制捆边。竹衣的下摆处和腰间，编织出勾连的圆形方孔钱币纹饰。制作竹衣的工序十分繁复，必须选择高海拔地区生长缓慢的单枝竹，以其梢尖为料，经过选料、去青、切割、蒸煮、晾晒等多道备料工序后，再逐一将每颗坯料打磨成同样大小和粗细，再用细如发丝的苎麻线穿连织成。每件竹衣的制作，即使是娴熟的工匠也至少需要三个月时间。新安竹编对精致的追求，由此可见一斑。

新安人每逢节日庆典或是举办婚寿喜庆，都会制作灯彩来营造气氛。特别是每年的中秋、春节与元宵节，新安大地可以说是灯彩的海洋。清代的灯彩种类繁多、形式多样，表现的题材内容也极其丰富。有板凳龙灯、香火龙灯、草龙灯、竹龙灯、鲤鱼灯、狮灯、仙鹤灯、桂花灯、梅花灯、兰花灯、丛竹梅灯、枞树灯、屏灯、塔灯、蓬灯、沙灯、鼓角灯、宫灯、走马灯和抬阁、豆腐架、牛耕田、桐子龙等。另外，表演竹马、花船、蚌壳、高跷等民间艺术时，也往往会配合相应的灯彩，千姿百态，美不胜收。清乾隆年间，歙人吴梅颠曾作《徽城竹枝词》来描写家乡灯会的盛况，曰：“试灯夜前前复前，击鼓鸣钲响震天。黄篾扎成狮子舞，龙灯竹马庆新年。之而角鬣鳞牙爪，扎兽为灯各肖形。往北岸看正月半，太平遥庆舞虞廷。”这首竹枝词里所提及的灯会，就是指歙县县城每年正月十五举办的“献彩会”。在正月十五元宵节前数天，商家就会请能工巧匠在店前扎彩牌楼，上悬精致玲珑的灯彩。灯彩有形似花篮、元宝、聚宝盆、摇钱树，还有象形福、寿、禧字，花样百出，琳琅满目。更有富贾，竞巧炫奇，制作出能动的组合模型。其中有“风吹树摇”，金钱纷纷落下；有“高山流水”，背景是高山、白云、瀑布，主景是伯牙子期的知音图，该灯还能配合画面发出优美的乐声；还有“农夫耕田”“夫妻推磨”等，能做到牛能走、磨能转，且惟妙惟肖。这些模型的动力，主要有热空气力、发条、拉绳等。

舞龙灯的习俗在新安各地也极为普遍。就制作的材料而言，有草龙、布龙、竹龙、纸龙、板凳龙等，其中以草龙最为常见和普遍。舞草龙，又称“舞香龙”，在歙县洪琴、祁门桃源、淳安汾口等地盛行。制作草龙的原料主要是稻草，还有竹、麻或树枝等。龙身长度最小的约两米，最长的可达四五十米，以燃香遍插龙身，有的还在龙身上插上很多三角彩旗，并在龙角、龙头上扎红花。舞动时配以民间打击乐器奏出的铿锵乐曲，百姓随之跳舞，店户各助其香，并燃放鞭炮，祈求国泰民安，渴望来年风调雨顺。布龙主要流行于歙县的南乡和淳安的文昌地区，人们以竹篾制成圆筒篾架，外围鳞纹彩布，再装上绚丽多彩的龙尾和龙头。龙身节数不等，少至五节，多达三十余节，每节约五六尺，节下装有木棍用于撑柄。嬉舞时在龙身内点燃烛火，由舞龙人手执撑杆，在龙珠的引逗下，边走边舞，配以锣鼓和爆竹。休宁的右龙、鄣源、田里，歙县的许村，以及淳安的河村、佛岭后村等地，则盛行舞板凳龙。其制作工艺十分讲究，龙首、龙尾多为篾片和篾丝扎制而成形，再用绵纸和彩纸糊好，并描绘上精美的图案。龙身板凳采用坚硬的枫木制成，既牢固又耐磨。龙身板中间钻孔，用以安装撑杆。板上置灯罩，灯罩有篾制布质和篾制纸质两种，内燃蜡烛，有的灯罩四角还插有彩旗。

新安人讲究吉利，春节、元宵节期间尤喜嬉鱼灯，以图“年年有余”。其中以歙县汪满田的鱼灯会尤具特色，鱼灯以竹架扎成，上糊棉纸，彩绘鱼鳞，头有“王字”，嘴有双须，并装有流星喷管。式样有鲤鱼灯、青鱼灯、鲢鱼灯等，其中最大的鱼王灯，长约 7 米，高 3 米多，内燃百余支蜡烛，需 20 多人才可舞动。在淳安屏门乡的丁家畈村，每年的元宵节，除了制作各式鱼灯外，还有折扇灯、关刀灯、八锤灯、船灯、鱼灯、瓜灯及十二生肖灯等 30 余种形制灯，并配有彩旗和锣鼓，全村出游，一路上敲敲打打，以求新年风调雨顺、国泰民安。[①] 歙县的金竹村，在每年中秋节，会以新鲜的冬瓜雕制成各种造型的冬瓜灯，制法独具匠心。首先是挑选冬瓜，并按其外形设计灯式，随形雕琢成楼阁、牌坊、宝塔、匾额、八角亭、狮虎、鱼龙、花篮和花瓶等形状，剜去内瓤后放入猪油，并插上灯芯，用线牵挂提迎。婺源县赋春的“枞

---

① 刘来根、刘政：《淳安历史文化丛书·民间艺术》，西泠印社出版社，2008年，第194页。

竹梅灯”制作，也别具一格。灯以木为骨架，外以血藤装饰，多做五层或七层，每层间隔八寸至尺许，木板做灯烛托板，各层灯架边缘吊挂血藤形成网状垂檐。还有淳安临岐、瑶山、屏门、光昌一带的民间百姓，非常流行和擅长制作走马灯。灯多作六角宫灯式样，从里至外共分三层。最内层点燃蜡烛，由此产生热力造成空气对流，带动外层轮轴转动。轮轴上贴有彩纸剪成的各色骑马图纹，烛光将剪纸的光影投射在最外层的灯屏上，图像便不断走动，好似几人在相互追赶，故名走马灯。

虽然灯彩制作并没有完全统一的标准，装饰多由百姓的喜好所决定，工艺也多为代代相传。但由于需求旺盛，清代新安也出现了一些专营灯彩的商铺，如建德的来兴盛灯笼店等。据记载，来兴盛灯笼店每年可销售各式灯笼 3 万余盏，主要有娶亲用的桂子联方灯笼，红白喜事用的高照灯笼，神庙菩萨开光用的焰口灯笼，元宵节做灯彩用的百子灯笼等。按材料质量分，有纱灯笼、纸灯笼等。每盏灯笼的制作要经过备料、蒸煮、荫干、去青、制架、扎圈、裱糊、晾干、彩绘、剪字、贴字、装座等 14 道工序，如有一道工序不注意，质量就有影响。① 如裱糊不能多重叠，不能有孔，重叠多影响亮光；有孔要漏风，蜡烛要烊化。剪的字必须为扁形宋体，要求笔画匀称、清楚，贴字也要贴得端正。可见，当时的制灯已逐步形成了一些约定俗成的规范。

除了扎灯外，利用纸扎与花爆相结合的新安烟火工艺，在明清时期也非常闻名。清代方西畴在《新安竹枝词》中就言，新安人节庆放烟花爆竹“花筒纸爆不论钱”。这种焰火用竹篾扎架，彩纸裱糊成纸盒箱子，箱中置各色纸扎彩灯，并装发火剂和发光剂。燃放时，必须搭架放演、逐层燃放，同时各色彩灯自动展开，于夜空中分外灿烂辉煌。

四、致用纸笔

明中叶以降，新安的刻书事业蓬勃发展，至清代依然不绝如缕。此时的新安刻书多为皇皇巨制，如再刊的一百二十四回《水浒全传》，乾隆三十二年（1767）鲍廷博刊刻的三十六卷、四百二十一篇《聊斋志异》，乾隆五十六年至五十七年（1791 ~ 1792）程伟元刊刻的一百二十回足本《红楼梦》等，对纸张的需求可想而知。且新安印书以纸精墨优著称于世，故对纸质的要求也极为严苛。印书和书画对纸张

① 傅骏荣、蔡昆：《来兴盛灯笼店》，《建德文史资料》第九辑《工商经济史料》，1992年，第130～135页。

的要求并不相同，一方面要价格适中，并能够规模生产；另一方面纸张也需软硬适中，并适当吸墨。因此，轻加工或者不加工的白绵纸、竹纸、麻纸和开化纸等品种，是明清新安印书用纸的主流。如明代和清初印书就常用白绵纸，其主要原料是构皮树（也称楮树、沙纸树）树皮，经浸泡、漂白、打浆、抄纸、荫干和上浆等工序制成。其薄如蝉翼、韧似锦绫，质软防蛀，且吸水性强的特性，是印书和书写契约的上好材料。

在新安的乡村民间，制纸业几乎成了必不可少的副业。清代诗人赵廷挥曾有诗曰："山里人家底事忙，纷纷运石叠新墙。沿溪纸碓无停息，一片春声撼夕阳。"勾勒出新安山区百姓从事造纸的繁忙场景。在歙县的庄里村，明代隆庆、万历时期，就以当地盛产的构树皮和桑树皮为原料，制作白绵纸和桑皮纸。① 坐落于新安江畔的歙县棉溪村，也保留着祖传的构皮纸制作工艺。在建德寿昌西部的四灵乡（今李家镇的千里岗山脉）和永平乡（今上马乡弥陀山脉）等地，竹纸的制作也十分兴盛。当地百姓每到端午时，就砍下嫩竹，锯成1.5米长的段头，一破四开，再用山藤捆成小捆，以石灰腌制于特制的塘池中，后经剥青皮、捣纸浆、捞纸、分纸和烘干等工序，制成各式竹纸。这里生产的纸，总名称为"屏纸"，种类有吹纸、黄表纸、花千纸、大褂马和小褂马镫等。直到民国时期，当地依然是坑坑源源的连片纸槽，塘池遍地，竹纸的产量巨大。② 歙县石门的青峰和岭后等地也擅长竹纸制作，并流传至今。

清代，乾隆皇帝还曾令新安提供皮料，由清廷内府如意馆画师负责监造，仿制五代南唐的新安"澄心堂纸"，专供内府使用。仿制的澄心堂纸多绘以泥金山水、花鸟等图案，纸上有长方形隶书小朱印，印文为"乾隆年仿澄心堂纸"。纸质较前代厚，纸面光滑，防水和透度较好，并可分层揭开。由于为宫廷专用，民间极少流传，目前仅有故宫博物院等文博机构有收藏。另据《宣城县志》记载，新安的歙县、黟县、绩溪、休宁、太平等地，清代都有各色宣纸的生产，直到清代光绪年间，徽州的查艺林堂仍在继续监制一种"雨雪洒金蜡笺"，有月黄底、白底、珠红底等各种颜色。③

清初，新安的制笔业主要集中在太平甘棠（今黄山市黄山区甘棠镇）地区。歙

① 陈琪：《"纸"寻庄坑——关于歙县桑皮纸的探访》，《徽州文博》2017年第1期，第83～84页。
② 潘文达：《建德竹乡的造纸业》，《建德文史资料》第九辑，1992年，第263～265页。
③ 穆孝天、李明回：《中国安徽文房四宝》，安徽科技出版社，1983年，第30～31页。

人江登云在其所著的《素壶便录》中就言：

江浙造笔，古推宣州，今太平人尚精其技，其地名赶坦，刘、程、崔三姓聚族各千余家，强半攻其业。本朝以来，以刘公豫、刘文聚笔为最。公豫之后，刘立征能世其传，近时程彩禄亦称佳制。

称全国能和甘棠制笔业相媲美的，就只有湖笔的主要产地湖州善连（今湖州市善琏镇）。另外，为了扩大经营，带动墨品的销售，清代新安墨家如曹素功、胡开文、詹斗山等，他们在各地开设的墨庄，通常都兼营笔、砚、纸、印泥等文房用具。武汉武昌的胡开文和四川万县的广户氏老胡开文墨肆，更是直接以笔墨庄为店名，经营的也都是自制的毛笔。笔者曾见过两支清中期的胡开文笔，均为湘妃竹管质的执笔，羊毫短锋。一支笔笔肚为牛角所制，笔管上部楷书阴刻“鸿胪首唱”铭，落“老胡开文制”款识。另一支笔的笔肚为牙质，笔管上部楷书阴刻“平步青云”，亦落“老胡开文制”款识。两支笔虽历经百余年，笔头依然整齐圆尖，足见当时制笔工艺的不凡。

五、浅绛骤兴

新安江上游的祁门和婺源与江西景德镇相比邻，历来联系密切。元政府在江西景德镇设立了具有御窑性质的浮梁瓷局，聚集了大批优秀工匠，从而迅速推动了当地制瓷业的发展。至明清时期，景德镇已成为“天下瓷都”。

景德镇御窑所使用的瓷土，均来自祁门和婺源两地。这一点除了明代《天工开物》的记载外，清代景德镇御窑的督窑官唐英，在《陶冶图》中“采石制泥”一节中也说：“石产江南徽州祁门县平里、郭口两山，距窑厂二百里，开窑取之。”祁门瓷矿资源丰富，且色泽纯白、质量绝佳，有“天然配方”和“瓷土之王”之美誉。在东路双溪流、南路平里、西路伊坑、茅棚店等地均有出产，质量最优的为东乡上程、下程、胡坑和庄岭一带。清代，祁门瓷土的开采尤为兴盛，其中祁东庄岭所产的瓷土，更是被景德镇用于为慈禧太后烧制御床，庄岭矿也因而有了“太后坑”之称。祁门虽盛产瓷土，但瓷器的生产却与之并不相配，多为小型土窑烧造，制瓷业并未形成规模。在《中国瓷器》一书中，曾有明代祁门地方窑口的记载，但对其规模、品种并未有详细地描述。

清代中晚期，江西景德镇兴起画浅绛瓷器的热潮，并产生了众多名家。据不完全统计，出于新安者有近二分之一，且大多数享誉甚隆。其中有黟县的程门、程言、汪友棠、何崇明、钱安，歙县人蒋玉卿、胡夔，休宁程志、王东荣，祁门陈国治，婺源的俞子明、许品衡、胡昆，等等。长期客居景德镇画瓷的程门，被视为浅绛彩瓷绘的开创领袖和集大成者。安徽中国徽州文化博物馆收藏有一件程门的"张琴和古松"图尊形双耳瓶。在这件作品上，程门运用兼工带写的手法绘制了一幅松下抚琴图，画面淡雅柔丽、素静空灵，所题诗、书、印与画意相和，显得别具韵味。直至民国时期，景德镇仍有众多的新安画瓷大家，其中以"珠山八友"中的王大凡、何许人和刘雨岑最为有名。

第八节　小　结

清代中期以前的百余年间，新安社会和政治长期稳定，文教事业兴盛，商业经济也达到了历史上的高峰，在物质和精神两个领域都为手工业发展创造了良好条件。工艺美术也因此形成了百花齐放的态势，在很多方面都处于全国前列。工艺制作技艺十分精湛，制作水平远超前代，艺术风格也很具特色。概括来说，大致有以下几方面。

（一）工艺思想上，由于反清的思想久久不能消弭，为强化封建专制统治，清初和中期的统治者屡兴文字狱，不但大量涉及思想、历史、政治，以及民族问题的书籍被销毁，甚至于一些纯粹的科学、技术和经济方面的书籍也在禁毁之列。思想上的禁锢，也捆绑住了手工业者的创作欲望，工艺作品也因此表现出程式化和庸俗化倾向，美学格调整体不高。

（二）工艺审美上，清朝前期的康、雍、乾三朝，堪称盛世，国力强盛，百姓富足，民间的奢华之风日盛。尤其是缙绅士大夫，"他们的住所必有绣户雕栋，花石园林；饮宴一席之间，水陆珍馐数十品；服饰一掷千金，视若平常；日用不惜以金银作溺器"。[①] 由俭入奢的作风，必然影响了手工艺创作的审美。而在新安，由于有着规模

① 冯天瑜：《中华文化史》，上海人民出版社，1990年，第771页。

庞大的富商和显宦群体，这种影响也被进一步扩大，从而刺激工艺审美向高、精发展。人们创造各种技能，使用一切可用的材料，使工艺品的制作达到几乎无以复加的地步。但这也造成了审美上繁琐、堆砌和厚重的弊病，艺术的感染力不足。

（三）装饰风格上，力求富丽华缛、细致精巧，绘画式的装饰占据主导地位。手法细腻多样，线条繁缛纤细，虽然格调不高，但胜在精细，亭台楼阁、禅林古刹、皇宫御苑，以及市民百姓、走马贩夫、文人显宦等，无不刻画得细腻生动，建筑的檐角、树木的茎叶；人物服饰、开脸甚至仪态神情都表现得十分到位。表现手法也是多种多样，有的是抽象意义的具体化，有的则是具体事物的抽象化，总体上是反映对于幸福和美好生活的愿景，如耕植图、棉花图等，都具有浓郁的生活气息，因而图案的世俗化逐渐成为主流；

（四）整体布局上，承袭了明清以来绘画式的布局手法，通过诗书画印的结合，来反映作品的主旨，图文的结合和呼应也比较紧密。虽然形制、布局较明代拘谨，但在边角等细节的处理上则更显细腻和精致。

工艺制作是源于人们的生活实践，最初当然只是为了满足生产和生活的需求，但随着技术的不断进步，加之文人士大夫成为主要使用者，工艺的设计、制作、使用和流通逐步出现艺术化和文人化的转变，并最终演变为表达文人精神追求的艺术作品。在财富更雄的新安商人的影响和推动下，清代新安的工艺美术领域已经逐渐形成了文人士大夫工艺和民间工艺两个体系。而且由于服务对象的主体不同，艺术风格迥异。清人李斗曾记录了“扬州二马”举办的雅集场景，称“于园中各设一案，上置笔二、墨一、端研一、水注一、笺纸四、诗韵一、茶壶一、碗一、果盒茶食盒各一”。① 如此详尽的描述，说明文人对“器”的重视。他们不断通过交流使用经验、参与制作实践和撰述制用心得的途径，影响和推动着工艺的文人化进程。至清乾隆时，形制各异、题材不一、玲珑剔透，具有强烈文人书卷气息的作品层出不穷，工艺美术的文人化已近大成。但民间工艺也并未在这一股洪流中消亡，反而因淳朴自然和更贴近百姓生活，悄然地茁壮成长。在嘉庆、道光以后，随着新安社会经济的衰退，文人士大夫工艺的作品，质量和规模呈现出急剧下降的趋势。而民间日用器具的作品虽很少有精致之作，但规模依然巨大。

---

① [清]李斗：《扬州画舫录》卷8，中华书局，1960年，第180～181页。

第六章　近代以来的新安工艺美术

第一节　晚清民国时期的新安工艺美术

清代中后期盐政改革后，尤其是太平天国运动后，随着中国封建社会的整体衰落，盛极一时的新安商帮日渐式微。失去重要资金支持的新安工艺美术，出现了规模缩小、产品减少和质量下降的凋敝景象。故黄宾虹有言："今垂三百余年，民物之殷阜不逮往昔殊甚，而技能不出，虽籍其名，悉多陈陈相因，无复前日之盛举矣。"①

对新安地域而言，1850年爆发的太平天国运动无疑是一个历史性的转折。在咸丰三年（1853）至同治三年（1864）的11年间，因太平军与清军的拉锯式作战，新安累世积聚的繁荣遭到破坏，民众流离失所，人口规模出现巨大变化。仅歙县一地，其间就损失了一半以上人口，歙人许承尧在《歙事闲谭》中写道：咸同兵燹"以歙一县计之，人口损十之七八，庐舍损十之六七。其时焚掠屠戮之惨，殆不下于明末之蜀、清初之嘉定扬州也"。② 在这次空前的战乱兵燹之中，新安本土遭受了前所未有的重创，随之而来的饥荒和瘟疫，以及战后的人丁凋敝，使得新安社会长期难以恢复，这成为新安工艺由盛及衰的转折点。这之后，手工艺的生产经营越来越难以维系。清代徐康在《窳叟墨录》上就说："劫后，惟胡开文盛行。"③ 这一记述虽然是说胡开文墨业因经年积累的良好声誉，加之与很多官僚和文人保持着良好的人脉关系，尤其是和湘军、淮军系统关系密切，因而在战乱平复后呈现出一家独大的局面。但也从侧面反映出，即使是墨业这种新安传统的优势工艺，其整个行业的经营也是面临了前所未有的困顿。

1840年后，清政府陆续签订了《南京条约》《马关条约》《辛丑条约》等一系列不平等条约，造成中国自给自足的自然经济逐渐瓦解，日益沦为世界资本主义的商品倾销地和原料供给地。动荡的社会局势，使新安手工艺制作更是面临了前所未

---

① 黄宾虹：《黄宾虹文集·杂著篇》，上海书画出版社，1999年，第99页。

② 许承尧：《歙事闲谭》，黄山书社，2001年，第1121页。

③ [清]徐康：《窳叟墨录》，转引自《十六家墨说》，中国书店，1993年，第67页。

有的困境。一方面桐油等工艺原料被大量掠夺出口，原材料的日益短缺和价格上扬，严重制约了工艺发展；另一方面外国工业化产品的大量进口，侵占了手工艺品的既有市场，使得新安工艺的传统优势地位大受冲击。

19 世纪末至 20 世纪初的中国民主革命，推翻了统治中国两千多年的君主专制制度，建立起共和政体，在一定程度上促进了中国民族资本主义经济的发展。但随后而来的政治动荡和军阀混战，严重压抑和破坏了经济、文化和教育等各项事业，新安的传统工艺亦如萧瑟秋风中的落叶，呈凋零之态。在社会动荡的大背景下，虽有一两家店铺，又或者几款精品出现，已无力挽回新安工艺整体的颓势。

一、四宝隐晦

晚清民国时期，清代墨业形成的曹素功、汪近圣、汪节庵和胡开文四大家，虽以各自的方式勉为存续，却也每况愈下，经营大不如前。曹素功后人继乾隆年间将墨肆迁往苏州后，咸丰十年（1860），九世孙端友再次迁往上海发展。进入民国已传至第十一代，曹裕衡（字麟伯），曹裕德（字仲璋）、曹裕炳（字叔琴）和曹裕和（字季笙），是其中佼佼者。曹裕炳曾为于右任制“鸳鸯七志斋”墨，并与海派文人合作，如与吴昌硕合作制“寒香”墨，与刘海粟合作制“晁卿”墨等，为曹氏墨业创下了良好的声誉。汪节庵的函璞斋墨肆，在光绪年间由其侄孙汪谷生接手，因拒绝使用进口的“洋烟”，坚持传统点烟制墨而致成本高企，连年亏损，不堪重负。约在民国期间引入胡爰棠入股，改函璞斋为鉴莹斋，希冀改变现状，但未获成功，不久旋即退出，改由胡爰棠独资经营，直至抗战前夕歇业。所制墨品多为传统题材，如“胡爰棠款天保九如铭长方墨”，墨面书天保九如铭，描金楷书阴识，下钤灵峰篆文小印，边有栏，描金；墨背刻灵峰图；一边楷书“徽城胡爰棠仿古法制”款，一侧落“鉴莹斋珍藏”，顶铭“贡烟”。墨锭呈现出酥松、脱金的情况，质量已明显大不如前。汪近圣的鉴古斋墨肆，曾因战乱歇业，同治、光绪年间，其后裔亦在南京、武汉经营墨业，并沿用鉴古斋墨号。抗战爆发后，汪近圣六世孙汪佑泰在武汉遭日军轰炸罹难，汪氏墨业告终。

晚清和民国时期，经营最为稳定的墨业品牌当属胡开文。战乱平复之后，擅于经营的胡氏子弟，乘势在芜湖、杭州、上海、扬州、汉口、广州、成都等地开设分号，并沿用“胡开文”字号，后冠以各房、支号，如芜湖的沅记、上海的广户氏等。自此，胡开文墨业开启了独领中国墨坛百年风骚的历史。通过独资、合资、合作和授权等方式，“胡开文”墨肆在全国很多城市都有分布，直至1949年初期，仍有墨店数十家之多。但彼时内忧外患的社会环境，是极为不利于墨业发展的。为了更好地生存，走出危局，胡氏墨业适时做出调整，采取高、低端墨并重的应对之法，从而确保自己立于不败之地。他们积极结交巨贾名流，并通过塑造墨品质量稳定的形象，树立在高端客户中的良好口碑。著名实业家张謇就曾托友人在胡开文代购松烟墨，他在《致吴季诚函（1920年12月5日）》中提到：“请为买真松烟墨（顶烟以上）二五斤。问胡开文，本熟人也。不知其昔日之人尚在否也。须属其勿循俗用煤烟制墨，墨价稍加于旧无妨也。极劣亦须桐烟，若煤烟则水作土污墙宜之耳。又，买上好印泥一两，次者二两，泥中勿杂洋红。沪市从人起皆尚伪，吾甚恶之，不可不慎。”[①] 由此可看出，文化名人张謇本就和胡开文熟识，应该曾多次购买胡氏墨品，并对其质量十分认可。这通信札还反映了胡开文墨店开展多种经营的做法，即各地的分店在销售墨品时，还兼营印泥等文房用具，且口碑甚好。

在高端市场稳扎稳打的同时，胡开文墨业通过在图案、纹饰以及销售策略上的创新和改革，希望通过纪念墨的影响力和较为亲民的价格，来吸引普通民众，以扩大销量。如在清代末期，以具有社会影响力的事件或人物事迹作为制墨题材，就起到了很好的作用。虽然设计之初，多是为了文人、官吏为纪念之用，但到了辛亥革命后，由于各种新思想、新文化的不断涌入，人们的民主觉悟日渐启发，追求科学的思想不断深入人心，教育的重要性也为越来越多人所认识。加之以平民教育为主旨的各式西式学堂，如雨后春笋般在中国各地出现，教育不再为特权阶层的专属，普通民众也渐渐可以享受到这一权利。这对文房用具的日常化、平民化提出了需求，促进了纪念墨品的通俗化发展。纪念墨逐渐成为这一时期徽墨制作的主流，胡开文墨肆也制作了大量作品，其中有代表性的有“开国纪念墨”、黄山天都文物社监制的百寿图墨等。但值得注意的是，自咸、同之后，怡情制墨之风日淡，造成灵动、个性和富于创造力的艺术品墨极为少见，单调、同质和匠气的商品墨充斥着市场。即使一些题自制、定制款的墨品，也多为附雅之作、奉承之作，仅在款识、铭文题写上略有变化。

在制砚业方面，清代嘉庆至光绪末年的这段时间，龙尾砚石的开采一直处于停顿状态。1910年前后，虽有安徽军阀马联甲令婺源驻军开采龙尾砚坑，但因不知其法，

① 林欢：《徽墨胡开文研究》，故宫出版社，2016年。

收获甚微。因此，据《婺源县志》的记载：民国初期“砚山鲍氏居之工琢砚，而佳石已竭矣”。这之后一直到1963年为止，新安制砚业已濒临绝境，在歙县仅剩下的一家砚店汪义兴号，还是从江西玉山购入石料，制作一些低端的学生用砚。抗战爆发后，汪义兴砚店也关门歇业，砚雕艺人或改换行当，或背井离乡。这里不能不谈到的是，晚清民国时期的新安墨家，在各大商埠广设分号，经营墨业的同时，也兼营砚、笔和纸业，他们一方面接纳了部分工匠，另一方面也为新安当地的工人带来了一些订货，在维系其行业传承上，或多或少起到了一些作用。

二、诸艺竭蹶

晚清和民国时期，新安工艺的各行各业，几乎都陷入“万马齐喑”的沉闷状态中，整体的规模和技艺都开始走下坡路。如由于西方机器印刷技术的传入，新安书坊主在各通商大埠所经营的传统雕版印刷业，逐渐被淘汰，仅在本地的民俗年画、文书或者志书印制中，仍有使用。在生活日用品制作，以及机器无法取代的行业，如编织、铜铁等，尚有一些闪光点。如张小泉剪业，在民国时出现了蒸蒸日上的发展势头。1910年，张小泉剪刀在南洋第一次“劝业会”上获得银质奖。1915，又在巴拿马万国博览会上荣获二等奖。1917年，张小泉剪业在杭的第八代传人张祖盈，从进口理发剪的镀镍工艺中得到启发，委托好友陈庆生试验剪刀镀镍抛光的技术，获得成功，开创了中国传统民用剪刀表面防腐之先河。次年，获得北洋政府农商部六十八号褒奖。1929年，在国民政府浙江省政府主席张静江举办的首届“西湖博览会”上，张小泉牌剪刀也获得西湖博览会特等奖的最高荣誉。抗战爆发后，日寇侵占了杭州，张小泉剪业遭受重创，濒临破产。

在动荡的社会局势下，传统手工业中即便如制剪业这类生活必需品的生产，也是难以长期和稳定维系的。民国时期，建设委员会浙江经济调查所于1930年对淳安县开展的经济调查，当时与手工业相关的经营户仅有38家，从业人员185人，其中有绸布业14家，80人；酒业9家，41人；烟纸杂货业5家，16人；瓷陶料器业3家，11人；衣庄业3家，12人；灯伞业2家，6人；铜锡器业1家，5人；书籍文具业1家，2人；纸业1家，4人；铁器业1家，3人；香烛纸炮业2家，5人。[①]建德的情况则稍好一些，有手工业经营户88家，从业人员371人。其中有酒业19家，85

① 《浙江经济调查·商业统计·淳安县》第8册，1930年，第5页。

人；绸布业14家，110人；烟纸杂货业11家，16人；鞋帽业5家，19人；纸业3家，10人；铁器业2家，6人；香烛纸炮业1家，1人；金银珠宝业5家，25人；瓷陶料器业4家，7人；衣庄业12家，58人；茶漆业2家，4人；书籍文具业3家，15人；灯伞业3家，6人；作坊业2家，4人；五金业1家，2人；草织业1家，3人。[①]但这些经营者，绝少有百年以上的传承，大多仅有十数年或者二三十年的经营历史。大多数的手工匠人，则由于时局不稳和缺少资本，只能挑着工具担，在民间走街串巷上门加工，其中亦有很多能工巧手。

三、经世致用

民国时期，由于新文化运动和"五四运动"的影响，新安工艺的审美要求和创作思潮亦发生了变化。工艺制作一改主要针对文人士大夫阶层的思路，转而面向普通民众，题材也涉及社会各个层面，主旨也多以启迪民智、团结民众为目的，经世致用的制作理念受到广大民众的欢迎。

作品的制作上，不仅注重工艺和美学方面的要求，也更加注重实用性、宣传性和教育性。在社会变革的大潮中，新安的手工艺者以记录历史、教育后人为己任，以通俗易懂的文体和简单直白的图案，表达出民众的思想意识和价值取向，很好地起到了宣传、激励和团结民众的作用。如墨业生产的纪念墨，在宣传、教育功能等方面，就有传统徽墨所不具备的。在作品的造型设计上，改变了清代繁复、厚重的特点，力求简洁；式样变化较少，以合乎实用为要求。装饰风格上，一改清代的富丽华缛、细致精巧，手法趋向洗练、明快，纹饰多有传递激励和向上的含义；铭文内容受到胡适提出的"八不主义"影响，讲求言简而意赅，辞约而理精，不摹古、不用典、不避俗字俗语。

第二节　新中国成立以来的新安工艺美术

1949年10月，中华人民共和国成立。新安工艺的发展也进入一个崭新的时期，

① 《浙江经济调查·商业统计·建德县》第1册，1930年，第3～73页。

创作和生产都呈现出繁荣的景象。党和政府动员各方力量对传统工艺进行了多方的搜集、整理和研究，并充分调动老工匠的积极性，鼓励他们创作、传艺和总结经验，通过以老带新，有计划、有重点地培养了一批新生代技术骨干。如今的很多国家级、省级非遗传承人，都是通过这一途径培养出来的。此外，还通过举办技艺大赛、在国内外举办展览等途径，扩大工艺品的影响力和美誉度。新安工艺由此进入了一个崭新的发展时期。

一、墨砚复胜

新安墨业，经历了争奇斗艳的高峰，也经历了艰辛维持的低谷。自唐代诞生以来，属于皇室、官僚、士人等社会精英阶层的新安墨，此时已然进入平民阶层，也从“墨成不敢用，进入蓬莱宫”的艺术品，回归了它书写工具的本质。在屯溪，1955年春，胡开文仁记（胡连生）和胡开文义记（胡洪道，胡颂德第五代孙和曹定焻）墨店和木材行商程襄侯，联合成立了“屯溪市胡开文墨品工业社”。1956年1月24日，胡开文墨品工业社和日新化工厂、胡开文大记、胡开文仲记四家，合并为公私合营的“屯溪市徽州胡开文墨厂”，恢复了中断20余年的高档桐油烟墨生产。至1962年，年产量已达3万多斤，其中近十分之一远销海外。并自建了桐油烟点烟房，每年冬季还熬制小条胶，以供自用。1966年，更名为徽州墨厂。1979年，生产的超顶漆烟墨荣膺国家银质奖。1980年10月，恢复使用“安徽省国营屯溪徽州胡开文墨厂”名称，并于次年成功注册“胡开文”商标，并被授予“安徽省著名商标”。20世纪80年代中期，部分制墨生产工序开始采用机械代替手工。1987年，联合歙县墨厂、绩溪墨厂、上海墨厂及一得阁墨厂，制定了《制墨行业国家质量标准》，中国墨业的第一份规范化、标准化的“国标”诞生。当年墨厂产量达56260斤，是1949年前的6.5倍。1989年，“超顶漆烟墨”荣膺国家金质奖。1999年，为庆祝中华人民共和国成立五十周年和人民大会堂落成四十周年，制作纪念墨“中华九龙宝墨”。其中，一套参加“国庆五十周年成就展”，另一套由人民大会堂收藏。2005年，被商务部授予首届“中华老字号”。2006年，被列为“国家级非物质文化遗产项目——徽墨制作技艺”的项目保护单位。同年，又被批准为“国家工业旅游示范点”。“胡开文牌”商标连续四届十余年被中国文房四宝协会授予“国之宝”和中国四大、五大、十大名墨的称号。厂长汪培坤于2018年荣膺第五批国家级非物质文化遗产项目——徽墨制作技艺代表性传承人。目前，屯溪胡开文墨厂拥有墨桌四张，全厂现有点烟、和料、制墨、雕刻、描金等10多个工艺车间，3个门市部、一个制盒分厂，以及一个设备齐全的墨锭理化检测中心，拥有明清以来历代名家创作雕刻的珍贵墨模7800多个品种。年产徽墨10余吨，不仅生产普通和高档的零锭墨，还在继承的基础上，保留了传统工艺精华——古法手工点烟技术。恢复和开发出10余种“集锦墨”。其中，传统的有“潇湘八景”“御园图”“十二生肖”等，新创的“六贤图”“黄宾虹纪念墨”和“辋川图诗”墨等品种。在歙县，1956年，四家墨庄（老胡开文、胡开文正记、胡开文圣记和胡开文仁山氏）合并为国营歙县老胡开文徽墨厂。合并前员工不过20余人，年产量亦不过数百斤。至1964年，年产量已突破5万斤，并已恢复了高档油烟墨的生产和出口。1963年，时任中国科学技术大学校长的郭沫若莅临参观，并书“梅花欢喜漫天雪，玉宇澄清万里埃”赠送该厂。1966年，更名为“歙县徽墨厂”。同年,制作“黄山图”和“新安大好山水”集锦墨各一套,敬呈毛泽东主席。1978年，“李廷珪超漆烟”墨获国家优质产品银奖，“桐油烟”墨、“黄山松烟”墨和“净烟”墨获轻工业部“优质产品”称号。1982年,恢复了“歙县老胡开文墨厂”名称。1985年，研发出“高级油烟书画墨汁”投放市场。同年，设立“徽墨研究所”。1988年,“李廷珪”牌墨和“八骏图”墨荣获国家旅游商品研评会金奖。1989年,“李廷珪超漆烟墨”获得“国家优质产品金质奖”。1990年，“李廷珪”牌徽墨获得“北京博览会”“1990年中国旅游购物节”和“全国轻工业博览会”金奖。1991年，“李廷珪”牌徽墨再获第二届北京国际博览会金奖。2006年，被列为“国家级非物质文化遗产项目——徽墨制作技艺”的项目保护单位，厂长周美洪荣膺首批国家级非物质文化遗产项目——徽墨制作技艺代表性传承人。在绩溪，为了恢复和振兴胡开文的制墨工艺，县政府将曾在外埠制墨、业墨的人汇集起来，于1956年在城南街成立了“绩溪县墨业生产合作社”，开始徽墨生产。1958年，更名为“绩溪县文化用品厂”，增加了墨汁、墨水等产品。1985年，更名为“绩溪胡开文墨厂”，并以胡开文墨肆的斋号“苍佩室”注册了商标。1987年,与上海曹素功墨厂联营,扩大了厂房,新招了部分员工，徽墨年产量达到10吨，墨汁年产量达到17.6吨。1998年，合并了县书画油烟材料厂,后改制为绩溪胡开文墨业公司。2001年,建立了桐油生产基地。2011年，绩溪胡开文墨业有限公司董事长兼总经理汪爱军，荣膺第三批国家级非物质文化遗产项目——徽墨制作技艺代表性传承人。

新安的砚业制作，在20世纪60年代，婺源龙尾砚石正式恢复开采后，逐渐复兴。歙县工艺厂和屯溪徽州工艺厂，先后培养了一批优秀的雕砚巧手。其中有叶善竹、胡震龙、方建成、曹介民、程苏禄、胡东春等，他们的作品既有仿古之制，也有创新之举。如方建成，就博采众长，并形成了自己“兼工写意”的独特风格。近年来，亦有以国家级非遗技艺传承人郑寒、江亮根、蔡永江为代表的一大批能手涌现。1979 年，淳安县二轻总公司也正式恢复了青溪龙砚制作，其后由淳安千岛湖旅游工艺品厂生产的“小寿星砚”和“九龙戏珠砚”，还分别获得浙江杭州市工艺美术评选的二、三等奖。杭州市还将其作为礼物馈赠给杭州友好城市日本岐阜县。在国内更是受到当代书画家叶浅予、程十发、唐云、沙孟海等先生的推崇和珍藏。已故的方光忠大师，不但是青溪龙砚的砚雕匠，也是著名的木雕和根雕大师。如今千岛湖群岛上的海瑞祠，就是他做的木雕。在 20 世纪七八十年代，他培养了一批青溪龙砚的传人，其中就有王贤武和他的徒弟洪发军，他们始终坚持从事工艺生产，使这一传统艺术得以传承。[①]

青溪龙砚

二、百艺振兴

从 1956 起直到 90 年代，徽州（今安徽省黄山市）、淳安和建德地区，都设立

① 刘来根、刘政：《淳安历史文化丛书 · 民间艺术》，西泠印社出版社，2008年，第182页。

了手工业管理的相关部门，陆续将分散在各地的手工业作坊和老艺人集中起来，并按照相近的门类，组织了漆器、雕刻、编织等工艺生产。近年来，为弘扬传统文化和保护非遗文化，各地更为此采取了诸多举措，并获得了明显的成效，传统工艺的传承与弘扬、展演与传播，以及学术研究等方面均取得了突出的成绩，呈现出渐趋完善、多元立体、精彩纷呈的趋势及特点，为新安工艺美术的振兴，提供了前所未有的历史机遇，也为继承、发展和更好利用传统制作技艺，提供了绝佳的环境和条件。

在徽州，中华人民共和国成立后，屯溪、歙县等地成立了工艺厂。屯溪工艺厂的老艺人方生全恢复了传统竹编花篮的工艺，并开展了规模化生产，竹编花篮成为重要的出口产品。1959 ~ 1960 年，该厂的漆器工艺美术师俞金海、甘金元、徐丽华参加了人民大会堂安徽厅的内部装饰设计和制作，完成“全国各族人民百子图”刻漆大屏风，以及脱胎漆餐具、烟具等作品。1978 年，俞金海恢复漆砂砚制作工艺，后与徐丽华配合，先后恢复菠萝漆、云头漆和八宝漆等制作工艺。1980 年，屯溪工艺厂一分为二，分别成立了屯溪漆器工艺厂和屯溪竹编工艺厂。竹编工艺厂为适应外贸和旅游业发展的需要，突破原来的长、圆、方、扁造型和简单的图案，发展出竹编画、竹雕、竹制人物、竹编兽禽等。1983 年，屯溪动物造型竹编参加全国行业评比被列为第三名，获百花奖。漆器工艺厂的刻漆车间主任甘而可师从汪福林、俞金海学艺，在继承前人衣钵的基础上，秉持守古而不循古的制器之理，力求中正儒雅的艺术风格，扎根传统漆艺数十年，终有大成。其作品红金斑犀皮漆大圆盒，在 2010 年在第十一届中国工艺美术大师作品“百花奖”中获得金奖，他于 2009 年被授予国家级非遗传人。在民间，竹刻、盆景、编织、木雕、砖雕、石雕等工艺，也获得了蓬勃发展。竹雕、木雕、石雕、砖雕均被列入国家级非物质文化遗产代表性项目名录，其项目代表性传承人分别是：竹雕，洪建华；石雕，冯有进；木雕，王金生、蒯正华、曹永盛。他们都在继承传统的基础上，又有所创新和发展。黟县的卖花渔村则较好地传承了盆景制作工艺，该村村民培育的梅桩盆景，在全国举办的历届“二梅”展览中，几乎囊括了近二分之一的金奖、银奖和铜奖，足见其实力之雄厚。

在淳安，古老的八都麻绣工艺也获得了新生。当地政府多举措推进保护与传承工作，如建立麻种植基地，确保工艺原料的来源；创建“八都麻绣馆”，全方位展示麻绣工艺特色；为培养麻绣传人，还把麻绣列为本乡学校乡土教材，组织麻绣进校园，制定教学计划，请麻绣传承人走上讲台，言传身教，给学生讲授普及麻绣知识课，让广大师生了解和掌握传统麻绣的独特技艺。2006年，八都麻绣工艺被列入浙江省非遗保护名录；2011年，又被杭州市列为非遗濒危保护项目。如今的麻绣，先后在各种民间艺术大展上获奖，还远赴北京、澳门，以及海外展出。1990年北京亚运会期间，传统麻绣改制成的壁挂引起过往客商关注。另外，石磬、剪纸、木雕、石雕、微雕、编织等工艺，也得到很好地传承。如淳安人邵中，就通过对《百琴楼图》及资料实物的挖掘整理，恢复了石磬制作工艺，制作的石磬乐器和特磬，种类已达30余种，千岛湖世界石磬文化博物馆也在筹建中。又如以汪高明为代表的年轻一代，则很好地继承了梓桐剪纸工艺，创作了很多富有生活气息的作品，并通过系统的组合，使其更富艺术感和审美价值。还有淳安久负盛名的木雕工艺，得到了很好地继承。淳安县展览馆曾展出一张木床，图案构思新颖，造型优美，雕刻精致，因其制作花费了1000个雕工，故也称为“千工床”。当代的木雕工艺者，在传承吸收传统的基础上，大胆创新和发展，如老艺人方光忠雕刻的千岛湖游船——龙船，就体现了极高的艺术造诣。新一代的传承者胡艺宝和吴志清，也分别在工艺木雕和建筑装饰木雕制作方面，有着优异的表现。

在建德，源于清同治年间“严州虾灯”的制作工艺，也在当地政府和民间老艺人的支持下，得到了很好地恢复和发展。2006年，陆涟师傅在传统制作的基础上，对严州虾灯进行了改造，制作出了可拆装、方便运输的折叠的虾灯。其子陆超继承了对虾灯的热爱，进一步改进了虾灯的制作工艺，制作出更易拆装虾灯，深受群众的欢迎和专家的好评。其他还有如剪纸、漆画、木雕、面塑、铜雕、圆木箍桶和古琴制作工艺等，也被列入非遗保护名录，得到了很好地传承。

第三节　小　结

钱穆先生认为：“中国人的美术，常附加在工业上，而中国的工业，常注重在有关一般人生日用的器物上。这是中国传统工艺美术与中国整套文化精神相配合之点。”正因如此，中国传统工艺美术的传承和弘扬，也皆与民众的审美以及生活需要密切相关。时代在进步，生活在变迁，历史对新安工艺美术提出的要求也越来越高，如何继承和弘扬传统技艺，并在此基础上，充分利用现代科学的新成果、新方法和新手段，以提升和丰富工艺技法，创造出具有艺术性和实用性的作品，以满足人们的需求，是新时代赋予新安工艺的历史使命。

当今社会，由于社会转型和经济发展，愿意从事繁重体力劳动的年轻人日渐稀少。而现今的工艺从业人员，很多已经年过半百。我们在实地调查时，绝大多数的从业者都感叹，现在年轻人觉得，这是一个辛苦、收入少而社会地位又不高的行当，想找到一个合适的传承者，着实很难。从业人员少，后备力量不足，已经成为制约发展的最大瓶颈。新安工艺能否传下去，发展好，关键在于人，在于年轻人。另外，面向新时代，工艺美术的发展应走出一条产业化和精品化相结合的新路，在形制、图案、纹饰、款式的设计上，也要具有时代特点和时代精神。同时，也要学习借鉴国内外和相近行业的技艺、理念，才能更好地传承和弘扬这一艺术。

首先，要营造赏和藏的社会文化氛围，提倡精品意识。在传统工艺制作中，很多技艺高超的工匠，穷极一生，也不过能创作出寥寥数件精品，自然受到时人和后世的珍视。但现代制作，无论是形制、纹饰还是类型上，整体上缺乏创新，往往盲目地根据市场需求，重复着对传统作品的复制，抛弃了以往兴盛的法宝。

其次，要做好行业内的交流，以及对社会的推介。在重视知识产权保护的前提下，行业内对优秀的经验和做法，应该及时交流和推广，形成整体进步的发展趋势，避免再现失传的尴尬，要让那些巧夺天工的制作技艺代代相传。

再次，既要重视制作端，也要重视原材料的供给端和后期的营销端。在传统工艺的发展中，这三个方面是协调发展的，材料供给和制作是基础，营销是助力其走向巅峰的推手。前文已经阐述了，如新安的工艺家们，总是能够把握时代的脉搏，将销售重心下沉到使用者，注重他们体验和感受，不断调整设计和制作，以适应社会的发展。

最后，还要做好优秀工艺的保存工作。依托现代传播体系，同步做好记录、传播和弘扬。可以通过三维建模、数字动画、口述历史等方法，使用现代数字化设备，记录制作技艺，并与文字、图像的记录，相互印证，互为补充。

近年来，数字化、信息化和全球化使中国人的生活发生了剧烈的变化，很多中国优秀的传统工艺日渐式微。甚至一些人认为，随着时代的进步，如墨砚、编织、雕刻等一些传统的丢失是必然的。诚然，社会发展所带来的新陈代谢，本是不可避免的。事实上，有些时候，这种变化却陷入了“劣币驱逐良币”的尴尬。比如，碳素墨汁盛行于中国书画后，纯中国式的壮阔和秀美，以及个人的气韵，就被破坏无遗。新安的工艺美术，本身已形成了一个艺术系统，众多的优秀作品便是新安文化的代表、艺术的遗产。诚如梁思成先生所言：“除非不知道尊重这古老悠久的灿烂文化，但凡有振兴民族文化之决心，我们便不能忽略对它的研究和保护。况且，今日的研究和保护，更重要的还事关将来复兴的问题。”在工艺美术的创作中，就常有“古为今用”和“洋为中用”的现象。如《程氏墨苑》中收录的四幅“宝象图”，虽来源于基督教的铜版画，却成功地运用了中国木刻平雕的技法，再现了西洋画的艺术特色。不脱离传统的基础，即使是接受外来的思想，也要依然能够表现中国本有的观念与特色，这才是新安工艺美术未来发展的方向。也只有如此，新安工艺这朵艺苑之花，才能代有新枝、常开不谢。

新安工艺，是先民们数千年的劳动实践积累，以及美学智慧结晶。它依托于新安江水勾连的山川地理，孕育于新安人劳作的心手之间，在其历史发展中，通过不断汲取周边先进工艺的养分而成长，终在明清时期，成为中国工艺美术的典范。同时，以其精、雅、巧的工艺美术风格，以及文人气重的审美观念，而独树一帜于中国工艺美术的宝库。

参考文献

一、史志谱牒

司马迁：《史记》，中华书局，1959 年。

班　固：《汉书》，中华书局，1962 年。

范　晔：《后汉书》，中华书局，1965 年。

陈　寿：《裴松之：《三国志》，中华书局，1959 年。

姚思廉：《梁书》，中华书局，1973。

李延寿：《南史》，中华书局 1975 年

刘　昫：《旧唐书》，中华书局，1975 年。

欧阳修等：《新唐书》，中华书局，1975 年。

张廷玉：《明史》，上海古籍出版社，1987 年。

司马光：《资治通鉴》，中华书局，1956 年。

李贤等：《明一统志》，三秦出版社，1985 年。

罗　愿：《新安志》，清光绪十四年重刊本。

汪舜民：《徽州府志》，古籍书店，明弘治十五年影印本，1964 年。

赵吉士：《徽州府志》，清康熙三十八年刻。

马步蟾：《徽州府志》，清道光七年刻。

谢陛：《歙志》，明万历十七年刻。

刘大櫆：《歙县志》，清乾隆二十六年刻。

席存泰：《绩溪县志》，清嘉庆十五年刻。

李乔岱：《休宁县志》，明万历三十五年刻本。

汪晋徵：《休宁县志》，清康熙三十二年刻。

方崇鼎：《休宁县志》，清道光三年刻。

李吉甫：《元和郡县志》，中华书局，1983 年。

杨守仁、徐楚：《严州府志》，明万历六年刻。日本藏中国罕见地方志丛刊，书目文献出版社影印，1990 年。

吕昌期、任风厚：《严州府志》，清光绪九年刻本。

陈公亮：《严州图经》，《严州史话 · 附录》，天津古籍出版社，2008 年。

姚鸣鸾、余坤：《淳安县志》，明嘉靖三年刻《天一阁藏明代方志选刊》，中华书局影印，1965 年。

刘世宁、李诗：《淳安县志》，清光绪四年刻。

罗柏麓修，姚桓、洪梦云纂：《遂安县志》，民国十九年铅印。

夏日傲等修，王韧等纂：《建德县志》，民国八年铅印本。

许承尧：《歙县志》，民国二十六年铅印。

朱益新：《歙县志》，中华书局，1995 年。

休宁县地方志编纂委员会：《休宁县志》，安徽教育出版社，1990 年。

建德县志编纂委员会：《建德县志》，浙江人民出版社，1986 年。

吴吉祜纂，吴晓春校：《丰南志》，黄山书社，2018 年。

邵国榔：《歙县文物志》，歙县文化局内部资料，1989 年。

淳安县文化志编委会：《淳安县文化志》，浙江工商大学出版社，2016 年。

赵　滂：《程朱阙里志》，雍正三年刻本。

李春才等：《淳安县茧丝绸志》，《淳安县茧丝绸志》编撰委员会，2005 年。

歙县第二轻工业局：《徽墨志》，1986 年。

谭格非、程云：《徽墨志》，安徽轻工业史志丛书，1986 年。

冯天瑜：《中华文化史》，上海人民出版社，1990 年。

田自秉：《中国工艺美术史》，知识出版社，1985 年。

蒋玄佁：《中国绘画材料史》，上海书画出版社，1986 年。

倪士毅：《浙江古代史》，浙江人民出版社，1987 年。

马承源：《中国青铜器》，上海古籍出版社，1988 年。

汪尚和：《休宁西门汪氏宗谱》，明嘉靖六年刻本。

佚　名：休宁率东程氏家谱》，明嘉靖四十二年刻本。

二、论　著

佚名著，袁珂校注：《山海经》，上海古籍出版社，1980 年。
墨　子：《墨子》，中华书局，2022 年。
郦道元：《水经注》，四部备要。
李　肇：《唐国补史》，上海古籍出版社，1987 年
杜　佑：《通典》，中华书局，1988 年。
苏易简：《文房四谱》，上海古籍出版社 ,1991。
蔡　襄：《文房四说》，影印文渊阁四库全书，台湾商务印刷馆，1986 年。
王钦若等：《册府元龟》，中华书局，1960 年。
梅尧臣：《宛陵集》，吉林出版社有限公司，2005 年
刘　敞：《公事集》，影印文渊阁四库全书，台湾商务印刷馆，1986 年。
周　密：《武林旧事》，上海古典文学出版社，1957 年。
何　薳：《春渚纪闻》，中华书局，1997 年。
吴自牧：《梦粱录》，中国商业出版社标点本，1982 年。
陆　友：《墨史》，影印文渊阁四库全书，台湾商务印书馆，1986 年。
赵　汸：《东山存稿》，影印文渊阁四库全书，台湾商务印书馆，1986 年。
舒　頔：《贞素斋集》，影印文渊阁四库全书，台湾商务印书馆，1986 年。
陶宗仪：《南村辍耕录》，民国涵芬楼影印。
陆　容：《菽园杂记》，中华书局出版社，1985 年
申时行：《明会典》，中华书局，1989 年。
张　翰：《松窗梦语》，中华书局，1985 年。
李　贽：《焚书》，中华书局，1975 年。
谢肇淛：《五杂俎》，明万历四十四年刻本。
麻三衡：《墨志》，咸丰蒋氏宜年堂重刻。
傅岩著，陈春秀校点：《歙纪》，黄山书社，2007 年。
宋应星：《天工开物》，上海古籍出版社，2008。
沈德符：《万历野获编》，中华书局，1997 年。

李　斗：《扬州画舫录》，中华书局，1960 年。

高　濂：《遵生八笺》，中华书局，2013 年。

赵吉士著，周晓光等点校：《寄园寄所寄》，黄山书社，2008 年。

唐顺之：《荆川先生文集补遗》，清光绪三十年刻本。

张应文：《清秘藏》，上海古籍出版社，1993 年。

宋应星：《天工开物》，岳麓书院，2015 年。

唐时升：《三易集》，北京出版社，1997 年。

叶德辉：《书林清话》，中华书局，1957 年。

汪道昆：《太函集》，齐鲁出版社，1997 年。

方于鲁：《方氏墨谱》，明万历十七年美荫堂刻本。

张　岱：《陶庵梦忆》《西湖梦寻》，作家出版社，1995 年

周亮工：《闽小记》，上海古籍出版社，1985 年。

施闰章：《施愚山集》，黄山书社，1992 年。

金元钰：《竹人录》，浙江人民美术出版社，2011 年。

昆冈等修，刘启端等纂：《大清会典事例》，上海古籍出版社，1997 年。

蒋宝龄：《墨林今话》，上海古籍出版社，2015 年。

叶德辉：《书林清话》，北京燕山出版社，1999 年。

佚　名：《清实录》，中华书局 .1985 年。

梁启超：《清代学术概论》，东方出版社，1996 年。

吴昌绶：《十六家墨说》，中国书店，1993 年。

许承尧著，李明回等点校：《歙事闲谭》，黄山书社，2001 年。

建设委员会调查浙江经济所：《浙江经济调查》第 1 册建德县，《浙江经济调查》第 8 册淳安县，民国二十年铅印。

黄宾虹：《黄宾虹文集》，上海书画出版社，1999 年。

黄宾虹：《黄宾虹金石篆印从编》，人民美术出版社，1999 年。

王世襄：《髹饰录解说》，文物出版社，1983 年。

周绍良：《清代名墨谈丛》，文物出版社，1982 年。

穆孝天、李明回：《中国安徽文房四宝》，安徽科技出版社，1983 年

张海鹏、王廷元：《明清徽商资料选编》，黄山书社，1985 年。

马承源：《中国青铜器》，上海古籍出版社，1988 年。

董楚平：《吴越文化新探》，浙江人民出版社，1988 年。

李树帆、李康：《建德文物》，建德县文物管理委员会资料，1988 年。

宋子龙、马世云：《徽州砖雕艺术》，安徽美术出版社，1990 年。

政协淳安县文史资料委员会：《淳安文史资料》第 7 辑，1991 年。

冯先铭：《中国陶瓷》，上海古籍出版社，1994 年。

张子高、张䌹伯、尹润生、叶遐庵：《四家藏墨录》，上海书店出版社，2006 年。

桑行之：《说墨》，上海教育出版社，1994 年。

桑行之：《说砚》，上海科技出版社，1994 年。

周绍良：《蓄墨小言》，北京燕山出版社，2007 年

齐 儆：《中国的文房四宝》，商务印书馆，1998 版。

席龙飞：《中国造船史》，湖北教育出版社，2000 年。

方本昌：《千岛湖民间故事精选—（二)》，淳安县政协学习和文史调研室编，内部资料，2000 年。

金其桢：《中国牌坊》，重庆出版社，2002 年。

马时雍：《杭州的古建筑》，杭州出版社，2004 年。

徐学林：《徽州刻书》，安徽人民出版社，2005 年。

鲍义来：《徽州工艺》，安徽人民出版社，2005 年。

王廷元、王世华：《徽商》，安徽人民出版社，2005 年。

李国梁：《屯溪土墩墓发掘报告》，安徽人民出版社，2006 年。

鲍艺敏、方明华：《淳安历史文化丛书 · 文物叙略》，西泠印社出版社，2008 年。

刘来根、刘政：《淳安历史文化丛书 · 民间艺术》，西泠印社出版社，2008 年。

小横香室主人：《清朝野史大观》，中央编译出版社，2009 年。

罗道平、尧志刚：《建德文物》，天津古籍出版社，2011 年。

翟屯建：《徽州文化史 · 先秦至元代卷》，安徽人民出版社，2014 年。

郑巨欣：《浙江工艺美术史》，杭州出版社，2015 年。

林 欢：《徽墨胡开文研究》，故宫出版社，2016 年。

徐子超、章汉林：《徽墨志》，黄山书社，2016 年。

（日本）宇野雪村著，刘晓方译：《文房古玩鉴赏指南》，北京燕山出版社，1999 年。